내셔널지오그래픽 키즈

사이언스 2024

나미비아 나미브 사막에서 미어캣들이 주위를 살피고 있어요.

『내셔널지오그래픽 키즈 사이언스』에 도움을 주신 분들께 깊이 감사드립니다.

스테이시 매클레인(내셔널지오그래픽 탐험가 프로그램)

동물의 세계
수잔 브레이든(판다 인터내셔널 대표)
로돌포 코리아 박사(고생물학자, 아르헨티나)
실비아 얼 박사(내셔널지오그래픽 상주 탐험가)
토머스 R. 홀츠 박사(메릴랜드 대학 지질학부 척추고생물학과 조교수)
루크 헌터 박사(판테라 대표)
니자르 이브라힘(내셔널지오그래픽 탐험가)
데릭 주버트, 베벌리 주버트(내셔널지오그래픽 상주 탐험가)
'디노' 돈 레셈(렉스 박물관 관장)
캐시 B. 메허(내셔널지오그래픽 매거진 전 연구원)
케이틀린 마틴(캐나다 바다거북 네트워크)
바버라 닐슨(북극곰 인터내셔널)
앤디 프린스(오스틴 동물원)
줄리아 토슨(통역가, 스위스)
데니스 반엥겔스도르프(펜실베이니아 농무부 선임 연구원)

우주와 지구

과학과 기술
팀 아펜젤러(네이처 편집장)
릭 파인버그(미국 천문 학회 언론 담당)
호세 데 온다사(뉴욕 주립대, 플래츠버그 대학 생명과학부 조교수)
레슬리 B. 로저스(전 내셔널지오그래픽 매거진 편집장)
엔릭 살라 박사(내셔널지오그래픽 상주 탐험가)
애비게일 팁턴(내셔널지오그래픽 매거진 전 연구부장)
에린 빈티너(생물 다양성 전문가, 미국 자연사 박물관 생물 다양성과 보전 센터)
바버라 L. 와이코프(전 내셔널지오그래픽 연구원)

문화와 생활
웨이드 데이비스 박사(내셔널지오그래픽 상주 탐험가)
데얼드리 멀러비(갤러데트 대학 출판부 편집 주간)

생태와 자연
아나타(미국 국립 해양 대기청 공보관)
로버트 발라드 박사(내셔널지오그래픽 상주 탐험가)
더글러스 H. 채드윅(야생 생물학자, 내셔널지오그래픽 매거진 기고가)
수전 K. 펠 박사(미국 식물원 과학과 대중 프로그램 감독)

역사와 사실
실비 보드로 박사(뉴욕 주립 대학교 역사학과 조교수)
엘스페스 데이르(캐나다 퀸스 대학교 교육학부 교수)
그레고리 게디스(미국 뉴욕오렌지 주립 대학교 글로벌학과 교수)
프레드릭 히버트 박사(내셔널지오그래픽 방문 연구원)
미셸린 조니스(캐나다 천연자원부 공보관)
로버트 D. 존슨 박사(일리노이 대학교 역사학과 조교수)
딕슨 맨스필드(캐나다 퀸스 대학교 교육학부 지리학 전임 강사)
티나 노리스(미국 인구 조사국)
캐나다 의회 도서관 학술 정보 서비스
캐린 푸글리에시(캐나다 원주민 회의 홍보팀)

세계의 지리
크리스틴 비시(미국 인구 조회국 연구원)
칼 하웁(미국 인구 조회국 선임 인구 통계학자)
도시코 카네다 박사(미국 인구 조회국 선임 연구원)
월트 마이어 박사(미국 국립 빙설 데이터 센터)
리처드 W. 레이놀즈(미국 해양 대기청 국립 기후 데이터 센터)

일러두기
『사이언스 2024』는 『내셔널지오그래픽 어린이 연감 2024 NATIONAL GEOGRAPHIC KIDS Almanac 2024』의 한국어판 도서입니다. 어린이가 알아야 할 지식을 엄선하여 1년에 한 번만 출간합니다.
생물학, 지구 과학, 지리, 환경, 기술, 천문학, 역사 등 분야별로 연구를 통해 새롭게 알게 된 지식이 해마다 추가됩니다.
또한 해가 바뀌어도 중요하고 의미가 있는 기본 지식은 전년도 책과 같을 수 있습니다.

차례

2024년 올해의 토픽　8

전쟁터에서 구조해 낸 동물들　10
최고의 천체 망원경　10
신종 개구리 발견　11
개는 축구 경기 방해꾼?　11
해룡이 나타났다!　12
대담한 식당　12
환영합니다! 메콩강 유역입니다　13
침팬지가 쓰는 곤충 반창고　14

우림 도시　14
기린의 비밀이 밝혀지다　15
우주 타코　15
기억해야 할 기념일　16
잠수부가 발견한 중세의 칼　17
쥐와 도마뱀붙이가 한집에 산다고?　17
살아 돌아온 거북　17

플라스틱 제로　18

플라스틱의 모든 것　20
바다의 플라스틱　22
생활 속 실천　24

더 알아보기　32
　잠깐 퀴즈!
　편지 잘 쓰는 법

동물의 세계　34

재미있는 동물　36
동물의 분류　44
위험에 처한 동물　46
물에서 사는 동물　50
야생 동물의 능력　60
곤충의 생태　66

고양이과 야생 동물　68
반려동물 소식　74
공룡의 특징　78
더 알아보기　84
　잠깐 퀴즈!
　아주 훌륭한 동물 보고서 쓰기

우주와 지구　86

우주의 천체들　88
지구의 구조　98
더 알아보기　106
　깜짝 퀴즈!
　과학전람회 준비하기

탐험과 발견　108

탐험가의 지구 소식　110
동물 사진의 촬영 비결　116
동물 사진 이야기　120
탐험을 위한 지식　122
발견의 역사　124
변화 일으키기　126
더 알아보기　128
　깜짝 퀴즈!
　완벽하고 훌륭한 보고서를 쓰는 법

게임과 퍼즐　130

거울의 집　132
빈칸 채우기　133, 139, 144
이건 뭘까?　134, 138, 141, 145
깜짝 퀴즈　135, 142
수다쟁이 동물들　136, 143
숨은 동물 찾기　137, 146
진짜? 가짜?　140, 147
못 말리는 친구들　148

우리를 웃겨 주는 유머　150

농담 반 진담 반　152
곱씹어 보면 웃긴 이야기　153, 158, 161, 165
알쏭달쏭 수수께끼　154, 159
혀가 꼬이는 말　155, 162
그냥 재미로 하는　156, 157, 160, 164
꽤 긴 이야기　163

문화와 생활　166

세계의 기념일과 휴일　168
건축 문화　174
음식 문화　176
화폐와 문화　178
언어와 문화　182
고대 신화　184
세계의 종교　186
더 알아보기　188
　잠깐 퀴즈!
　새롭고 낯선 문화 탐사하기

차례

과학과 기술 190

- 발명을 돕는 기술 192
- 생물학의 기초 196
- 식물의 세계 198
- 인체 탐구하기 200
- 미래 기술 전망 208
- 더 알아보기 212
  - 잠깐 퀴즈!
  - 어려운 문제 풀이 방법

생태와 자연 214

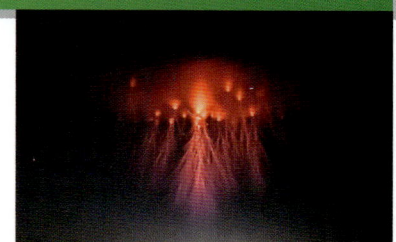

- 생물 군계 알아보기 216
- 바다의 이모저모 220
- 날씨와 기후 224
- 재난과 재해 230
- 더 알아보기 234
  - 잠깐 퀴즈!
  - 발표 잘하는 방법

역사와 사실 236

- 유적과 옛이야기 238
- 국제적 분쟁 250
- 세계의 지도자들 252
- 더 알아보기 266
  - 잠깐 퀴즈!
  - 훌륭한 전기를 쓰는 법

세계의 지리 268

- 지도의 이해 270
- 지리와 지형 상식 276
- 대륙의 지리 특징 278
- 세계의 국가들 306
- 세계 여행 332
- 더 알아보기 352
  - 잠깐 퀴즈!
  - 우리는 어디에 있을까?

게임과 퍼즐 정답 354

찾아보기 356 | 글 저작권 364 | 사진 저작권 365

2024년 올해의 토픽

축구는 세계적인 인기 스포츠예요. 2024년 파리 올림픽 경기에서 남자 축구는 16개국, 여자 축구는 12개국이 맞붙어요.

전쟁터에서 구조해 낸 동물들

전쟁 중인 우크라이나에는 위험에 빠진 반려동물과 야생 동물을 구조해 안전한 곳으로 옮기는 일을 하는 사람들이 있어요. 2022년 러시아군이 우크라이나를 침공했을 때, 많은 주민들이 맨몸으로 서둘러 피신해야 했어요. 반려동물도 남겨졌지요. 동물 보호소와 동물원에 있는 동물들 수천 마리가 먹이 없이 견뎌야 했어요. 다행히 위험을 무릅쓰며 전투 지역으로 들어가서 동물을 구조하는 자원 봉사자들이 있어요. 그 사람들 덕분에 많은 동물이 살 기회를 얻었어요. 한 구조대는 300마리가 넘는 동물들을 구했어요. 우크라이나 키이우 인근의 보호소에는 사자, 표범, 호랑이, 늑대 등 구조된 동물 수십 마리가 지내고 있어요. 전 세계의 동물원으로 옮겨지기를 바라면서요.

최고의 천체 망원경

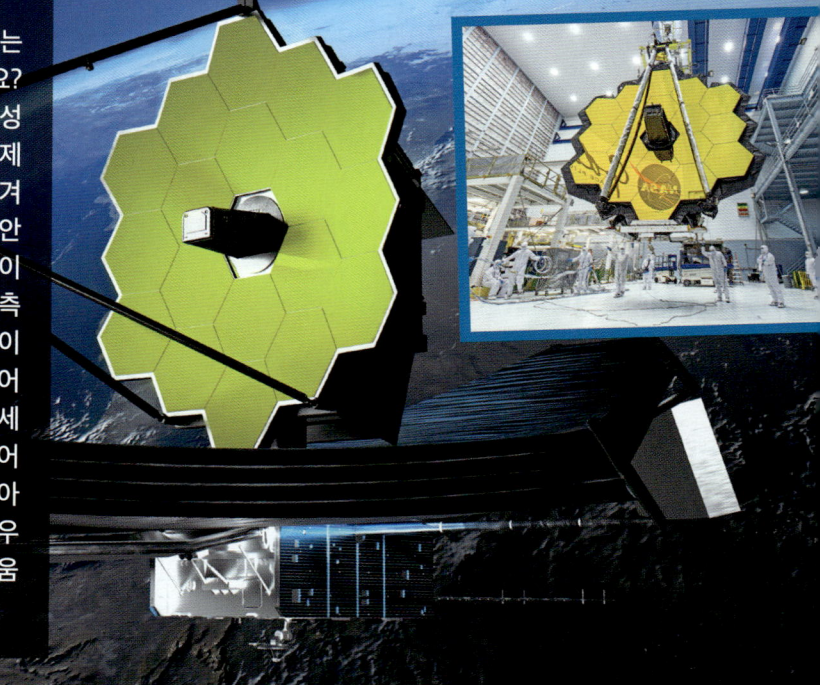

고대 은하 수천 개가 모인 곳 또는 별의 육아실은 어떤 모습일까요? 미국 항공 우주국 나사가 개발한 고성능 제임스 웹 우주 망원경 덕분에, 이제 '시간을 거슬러서' 최초의 은하가 생겨나는 광경을 볼 수 있어요. 30년 동안 약 1조 3000억 원을 들여서 개발한 이 망원경은 136억 광년 떨어진 곳도 관측할 수 있어요. 색종이 조각처럼 반짝이는 은하, 별이 탄생하는 육아실, 심지어 외계 행성까지 여태껏 본 적이 없는 세밀한 적외선 우주 사진들을 찍고 있어요. 바깥 우주에는 아직 탐구할 것이 아주 많아요. 제임스 웹 우주 망원경이 우주의 수수께끼를 푸는 데 꽤 많은 도움을 주고 있어요.

올해의 토픽

신종 개구리 발견

오래 과학 기술을 다룬 영화에서 곧바로 튀어나온 듯한 이 작은 개구리를 보세요. 피부가 유리창처럼 투명해 배 속의 내장이 다 보일 정도예요. 가짜가 아니에요. 최근에 에콰도르의 안데스산맥에서 투명한 개구리 몇 종이 발견되었어요. 마시피유리개구리와 노운스유리개구리예요. 서로 다른 종이지만 겉모습은 거의 똑같아 보여요. 등 쪽에는 검은 점으로 둘러싸인 노란 반점이 나 있어요. 배 쪽 피부는 투명해서 빨간 심장과 하얀 간, 창자가 다 들여다보여요. 암컷은 초록색 알도 보여요. 과학자들은 투명한 피부가 나뭇잎 틈에 몸을 숨기는 데 유용한 적응 형질*이라고 말해요. 이 색다른 개구리들은 공통점이 있어요. 모두 멸종 위험에 처해 있고, 서식지가 파괴되면 언제든 사라질 수 있다는 거예요.

*적응 형질: 생물이 자기 환경에서 살아가기 알맞게 갖춘 형태나 기능.

개는 축구 경기 방해꾼?

개는 너무 귀여워서 가끔은 그냥 배를 문질러 주고 싶곤 해요! 칠레의 한 축구 경기에서도 바로 그런 일이 일어났어요. 여자 축구 경기 중에 갑자기 천진난만한 개 한 마리가 경기장으로 들어오더니 골키퍼 앞에서 알짱거렸어요. 자기를 쓰다듬어 달라는 듯했죠. 경기는 중단되었어요. 개는 다른 선수에게 달려갔다가 이윽고 심판 앞에서 웅크려 앉았어요. 곧 누군가 와서 개를 안고 경기장 밖으로 나갔지요. 개가 어디에서 왔는지, 어떻게 경기장으로 들어왔는지 아무도 몰랐어요. 이 광경을 찍은 동영상은 온라인으로 퍼져서 많은 인기를 끌었어요.

해룡이 나타났다!

영국의 환경 보호 단체도 물이 빠진 저수지에서 선사 시대의 거대한 해룡 화석이 드러날 줄은 짐작하지 못했어요. 머리뼈 길이만 1.8미터에 달하고 몸길이가 약 10미터에 이르는 거대한 이크티오사우루스 화석을 발굴했어요. 영국에서 발견된 가장 큰 어룡 화석이었지요! 약 1억 8000만 년 된 이 화석은 오래전에 무시무시한 수중 포식자가 어떤 모습이었는지를 제대로 보여 줘요.

대담한 식당

아찔한 경치를 즐기며 식사해요!

조지아의 깊은 산골짜기인 찰카(다슈바시) 협곡에서 약 280미터 상공에 식당이 문을 열었어요. 길이 240미터의 현수교를 걸어서 들어가는 이 식당은 유리와 강철로 만든 다이아몬드 모양이에요. 다리 위의 식당 중에는 세계에서 가장 높은 곳에 있어요. 이곳에 가면 화산암이 깎여서 생긴 동굴과 폭포가 있는 주변 숲이 한눈에 들어오는 자리에서 식사를 할 수 있어요. 음식만 파는 것이 아니에요. 자전거로 협곡을 건너는 집라인, 골짜기 위로 용감하게 날아오르는 긴 그네도 탈 수 있어요. 아찔하면서도 군침이 돌지 않나요?

올해의 토픽

환영합니다!
메콩강 유역입니다.

키퀀산뿔개구리

카파리스 마크란타

포파랑구르

파레아스 게미나투스

현재 메콩강 주변 지역이 주목받고 있어요. 넓이가 8100만 헥타르에 달하고 6개국(중국, 미얀마, 라오스, 태국, 캄보디아, 베트남)에 걸친 드넓은 땅으로서 세계에서 가장 생물 다양성이 높은 곳으로 손꼽혀요. 최근에도 300종이 넘는 생물이 새롭게 발견되었어요.

세계 야생 생물 기금(WWF)이 최근에 조사해서 새로운 식물 155종, 파충류 35종, 양서류 17종, 어류 16종, 포유류 1종을 찾아냈지요. 1997년 이래로 이 지역에서 새로 발견된 생물만 3000종이 넘어요.

새로 발견된 동물들은 무엇이냐고요? 포파랑구르는 그중에서 유일한 포유류예요. 미얀마의 신성한 사화산, 포파산의 이름을 땄어요. 나뭇잎을 먹고 털이 많으며 눈가에 하얀 테두리가 있는 회색 원숭이인데, 멸종 위기예요. 또 악마의 뿔 같은 것이 달리고 줄무늬가 있는 적갈색 영원도 있어요. WWF 전문가들이 피부가 '페인트를 반쯤 칠하다 만' 것 같다고 말하는 도마뱀붙이도 있어요. 상체가 주황색이고 꼬리로 갈수록 회색을 띠는 무늬 덕분에 지의류나 마른 이끼 사이에 있으면 눈에 안 띄어요. 민달팽이를 먹는 뱀 파레아스 게미나투스도 발견되었어요.

전문가들은 이 취약한 메콩강 지역을 보호하는 일이 가장 중요하다고 말해요. 그래야 그 안에 사는 생물들도 보호되니까요.

침팬지가 쓰는
곤충 반창고

침팬지는 베인 상처가 생기면 어떻게 할까요? 당연히 반창고를 붙여요! 중앙아프리카 가봉의 야생에서 침팬지 약 45마리로 이루어진 무리를 관찰하던 연구자들은 침팬지들이 날개 달린 곤충을 잡아서 상처 부위에 짓이겨 바르는 것을 보았어요. 한 암컷은 어린 새끼의 상처 난 발에 짓이긴 곤충을 문질렀어요. 또 다른 암컷은 수컷의 털을 고르다가 곤충을 잡아 수컷에게 건넸고, 수컷은 자기 상처에 그 곤충을 짓이겨서 발랐어요. 왜 곤충을 몸에 바를까요? 연구자들은 침팬지들이 잡는 곤충에 염증을 줄여서 치유를 돕는 성분이 있지 않을까 추측해요. 이유가 무엇이든 간에, 과학자들은 이 응급 치료가 침팬지들이 서로에게 관심을 갖고 돌보는 능력을 보여 주는 사례라고 봐요.

우림 도시

자카르타는 수백 년 동안 인도네시아의 수도였어요. 인구가 약 1100만 명이 된 이 거대 도시는 인구 밀집의 악영향을 겪고 있어요. 지하수 고갈, 기후 변화, 개발로 땅이 가라앉고 주변 자바해의 수위가 높아지면서 현재 자카르타의 약 40퍼센트는 해수면보다 높이가 낮아요. 사실 세계에서 가장 빨리 가라앉고 있는 도시에 속해요. 인도네시아 정부는 새로운 수도를 건설하려고 애쓰고 있어요. 어떤 계획이냐고요? 자카르타에서 약 1300킬로미터 떨어진 보르네오섬의 칼리만탄으로 수도를 옮긴다는 계획이에요. 그곳에 첨단 기술로 스마트시티 누산타라를 지어 약 2045년까지 완공하려고 해요. 전문가들은 수도 이전으로 생태 친화적이면서 더 지속 가능한 환경이 조성되고, 자카르타도 받는 압력이 줄어들어서 완전히 침몰하지 않을 것이라고 기대해요.
물론 수도 이전에는 온갖 문제가 따라붙어요. 수도를 아예 새로 건설하면 오염이 더 늘어날 뿐이라고 보는 사람들이 있어요. 우림이 싹 사라질 것이라고 걱정하는 이들도 있지요. 한편 이미 우림이 사라졌거나 생물 다양성이 낮은 유칼립투스 대량 재배 지역에 누산타라가 세워질 것이니 괜찮다고 하는 전문가들도 있지만요. 인도네시아와 그곳에 사는 사람들과 동식물들에게 최선의 해결책이 무엇인지는 시간이 흘러야 알 수 있겠지요.

인도네시아 칼리만탄의 우림을 가르고 낸 도로

올해의 토픽

기린의 비밀이 밝혀지다

기린의 목은 왜 그렇게 길까요? 높은 나무에 달린 잎을 따서 먹기 위해서라고도 하죠. 초기 기린의 친척 화석에서 목 진화의 단서를 찾을 수 있어요. 약 1700만 년 전에 살았던 염소만 한 크기의 포유류로 기린상과에 속하는 동물들의 화석을 연구하니, 그들이 서로 박치기를 하면서 서열 다툼을 했다는 것이 드러났어요. 당시 기린상과 동물은 목이 짧았지만, 연구자들은 목이 더 길고 더 근육질인 개체가 박치기 싸움에서 유리했다고 생각해요. 그래서 그 뒤로 200만 년에 걸쳐서 목이 점점 긴 종으로 진화했다는 거예요. 오늘날의 기린 수컷들은 박치기를 하지 않지만, 목으로 자신을 방어해요. 짝을 차지하기 위해 경쟁할 때 목을 세게 휘둘러서 상대를 때리곤 하지요.

우주 타코

왼쪽: 우주 비행사가 고추가 잘 자라도록 돌보고 있어요.
오른쪽: 우주에서 수확한 고추로 만든 타코를 든 우주 비행사예요.

냉동 건조 식품은 잠깐 잊어도 되겠어요. 국제 우주 정거장(ISS)의 우주 비행사들은 이제 타코를 우적우적 먹고 있답니다! 첫 고추 수확을 기념하고자 타코 만찬을 열었거든요. 우주에서 매운 열매를 처음으로 수확한 거예요. 우주 정거장에서 심고 길러 고추 26개를 수확한 것을 기념해서 차린 이 요리에는 볶은 쇠고기, 물에 불린 토마토와 아티초크도 들어갔어요. 이 만찬으로 가장 많은 우주 비행사들이 우주에서 재배한 작물을 먹은 기록이 세워졌지요. 미래에 우주에서 농사를 짓는 일이 가능하다는 것을 보여 주는 성과이기도 하고요. 게다가 신선한 음식을 먹을 기회가 많지 않은 우주 비행사들에게는 기쁜 만찬이었어요. 그러나 이 식사를 하기까지 아주 오랜 시간이 걸렸답니다. 나사 과학자들은 고추 품종들을 2년 넘게 조사한 끝에 우주로 보낼 씨앗을 골랐고, 우주 정거장에서 재배하여 수확하는 데 137일이 걸렸어요(지구에서 재배할 때보다 2주 이상 더 걸렸어요). 우주 정거장 역사에서 가장 오래 걸린 식물 재배 실험이었지요.

2024 기억해야 할 기념일

세계 바다의 날
파도를 타러 가요!
바다를 얼마나 사랑하는지 보여 줘요. 바다는 수없이 많은 동식물의 집이에요.

6월 8일

국제 여성의 날
성 평등의 중요성을 알리기 위해서 지구의 모든 여성들을 축하하는 날이에요.

3월 8일

2024년 하계 올림픽
더 빨리, 더 높이, 더 힘차게. 세계 최고의 운동선수들이 파리로 모여서 세계 최대의 스포츠 경기에서 금메달을 놓고 경쟁해요.

7월 26일~8월 11일

세계 수학의 날
맞아요. 수학은 놀랍고도 중요한 과목이에요! 모든 것이 수로 이루어져 있음을 축하하기 위해 방정식을 좀 풀어 볼까요?

3월 14일

국제 청소년의 날
여러분, 여러분은 너무 멋져요! 청소년을 축하하는 날이에요. 신나게 즐겨요!

8월 12일

세계 시의 날
여러분은 모두 시인이에요. 몰랐다고요? 마음 내키는 대로 짧은 시나 자유시 또는 시조를 써 봐요. 이제 시인 맞죠?

3월 21일

국제 오랑우탄의 날
긴 주황색 털로 덮인 유인원을 축하해 주세요. 그리고 멸종 위험에 빠진 오랑우탄을 보호하는 일에 앞장서요.

8월 19일

세계 물의 날
지표면의 약 70퍼센트를 덮고 있는 놀라운 자원, 물을 칭송해요. 물이 없다면 우리도 없어요!

3월 22일

세계 미소의 날
웃을 수 있는 하루인가요?
행복한 웃음을 짓고, 남들에게도 보여 주세요. 웃음은 전염된답니다!

10월 4일

잠수부가 발견한 중세의 칼

땅속에 묻힌 보물을 찾아봐요! 이스라엘 해안의 수중 환경을 탐사하던 잠수부가 중세에 기사가 썼을 가능성이 높은 900년 된 칼을 발견했어요. 이 칼은 길이 1.2미터에 철로 만든 것 같은데, 지중해 바닥의 모래 속에 묻혀 있었어요. 수백 년이 흐르는 동안 조개와 고둥 같은 해양 생물들의 껍데기가 두껍게 덮여 버렸어요. 칼 자체는 온전해요. 잠수부의 연락을 받은 유물 담당 부서는 같은 해역에서 다른 고대 유물들도 발견했어요. 칼은 깨끗이 닦아 연구된 다음에 전시될 거예요.

쥐와 도마뱀붙이가 한집에 산다고?

오스트레일리아 자연 보전 구역에서 관리자가 서부꼬마주머니쥐의 집에 웅크리고 있는 도마뱀붙이를 발견했어요. 처음에는 그 파충류가 그냥 지나가던 중이라고 생각했어요. 그런데 도마뱀붙이는 2주 뒤에도 거기에 있었어요. 그는 비로소 그 동물들이 함께 살고 있다는 것을 깨달았어요. 별난 동거이지만, 불가능한 일은 아니라고 과학자들은 말해요. 서부꼬마주머니쥐는 꿀과 곤충을 먹지만, 도마뱀붙이를 먹진 않거든요. 그리고 그 도마뱀붙이는 거미와 곤충을 먹는데, 아마 주머니쥐의 집이 아늑하고 안전해서 눌러앉은 모양이에요. 이유야 어떻든 간에, 함께 지내는 모습이 무척 사랑스럽지 않나요?

살아 돌아온 거북

갈라파고스 제도가 원산인 페르난디나땅거북은 100년 넘게 목격된 적이 없었어요. 해적과 상인에게 사냥당하기도 했고, 화산 분화로 서식지가 일부 없어지기도 했어요. 그러다가 갈라파고스 제도의 페르난디나섬에서 특이한 배설물이 발견되었어요. 과학자들은 오래전에 사라진 페르난디나땅거북의 것이라고 판단했어요. 이틀 뒤에 페르난디나땅거북 암컷이 발견되었지요. 과학자들은 거북을 복원 센터로 옮겨 건강을 회복하도록 도왔어요. 지금 과학자들은 같은 종의 개체가 더 있는지, 특히 수컷이 있는지 조사하고 있어요. 이 종은 아직 멸종하지 않았어요.

플라스틱 제로

내셔널지오그래픽 탐험가 캣 오언스(왼쪽)는 재활용이 어렵거나 불가능한 비닐 조각들을 깁고 붙여서 바다에 버려진 플라스틱 쓰레기에 피해를 입는 동물들의 모습을 만들었어요.

플라스틱의 모든 것

플라스틱이란 무엇일까?

>> 플라스틱은 색깔을 넣고 질감을 살리고 틀에 찍어 거의 무엇이든 만들 수 있어요. 이 놀라운 재료는 정확히 무엇일까요?

기초 지식: 플라스틱은 중합체(폴리머)예요. 분자들이 사슬처럼 이어져 길고 잘 구부러져요. 이런 분자 구조 때문에 플라스틱은 가볍고, 잘 끊어지지 않고, 원하는 모양으로 찍어 내기 쉬워요. 그래서 쓸모가 많아요.

중합체는 어디에서 나올까요?
중합체는 자연에도 있어요. 식물의 세포벽, 타르, 거북 등딱지, 나무즙(수액) 등에도 중합체가 들어 있어요. 실제로 약 3500년 전, 중앙아메리카에 살던 사람들은 고무나무의 수액으로 공을 만들어 경기를 했어요. 약 150년 전, 과학자들은 자연의 중합체를 모방하여 개량하기 시작했어요. 그 결과가 바로 합성 중합체, 플라스틱이에요.

플라스틱은 누가 발명했을까요?
1869년 미국의 존 웨슬리 하이엇이 유용한 합성 중합체를 처음 만들었어요. 엄청난 발견이었죠. 이제 목재, 점토, 돌처럼 자연에서 나는 원료만 쓰지 않아도 되니까요. 사람들은 자신이 쓸 원료를 직접 만들게 된 거죠.

합성 플라스틱은 무엇으로 만들까요?
오늘날 플라스틱은 대부분 석유와 천연가스로 만들어요.

플라스틱은 언제부터 널리 쓰이게 되었을까요?
2차 세계 대전(1939~1945년) 때 플라스틱으로 만든 비단처럼 가볍고 강한 나일론은 낙하산, 밧줄, 보호복, 헬멧에 쓰였어요. 전투용 항공기는 '플렉시글라스'라고 하는 플라스틱 유리로 만든 가벼운 창을 달았어요. 전쟁이 끝난 뒤에는 접시에서부터 라디오, 장난감에 이르는 온갖 플라스틱 물건이 인기를 끌었어요. 수십 년 뒤 가볍고 깨지지 않는 플라스틱 병이 나와 유리병을 대체했고, 상점들은 종이봉투 대신에 더 가볍고 저렴한 플라스틱으로 만든 비닐봉지를 쓰게 됐죠.

플라스틱 사용은 지금까지 이어지고 있어요!
주위를 둘러봐요. 플라스틱은 우리 주변 어디에나 있어요.

바다에서 플라스틱을 먹거나 플라스틱에 몸이 걸려서 피해를 입었다고 보고된 해양 동물은 700종이 넘어요.

플라스틱 제로

이 모든 플라스틱은 어디로 갔을까?

지금까지 플라스틱이 다른 물건으로 재활용된 비율은 아주 낮아요. 쓰레기 매립지에 묻히면 분해되는 데 수백 년이 걸릴 수도 있어요. 태우는 것도 플라스틱을 없애는 한 방법이지요. 하지만 플라스틱은 석유 같은 화석 연료에서 만들어졌기에, 탈 때 해로운 오염 물질을 공기 중에 내뿜어요. 지금까지 생산된 플라스틱이 어디로 갔고, 분해되기까지 얼마나 걸리는지 살펴볼까요?

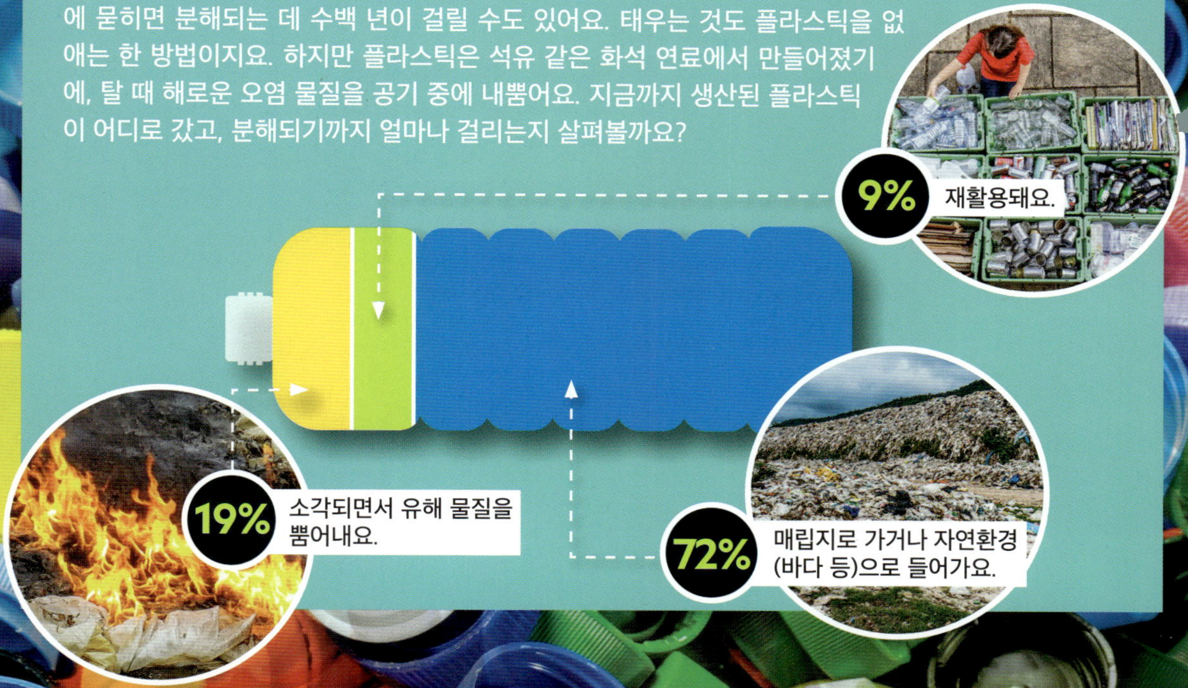

9% 재활용돼요.

19% 소각되면서 유해 물질을 뿜어내요.

72% 매립지로 가거나 자연환경(바다 등)으로 들어가요.

플라스틱 제품의 수명

매립지로 보낸 플라스틱은 그냥 사라지는 것이 아니에요. 그곳에서 아주 오랜 세월 묻혀 있어요. 플라스틱은 종류마다 분해되는 시간이 달라요.

 플라스틱으로 만든 비닐봉지
20년

 플라스틱 코팅 컵
50년

  빨대
200년

 병
450년

 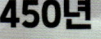 음료수병 묶음 고리
450년

 낚싯줄
600년 이상

바다의 플라스틱

바다를 떠도는 쓰레기

거대한 태평양 쓰레기 섬의 이모저모를 살펴봐요

》**지**도로 보면 미국 캘리포니아주와 하와이주 사이에 푸른 바다가 쭉 펼쳐진 것 같지만, 직접 가 보면 쓰레기들로 이루어진 큰 섬이 보일 거예요. 플라스틱으로 이루어진 섬이지요. 플라스틱 쓰레기는 전 세계 바다에서 발견돼요. 물에 떠다니는 플라스틱의 잔해들은 해류와 바람에 실려 일정한 방향으로 움직여요. 그러다 몇몇 해역에 엄청나게 모이지요. 결국 플라스틱 쓰레기 섬이 되는 거예요. 그중 가장 큰 것은 거대한 태평양 쓰레기 섬이에요. 과학자들은 이 섬에 플라스틱이 1.8조 개쯤 있고, 그중 94퍼센트는 미세 플라스틱*이라고 추정해요. 발 디딜 생각은 하지 마요. 바닥이 단단한 섬이 아니니까요! 그물, 밧줄, 뱀장어 통발, 상자, 바구니 같은 어구를 포함하여 부피가 있는 물건들도 있어요. 지진 해일 때 바다로 쓸려 온 쓰레기도 있고요. 지진 해일은 지진이나 화산 활동으로 생기는 물결인데, 육지로 밀려들었다가 자동차, 가전제품과 부서진 집에 이르기까지 수백만 톤의 잔해를 바다로 끌고 와요. 과학자들은 쓰레기섬을 치울 방법을 연구하고 있어요. 갈수록 많은 플라스틱이 끊임없이 밀려들기에, 그 노력은 계속되어야 할 거예요.

뒤엉킨 채로 태국 푸켓 해안에 밀려든 나일론 밧줄.

부서진 배의 잔해들은 이윽고 태평양 거대 쓰레기 섬으로 몰려들어요.

*미세 플라스틱: 길이 5mm 이하의 작은 플라스틱 조각으로 하수 처리 시설에 걸러지지 않는다.

쓰레기 섬이 발견되는 해역

전 세계의 바다는 소용돌이 형태로 순환하고 있어요. 이것을 '대양 환류'라고 하는데, 크게 위의 다섯 가지가 있어요. 플라스틱을 비롯한 쓰레기들은 해류를 타고 이동하다가 환류에 갇히게 돼요. 환류 중에서 가장 큰 북태평양 환류 때문에 거대한 태평양 쓰레기 섬이 생겼지요.

거대한 태평양 쓰레기 섬은 면적이 160만 제곱킬로미터에 달해요.

비교해 볼까요?

프랑스의 **3**배

한반도의 **7**배

태평양 쓰레기 섬을 이루는 플라스틱 조각은 지구의 모든 사람 1명당 250개씩 치울 만큼 있어요.

생활 속 실천

플라스틱을 안 쓰고
간식을 먹는 방법

세 가지 요령을 참고해 보세요.

1 말린 열매와 과자, 견과 믹스

슈퍼마켓에서 좋아하는 간식들을 큰 봉지로 사서 조금씩 꺼내어 그릇에 섞어 담아요. 이제 먹으면 돼요! 소금이나 계핏가루 같은 원하는 양념을 조금 쳐도 좋고요. 다음 중 섞고 싶은 것이 있나요? 나만의 간식을 만들어 봐요.

- ☐ 프레첼
- ☐ 아몬드, 피스타치오, 땅콩 같은 견과류
- ☐ 호박씨나 해바라기씨
- ☐ 건살구, 건포도, 바나나 칩 같은 말린 과일
- ☐ 초콜릿 칩
- ☐ 뻥튀기
- ☐ 고구마 말랭이

2 집에서 튀긴 팝콘

팝콘용 옥수수를 파는 곳을 찾아가서 종이봉투에 담아 와요. 이제 식용유와 뚜껑 있는 큰 냄비가 필요해요. 이 요리를 하려면 부모님의 도움을 받아야 해요.

- ☐ 냄비 바닥을 덮을 만큼만 식용유를 부어요.
- ☐ 냄비를 레인지에 올리고 중간 불로 가열해요.
- ☐ 팝콘용 옥수수를 냄비 바닥에 한 층으로 깔릴 만큼 넣어요.
- ☐ 냄비 뚜껑을 덮어요.
- ☐ 몇 분 지나면 팝콘 터지는 소리가 들릴 거예요. 소리가 잦아들면, 냄비를 내려요. 뚜껑을 열고 팝콘을 그릇에 부어요.
- ☐ 소금, 버터 등 원하는 양념을 치고 잘 섞어요.

3 구운 사과

설탕, 버터, 계피로 사과를 특별한 간식으로 만들어 볼까요? 이 요리를 하려면 부모님의 도움이 필요해요.

- ☐ 부모님께 오븐을 175°C로 예열해 달라고 해요. (전자레인지나 에어프라이어를 써도 돼요.)
- ☐ 사과를 반으로 자른 뒤, 씨와 심을 빼내요.
- ☐ 사과를 오븐용 그릇에 담고 잘린 부위에 숟가락으로 흑설탕과 버터를 발라요. 계핏가루도 살짝 뿌리고요.
- ☐ 오븐에서 30분 동안 구워요. 전자레인지를 쓴다면 사과가 부드러워질 때까지 약 3분 돌리면 돼요.

플라스틱 제로

플라스틱을 덜 쓰는 방법

우리 어린이들도 플라스틱 일회용품이 바다로 들어오지 못하게 막는 활동에 참여할 수 있어요.

좋은 선택

좋지 않은 선택

플라스틱 병을 재활용해서 만든 운동화도 있어요.

왜요?

전 세계에서 사람들은 플라스틱 병을 1분에 약 100만 개씩 쓰고 있어요. 플라스틱 병으로 지구를 세 번 감싸고도 남을 만큼 많이 써요! 게다가 그렇게 쓴 플라스틱 병 중에서 재활용이 안 되고 바다로 흘러들거나 매립지로 가는 경우가 큰 비율을 차지해요. 그러니 일회용 플라스틱 병 대신에 재사용할 수 있는 병을 쓰는 것이 좋아요. 엄청나게 쌓이는 플라스틱 쓰레기를 줄일 뿐 아니라, 지구를 보호하는 데에도 도움이 되지요.

이런 물병을 써요!

❶ 단열이 잘되어서 음료를 뜨겁거나 차가운 상태로 더 오래 유지해요.
스테인리스

❷ 가볍고 튼튼해서 배낭에 던져 넣어도 괜찮고 씻기도 쉬워요.
다회용 플라스틱

❸ 끓는 물로 소독할 수 있고 보기에도 예쁘지만, 깨지기가 쉬워요.
유리

❹ 튼튼하고 다른 소재보다 크게 만들 수 있어서, 오래 등산할 때 쓰기 좋아요.
알루미늄

생활 속 실천

10가지 플라스틱으로 만든 놀라운 작품들

파나마 보카스델토로섬에 가면, **플라스틱 병 40000개**로 만든 높이가 **14미터나 되는** 4층짜리 **성**에서 지낼 수 있어요.

미술가들은 쓰레기 매립지에서 모은 재활용 가능한 플라스틱으로 **커다란 분홍 달팽이**를 여러 마리 만들어 러시아 상트페테르부르크의 거리에 전시했어요.

스리랑카의 어느 해변에는 바닷가에서 주워 모은 **플라스틱 쓰레기로 만든** 진짜 코끼리만 한 플라스틱 코끼리 상이 있어요.

뉴욕시에서 한 미술가가 일회용 비닐봉지, 포장 테이프, 강철을 가지고 **거대한 개 조각상**을 여러 개 만들었어요.

노르웨이의 한 미술가는 **비닐봉지 수백 개**와 **철망**을 써서 **어미 북극곰과 새끼 북극곰 상**을 만들었어요.

플라스틱 제로

한 미국 미술가는 플라스틱 쓰레기 문제를 알리고자, 투명한 비닐봉지로 옷을 만들고 그 안에 온갖 쓰레기를 채워서 입은 채로 한 달 동안 거리를 돌아다녔어요.

캐나다 건축가들은 **60만 개**가 넘는 플라스틱 물병을 가지고 **3층 집을 지었어요.**

플라스틱 병 약 **150만 개**로 지은 타이완 타이베이의 에코아크 건물은 **지진에도 끄떡없어요.**

유럽 전역에서 일회용 플라스틱을 쓰는 것에 항의하기 위해서 미술 작가들은 **쓰레기를 뿜어내는 용**을 거의 **높이 3미터** 크기로 만들었어요.

덴마크 헬싱외르에 있는 '쓰레기 물고기'는 이름 그대로 물에서 연안으로 떠밀려 온 병, 비닐봉지 같은 플라스틱 쓰레기를 주워서 만들었어요.

생활 속 실천

돌고래를 구조하라

잠수부들이 낚싯줄에 걸린 돌고래를 구해요.

미국 하와이주 근처의 바다에서 암초대왕쥐가오리 12마리가 입을 쩍 벌린 채 헤엄치며 플랑크톤을 먹고 있었어요. 잠수부들은 조명을 켜고서 쥐가오리 무리를 지켜보고 있었고요. 그때 큰돌고래 수컷 한 마리가 천천히 헤엄치면서 다가왔어요. 잠수부들은 이상하다는 생각에 돌고래를 쳐다보았어요. 돌고래는 대개 작은 무리를 지어서 다니는데 혼자였거든요. 게다가 잠수부들이 내는 소음도 겁내지 않는 듯했어요. 돌고래는 잠수부들 앞을 몇 번 왔다 갔다 했어요. 주의를 끌려는 듯했지요. 수중 카메라 기사인 마티나 윙은 이렇게 말했어요. "우리는 대개 야생동물과 접촉하지 않아요. 그런데 이 돌고래는 뭔가 문제가 있다는 듯이 우리에게 보여 주려고 애썼어요." 나중에 '노치'라는 이름을 얻게 된 큰돌고래를 살펴보니, 낚싯줄에 꽁꽁 감겨 있었지요.

먼바다의 쓰레기

큰돌고래는 거의 전 세계 바다에 살아요. 플라스틱은 모든 바다의 모든 수심에서 발견되고요. 가벼운 플라스틱은 수면에 떠다니고, 무거운 플라스틱은 대개 바닥에 가라앉아요. 그 중간 어딘가에서 떠다니는 플라스틱도 아주 많아요. 이 쓰레기는 바람이나 하천을 통해 바다로 흘러들고, 해류에 실려 전 세계 바다의 다섯 곳에 형성된 쓰레기 섬으로 모이곤 해요. 해류가 원을 그리면서 빙빙 도는 환류가 있는 곳들이지요. 그중 가장 큰 곳은 거대한 태평양 쓰레기 섬이에요(22~23쪽 참조). 이 섬에서 가장 많은 무게를 차지하는 것은 버려진 낚시 도구예요. 노치를 꽁꽁 감고 있었던 낚싯줄 같은 거요.

자유롭게 헤엄치다

잠수부들이 더 자세히 살펴보니 노치의 왼쪽 지느러미에 낚싯바늘이 걸렸고 낚싯줄이 입을 감고 있었어요. 한 잠수부가 맨손으로 노치의 몸에 감긴 플라스틱 줄을 풀려고 했지만, 줄이 너무 튼튼해서 불가능했어요. 다행히 가위가 있어서 잠수부는 줄을 잘라 낼 수 있었어요. 돌고래는 잠수부가 낚싯바늘을 조심스레 빼낼 때까지 잠자코 있었어요. "마침내 풀려나자 무척 안심하는 것 같았어요."
1년 뒤 스노클을 끼고 수영하던 사람들이 노치를 발견했어요. 노치는 건강한 모습으로 짝과 헤엄치고 있었지요. 윙은 이렇게 말했어요. "그를 구조할 수 있어서 무척 기뻐요. 이제 노치는 아마 가족을 이루겠지요."

자르고 빼 주기

잠수부 켈러 라로스는 가위로 조심스럽게 낚싯줄을 자르고 큰돌고래의 왼쪽 지느러미에 박힌 낚싯바늘도 빼냈어요.

플라스틱 제로

큰돌고래의 가장 바깥층 피부는 2시간마다 떨어져 나가요.

바다는 지표면의 70퍼센트 이상을 덮고 있어요. 지구에 있는 물의 약 97퍼센트는 바다에 있어요.

큰돌고래
미국 하와이주 카일루아코나 앞바다

북아메리카 · 유럽 · 아시아 · 대서양 · 아프리카 · 태평양 · 태평양 · 남아메리카 · 인도양 · 오스트레일리아 · 남극해 · 남극 대륙

오염 해결책

쓰레기를 포획하기

어떻게 그 많은 쓰레기를 퍼 올릴까?

정말로 커다란 장치를 써요. 아주 커야 해요. 민간 단체인 오션 클린업이 처음 고안한 장치는 길이 610미터짜리 U자 모양의 관에 그물을 붙여 치마처럼 늘어뜨린 모양이었어요. 2019년 중반에 이 장치를 태평양에 띄운 뒤 해류와 바람을 이용해서 수심 3미터까지 떠다니는 쓰레기들을 모았어요. 그물 안에 모인 쓰레기는 수거해서 배에 실어 해안으로 운반했어요. 재활용할 수 있도록 한 거죠. 오션 클린업은 이 해양 빗자루를 전 세계에 띄워서 2040년까지 바다에 떠다니는 플라스틱의 90퍼센트까지 수거하려고 해요.

바다에 떠 있는 플라스틱 수집기

전문가들은 해마다 바다로 흘러드는 플라스틱이 880톤에 달한다고 봐요.

2050년이면 바다에 있는 플라스틱의 양이 3배로 늘어날 것이라고 과학자들은 추정해요.

생활 속 실천

내가 만드는 곡물 강정

상점에서 파는 에너지바의 비닐 포장지는 해변에서 흔히 보이는 쓰레기가 되곤 해요. 짠, 여기 좋은 해결책이 있어요. 플라스틱이나 비닐로 포장된 간식 대신에 직접 강정을 만들어 먹어서 지구를 돕는 거예요.

지구를 지키는 방법
다 만든 강정은 비닐봉지 대신에 종이나 천으로 싸요.

준비할 재료

- 중간 크기의 그릇
- 숟가락
- 볶은 귀리 1½컵(190g)
- 튀밥 1½컵(190g)
- 소금을 치지 않고 구운 해바라기 씨 ½컵(65g)
- 계핏가루 ½ 찻숟가락(1.3ml)
- 중간 크기의 냄비
- 칼

- 갈색 설탕 1컵(125g)
- 꿀 ½컵(65g)
- 식용유 세 숟가락(45ml)
- 소금 한 찻숟가락(2.5ml)
- 바닐라 추출물 ½ 찻숟가락(1.3ml)
- 초콜릿 칩 ¼컵(32g)
- 기름종이
- 사각 유리 그릇

1단계

귀리, 튀밥, 해바라기 씨, 계핏가루를 그릇에 넣고 숟가락으로 저어요.

2단계

부모님의 도움을 받아서 갈색 설탕과 꿀을 냄비에 넣고 섞어요.

3단계

설탕과 꿀이 완전히 녹아서 섞일 때까지 2분 동안 저으면서 낮은 온도로 가열해요.

4단계

냄비에 식용유, 소금, 바닐라를 넣고 섞어요. 초콜릿 칩을 넣고 완전히 녹을 때까지 계속 저어요. 다 녹으면 불을 꺼요.

5단계

냄비의 혼합물을 아직 따뜻할 때 곡물 그릇에 부어요. 잘 저어서 고루 섞어요.

6단계

사각 유리 그릇 안에 기름종이가 그릇 위로 나올 만큼 넓게 깔아요. 그 위에 혼합물을 부어요.

7단계

혼합물을 손으로 꾹꾹 눌러 납작하게 펴요. 몇 시간 동안 놔두고 식혀요. (더 빨리 식히려면 냉장고에 넣어요.)

8단계

완전히 식으면, 기름종이를 들어 그릇에서 꺼내요. 부모님의 도움을 받아서 강정을 먹기 좋은 크기로 잘라요. **맛있게 먹어요!**

더 알아보기

잠깐 퀴즈!

여러분의 생태 친화 IQ는 얼마일까요? 이 퀴즈를 풀면 알 수 있어요!

답을 종이에 적은 뒤, 아래 정답과 비교해 봐요.

1 참일까, 거짓일까? 플라스틱 중 약 2퍼센트는 재활용되거나 매립지로 보내지지 않고 소각돼요.
(   )

2 뜨겁거나 차가운 음료를 오래 보관하기 위해 단열 기능을 갖출 수 있고 재사용 가능한 병 소재는 무엇일까?
a. 스테인리스
b. 재사용 가능한 플라스틱
c. 유리
d. 알루미늄

3 거대한 태평양 쓰레기 섬에서 무게로 따졌을 때 가장 흔한 물품인 _____은(는) 물속에서 헤엄치는 돌고래의 몸을 감을 수 있다.
a. 일회용 빨대
b. 일회용 비닐봉지
c. 낚싯줄과 그물
d. 플라스틱 병

4 한 미술가는 투명한 비닐봉지에 플라스틱 쓰레기를 채운 옷을 입고 _____ 동안 돌아다녔다.
a. 하루
b. 일주일
c. 한 달
d. 일 년

5 참일까, 거짓일까? 집에서 만든 곡물 강정 같은 간식을 비닐이 아니라 종이나 천으로 포장하면 플라스틱이 바다로 들어가는 것을 줄일 수 있어요. (   )

너무 쉽다고요?
다음 장에 나오는 **퀴즈**에도 **도전**해 봐요!

정답: ① 거짓, ② 스테인리스 물병이에요. ② a, ③ b, ④ d, ⑤ 참

플라스틱 제로

이렇게 해 봐요!

편지 잘 쓰는 법

편지를 잘 쓸 줄 알면 많은 도움을 얻을 수 있지요. 누군가에게 자기 생각을 이해시키고 상대를 설득하고 싶을 때 편지는 쓸모가 있어요. 국회 의원에게 이메일을 보내거나 학교 과제를 위해 자료 요청 메일을 쓰거나 할머니께 편지를 쓸 때, 편지를 잘 쓰면 말하고자 하는 바를 상대방에게 전달하는 데 많은 도움이 돼요.
가장 중요한 점은 잘 쓴 편지가 좋은 인상을 준다는 거예요.

아래 사례를 보고 좋은 편지의 구성 요소가 무엇인지 살펴볼까요?

받는 사람
편지를 받는 사람의 이름을 쓰고 "께"나 "에게"를 붙여요.

인사말
"안녕하세요", "안녕" 인사하고 보내는 사람이 누군지 써요.

들어가는 말
편지를 쓰는 이유를 간단히 제시해요.

본문
편지에서 가장 긴 부분이며, 자신의 생각을 뒷받침하는 증거를 제시해요. 설득력 있게 써요!

맺는말
자신의 주장을 요약해요.

인사말
"감사합니다", "건강하시기를" 같은 인사말로 끝내요.

날짜

서명

존경하는 해피 햄버거 상점 주인께

안녕하세요? 저는 이웃에 사는 매디 스미스입니다.

해피 햄버거에서 일회용 플라스틱 용품과 비닐봉지를 쓰지 말아 주시길 부탁드리고자 이 편지를 보냅니다.

해피 햄버거는 제가 좋아하는 음식점이에요. 우리 식구는 거의 매주 토요일 저녁마다 해피 햄버거에 찾아가서 식사를 해요. 저는 늘 베이컨 치즈버거와 감자튀김을 주문해요. 제가 정말 좋아하는 거예요! 저번에는 아빠가 포장 주문을 해서 집에 들고 오셨어요. 그런데 플라스틱 포크, 칼, 숟가락도 딸려 왔어요. 모두 얇은 비닐로 따로따로 포장되어 있었고요. 또 그것들이 전부 큰 비닐봉지에 들어 있었어요.
저는 플라스틱이 걱정이에요. 지구에 엄청난 문제를 일으키니까요. 해마다 플라스틱 쓰레기가 900만 톤씩 바다로 들어간다는 걸 아세요? 게다가 과학자들은 2050년에는 플라스틱의 양이 3배까지 늘 수 있다고 해요. 동네의 몇몇 음식점은 일회용 플라스틱 용품의 사용을 줄였어요. 핫도그 행아웃 상점은 포장 주문 때 플라스틱 비닐봉지 대신에 종이봉투를 써요. 위핑어니언 가게는 플라스틱 포크 같은 것을 손님에게 필요하냐고 물어본 후 넣어 주세요.

해피 햄버거도 이런 간단한 사항들은 바꿀 수 있을 거라고 생각해요. 그러면 최고의 버거를 팔 뿐 아니라, 지구를 지키는 데에도 도움을 줄 수 있을 거예요.

시간을 내어 읽어 주셔서 감사합니다.

20XX년 4월 22일

매디 스미스 올림

맺는 인사말 예시
감사합니다, 고맙습니다,
즐거운 일이 가득하시기를 빕니다,
행복하세요.

동물의 세계

야광원양해파리가 에스파냐 앞바다에서 헤엄치고 있어요.

재미있는 동물

아주 특별한 동물들

바다 쓰레기 줍는 개

미국 플로리다주 보카러톤

래브라도 레트리버 품종인 릴라가 배에서 뛰어내려 바닷물 속으로 잠수해요. 다시 올라온 릴라는 유리병을 입에 물고 있어요. 잘했어, 릴라!

릴라는 반려인이 직원들과 동네 해변이나 물에서 쓰레기를 주우러 갈 때 따라가곤 해요. 반려인 알렉스 슐츠의 말을 들어 볼까요. "제가 '릴라, 저거 가져와!'라고 말하면, 릴라는 달려가서 쓰레기를 물어와요." 슐츠는 4오션이란 회사를 공동 창업하고 쓰레기를 재활용한 재료로 팔찌를 만들어 팔아요.

릴라는 해변을 걸을 때면 대개 쓰레기를 2킬로그램쯤 수거해요. 배를 타고 가다 뭔가를 발견하면 컹컹 짖어서 슐츠에게 알린 뒤 물로 뛰어들지요.

릴라는 어릴 때부터 물건을 가져오는 일을 좋아했어요. 집 수영장에서는 바닥으로 잠수해서 물마개까지 빼내려고 했어요. 슐츠는 처음에 릴라를 훈련시킬 때, 물에 뜬 테니스공을 가져오게 했어요. 릴라는 처음에는 얕은 물에서 하다가 점점 깊은 물까지 자신 있게 들어가게 되었죠. "그러다가 가장 깊은 곳까지 가서 장난감을 가져왔지요."

귀에서 뽀글거리는 소리가 나네.

릴라가 바다 밑에 있는 유리병을 집으러 잠수해요.

유리병

릴라가 입에 쓰레기를 물고서 헤엄쳐 돌아와요.

동물의 세계

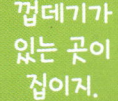
껍데기가 있는 곳이 집이지.

소라게가 빈 고둥 껍데기를 차지했어요. 자연 그대로의 집이에요.

태국 인근 안다만 제도에서 발견된 이 소라게는 깨진 유리병을 집으로 삼았어요.

껍데기 집을 받은 소라게

태국 무코란타 해양 국립 공원

처음에 소라게들은 이 해변이 천국이라고 생각했어요. 코로나19 바이러스가 유행하면서 관광객의 출입이 금지되자 소라게가 수만 마리로 불어나서 바글거리게 됐지요. 곧 문제가 생겼어요. 동물학자 니키 칸은 말했어요. "소라게는 스스로 껍데기를 만들지 못해요. 그래서 고둥이 남긴 껍데기를 이용하죠."
해변에 소라게가 늘자, 고둥 껍데기가 부족해졌어요. 게다가 예전에 관광객들이 고둥 껍데기를 기념품으로 가져갔기에 더 없었어요. 결국 소라게는 플라스틱 같은 쓰레기로 집을 삼기에 이르렀어요.
그때 공원 직원들과 지역 주민들이 나섰어요. 직원들은 사람들에게 집에 있는 고둥 껍데기를 기증해 달라고 부탁했고, 약 200킬로그램의 껍데기가 모였어요. 그 뒤 소라게들이 껍데기를 찾으러 으레 다니던 바위 밑, 나무줄기 주변, 해안선에 갑자기 껍데기가 나타나기 시작했지요. 주민들은 소라게가 더 편히 지낼 수 있도록 정기적으로 해변을 청소했어요. 쓰레기 없이 껍데기가 충분한 해변이 됐죠!

셀카 찍는 원숭이

좋아! 보정 따위는 필요 없어!

말레이시아 바투파하트

어느 날 밤 자크리드지 로지의 집에 누가 열린 창문으로 몰래 들어와서 물건 하나를 훔쳐갔어요. 바로 로지의 휴대전화기였어요.
로지가 다른 전화기로 전화를 걸자, 어디선가 수신음이 들려왔어요. 그 소리를 따라서 뜰을 지나 숲속으로 들어갔지요. 이윽고 바닥에서 진흙투성이가 된 자기 전화기를 찾아냈어요. 전화기를 켜고 살펴봤더니 사진첩에서 도둑의 모습이 찍힌 사진이 수백 장 나왔어요. 로지는 이렇게 말했어요. "처음에는 깜짝 놀랐지만, 곧 웃음이 터져 나왔어요." 범인이 누구였냐고요? 긴꼬리원숭이였어요. "원숭이가 셀카를 찍을 수 있는 줄 누가 알았겠어요?"
로지는 평소에 집 주변에서 원숭이를 보지는 못했지만, 집이 정글과 가까워서 동물과 사람이 한 공간을 쓸 수는 있어요. 정글 친구들 영장류 보호 구역의 체리시 스미스는 말했어요. "원숭이는 숲이 있는 곳은 모두 자기 영역이라고 생각해요. 또 봉제 동물 인형이나 장난감처럼 사람이 만든 것을 갖고 놀기 좋아해요." 덕분에 로지는 가장 멋진 사진을 얻었어요.

재미있는 동물

토끼가 고대 보물을 발견하다

뽀뽀하자고? 내가 흙투성이라 미안!

줄무늬가 새겨진 토기 파편(위). 석기는 조개껍데기를 부수는 데 쓰였을 수 있어요.

위 유물들은 토끼 굴 바깥에서 발견되었어요.

영국 웨일스 스코크홈섬

토끼들이 역사책 속으로 곧장 뛰어들었어요. 이 굴토끼들은 굴을 파다가 고대 유물 두 점과 맞닥뜨렸어요. 뼈 단지로 쓰였던 3750년 된 토기의 파편과 아마도 요리에 쓰였을 9000년 된 석기였어요. 섬 관리인은 굴의 입구에 나뒹굴던 이 유물들을 보고 사진을 찍어서 지역의 고고학자에게 보냈어요. 그리하여 토끼가 엄청난 발견을 했다는 사실이 드러났어요.

"이 섬에서 처음 발견된 고대 도구들이에요." 고고학자 토비 드라이버가 한 말이에요. "토끼들이 하룻밤 사이에 역사를 바꾸었어요. 선사 시대 사람들이 이 외딴섬을 다녀갔거나 살았다는 증거를 우리에게 보여 준 거예요."

토끼는 포식자와 혹독한 날씨로부터 자신과 새끼들을 지키기 위해서 굴을 파요. 전문가들은 토끼가 우연히 고대 무덤을 파고 들어갔고, 그 아래에 더 오래된 수렵채집인 유적이 있을 것이라고 생각해요. 하지만 토끼가 언제나 열심히 일하지는 않아요. 섬 관리인인 지젤 이글은 이렇게 말했어요. "토끼들은 풀밭에 뒷다리를 쫙 펴고 누워서 느긋하게 햇볕을 쬐기를 좋아해요." 토끼 고고학자들, 고마워!

동물의 세계

동물 가짜 뉴스!

어떤 사람들은 주머니쥐가 꼬리로 매달리거나 호저가 가시를 화살처럼 쏜다고 믿어요. 이 밖에 다른 가짜 뉴스는 또 뭐가 있을까요? 널리 떠도는 속설을 몇 가지 살펴봐요!

가짜 뉴스 코끼리는 생쥐를 무서워한다.

어떻게 생겨났을까 사람들은 생쥐가 코끼리 코로 기어 들어가기를 좋아한다고 생각했어요. 그러면 코끼리가 코를 다치거나 심한 재채기를 할 수도 있다고 짐작했어요. 그러니 코끼리가 쥐를 겁내는 것도 당연히 말이 되겠지요.

사실이 아닌 이유 코끼리는 낯선 소리를 들으면 불안해하긴 하지만, 시력이 아주 나빠서 사실 생쥐를 거의 알아보지 못해요. 게다가 코끼리는 호랑이, 코뿔소, 악어 같은 포식자도 겁내지 않는데, 생쥐에게 겁먹을 리가 있겠어요?

가짜 뉴스 금붕어의 기억은 3초에 불과하다.

어떻게 생겨났을까 사람 어른의 뇌는 무게가 약 1.4킬로그램인데 비해, 금붕어는 뇌가 아주 작아요. 그러니까 금붕어의 뇌는 기억을 담을 공간도 부족하지 않겠어요?

사실이 아닌 이유 금붕어가 아주 영리하다는 연구 결과가 있어요. 영국 플리머스 대학교의 필 지 박사는 금붕어가 레버를 누르면 먹이가 어항으로 떨어지는 장치를 설치했어요. 금붕어는 레버가 작동하는 시간을 기억했다가 그 시간이 되면 레버를 눌렀지요. 어떤 과학자는 금붕어에게 클래식과 블루스 음악을 구별하는 법도 가르쳤어요!

가짜 뉴스 개구리나 두꺼비를 만지면 사마귀가 옮는다.

어떻게 생겨났을까 많은 개구리와 두꺼비는 피부에 사마귀처럼 보이는 혹이 우둘투둘 나 있어요. 어떤 이들은 이 혹이 옮는다고 생각해요.

사실이 아닌 이유 피부과 의사 제리 리트가 말했어요. "사마귀를 일으키는 바이러스는 사람에게 있지, 개구리나 두꺼비에게는 없어요." 하지만 두꺼비의 귀 뒤쪽에 난 혹은 위험할 수 있어요. 이 분비샘에서 나오는 독은 포식자의 입을 아프게 하는데, 사람 피부에도 자극을 일으켜요. 따라서 두꺼비는 사마귀가 나게 하지는 않지만, 다른 문제를 일으킬 수 있어요. 그러니 혹이 있든 없든 간에 만지지 않는 것이 좋아요!

재미있는 동물

너무너무 귀여운 동물들 중에 최고!

화려한 모습, 뛰어난 감각, 놀라운 속도!
모든 동물은 저마다 지닌 특징 덕분에 멋져요. 그중에서도 환한 웃음, 폭신폭신한 털, 넘치는 기운 등으로 보기만 해도 사랑스러운 종들이 있어요. 자, 세상에서 가장 귀여운 동물 15종류를 소개할게요.

가장 털이 보풀보풀한 동물

새 털이 너무 보풀이 인 것 같나요? 눈백로 새끼는 부화할 때 보풀 같은 부드러운 깃털로 덮여 있어요. 그 깃털은 자라면서 새하얗고 긴 깃털로 변하지요. 그래서 눈백로라는 이름이 붙었어요. 북아메리카와 남아메리카 해안에 살아요.

가장 알을 잘 깨고 나오는 동물

새끼 거북은 이빨이 있어요. 알 속에서 자랄 때 생긴 '알이빨' 또는 '난치'라고 하는 돌기예요. 이 알이빨이 제법 날카로워서 껍데기를 깨고 나올 수 있어요. 부화한 뒤에 알이빨은 저절로 떨어져요.

가장 다채로운 동물

호금조는 깃털이 아주 화려해서 오스트레일리아 초원에서 눈에 아주 잘 띄어요. 머리 색깔은 개체마다 달라요. 검은색, 노란색, 빨간색, 주황색도 있어요.

동물의 세계

가장 협력을 잘하는 동물

모두 잘했어! 미어캣 새끼들은 태어난 직후부터 대부분의 시간을 함께 다니면서 주변 환경을 탐색하고 놀아요. 미어캣은 아프리카 칼라하리 사막에 살고 사회성이 아주 강해요. 무리 전체가 협력하여 새끼를 공동으로 키우고 지켜요.

가장 따뜻한 털옷을 입은 동물

내일 눈보라가 친다고요? 온통 눈으로 덮인다고요? 괜찮아요! 중국 중부의 높은 산에 사는 금빛원숭이(황금들창코원숭이)는 털이 빽빽하고 수북하게 꼬리까지 나 있거든요. 덕분에 겨울에도 따뜻하게 지낼 수 있어요.

가장 낮잠을 잘 자는 동물

호랑이는 낮잠을 좋아해요! 사실 호랑이는 하루에 약 18시간을 졸아요. 언제든 어디에서든 기회만 생기면 꾸벅꾸벅 졸아요. 왜 그렇게 졸까요? 큰 고양이과 동물들은 양껏 먹은 뒤에는 푹 쉬곤 해요. 다음 사냥 때까지 에너지를 아끼려는 거예요. 자고 일어나면 기력을 회복해서 사냥할 준비가 되어 있겠지요.

최고의 가시를 지닌 동물

저지대줄무늬텐렉은 몸집은 작지만 뾰족뾰족한 가시로 포식자를 위협할 수 있어요. 마다가스카르에만 사는 이 작은 포유류는 고슴도치만 하고 공격받으면 작은 갈고리가 달린 가시를 적에게 발사해요.

재미있는 동물

가장 높은 곳에서 떨어지는 동물

대담한 탄생 순간에 대해 이야기해 볼까요. 새끼 기린은 어미에게서 태어날 때 무려 1.8미터 높이에서 땅으로 쿵 떨어져요.

활공을 아주 잘하는 동물

하늘다람쥐는 앞다리와 뒷다리 사이에 있는 비막을 낙하산처럼 펼치고 바람을 받아 날 수 있어요. 길고 납작한 꼬리로 균형을 잡으면서 날아가지요. 하늘다람쥐는 한 번 뛰어서 축구장 길이만 한 거리를 활공하기도 해요.

빨리 걷는 동물

캐나다 북부, 그린란드, 러시아, 스칸디나비아, 알래스카에 사는 사향소의 새끼는 태어난 지 몇 시간이 채 지나기 전에 일어나서 어미를 따라다닐 수 있어요. 일찍부터 걸을 수 있어서 포식자에게 잡힐 위험이 줄어들어요.

변신을 최고로 잘하는 동물

장밋빛단풍나방은 아주 예쁜 분홍색과 노란색 무늬가 있는 복슬복슬한 공처럼 생겼어요. 그렇다면 애벌레 때도 같은 무늬를 지녔을까요? 아니요. 그냥 초록색 애벌레였어요.

동물의 세계

가장 코 인사를 잘하는 동물

토끼는 미안한 마음을 가장 달콤한 방식으로 전해요. 바로 코를 맞대고 비비는 거예요! 연구자들은 토끼들이 서로 다툰 뒤에는 한쪽이 상대방에게 코를 비비면서 사과하여 화해한다고 해요. 또 토끼는 서로 코를 맞대고 새로운 냄새를 맡으면서 의사소통을 해요.

가장 멋진 점무늬를 지닌 동물

무당벌레의 반점은 멋지기만 한 것이 아니에요. 새, 개구리, 말벌, 거미, 잠자리 같은 포식자에게 자신을 잡아먹으면 지독한 맛을 보게 될 것이라고 경고하는 역할도 해요. 실제로 그래요. 무당벌레는 위협을 느끼면 다리에서 불쾌한 액체를 분비하거든요.

매달리기를 가장 잘하는 동물

청개구리는 어디든 매달리기를 좋아해요! 이 날랜 양서류는 서식지인 우림에서 나뭇가지 사이로 뛸 때, 번개처럼 빠른 반사 운동 능력을 이용해요. 긴 뒷다리로 뛰어서 아주 힘센 앞다리로 가지를 꽉 붙들고 매달리죠. 또 발바닥이 끈끈해서 착 달라붙을 수 있어요.

가장 사랑스럽게 업고 다니는 동물

검은부리아비 새끼들은 알에서 나오자마자 어미의 등에 올라타요. 어미는 새끼들을 업고 다니면서 포식자로부터 보호하지요. 다 자란 검은부리아비는 약 76미터까지 잠수할 수 있고, 8분까지 숨을 참으며 물고기를 사냥해요.

동물의 분류

분류학이란 무엇일까?

지구에는 수많은 생물이 있기에 사람들은 각각의 생물을 분류할 방법을 찾았어요. 과학자들이 생물을 분류하기 위해 세운 학문을 '분류학'이라고 해요. 모든 생물을 일정한 규칙에 따라서 나누거나 묶는 거지요. 그러면 여러 생물들이 서로 어떻게 같고 다른지를 더 잘 이해할 수 있어요. 지금은 생물을 8단계로 분류해요. 맨 위에 있는 가장 크게 묶은 집단은 '역'이라고 해요. 그 밑으로 계부터 종까지 이어져요.

생물학자들은 진화 역사를 토대로 생물을 분류하며, 생물을 유전 구조에 따라서 3대 역으로 나누어요. 고세균, 세균, 진핵생물이지요.(197쪽 '생명의 가장 큰 분류 단위, 역'을 참조해요.)

분류의 사례
너구리판다

- 역: 진핵생물
- 계: 동물계
- 문: 척삭동물문
- 강: 포유강
- 목: 식육목
- 과: 레서판다과
- 속: 레서판다속
- 종: 너구리판다

동물은 어느 역에서 나왔을까?

동물은 진핵생물에 속해요. 몸을 이루는 세포에 세포핵이 들어 있다는 뜻이에요. 분류해서 이름을 붙인 동물은 100만 종이 넘어요. 동물은 '문'이라는 더 작은 집단들로 나뉘어요. 과학자들은 동물을 몸 구조나 등뼈 유무 같은 과학적 기준에 따라서 30문 이상으로 나누어요. 이 분류는 꽤 복잡해서, 덜 복잡하게끔 동물을 크게 두 집단으로 나누기도 해요. 바로 등뼈가 있는 '척추동물'과 등뼈가 없는 '무척추동물'이에요.

고슴도치

분류 체계는 이렇게 기억해 봐요!
"**역**시나 **계**단이 많으면 **문**제야. 다리 힘을 **강**하게 주고 **목**도 세우고 **과**감하게 **속**도를 내어 **종**다리처럼 올라가자."

숫자로 보는 동물 종의 수

전 세계의 야생에서 취약하거나 멸종 위험에 처한 동물은 1만 6720종이나 돼요.

- **포유류 1337종.** 눈표범, 북극곰, 고기잡이삵 등
- **조류 1409종.** 참수리, 마다가스카르플러버 등
- **어류 3548종.** 메콩자이언트메기 등
- **파충류 1845종.** 일롱드낮도마뱀붙이 등
- **곤충 2291종.** 에페이로스눈반점나비 등
- **양서류 2515종.** 황제영원 등
- **그밖에** 거미류 251종, 갑각류 745종, 말미잘과 산호 235종, 조개류 214종, 달팽이와 민달팽이 2384종.

일롱드낮도마뱀붙이

동물의 세계

척추동물 등뼈가 있는 동물

어류는 기온에 따라 체온이 변하는 변온 동물이고 물에서 살아요. 아가미로 숨을 쉬고 알을 낳고 대개 비늘이 있어요.

양서류는 변온 동물이에요. 새끼는 물에 살면서 아가미로 숨을 쉬어요. 다 자란 성체는 물 밖으로 나와 허파와 피부로 호흡해요.

파충류는 변온 동물이고 허파로 호흡해요. 땅과 물 양쪽에 살아요.

조류는 체온이 일정한 정온 동물이고 깃털과 날개가 있어요. 알을 낳고 허파로 숨을 쉬어요. 대개 날 수 있어요. 육지나 물 위에 살고, 양쪽을 오가는 새도 있어요.

포유류는 정온 동물이고 허파로 호흡하며 새끼 때 어미의 젖을 먹고 자라요. 피부는 대개 털로 덮여 있어요. 육지나 물에 살아요.

원앙(조류)
독화살개구리(양서류)

무척추동물 등뼈가 없는 동물

해면동물은 몸이 아주 단순해요. 물에 살고 스스로 움직이지 못해요.

극피동물은 몸이 가시 모양 골편으로 덮여 있고, 바닷물에 살아요. 불가사리, 성게 등이 있어요.

연체동물은 몸이 부드럽고, 껍데기가 있는 종도 있어요. 육지나 물에 살아요. 오징어, 달팽이 등이 있어요.

절지동물은 수가 가장 많은 동물이에요. 겉뼈대가 있고, 몸이 몸마디로 이루어져 있어요. 물이나 육지에 살아요. 곤충이나 거미 등이 속해요.

선형동물은 몸이 부드러운 실 모양이고 다리가 없어요. 흙 속에 살아요.

자포동물은 물에 살고, 입 주위에 촉수가 있어요. 해파리가 여기에 속해요.

갯민숭달팽이 (연체동물)
해면(해면동물)
사마귀(절지동물)

변온 동물 대 정온 동물 비교하기

변온 동물은 냉혈 동물이라고도 하며, 몸 바깥에서 열을 얻어요.

정온 동물은 온혈 동물이라고도 하며, 바깥 기온에 상관없이 체온을 일정하게 유지해요.

위험에 처한 동물

멋진 동물의 귀환
황금사자 타마린

과학자들은 이 영장류가 다시 불어나도록 고향인 숲을 복원하고 있어요.

황금사자타마린 가족이 이동 중이에요. 아비 황금사자타마린은 두 새끼를 업고서 브라질 대서양림에서 나뭇가지를 향해 손을 뻗고 있어요. 어미 황금사자타마린도 옆에 있고요. 몇 년 전만 해도 이곳은 소를 먹이는 목축지로 나무 한 그루 없었어요. 하지만 환경 운동가들은 숲이 더 사라지면 이곳에만 살고 있는 야생 황금사자타마린이 영원히 사라지리라는 것을 알았지요.

사라지는 숲

대서양림은 예전에는 면적이 이집트만 했어요. 그런데 1500년대에 유럽에서 온 무역상과 이주민들이 나무를 베어 배를 만들고 주거지를 만들기 시작했어요. 또 지난 세기에 농민들은 경작지를 만들기 위해서 더 많은 나무를 베었지요. 그 결과로 숲은 원래 면적의 10퍼센트도 남지 않았어요.

황금사자타마린은 생애의 대부분을 우듬지에서 보내요. 나뭇가지를 타고 돌아다니면서 먹이와 짝을 찾지요. 숲이 줄어들면서 서식지들은 조각났고, 타마린들도 격리되었어요. 1970년대에 걱정이 된 생물학자들이 조사했더니, 대서양림에 겨우 약 200마리만이 남았다고 추정되었지요.

원숭이 훈련소

환경 운동가들은 1972년 미국 워싱턴 D.C.의 스미스소니언 국립 동물원에 모여 야생의 황금사자타마린을 보호할 계획을 마련했어요. 몇몇 동물원에는 이미 황금사자타마린이 살고 있었어요. 그 동물들을 더 많이 번식시키고, 그중 일부를 야생에서 살아갈 수 있도록 훈련시켜서 자연으로 돌려보내는 계획이었지요. 과연 어떻게 훈련했을까요? "훈련소로 보냈어요." 스미스소니언 동물원의 소형 동물 사육사 켄턴 케언스가 말했어요.

1972년부터 전 세계 동물원에서는 여름마다 타마린이 우리를 빠져나와서 나무 위에서 살아갈 수 있도록 했어요. 나무 위에서 잘 수 있게 보금자리를 설치하

동물의 세계

황금사자타마린 수컷은 새끼를 업고 다니면서 먹이를 찾아 먹곤 해요.

독일 뒤스부르크 동물원에서 새끼 황금사자타마린 두 마리가 아비에게 매달려 있어요.

브라질 지폐에는 황금사자타마린이 그려져 있어요.

브라질에서 황금사자타마린이 숲속의 나뭇가지 사이를 건너 뛰는 모습이에요.

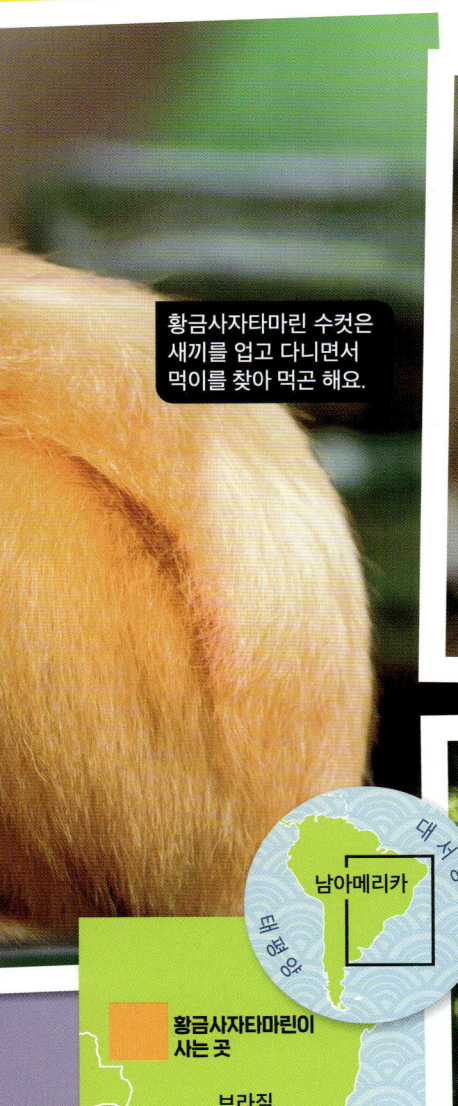

남아메리카 / 대서양 / 태평양

황금사자타마린이 사는 곳
브라질
대서양

고, 씹어 먹을 고구마를 주었지요. 멀리 달아나지 않도록 지켜보면서요. "자유롭게 돌아다니게 된 타마린들은 곤충을 찾고 나뭇가지 사이를 돌아다니는 법을 터득했어요." 1983년에 처음으로 일부 타마린 무리들을 브라질 숲에 놓아주었어요.

한편 브라질의 황금사자타마린 협회는 타마린 서식지를 복원하기 위해 애썼어요. 개인 소유의 땅을 사들이거나 땅 주인의 협조를 얻은 뒤 나무를 심어서 조각난 숲을 연결했어요. 이윽고 103제곱킬로미터 이상의 서식지를 확보했지요. 또 협회는 지역 주민들을 고용해서 묘목을 돌보았고, 교사들에게 환경 문제를 가르쳤지요. 황금사자타마린 협회의 전직 사무국장인 데니스 람발디는 이렇게 말했어요. "사람들은 자기 땅에 타마린이 산다고 자랑했지요."

숲을 푸르게

현재 대서양림에는 약 2500마리의 황금사자타마린이 살아요. 그중 약 3분의 1은 동물원 번식 사업에 참여한 147마리의 후손이에요.

하지만 환경 운동가들이 할 일은 아직 끝나지 않았어요. 숲을 복원하고 어린이들에게 타마린을 보호해야 한다고 알리는 일을 계속해야 해요. 황금사자타마린 구하기 단체를 세운 루 앤 디츠는 이렇게 말했어요. "나무 위에서 타마린 가족이 소리를 지르며 뛰어다니고, 햇빛에 반사되어 불꽃처럼 털을 빛내는 모습을 볼 때면, 너무나 보람이 느껴져요."

위험에 처한 동물

뗏목을 탄 기린

물에 잠기는 섬에서 기린을 어떻게 구조했을까?

홍수로 섬에 갇혔다!

기린의 아종인 로스차일드기린은 멸종 위기 등급에서 준위협 상태예요. 그 로스차일드기린 8마리가 동아프리카 케냐의 한 호수 한가운데에 있는 작은 섬에 살았는데 갑자기 폭우가 내렸어요. 호수 수위가 빠르게 높아지면서 섬이 물에 잠기기 시작했지요. 기린들은 좁아진 땅에서 서성거릴 수밖에 없었어요. 아시와라는 암컷이 작은 땅덩어리에 고립되고 말았어요. 기린 보전을 위한 단체인 '지금 당장 기린을 구하자'의 데이비드 오코너 대표가 이렇게 말했어요. "기린은 헤엄을 못 쳐요. 아시와는 꼼짝없이 갇혔죠." 다른 기린들은 그보다 덜 위험했어요. "아시와가 가장 위험했어요. 그래서 먼저 구하기로 했어요."

기린용 뗏목 만들기

구조대는 아시와를 섬 밖으로 옮길 방법이 배뿐임을 알아차렸어요. 아예 이 거대한 동물에 맞게 제작한 뗏목이 더 좋겠다고 판단했어요. 지역의 장인들은 힘을 모아서 기린 성체를 태울 만큼 높은 뗏목을 만들었어요. 드럼통 60개를 엮고 그 위에 강철을 용접해서 울타리도 설치했어요.

동물의 세계

뗏목에 태우기

이제 아시와를 잘 구슬려 뗏목에 태울 방법을 찾아낼 차례였어요. 구조대는 영리한 방법을 생각해 냈어요. 빵 부스러기를 길에 죽 떨어뜨리듯이, 맛있는 망고를 늘어놓으면 따라오지 않을까요? 하지만 아시와는 배로 다가오다가 멈췄어요. 오코너가 말했어요. "아시와는 여전히 배를 겁냈어요." 그래서 구조대는 안정제 화살을 맞혀 기린을 진정시킨 뒤, 겁먹지 않도록 눈을 가리고 밧줄로 살살 당겨서 뗏목에 태웠어요. "아시와는 줄에 매인 강아지처럼 순순히 걸어서 배로 올라왔지요."

물에 잠긴 섬

출항하기

아시와는 배를 타 본 적이 없었기에, 구조대는 기린이 겁에 질려서 마구 날뛸까 봐 걱정했어요. 배로 한 시간은 가야 했거든요. 하지만 아무 문제도 없었어요. "아주 얌전히 타고 있었지요. 배는 별 탈 없이 호수를 가로질렀어요." 오코너가 말했어요.

편안한 집으로

뗏목이 연안에 닿자, 구조대는 아시와의 안대를 풀고 울타리 문을 열었어요. 아시와는 새 집이 될 루코 커뮤니티 보전 구역으로 걸어갔어요. 면적이 1781헥타르에 이르는 기린 보호 구역이 있는 곳이에요. 오코너가 이렇게 말했어요. "면적이 0.4헥타르도 안 되던 곳에서 믿기지 않게 넓은 곳으로 이사한 거죠. 아시와는 마침내 안전해졌어요." 좋은 소식이 더 있어요. 같은 섬에 있던 친구들도 여기에 다시 모였다는 거예요.

물에서 사는 동물

펭귄이 아주아주 많은 곳!

최근에 발견된 아주 큰 펭귄 서식지

아델리펭귄의 생활이 자세히 밝혀질 거예요.

아델리펭귄은 남극 대륙에 살아요. 지구에서 가장 건조하고 춥고 바람이 심한 대륙이에요.

남극 대륙에 사는 펭귄은 두 종뿐이에요. 아델리펭귄과 황제펭귄이지요.

꽥꽥! 꾸르륵! 빼액!

남극 대륙의 데인저 제도에는 이리저리 길이 나 있어요. 100만 마리가 넘는 아델리펭귄들이 물 안팎을 뒤뚱뒤뚱 다니면서 생긴 길이지요. 이 섬은 아주 혼잡하고 시끌벅적해요. 하지만 과학자들은 최근에야 이곳에 펭귄의 거대 도시가 있다는 사실을 알아차렸어요.

과학자들은 펭귄 배설물을 단서로 이 서식지를 찾았어요. 그전까지 데인저 제도를 탐사하러 나선 과학자는 거의 없었어요. 해빙이 많아 배가 갇힐 가능성이 높아서 가까이 다가가지 못했지요. 그래서 그곳에 야생 동물이 얼마나 많은지 아무도 몰랐어요.

그러다가 위성 사진에서 데인저 제도 곳곳에 얼룩처럼 쌓여 있는 구아노, 즉 바닷새의 배설물이 드러났어요. 펭귄이 많이 살고 있을지 모른다는 단서였지요.

"펭귄 구아노는 분홍색이 섞인 빨간색이고, 남극 대륙에서 그 색깔은 다른 것일 리가 없어요. 사진을 보자마자 우리는 그 섬에 펭귄이 분명히 있다고 판단했어요." 생태학자 헤더 린치가 말했어요. 린치 연구진이 발견한 사실이 더 있어요. 데인저 제도에 아델리펭귄이 무려 150만 마리 넘게 산다는 것이었지요.

이곳이 발견되기 전까지 과학자들은 아델리펭귄이 기후 변화 때문에 사라질 것을 걱정했어요. 그런데 이렇게 엄청나게 큰 집단이 발견되어서 남극 대륙의 아델리펭귄은 번성할 뿐 아니라, 아주 바쁘게 산다는 것이 드러났어요.

펭귄의 삶

아델리펭귄은 1년에 1만 2875킬로미터 넘게 이동해요. 크릴, 오징어, 샛비늘치, 해파리를 잡기 위해서 둥

동물의 세계

지에서 바다로 이어진 '길'을 수없이 오가기 때문이에요. 펭귄이 아주 많아서 길은 무척 혼잡해요. 바닷새 생태학자 바버라 비네크는 이렇게 말했어요. "아델리펭귄들이 사는 곳에는 꽤 특이한 고속도로가 있어요. 그 길이 놀랍도록 혼잡하기에, 사람들처럼 이 아델리펭귄들도 때로 정체된 곳을 피해서 돌아가곤 해요."

바쁘게 돌아가는 인간의 도시처럼, 이곳도 늘 소음으로 시끌벅적해요. 아델리펭귄의 새끼와 부모는 모습이 아니라 주로 소리로 서로를 알아봐요. 그래서 먹이를 구해서 돌아올 때면 꽥꽥거리면서 식구들에게 알려요. 사냥하러 오래 떠나 있다가 돌아와 짝을 찾으면, 특이한 콧노래로 확인하지요.

늘 즐거운 소리만 나지는 않아요.
"이웃이 너무 가까이 다가오면 새된 소리를 크게 질러서 둥지가 있다고 경고해요. '여기는 내 둥지야! 저리 가.'라고 하는 거지요."

배변을 할 때 내는 철썩 소리도 있어요. 아델리펭귄은 배변을 자주 해요. 심지어 남의 대변을 뒤집어쓰기도 해요! 일부러 남에게 묻히려고 한 것은 아니에요. 바람에 실려서 다른 둥지로 흩날리기 때문이지요.

아델리펭귄들이 자신과 새끼가 먹을 먹이를 찾으러 물속으로 뛰어들어요.

시끄러운 이웃들

온갖 소음에 주의가 산만해질 수도 있지만, 아델리펭귄은 도둑이 귀중품을 훔치는 것을 막는 데 온통 정신이 팔려 있어요. 귀중품은 조약돌이지요.

펭귄은 작은 돌들을 모아서 새끼를 기를 둥지를 지어요. 조약돌이 섬에 드물기 때문에, 펭귄들은 남의 조약돌을 슬쩍 훔치곤 해요. 부모와 새끼가 모두 둥지에서 벗어나면, 아직 새끼를 낳지 않은 이웃이 둥지를 통째로 훔쳐 자기 둥지와 연결해서 더 큰 집을 짓는 일도 드물게 일어나요. 집주인 펭귄들은 물거나 날개로 때리면서 침입자들과 맞서 싸워요.

다툼이 종종 벌어지곤 하지만 이웃이 도움이 되기도 해요. "둥지들이 서로 쪼아 댈 수 있는 거리 안에 가까이 있으면, 남극도둑갈매기와 큰풀마갈매기 같은 포식성 조류가 약탈하기가 더 어려워요. 포식자가 다가오면, 많은 펭귄들이 함께 달려들어서 맞서곤 해요."

과학자들은 아델리펭귄을 보호하려고도 노력해요. 린치가 말했어요. "이 탐사 이후로 우리는 해양 보호 구역을 데인저 제도까지 넓혀야 한다고 제안했어요. 당분간은 이 지역에 위험한 해빙이 많아서 아델리펭귄을 보러 오는 사람들을 막아야겠지만요."

보호 구역으로 지정되고 보호받으면 펭귄 도시는 오랫동안 소란스럽고 시끌벅적한 곳으로 남아 있을 거예요.

> 황제펭귄은 키가 거의 1.2미터이고 몸무게가 23킬로그램까지 나가요. 아델리펭귄은 키가 약 0.6미터에 몸무게가 5킬로그램에 불과해요.

데인저 제도에서 발견된 펭귄 무리에는 아델리펭귄이 무려 150만 마리 넘게 있어요.

물에서 사는 동물

물범이 바다의 수수께끼를 풀다

남극 대륙

어떤 연구자들은 비커도 실험복도 필요하지 않아요. 연구자가 물범이거든요!

과학자들은 기후 변화가 대양과 그곳에 사는 동물들에게 미치는 영향을 알려 줄 데이터를 얻고자 하는데, 얻기 어려운 때가 많아요. 그래서 한 국제 연구진은 웨들해물범과 남방코끼리물범의 도움을 받기로 했어요.

먼저 연구진은 물범의 머리에 바닷물의 염도, 수온과 물범의 행동, 위치를 측정하는 감지기를 붙였어요. 물론 물범에게 해가 가지 않는 방식으로 했죠. 물범이 얼음 밑으로 1981킬로미터 깊이까지 최대 90분까지 잠수하는 동안 감지기가 데이터를 전송했어요. (감지기들은 나중에 떨어져 나갔어요.)

남극 해양 생태학자 사라 라브루스는 이렇게 말했어요. "물범은 배와 과학자가 못 가는 곳까지 갈 수 있어요."

이 정보를 토대로 과학자들은 해양 변화에 동물과 그 먹이가 어떻게 영향을 받는지를 연구해요. 해빙에 수수께끼 같은 구멍이 왜 생기는지 알아내는 데에도 도움이 돼요. "해빙 밑에서 어떤 일이 벌어지는지를 알려 줄 자료가 많지 않아요. 그러니 아주 귀한 정보이지요."

내 머리에 뭔가 붙어 있네?

과학 연구용 감지기를 달고 있는 웨들해물범

웨들해물범

동물의 세계

알록달록 매혹적인 갯민숭달팽이 4가지

1 먹는 대로 몸에 나타나는 편

미국 캘리포니아주와 멕시코 바하칼리포르니아주의 바위 투성이 해안에서는 **스페인숄 갯민숭달팽이**가 산호 위를 기어가거나 헤엄치는 모습을 흔히 볼 수 있어요. 길이가 사람 손가락만 한 갯민숭달팽이는 작은 식물처럼 생긴 히드라충류를 먹고 얻은 색소를 재활용해 선명한 색깔을 나타내지요.

갯민숭달팽이도 굴, 조개와 마찬가지로 연체동물에 속하지만 껍데기는 없어요.

2 치명적인 파도타기 선수

사람 엄지손톱만 한 **파란갯민숭달팽이**는 위장에 든 공기 방울을 이용하여 열대 바다의 수면에 떠다녀요. 좋아하는 먹이인 작은부레관해파리를 찾지요. 파란갯민숭달팽이를 만나면 조심해야 해요! 술 같은 파란 돌기의 끝에 먹이로부터 모은 강력한 독이 들어 있거든요.

3 무늬 바꾸기 놀이

형광 줄무늬와 물방울무늬가 눈에 확 띄는 **가변네온갯민숭달팽이**는 포식자라면 못 보고 지나칠 수가 없는 경고판 같아요. 대개 주황색 테두리도 지니고 있어요. 이 종은 서태평양과 인도양의 열대 지역에 살며, 길이 12센티미터까지 자라요.

4 반점, 뿔, 날개

술 같은 돌기, 수염, 꽃무늬처럼 알록달록한 반점이 현란한 **뱀장어긴갯민숭달팽이**는 새끼손가락만 한 갯민숭달팽이가 아니라 만화 속 주인공처럼 보여요. 헤엄치는 모습이 뱀장어 같은 이 종은 서태평양과 인도양의 열대 지역에 살아요.

53

물에서 사는 동물

바다의 유니콘

과학자들은 일각돌고래의 **거대한 엄니***에 얽힌 **수수께끼**를 풀려고 애쓰고 있어요.

차가운 바닷물이 북극해의 빙산에 철썩철썩 부딪혀요. 갑자기 유니콘처럼 머리에 뿔이 하나 나 있는 고래 종인 일각돌고래(외뿔고래) 무리가 물 위로 솟아올랐어요. 일각돌고래는 북극해에 살아요. 고래류가 대부분 그렇듯이 아주 커서 무게가 약 1600킬로그램까지 나가고, 물 위로 올라와서 호흡해요. 범고래 같은 몇몇 고래 종처럼 무리를 지어 대개 15~20마리가 함께 지내요. 일각돌고래는 머리에서 삐죽 튀어나온 거대한 엄니가 있지요.

수세기 동안 사람들은 일각돌고래 엄니의 용도를 알아내고자 애썼어요. 실제로는 아주 커진 이빨이지요. 과학자들은 이 놀라운 수수께끼를 풀 수도 있는 이론을 내놓았어요.

먹이를 기절시켜요

칼처럼 생긴 일각돌고래의 엄니는 생후 3개월쯤에 턱에서 윗입술을 뚫고 나오기 시작해요. 엄니는 고래가 성장하면서 자라는 이빨이에요. 시간이 흐르면 엄니는 몸길이의 절반까지 자라기도 해요. 일각돌고래가 이 엄니를 휘둘러서 북극대구 같은 먹이를 기절시킨 뒤 먹는다는 연구 결과가 있어요.

멋진 모습을 뽐내요

한편 일각돌고래 수컷이 엄니로 암컷을 꾄다는 이론도 있어요. 공작의 화려한 꼬리 깃털처럼, 엄니로 자신이 좋은 짝이라고 뽐낸다고요. 이들이 마치 펜싱을 하듯이 엄니를 맞대고 긁는 모습이 관찰되기도 했어요. 같은 무리의 수컷들이 서로를 알아보는 행동인지도 모르죠.

일각돌고래는 아직도 많은 수수께끼를 간직하고 있지만, 과학자들은 답을 찾으려 계속 노력할 거예요. 아무튼 당분간 엄니의 비밀은 풀리지 않겠죠?

*엄니: 크고 날카롭게 발달한 포유류의 이빨.

일각돌고래 무리가 호흡을 하기 위해 물 위로 올라와요.

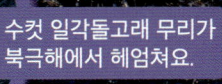

수컷 일각돌고래 무리가 북극해에서 헤엄쳐요.

어미 일각돌고래가 새끼와 함께 여행해요.

동물의 세계

심해의 거인들

바다에도 세계에서 가장 큰 동물들이 살아요. 그런데 얼마나 클까요? 실은 과학자들도 다 알지는 못해요. 어떤 동물들은 아주 드물거나 아주 깊은 바닷속에 살기 때문이에요. 이제부터 지금까지 발견된 가장 큰 해양 생물종들의 크기를 살펴봐요(그리고 사람과 비교해 봐요!).

*크기 값은 평균값이에요.

사람(성인 남자)
1.8 미터 (키)

키다리게
3.7 미터 (다리를 펼친 폭)

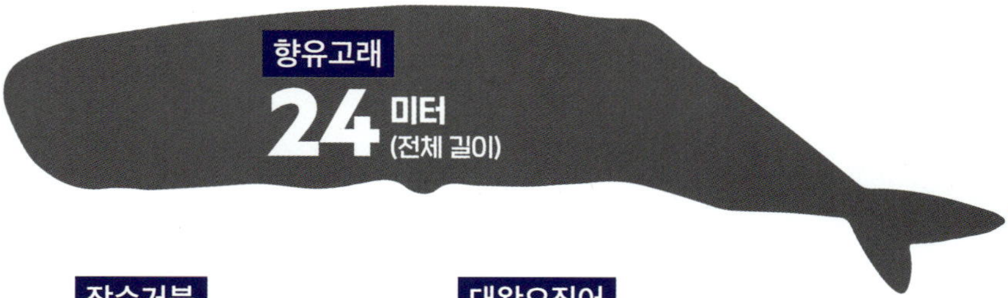

향유고래
24 미터 (전체 길이)

대왕쥐가오리 
7 미터 (폭)

장수거북
2.1 미터 (등딱지 길이)

대왕오징어 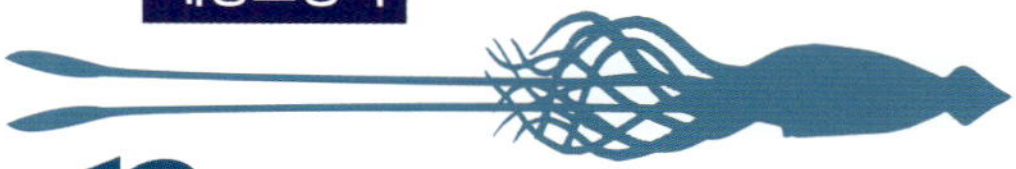
12 미터 (전체 길이)

대왕고래
33 미터 (전체 길이)

대왕문어
9.8 미터 (다리를 방사상으로 펼친 길이)

관벌레
3 미터 (관 길이)

카리브해큰항아리해면
2.5 미터 (밑동 지름)

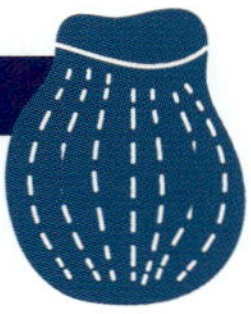

남방코끼리물범
6.9 미터 (전체 길이)

고래상어
18.8 미터 (전체 길이)

물에서 사는 동물

별난 상어 파티

놀랍고 신기한 상어 **5**종류의 축제에 끼어 봐요!

상어라고 해서 다 무시무시한 이빨이 가득한 포식자는 아니에요. 상어 약 500종 중에는 놀라운 종류들도 있어요. 이빨이 아주 작아서 아예 물어뜯을 수 없는 상어가 있지요. 사실상 채식주의자인 상어도 있고요! 놀라운 특징을 지닌 상어 5종을 알아봐요.

무리를 짓는 상어도 있어요.

바하마 제도 주변에서 레몬상어 두 마리가 돌아다녀요.

1 사이좋은 친구들: 레몬상어

친구들과 어울리기를 좋아하나요? 레몬상어도 그래요! 어린 레몬상어는 큰 상어 같은 포식자로부터 자신을 지키고자 여럿이 몰려다니곤 해요. 같은 친구들끼리 여러 해 동안 함께 지내요. 포식자가 없는 환경에 사는 새끼 상어들도 혼자 다니기보다는 어울려서 헤엄치곤 하지요. 정말로 돈독한 우정을 자랑하는 상어예요.

2 초록빛을 뿜는 상어: 사슬두톱상어

우리 눈에 비친 모습

사슬두톱상어의 눈에 비친 모습

과학자들은 사슬두톱상어가 보는 식으로 세상을 보는 카메라를 만들어서 이 사진을 찍었어요.

우리 눈에 사슬두톱상어는 사슬 모양의 검은 무늬가 있는 황갈색으로 보여요. 하지만 수심 488~610미터의 어둠 속에서 헤엄치는 다른 사슬두톱상어에게는 초록빛으로 보이지요! 피부에 있는 색소가 파란빛은 흡수하고 초록빛은 반사하기 때문이에요. 사슬두톱상어의 눈에는 특별한 세포, 즉 초록빛을 보는 광수용기가 있어서 다른 상어가 초록색으로 보이지요. 암수의 발광 무늬가 다르기 때문에, 과학자들은 이 능력이 짝을 꾀는 데 쓰인다고 생각해요.

3 샐러드가 취향인 상어: 보닛헤드귀상어

보닛헤드귀상어가 플로리다키스의 물속을 탐사하고 있어요.

보닛헤드귀상어는 식물도 잘 먹어요. 다른 상어들은 거의 다 육식 동물이지만, 이 보닛헤드귀상어는 식물에서 영양분을 흡수할 수 있는 소화계를 지녔거든요. 이 상어가 일부러 식물을 뜯어 먹는 것인지, 아니면 해초에 숨어 있는 조개류를 먹을 때 딸려 오는 식물까지 먹는 것인지는 아직 불분명해요.

4 오래 사는 상어: 그린란드상어

그린란드상어 한 마리가 캐나다의 차가운 북극해에서 헤엄치고 있어요.

지금 북극해의 차디찬 깊은 물속을 헤엄치는 그린란드상어는 조선 시대에 정조 대왕이 나라를 다스리던 때부터 살았을 수도 있어요! 이 상어는 수명이 거의 300년이에요. 어쩌면 500세까지 살지도 몰라요. 척추동물(등뼈를 지닌 동물) 중 가장 오래 산다고 알려져 있어요. 과학자들은 얼듯이 추운 서식지와 느린 생활이 오래 사는 비법일 수도 있다고 생각해요. 그린란드상어는 우리 인간보다 심장이 훨씬 느리게 뛰거든요. 12초에 한번씩 뛰어요.

> 상어는 나무보다 먼저 지구에 출현했어요.

5 점잖은 거인: 고래상어

> 상어는 쥐가오리의 친척이에요.

고래상어는 입이 아주 커요. 10세 어린이도 그 안에 들어갈 수 있어요. 하지만 걱정 마요. 이 상어는 모래알이 몇 개 모인 것만큼 아주 작고 새우처럼 생긴 플랑크톤을 먹으니까요. 세계에서 가장 큰 어류인 고래상어는 버스보다 길고 무게가 약 2만 2680킬로그램에 달할 정도예요. 고래상어는 입을 벌린 채 천천히 헤엄치면서 입에 들어오는 물에서 작은 동식물을 걸러 먹지요.

입을 벌린 채 헤엄치는 고래상어 주위에 빨판상어들이 몰려 있어요.

물에서 사는 동물

분홍색 홍학의 힘

홍학은 지구에서 가장 강인한 새로 손꼽혀요!

핑크빛 홍학이 약하다고 생각하나요? 아니에요. 홍학은 동물계에서 가장 극단적으로 강인한 새일 수 있어요! 미국 자연사 박물관의 홍학 연구자 펠리시티 아렝고는 이렇게 말했어요. "분홍색 깃털과 후들거릴 듯한 다리 때문에 사람들은 홍학이 아주 섬세한 동물이라고 여길 수 있어요. 하지만 홍학은 겉보기보다 아주 강인해요." 홍학의 5가지 적응 형질을 보고 판단해 봐요.

긴 다리가 튼튼해요

동아프리카 탄자니아의 네이트런호는 사람의 피부를 태울 수 있는 부식성* 화학 물질로 가득해요. 그 지역에 사는 다른 많은 새들에게는 물로 덮인 묘지나 다름없어요. (호수에 빠진 동물은 서서히 미라가 돼요.) 그러나 홍학은 이 호수에서 온종일 걸어 다닐 수 있어요. 꼬챙이 같아 허약해 보이는 다리는 갑옷, 즉 두꺼운 가죽질 피부와 겉면을 덮은 단단한 비늘 수백 개로 감싸여 있지요. 이 두꺼운 갑옷 덕분에 홍학은 세계 각지의 유독한 물에서도 지낼 수 있어요.

부리로 무는 힘이 아주 세요

바다의 큰 고래들처럼, 홍학도 여과 섭식자**예요. 그러나 헤엄치면서 먹이를 삼키는 대신에, 홍학은 그냥 브라인쉬림프, 조류, 파리 유충 등 먹이가 사는 진흙을 발로 찬 뒤 머리를 물에 담그고 들이마셔요. 사람과 달리 홍학은 아래턱과 위턱을 다 움직일 수 있어서 입을 빠르게 여닫아요. 1초에 20번까지 여닫죠. 그러면서 먹이가 든 물을 입 속으로 밀어 넣어요. 부리의 가장자리가 짧은 빗처럼 생겨서 큰 알갱이를 걸러 내요. 또 혀 둘레에도 빗처럼 생긴 체가 있어서 맛있는 먹이를 잡아 먹지요. 냠냠!

> 날개 아래쪽에 검은 깃털이 있는데 홍학이 날 때만 볼 수 있어요.

아메리카홍학이 부화한 지 3일 된 새끼에게 먹이를 줘요.

*부식성: 화학 작용으로 삭거나 녹슬거나 하여 변하는 성질. **여과 섭식자: 물에 떠다니는 먹이를 걸러 먹는 동물.

동물의 세계

홍학은 무리 지어서 걷기도 해요.

아메리카홍학 세 마리가 멕시코만 인근의 번식지에서 걷고 있어요.

무엇이든 마실 수 있어요

홍학은 오스트레일리아와 남극 대륙을 제외한 모든 대륙에 살아요. 대부분 아주 짠 호수, 습지, 석호에 살아요. 거의 끓는 온천에서 물이 흘러드는 곳도 있어요. 그렇다면 홍학은 무엇을 마실까요? 소금을 뺀 소금물을 마셔요.

홍학의 머리에는 마시는 물에서 염분을 걸러 내는 염류샘이라는 작은 기관이 있어요. 이 샘은 걸러 낸 염분을 콧구멍을 통해 내보내요. 칠레홍학처럼 사막에 사는 종들도 이런 적응 형질을 가져서 소금 호수에서 물을 마실 수 있어요.

민물에서 살 때에는 온도가 섭씨 60도에 달하는 뜨거운 온천물도 꿀꺽꿀꺽 마실 수 있어요. 어떻게요? 전문가들은 모든 홍학의 입과 목을 덮고 있는 유달리 강인한 피부 내층과 관련이 있다고 생각해요. 또 과학자들이 홍학의 머리에서 발견한 혈관들은 삼킨 물의 열을 발산해서 체온을 조절하는 데 쓰여요. 자동차 방열기가 엔진의 열을 식히는 것과 비슷해요.

발이 차가워지지 않아요

만약 얼어붙는 물속에서 깜박 졸면, 사람은 동상에 걸릴 거예요. 아니면 더 심한 일을 겪겠죠. 홍학이라면 괜찮아요. 홍학은 발로 얼음을 깬 뒤에 차디찬 물에 부리를 담그고 물을 들이마셔요. 얼음이 너무 두꺼워 깨지지 않을 때 비로소 더 따뜻한 곳으로 옮겨 가는 홍학도 있죠. 전문가들은 부식성 물로부터 홍학을 보호하는 '갑옷'이 얼음처럼 차가운 물에서 체온을 조절하며 지내는 데도 도움이 된다고 생각해요.

둥지는 작은 성 같아요

홍학은 부식성 물의 한가운데에 둥지를 진흙으로 돔처럼 지어요. 그래서 새끼로 부화할 알을 포식자로부터 안전하게 지킬 수 있어요. 또 비가 와서 수위가 올라가도 둥지는 높아서 물에 잠기지 않아요.

부화한 새끼들은 돌보미들이 함께 돌봐요. 그동안 부모는 먹이를 찾아 돌아다닐 수 있어요. 조금 자란 홍학과 다 자란 성체 홍학들은 둥지에서 멀리 떨어진 곳에서 함께 큰 무리를 지어 있곤 해요. 홍학의 포식자가 공격하려다가 이 분홍색 벽을 보면 개체를 구별하기 힘들어 혼란에 빠지곤 하지요. 홍학은 강인할 뿐 아니라, 아주 영리해요.

아메리카홍학들이 멕시코 유카탄반도에서 둥지를 틀었어요.

야생 동물의 능력

지구에는 6000종이 넘는 개구리가 살아요. 그중 많은 수가 동전만 하지요. 이 작은 양서류는 아주 놀라운 특징들을 지녀요. 5종의 개구리가 각각 별난 특징을 이용해서 어떻게 살아가는지 알아볼까요?

놀라운 개구리들

남아메리카 코스타리카에서 빨간눈청개구리가 어느 식물 줄기에 앉아 있어요.

이 멋진 양서류의 특징을 알면 개구리를 사랑할 수밖에 없게 될 거예요.

신기한 눈

우림에 사는 빨간눈청개구리는 멕시코 남부에서 남아메리카 콜롬비아 북서부 끝까지 퍼져 있어요. 빨간눈청개구리 한 마리가 나뭇가지에 앉아서 눈을 감고 있어요. 자고 있는 것처럼 보이지만, 사실은 주변을 지켜보고 있어요. 눈꺼풀이 투명해서 눈을 감고도 새, 뱀, 커다란 거미 같은 포식자가 있는지 주변을 살필 수 있어요. 움직임을 감지하면 눈꺼풀을 열고서 새빨간 눈알을 드러내요. 굶주린 포식자가 깜짝 놀라서 움찔하기를 바라면서요.

감은 눈
눈꺼풀이 투명해서 눈을 감고 쉬면서도 주변을 살필 수 있어요.

뜬 눈
눈을 크게 떴어요! 갑자기 눈을 크게 뜨면 새빨간 눈에 포식자가 깜짝 놀랄 수도 있어요.

작은 귀, 큰 코

천둥이 치듯 요란한 폭포 주위에서는 물소리 외에 다른 소리가 거의 들리지 않아요. 동남아시아 우림에 사는 보르네오급류개구리는 다르지요. 이 개구리의 머리에서 구멍처럼 보이는 것은 사실 귀예요. 이 개구리는 청력이 아주 뛰어나요.
보르네오급류개구리는 초음파를 내고 들을 수 있는 두 종류의 개구리 중 하나예요. 사람과 다른 동물이 들을 수 없는 높은 소리로 울어 대지요. 덕분에 시끄럽게 흐르는 하천 주변에서 의사소통할 수 있어요.

보르네오급류개구리는 동남아시아 보르네오섬에서만 발견되었어요.

동물의 세계

거대한 입

아프리카황소개구리는 입이 아주아주 커요! 입을 쩍 벌리면 13센티미터까지도 벌어져요. 자기 몸 길이(20센티미터)의 절반이 넘지요. 게다가 입 안에 먹이를 잡기 좋은 도구도 갖추고 있어요. 힘 센 혀로 설치류, 새, 도마뱀 같은 먹이를 끌어당긴 다음 아래턱에 난 이빨처럼 생긴 구조물인 피부 이빨로 찔러요. 그리고 입천장에 난 날카로운 이빨로 먹이를 꽉 물지요. 그런 다음에는 식사를 즐기면 돼요. 참 맛있겠네요.

아프리카황소개구리가 다음 먹이로 아프리카대왕노래기를 노리고 있어요.

물갈퀴 발을 낙하산처럼

동남아시아의 어느 우림에서 윌리스날개구리가 옆 나무의 아래쪽 가지를 보고 있어요. 기어서 내려갔다가 옆 나무를 타고 오르려면 시간이 좀 걸리겠지요? 이 개구리는 날아가는 방법을 택해요. 펄쩍 뛰어 발가락 사이의 물갈퀴를 쫙 펼쳐요. 물갈퀴가 공기를 받아서 작은 낙하산처럼 변해요. 또 몸 양쪽의 얇은 피부도 공기 저항을 높이지요.

무사히 활공해서 옆 나무에 사뿐히 내려앉아요. 발가락의 넓적하고 끈적한 바닥은 착륙할 때의 충격을 줄여 줘요. 이 개구리는 15미터까지도 활공할 수 있어요. 양서류 생존 연맹의 자문가인 과학자 필 비숍은 이렇게 말했어요. "아마 포식자를 피하기 위해 멀리 활공하는 듯해요." 멀리까지 날아가면 잡아먹히지 않겠지요?

윌리스날개구리가 말레이시아의 우림에서 활공하고 있어요.

무적의 피부

남아메리카 북동부의 우림에 사는 염색독화살개구리의 파랑, 노랑, 검정 무늬는 눈에 금방 띄어요. 그러나 이 양서류는 포식자를 겁낼 필요가 없어요. 피부에 상대를 마비시키거나 죽일 수도 있는 독이 있거든요. 선명한 색깔은 자기를 먹으면 위험하다고 포식자에게 경고하는 거예요. 원주민들은 이 독을 사냥용 화살촉에 바르곤 했어요. 그래서 '독화살개구리'라는 이름이 붙었지요.

염색독화살개구리의 선명한 무늬는 눈에 잘 띄어요. 가까우면 안 보일 수 없어요.

야생 동물의 능력

10가지 귀여운 쿼카에 관한 별난 사실들

쿼카는 때때로 **'세계에서 가장 행복한 동물'**이라는 별명으로 불려요. 아주 **귀엽고 다정한 얼굴** 때문이에요.

쿼카는 **뒤센근육위축증**이라는 질병에 걸릴 수 있어요. **이 병은 사람도 걸리는 병**이어서 과학자들은 쿼카를 연구해 치료법을 찾으려고 해요.

쿼카는 **통통한 꼬리에 지방을 저장했다가** 먹이가 부족할 때 이용해요.

쿼카는 식물을 통째로 삼켜요. 그런 뒤 **반쯤 소화된 음식물을 게워서 씹는 되새김질**을 해요.

초기 탐험가들이 **로트네스트섬**에서 이 동물을 처음 발견했을 때 **커다란 쥐**라고 생각했어요. 로트네스트섬이란 이름은 네덜란드어로 **'쥐 소굴 섬'**이라는 뜻이에요.

동물의 세계

포식자를 피해 달아날 때, 쿼카는 미리 만들어 둔 풀밭의 고속도로로 뛰어가요. 평소에 쿼카가 자주 다니면서 생긴 길이에요.

야행성 동물인 **쿼카**는 낮에는 주로 **가시투성이 덤불** 속에서 잠을 자요.

오스트레일리아 **원주민**들이 쿼카를 부르는 이름은 여러 가지예요. **반궁** 또는 **붕곱** 등이 있어요.

쿼카는 나무를 아주 잘 타요. 줄기와 가지를 빠르게 오르내리면서 잎과 씨 같은 **먹이를 찾아** 먹어요.

쿼카는 캥거루와 비슷한 **유대류**예요. 뒷다리로 껑충껑충 뛰고 배에 있는 주머니에 새끼를 품고 다니며 몇 달 동안 키워요.

야생 동물의 능력

놀라운 능력이 있는 뱀

뱀은 위장술의 대가이자 노련한 사냥꾼이며 커다란 먹이를 꿀꺽 삼키는 능력자예요. 이 파충류는 전 세계에 3000종 넘게 있어요. 뱀이 얼마나 놀라운 동물인지 알아볼까요?

아마존나무보아

톱비늘살무사

뱀은 혀로 냄새를 맡는다

'생쥐 냄새인데?' 뱀은 혀로 냄새를 맡아요. 끝이 갈라진 긴 혀를 날름거리면서 공기, 땅, 물에서 나오는 화학 물질을 감지해요. 혀는 냄새 분자를 입천장에 있는 작은 구멍 두 개, 즉 야콥슨 기관으로 보내요. 야콥슨 기관에 있는 세포들이 냄새를 분석하지요. '음, 점심거리군!'

뱀독은 사람도 죽일 수 있다

많은 뱀은 독니로 먹이에 두 개의 구멍을 내고 독을 주입해 마비시키거나 죽여요. 그런 뒤 통째로 꿀꺽 삼키지요. 아프리카의 뻐끔살무사는 가장 치명적인 뱀에 속해요. 몸길이 1.8미터, 몸무게 6킬로그램까지 자라며, 날쌔게 공격하죠. 이 뱀독은 사람에게 심한 통증뿐 아니라 조직 손상, 사망까지 일으킬 수 있어요. 이 뱀에게서는 멀리 떨어지세요.

뻐끔살무사

뱀은 허물을 벗는다

뱀은 말 그대로 피부를 찢고 자라요. 대개는 몇 달마다 땅이나 나뭇가지에 몸을 문질러서, 바깥쪽 피부를 입부터 벗어요. 양말을 벗듯이 안팎이 뒤집히면서 허물이 벗겨지지요. 그러면 반지르르한 새 피부로 덮여 있어요. 멋진 변신이죠!

황금나무뱀

누룩뱀

왕뱀은 먹이를 꽉 감아서 잡는다

보아, 아나콘다, 비단뱀 같은 왕뱀들은 죄는 힘이 아주 세요. 왕뱀은 근육질 몸통으로 먹이를 칭칭 감아서 꽉 조여요. 옥죄인 먹이는 질식해서 죽어요. 그렇게 감고 죄는 힘은 200개 이상의 척추뼈에 붙은 근육에서 나와요. (사람은 척추뼈가 33개에 불과해요.)

동물의 세계

치명적인 귀염둥이

자바늘보로리스

늘보로리스는 동남아시아에 9종이 살아요.

이 귀여운 동물은 매우 무시무시한 무기를 지니고 있어요.

늘보로리스는 너무나 귀여워 보여요. 하지만 겉모습에 속지 마요. 사랑스러워 보이는 이 동물은 영장류 중에서 유일하게 독을 지니고 있어요. 늘보로리스가 물면 먹이는 몇 초 사이에 죽지요. 사람도 늘보로리스에게 물리면 심하게 앓거나 죽을 수 있어요. 하지만 사람이 성질을 긁지 않았는데 늘보로리스가 먼저 사람을 무는 일은 거의 없어요.
늘보로리스가 지닌 치명적인 무기가 비단 독만은 아니에요. 귀여운 늘보로리스가 실제로 위험한 이유를 살펴볼까요?

무시무시한 표정
늘보로리스의 얼굴은 우리에게 "안녕!" 인사하듯 귀여운 표정이지만, 다른 동물들에게는 "위험!" 경고판과 같아요. 커다란 뱀이나 매 같은 포식자에게 늘보로리스의 얼굴 무늬는 입가에서 빨간 불빛이 번쩍이는 것처럼 보여요. 맹독으로 맞서 싸울 수 있다는 경고판이지요.

숨은 사냥꾼
동그랗고 큰 눈을 보면 포근하게 안을 수 있을 것 같아요. 하지만 이들이 뛰어난 사냥꾼인 데에 이 눈이 한몫해요. 망막 뒤쪽에 휘막이라는 특수한 층이 있거든요. 이 휘막을 통해 빛을 다시 망막으로 반사해서 빛이 약한 밤에도 잘 볼 수 있지요.

두 배로 강한 독
독을 지닌 다른 동물들은 대부분 독을 만드는 기관이 한 개이지만, 늘보로리스는 두 개예요. 침샘과 겨드랑이 아래의 샘이지요. 늘보로리스는 이 샘들을 혀로 핥아서 나온 독을 침과 섞어요. 그렇게 만든 더욱 강력한 독을 상대를 깨물어 주입해서 공격하지요.

인도네시아 자바섬에서 자바늘보로리스가 나무에 매달려 있어요.

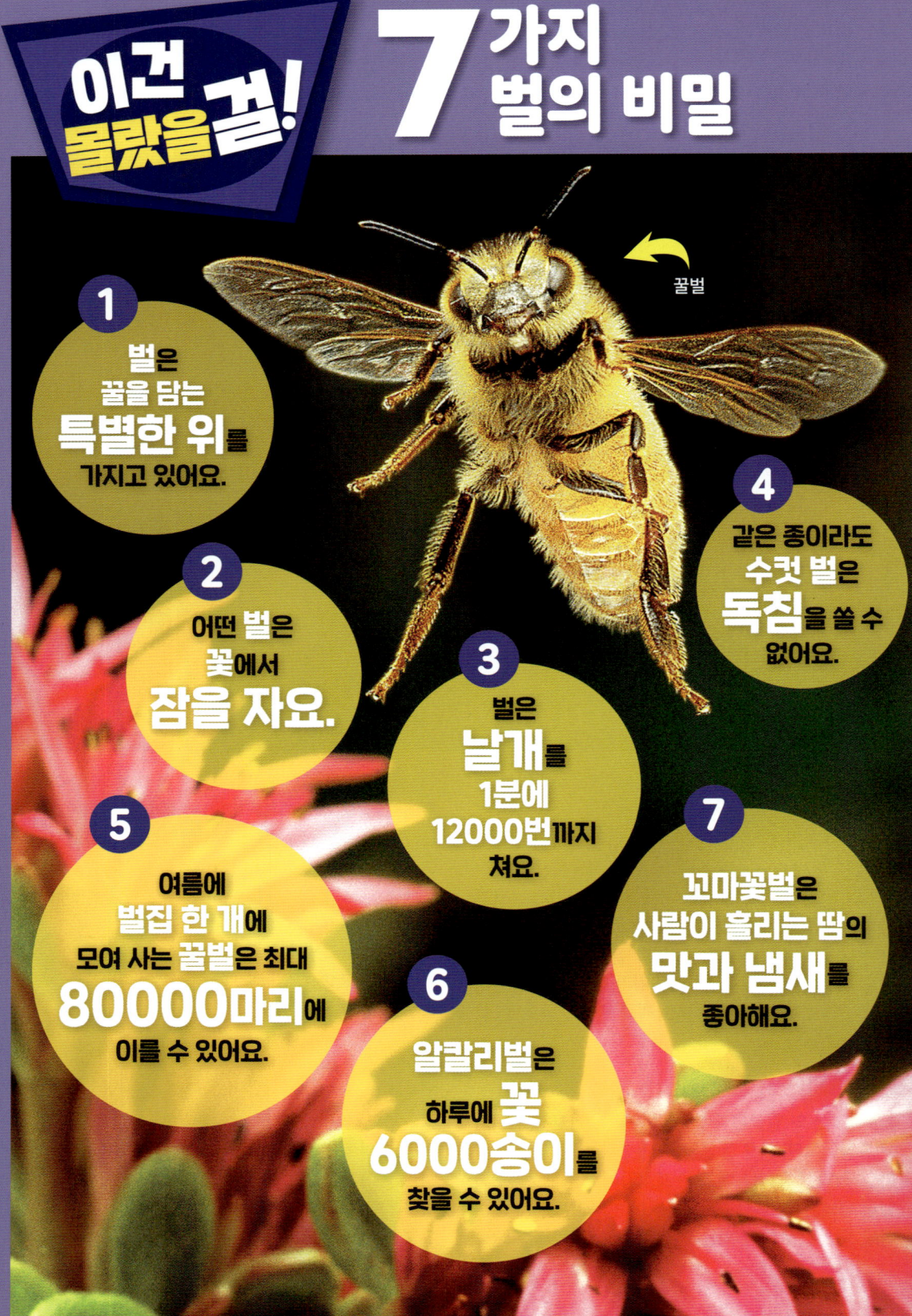

거미집의 모든 것

동물의 세계

거미 한 마리는 1년에 곤충 2000마리까지 잡아먹을 수 있어요. 거미는 맛있는 곤충 먹이를 어떻게 잡을까요? '방적 돌기'라는 특수한 샘에서 나오는 거미줄로 끈적거리는 거미집을 지어 먹이를 잡아요. 그런데 거미집에는 놀라운 사실들이 숨어 있어요!

0.001~0.004 밀리미터
거미집을 짓는 데 쓰는 거미줄의 굵기

-60도~150도
거미줄이 견딜 수 있는 온도 범위

25 미터
세상에서 가장 큰 거미집을 짓는 다윈나무껍질거미가 지은 거미집의 지름

무당거미

2~8 쌍
거미줄을 만드는 데 쓰는 실이 나오는 방적 돌기의 수

5배
같은 굵기의 강철보다 거미줄이 강한 정도

가장 오래된 거미집이 만들어진 때 (호박에서 발견된 것)
140,000,000년 전

고양이과 야생 동물

큰 고양이과, 나와라!

야생 고양이가 모두 큰 고양이과는 아니에요. 그럼 큰 고양이과란 무엇일까요? 야생 생물 전문가는 호랑이, 사자, 표범, 눈표범, 재규어, 퓨마, 치타를 큰 고양이과라고 해요. 육식 동물이라서 다른 동물을 잡아먹고 살지요. 모두 강한 턱, 길고 날카로운 발톱, 칼날 같은 이빨을 갖춘 뛰어난 사냥꾼들이에요.

보츠와나에서 새끼 표범이 나무 위에서 쉬고 있어요.

내셔널지오그래픽 큰 고양이과 사업단은 연구, 보전, 교육, 홍보를 통해서 사자 같은 큰 고양이과를 보전하기 위해 일해요.

동물의 세계

어느 종일까?

표범속의 큰 고양이과 동물들은 공통점이 많아요. 하지만 차이점을 알면, 금방 구별할 수 있어요.

눈표범
눈표범은 산에서 사계절 내내 숨기 좋게 털에 점무늬가 있어요. 겨울에는 눈과 잘 섞이도록 새하얀 털이 나고, 여름에는 식물 사이에서 잘 들키지 않도록 황갈색 털로 덮여 있어요.

재규어
재규어의 털은 무늬가 표범과 비슷해요. 둘 다 장미 모양(로제트)의 검은 무늬가 있지요. 차이점은 뭘까요? 재규어의 장미 무늬는 가장자리가 울퉁불퉁하고 한가운데에 검은 점이 한 개 이상 있어요.

호랑이
호랑이는 대부분 몸에 세로로 줄무늬가 나 있어요. 호랑이가 웃자란 풀 사이에 숨어서 먹이를 기다릴 때, 이 줄무늬 덕분에 잘 안 보여요. 사람의 지문처럼, 이 줄무늬는 호랑이마다 다 달라요.

표범
표범은 누런 털로 덮여 있는데 등과 옆구리에 검은 장미 무늬가 있어요. 이 장미 무늬는 가장자리가 매끄럽고 둥글어요. 털 색깔과 무늬가 주변 환경과 비슷해서 눈에 잘 띄지 않아요.

사자
사자는 털이 옅은 갈색이나 황갈색이고, 꼬리 끝에 검은 털 뭉치가 달려 있어요. 수컷들은 대개 목덜미에 덥수룩한 갈기가 자라요. 갈기 덕분에 몸집이 크고 강해 보이지요.

표범
무게: 30~80kg
몸길이: 1.3~1.9m

벵골호랑이(인도호랑이)
무게: 109~227kg
몸길이: 1.5~1.8m

재규어
무게: 45~113kg
몸길이: 1.5~1.8m

눈표범
무게: 27~54kg
몸길이: 1.2~1.5m

아프리카사자
무게: 120~191kg
몸길이: 1.4~2m

고양이과 야생 동물

가장 기이한 고양이 서벌

서벌은 생김새가 조금 별나요. 하지만 사냥하기에 아주 유리한 모습이라고 해요.

서벌은 물에서 사냥할 때 3시간 동안 개구리를 30마리까지 잡을 수 있어요.

새끼 서벌은 어미 곁에서 2년까지 머물다가 독립해요.

서벌은 치르르, 푸르르, 쉿쉿, 크르르, 으르렁 등 여러 울음소리를 내요.

아주 중요한 귀

서벌의 커다란 귀는 사냥에 아주 중요한 역할을 해요. 서벌은 돌아다닐 때 다른 감각보다 소리에 더 의지해요. 고양이과 야생 동물 중에서 몸집에 비해 가장 큰 귀를 지녔고, 사바나*에서 아주 작은 소리도 들을 수 있어요. 뛰어난 청력을 잘 활용하기 위해서, 서벌은 사냥할 때 소음을 내지 않아요. 그래서 일부 고양이들처럼 슬그머니 다가가는 대신에, 빈터에 가만히 쪼그려 앉아 먹잇감이 내는 소리에 귀를 기울여요.

서벌은 주위를 살피는 부엉이처럼, 풀밭에 가만히 앉아 머리만 앞뒤로 움직이곤 해요. 열대 초원인 사바나를 훑으며 먹이를 찾는 중이에요. 눈이 아니라 커다란 귀로요. 빽빽한 덤불 아래 설치류가 움직이는 소리를 들으면, 서벌은 공격을 준비해요. 몸을 웅크렸다가 키 큰 풀 위로 폴짝 뛰어올라요. 오로지 소리만 듣고서 보이지 않는 쥐를 덮쳐요.
아주 긴 다리, 쭉 늘어나는 목, 커다란 귀를 지닌 서벌은 보기에 따라서는 생김새가 정말 이상해 보일 수도 있지요. 하지만 아프리카에서 서벌을 연구하는 생물학자 크리스틴 틸벤더는 이렇게 말했어요. "이 이상해 보이는 신체 부위들이 한데 모여서 정말로 뛰어난 사냥꾼이 된 거예요." 실제로 서벌의 사냥 성공 가능성은 절반 이상이에요. 고양이과 야생 동물 중에서 가장 뛰어난 쪽이지요. 사자는 무리가 함께 사냥해도 성공률이 약 20퍼센트밖에 안 돼요.

*사바나: 열대와 아열대 지방에 발달한 초원.

동물의 세계

재규어의 정처 없는 여행

이 점박이 고양이는 새 집을 찾아 이곳저곳으로 돌아다니고 있어요.

재규어는 밤눈이 사람보다 거의 2배 가까이 밝아요. 그래서 밤에 먹이에게 몰래 다가갈 수 있지요.

재규어는 예전에 북아메리카에서 남아메리카까지 1800만 제곱킬로미터에 달하는 면적에 퍼져 살았어요. 하지만 지난 세기에 소 목장과 도시가 늘어나면서 재규어의 활동 면적은 절반으로 줄었어요. 이제 재규어는 미국에서 거의 다 사라졌고, 남쪽으로도 겨우 아르헨티나까지만 퍼져 있어요. 또 지역별로 고립되어 있어서 재규어들이 짝을 만나기가 더 힘들어졌어요. 해마다 태어나는 새끼의 수가 줄어들고 있어요.

안전한 생태 통로

지난 10여 년 동안 재규어가 한 서식지에서 다른 서식지로 이동할 수 있는 특수한 생태 통로들이 마련되었어요. 하지만 사람들이 이 통로의 나무, 관목, 풀을 없애는 바람에 재규어는 몸을 숨길 곳이 없어져 오히려 위험해졌지요. 그래서 야생 동물 생태학자 앨런 래비노위츠는 재규어들이 이용하는 '고속 도로'와 서식 범위 전체를 보호하기 위한 재규어 통로 사업단을 만들었어요.

목장의 울타리

재규어를 지키는 데 중요한 요소가 하나 더 있어요. 바로 생태 통로 주변에 사는 농민들을 교육하는 거예요. 예전에 재규어는 소 목초지를 지나면서, 잡기 쉬운 먹이인 소를 잡아먹으려고 했어요. 농민들은 가축을 지키기 위해서 재규어를 죽이려고 했고요. 하지만 지금은 가축들을 밤에 울타리 안에 몰아넣는 새 지침이 나왔지요. 그 덕에 재규어와 가축이 모두 더 안전해졌어요.

재규어가 헤엄쳐서 브라질의 파라과이강을 건너고 있어요.

어미 재규어는 대개 한배에 새끼를 2~4마리씩 낳아요.

브라질의 쿠이아바강에서 재규어가 먹이에 슬그머니 다가가고 있어요.

고양이과 야생 동물

돌아온 스라소니

스코틀랜드에 스라소니를 다시 들여올 방법

영국 제도는 그레이트브리튼섬과 아일랜드섬 그리고 근처의 작은 섬들을 가리켜요.

독일의 이 개체처럼 스라소니는 나무 위에서 쉬곤 해요.

영국 제도에 마지막으로 남은 스라소니는 야영지 모닥불을 피하고, 사나운 개에게서 달아나고, 동굴에 숨어 가면서 겨우겨우 살아갔어요. 기원후 500년경부터 사람들은 목초지와 농경지를 만들기 위해 숲을 베어 없앴어요. 스라소니가 숨을 곳도 사냥할 먹이도 점점 줄어들었어요.

약 6000년 전 영국 제도는 숲으로 덮여 있었고 늑대, 갈색곰, 스라소니가 많았어요. 하지만 숲이 사라지고 먹이와 사냥감이 부족해지자, 이런 커다란 포식자들도 사라지기 시작했지요. 현재 환경 보전 활동가들은 스라소니를 다시 영국 스코틀랜드에 들여오고 싶어 해요. 성공하면 그 종에게도 지구에도 좋은 일이 될 거예요.

균형 잡기

자동차에서 부품을 하나둘 떼기 시작한다면 어떻게 될까요? 곧 엔진이 탈탈거리면서 연기를 뿜어낼 거예요. 중요한 부품이 사라졌으니까요. 스코틀랜드 풍경도 스라소니가 사라졌을 때 비슷한 문제에 처했어요.

예전에 스라소니가 양과 염소를 잡아먹곤 했기에, 사람들은 스라소니를 적으로 여겨 사냥하기 시작했어요. 그런데 큰 고양이과 동물들을 비롯한 포식자들이 사라지자, 숲에 사슴이 마구 불어났어요. 사슴은 나뭇잎과 덤불을 닥치는 대로 먹어 치웠고, 곧 스코틀랜드의 드넓은 숲이 사라졌어요. 식물이 채 자라지도 못한 채 먹히는 바람에요. 숲 아래쪽에 집을 짓는 조류와 설치류는 여우에게 쉽게 잡아먹혔지요. 한때는 여우도 스라소니에게 잡아먹히곤 했거든요.

숲을 복원하려고 노력하는 사람들은 사슴이 먹지 못하게 어린나무 주위에 울타리를 쳐야 해요. 스라소니가 숲을 돌아다닌다면 사슴이 어린나무를 너무 많이 뜯어 먹지 못하게 막아서 숲을 복원하는 데 도움이 될 것이라고, 전문가들은 생각해요.

또 다른 도움도 기대할 수 있어요. 사람들이 농경지와 목축지를 만들고 가구와 휴지 등을 얻기 위해 나무를 베면서, 지구 전체에서 숲이 줄어들고 있어요. 2020년에만 한반도보다 넓은 면적의 숲이 사라졌어요. 따라서

동물의 세계

새끼는 1년쯤 자라면 독립해요.

스라소니 암컷은 한배에 5마리까지 새끼를 낳아요.

스코틀랜드 같은 곳의 숲을 복원하면 그만큼 야생 동물이 살아갈 공간이 생기고 기후 변화를 줄이는 데에도 도움이 돼요. 태양의 열을 가두어 지구를 덥히는 온실가스인 이산화 탄소를 나무가 흡수하거든요.

스코틀랜드의 자연을 복원하려고 애쓰는 스코틀랜드 야생 복원 연대의 스티브 미클라이트는 이렇게 말했어요. "숲을 복원하면 탄소를 가둘 수 있고, 더 많은 야생 동물이 살아갈 놀라운 서식지와 사람들이 누릴 자연을 얻을 수 있어요. 모두가 이롭지요!"

야생 고양이에 관한 대화

여론 조사에서 지역 주민의 약 75퍼센트가 스코틀랜드 숲을 복원하는 일에 찬성했지만, 스라소니를 들여오자는 계획에 호응하는 사람은 더 적었어요. 주된 이유는 이 야생 고양이가 가축을 잡아먹을까 하는 농민들의 걱정이 있었기 때문이지요. 과학자들은 스라소니가 숲을 좋아하고 가축은 목초지에 살기 때문에 가능성이 낮다고 말하지만, 복원 활동가들은 농민들의 걱정을 줄인 다음에 들여오기를 바랐어요.

이는 스라소니의 새집이 될 만한 곳 가까이에 사는 양치기, 사냥꾼, 조림업자, 토지 관리자 등 주민 수백 명과 면담해서 사람과 야생 동물의 관계를 더 깊이 이해하려는 노력을 해야 한다는 뜻이에요.

예를 들어, 예전에는 스라소니가 가축에게 피해를 끼치면 농민에게 보상금을 지급하자는 제안도 있었어요. 하지만 연구를 이끈 데이비드 배빈은 농민이 가축에 얼마나 신경을 쓰는지, 가축의 생활 방식을 존중하지 않는 방식은 아닌지 고려하지 않은 제안이라고 말했어요. 보전 활동가들은 모든 주민들의 생각을 잘 파악하는 것이 중요하다고 여겨요.

"우리는 그것이 옳은 일이라고 많은 사람들이 동의해야 한다고 믿어요. 그래서 시간을 들여 사람들과 대화하고, 스라소니를 들여왔을 때 환영받을 곳을 찾으려 애

쓰고 있어요." 미클라이트가 말했어요.

다음 순서는 과학자들이 유럽 각지에서 스코틀랜드로 스라소니를 몇 마리 들여오는 것이 되겠지요. 꼬리표를 달아서 어디로 가고 무엇을 하는지를 여러 해 동안 추적 관찰하고요. 또 풍경이 어떻게 바뀌는지도 조사해야 해요. 스라소니가 나뭇잎을 뜯어 먹는 사슴을 잡아먹음으로써 어린나무가 더 많아지는지, 또 스라소니가 양을 사냥하는지도 알아봐야 해요.

스라소니의 땅?

최근에 스코틀랜드에 스라소니 약 450마리가 살 정도의 서식지와 먹이가 있다는 연구 결과가 나왔어요. 환경 보전 활동가들은 스라소니를 다시 들여와서 야생 숲이 균형을 회복하고 나무가 잘 자랄 수 있게 돕고 싶어 해요. 이 최상위 포식자를 들여오는 일은 쉽지 않겠지만, 보전 활동가들은 오래 걸리더라도 할 가치가 있다고 생각해요.

미클라이트는 말했어요. "지금 여기 살고 있는 동물들처럼 스라소니도 원래 여기에 있었어요. 스라소니가 사라진 것은 우리 잘못이에요. 스코틀랜드에는 스라소니가 돌아오기를 기다리는 곳이 있어요. 그들이 돌아오면 무척 기쁠 거예요."

스라소니는 래브라도 레트리버만큼 자라요.

태어난 지 14주쯤 되면 반점이 생기기 시작해요.

반려동물 소식

말썽꾸러기 반려동물

주머니 속은 낮잠 자기 딱 좋아.

와, 저 작은 주머니에 어떻게 들어가지?

이름: 스니커즈
즐겨 하는 행동: 새 학기 옷 사기
좋아하는 장난감: 털실로 짠 띠
싫어하는 것: 학교 교복

이름: 츄이
즐겨 하는 행동: 베개 속 탐사하기
좋아하는 장난감: 봉제 곰 인형
싫어하는 것: 지퍼

개 팔자가 최고야.

싱크대에 치약을 잔뜩 칠했더니 기분이 너무 좋아.

이름: 케소
즐겨 하는 행동: 고양이가 싱크대에서 자고 있을 때 수돗물 틀기
좋아하는 장난감: 비누 거품
싫어하는 것: 고양이 깔개

이름: 사바카
즐겨 하는 행동: 수영장에서 노는 사람 지켜보기
좋아하는 장난감: 튜브 뗏목
싫어하는 것: 수영장 물을 마시지 못하게 하는 것

74

반려동물 이야기

나를 슈퍼 스텔라라고 불러 줘.

블러드하운드인 스텔라가 숲에서 등산객의 냄새를 따라가요.

스텔라가 등산객의 손수건 냄새를 맡고 있어요.

개가 소녀를 구조했어요

미국 버지니아주 리치먼드

어느 늦은 밤 블러드하운드 품종인 스텔라가 경찰관 엔조 디아즈 옆에서 졸고 있을 때 순찰차 무전기가 울렸어요. 신체장애가 있는 13세 소녀가 사라졌다는 소리였어요. 헬기가 공중에서 수색하고 있지만, 아직 아무 단서도 찾지 못했대요. 하지만 경찰은 스텔라라면 찾아낼 것이라고 기대했어요. 수색 구조견인 스텔라는 놀라운 후각을 이용해 실종자를 찾는 훈련을 받았거든요.

소녀의 집에 도착한 디아즈는 스텔라에게 하네스를 입히고 길이 5미터의 줄을 연결했어요. 개는 사라진 소녀의 방에서 베갯잇 냄새를 맡았어요. 그런 뒤 디아즈는 스텔라에게 소녀를 찾으라고 지시했어요. "자, 찾아." 스텔라는 디아즈를 끌고서 인근의 숲으로 들어갔어요. 동네 사람이 소녀를 마지막으로 보았다는 곳이었지요. 스텔라는 제 코와 디아즈가 든 손전등 불빛에 의지해 냄새를 킁킁 맡으면서 숲속을 나아갔어요. 그러다가 갑자기 달리기 시작했어요. 이윽고 한 나무 밑에 앉아 있는 소녀가 보였어요. 스텔라는 소녀가 있는 곳으로 곧장 달려갔지요. 소녀는 몸이 차갑고 좀 젖어 있었지만, 무사했어요. 스텔라는 경찰관들이 가족과 함께 올 때까지 소녀 옆에 앉아 있었어요.

순찰차로 돌아온 디아즈는 스텔라에게 포상으로 간식을 주었어요. "스텔라는 맛있게 먹고, 곧바로 졸기 시작했지요."

고양이의 검은 털을 만드는 유전자는 감염 억제에 도움이 될지 몰라요.

고양이가 사람을 구했어요

영국 더비셔주 스와들린코트

검은 고양이 월터는 결코 불행을 가져오지 않아요. 벌써 50번 넘게 집사의 목숨을 구했거든요! 월터의 집사, 즉 반려인인 헤이즐 파킨은 제1형 당뇨병을 앓아요. 몸이 혈당을 조절할 수 없다는 뜻이에요. 잠을 잘 때 혈당이 떨어지면, 발작이 일어날 수도 있어요. 그런데 월터는 파킨이 위험하면 언제나 즉시 알아차리는 듯했어요.

혈당이 떨어지면, 몸에서 화학적 변화가 일어나서 어떤 냄새가 나요. 월터는 바로 이 냄새를 맡으면, 잠자는 파킨의 몸에 올라가 깨어날 때까지 앞발로 얼굴을 찰싹찰싹 쳤어요. 그래서 파킨은 혈당을 낮추는 약을 먹을 수 있었지요.

월터는 그냥 반려동물이 아니에요. 파킨의 구조대원이에요.

반려동물 소식

개 대 고양이

가장 인기 많은 두 반려동물 중
어느 쪽이 자신에게 더 맞는지
한번 알아볼까요?

왼쪽으로 한 방,
오른쪽으로 한 방
먹여야지.
눈앞에 별이
번쩍거릴걸!

나비처럼 날아서
벌처럼 쏘겠어.
나를 건드리지조차
못할걸!

동물의 세계

야옹!

집고양이는 **퓨마의 친척**이에요.

고양이는 적어도 **4000년** 전에 사람에게 길들었어요.

집고양이의 평균 수명은 **13~17년**이에요.

고양이는 평균적으로 한배에 **새끼 3~5마리**를 낳아요.

다 자란 고양이는 대개 **자기 키의 6배까지** 뛰어오를 수 있어요.

고양이는 개보다 약 **1.5배 높은 소리**도 들을 수 있어요.

고양이는 하루에 약 **15시간**을 자요.

모든 **고양이**는 **태어날 때 눈이 파래요.**

멍멍!

개는 **늑대의 친척**이에요.

개는 적어도 **1만 4000년** 전에 사람에게 길들었어요.

개의 평균 수명은 **8~16년**이에요.

개는 평균적으로 한배에 **새끼 5~6마리**를 낳아요.

다 자란 개는 대개 **자기 키의 3배까지** 뛰어오를 수 있어요.

개는 냄새를 맡는 후각 세포가 약 **2억 2000만 개**예요. 고양이보다 20배 많아요.

갓 태어난 강아지는 **꼬리를 흔들지 않아요.**

개는 하루에 약 **14시간**을 자요.

선사 시대 연대표

인류는 약 30만 년 전에 지구에 출현했어요. 약 46억 년이라는 지구 역사와 비교하면 아주 짧은 기간을 존재했지요. 지구가 처음 생겨난 뒤로 많은 일이 일어났어요. 선캄브리아 시대에는 수백만 년 동안 산소 농도가 아주 높았어요. 고생대에는 단단한 껍질이 있는 연체동물, 척추동물, 양서류, 파충류가 등장했어요.

공룡은 중생대 내내 지구를 지배했어요. 약 6600만 년 전 공룡이 모두 사라졌고, 신생대에는 현생 인류가 등장했어요. 작은 연체동물이 출현한 이래로 쥐라기의 거대한 공룡이 돌아다니고 그 뒤로 인류가 등장할 때까지 지구에는 많은 변화가 일어났지요.

선캄브리아 시대

46억 년~5억 4100만 년 전
- 지구(그리고 다른 행성들)는 가스와 먼지로 이루어진 거대한 구름에서 태양이 생겨나고 남은 것으로 만들어졌어요. 그 구름은 근처의 초신성들이 폭발한 충격으로 만들어진 것이지요.
- 지구 대기에는 산소가 거의 없어서 숨이 막힐 듯했어요.
- 초기 생명체가 출현했어요.

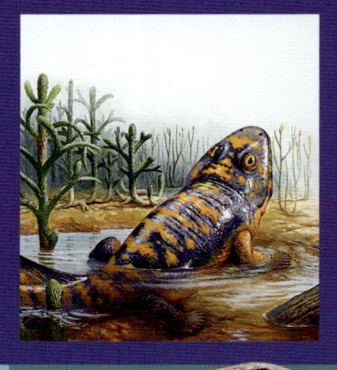

고생대

5억 4100만 년~2억 5200만 년 전
- 육지에 최초의 곤충과 다른 동물들이 출현했어요.
- 4억 5000만 년 전, 상어의 조상이 바다에서 헤엄치기 시작했어요.
- 4억 3000만 년 전, 식물이 육지에 자라기 시작했어요.
- 3억 6000만 년 전, 양서류가 물 밖으로 나왔어요.
- 대륙은 오랜 시간 동안 하나로 뭉쳤다가 쪼개지기를 반복했어요. 쪼개졌던 땅덩어리들이 다시 서서히 합쳐져서 '판게아'라는 하나의 초대륙이 되었어요.
- 3억 년 전, 파충류가 육지를 지배하기 시작했어요.

공룡은 왜 사라졌을까?

수 세기 동안 과학자들을 괴롭혀 온 수수께끼가 있어요. 공룡에게 과연 어떤 일이 일어난 것일까요? 지금까지 여러 이론이 나왔지만, 최근 연구를 보면 거대한 크레이터(주로 운석이 부딪혀 생긴 구덩이)를 만든 소행성이나 혜성의 충돌이 원인일 가능성이 가장 높아요. 그 충돌로 지진 해일, 지진 같은 자연재해가 일어나서 공룡의 생태계와 먹이 사슬을 파괴했어요. 또 화산이 뿜어낸 연기로 햇빛이 가려져 기후 변화가 심하게 일어났고요. 그 결과로 지구 생물 종의 절반이 사라졌고, 공룡까지 전멸했지요.

공룡 시대

중생대

2억 5200만 년~6600만 년 전
중생대는 파충류의 시대이며, 최초의 공룡이 출현한 시대예요. 공룡은 1억 5000만 년 넘게 지구를 지배했어요. 크게 세 시기로 나뉘어요.

트라이아스기

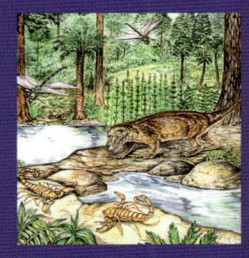

2억 5200만 년~2억 100만 년 전
- 최초의 포유류가 출현했어요. 생쥐만 했지요.
- 최초의 공룡이 출현했어요.
- 꽃이 없는 양치류가 육지의 주된 식물이었어요.
- 트라이아스기 말에 거대한 초대륙 판게아가 쪼개지기 시작했어요.

쥐라기

2억 100만 년~1억 4500만 년 전
- 거대한 공룡이 육지를 지배했어요.
- 판게아가 계속 쪼개지면서 그 사이로 바다가 생겨났어요. 덕분에 상어와 바다악어 같은 해양 동물들도 번성했어요.
- 잎이 뾰족한 침엽수가 각 대륙으로 널리 퍼졌지요.

백악기

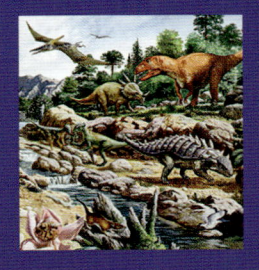

1억 4500만 년~6600만 년 전
- 대륙들이 현재의 모습을 갖추었어요.
- 가장 큰 공룡들이 출현했어요.
- 꽃식물이 육지에 널리 퍼졌어요.
- 포유류가 번성했고, 거대한 익룡이 하늘을 지배했어요. 작은 새들도 나타났고요.
- 기온이 극단적으로 변했어요. 공룡은 남극 대륙부터 북극권까지 넓은 지역의 사막, 습지, 숲에 살았어요.

신생대~제3기

6600만 년~260만 년 전
- 공룡이 멸종한 뒤, 포유류가 지구를 지배하게 되었어요.
- 조류는 계속 번성했어요.
- 화산 활동이 많이 일어났어요.
- 기온이 내려가기 시작했고, 빙하기가 찾아왔어요.
- 대륙끼리 이어진 부분을 통해 많은 동식물이 새로운 땅으로 퍼져 나갔어요.

공룡의 특징

공룡, 이렇게 분류하자

공룡을 비롯해 여러 생물을 분류하는 일은 꽤 복잡해요. 그래서 과학자들은 분류를 더 쉽게 할 체계를 생각해 냈어요. 공룡은 아주 다양한 특징을 토대로 종류를 나누어요.
과학자들은 공룡을 크게 두 집단으로 분류해요. 골반이 새의 골반과 비슷하면 조반목, 도마뱀의 골반과 비슷하면 용반목이지요.

조반목

'새의 골반'
(골반의 두덩뼈가 아래나 뒤로 뻗어 있는 형태)

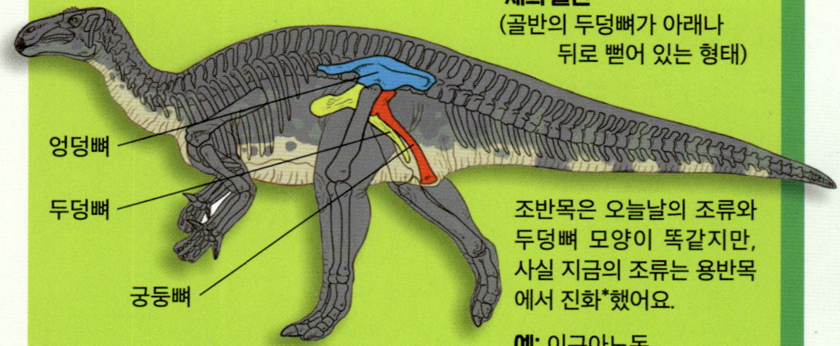

- 엉덩뼈
- 두덩뼈
- 궁둥뼈

조반목은 오늘날의 조류와 두덩뼈 모양이 똑같지만, 사실 지금의 조류는 용반목에서 진화*했어요.
예: 이구아노돈

*진화: 생물이 세대를 거치며 환경에 적응해 변화하는 것.

용반목

'도마뱀의 골반'
(골반의 두덩뼈가 앞으로 뻗어 있는 형태)

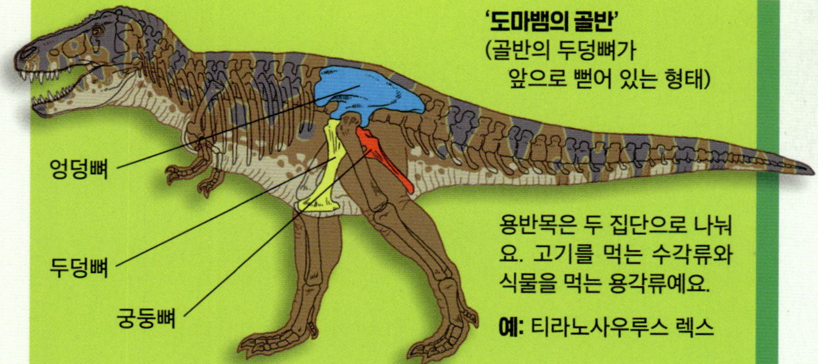

- 엉덩뼈
- 두덩뼈
- 궁둥뼈

용반목은 두 집단으로 나눠요. 고기를 먹는 수각류와 식물을 먹는 용각류예요.
예: 티라노사우루스 렉스

모든 공룡은 이렇게 크게 두 갈래로 나눈 뒤, 비슷한 종끼리 묶어 더 나누지요. 예를 들어서 검룡과에 속하는 공룡들은 스테고사우루스처럼 목과 등에 골판이 있고 꼬리에 가시가 나 있다는 특징이 있지요.

남극 대륙에도 **공룡**이 있었어요.

피노키오 렉스는 길고 가느다란 코가 있었어요.

화석이 된 공룡 똥으로 만든 장신구를 살 수 있어요.

안킬로사우루스는 '연결된 도마뱀'을 뜻해요.

동물의 세계

새로 발견된 공룡 4 종류

인류는 수백 년 전부터 공룡의 화석을 찾아다니고, 발견하곤 했어요. 지금까지 전 세계에서 적어도 1000종이 발견되었고, 앞으로 수천 종이 더 발견될 수도 있어요. 최근에 중국에서는 거의 2억 년 된 화석이 발견되었는데, 잘 보존된 갑옷 공룡 화석 중 아시아에서 가장 오래된 거예요.

① 스테고우로스 엘렌가센 (조반목)

- 학명: *Stegouros elengassen*
- 이름 뜻: '지붕 덮인 꼬리'라는 뜻이에요.
- 길이: 1.8미터
- 시대: 후기 백악기
- 지역: 칠레 파타고니아

② 오스트랄로티탄 코오페렌시스 (용반목)

- 학명: *Australotitan cooperensis*
- 이름 뜻: 화석 발굴지에서 가까운 하천인 '쿠퍼'에서 온 이름이에요.
- 길이: 25~30미터
- 시대: 후기 백악기
- 지역: 오스트레일리아

③ 울루그벡사우루스 우즈베키스타넨시스 (용반목)

- 학명: *Ulughbegsaurus uzbekistanensis*
- 이름 뜻: 15세기 중동의 천문학자이자 수학자인 '울루그 벡의 파충류'라는 뜻이에요.
- 길이: 9.1미터
- 시대: 후기 백악기
- 지역: 우즈베키스탄

④ 위시사우루스 콥치키 (조반목)

- 학명: *Yuxisaurus kopchicki*
- 이름 뜻: 중국 윈난성의 위시에서 나온 파충류라는 뜻이에요.
- 길이: 5.5미터
- 시대: 전기 쥐라기
- 지역: 중국

공룡의 특징

공룡의 비밀이 드러나다

첨단 기술 덕분에 공룡의 놀라운 특징들이 밝혀지고 있어요.

공룡이 멸종한 뒤 6600만 년이 흘렀어요. 그리고 지금도 인류는 공룡의 새로운 모습들을 알아내고 있어요. 레이저, 3D 모형, X선과 로봇 공학 같은 기술 덕분이에요. 예를 들어, 전문가들은 컴퓨터 프로그램으로 뼈 화석들을 연결하며 빠진 조각을 재현하고, 그 동물이 실제로 어떻게 살았는지를 더 잘 이해할 수 있어요. 더 알고 싶다고요? 과학자들이 최신 기술을 통해 발견한 놀라운 사실 세 가지를 살펴봐요.

스피노사우루스는 선사 시대의 톱상어를 사냥했어요.

강의 짐승

사하라 사막의 강에 공룡이 살았어요. 좀 이상하게 들리나요? 하지만 현재 북아프리카 모로코의 드넓은 사막은 9500만 년 전에는 자동차만 한 물고기가 헤엄칠 만큼 깊은 하천들이 흘렀어요. 티라노사우루스 렉스보다 몸이 더 긴 포식자인 스피노사우루스가 이곳에 살았지요.

처음에 과학자들은 등에 돛이 달린 이 동물이 물 가까운 곳에 살았다고 믿었어요. 마치 곰처럼 물가에서 물고기를 사냥했을 것이라고 여겼지요. 그러나 2014년에 일부 뼈대가 발견된 뒤, 과학자들은 이 공룡이 물속에서 많은 시간을 보냈을 것이라고 판단했어요.

고생물학자들은 그것으로 만족하지 않았어요. 연구진은 2018년에 다시 발굴에 나섰고 길이가 최대 5미터에 달하는 스피노사우루스 꼬리 화석을 발견했어요. 처음에는 척추뼈 하나만 발굴했지요. 연구진은 고속 카메라와 로봇으로 길이 20센티미터의 기계 꼬리를 만들어서 물속에 넣어 움직여 가며 실험을 했어요.

과학자들은 그 짐승이 악어처럼 물속을 헤엄쳤고, 친척인 육상 공룡들보다 8배나 더 센 힘으로 물속을 나아갔다는 것을 알아냈어요. 사실 스피노사우루스는 헤엄치는 데 알맞은 꼬리를 지닌 최초의 대형 공룡이었어요.

동물의 세계

성체가 지켜보는 가운데 어린 무스사우루스가 린코사우루스 두 마리를 살펴요.

새끼의 걸음

공룡은 스테고사우루스처럼 네 다리로 느릿느릿 걸었거나, 티라노사우루스처럼 두 다리로 허겁지겁 걸었어요. 그러나 모든 공룡이 자라는 동안 계속 같은 방식으로 움직인 것은 아니에요.

고생물학자 알레한드로 오테로는 초음파와 컴퓨터를 이용한 첨단 장치인 CT 스캐너로 무스사우루스의 뼈를 X선 촬영했어요. 그런 뒤 컴퓨터 프로그램으로 X선 영상을 3D 모형으로 바꾸어서 공룡이 나이에 따라 어떻게 섰는지 자세를 그려 냈어요. 이 시뮬레이션은 무엇을 보여 주었을까요? 사람의 아기처럼 무스사우루스 새끼도 처음에는 네 발로 걸었다가 자라면서 뒷다리로 걷기 시작했다는 것이 드러났어요.

갓 부화한 새끼 데이노니쿠스는 아빠가 돌봐요.

알껍데기 분석 결과

공룡 알 화석은 바위처럼 보여요. 그래서 과학자들은 데이노니쿠스의 알이 파란색이었을 가능성이 높다는 것을 발견하고 놀랐어요! 공룡의 사체에 열과 압력이 가해지면 수백만 년 동안 남아 있을 수 있는 물질이 생기기도 해요. 과학자들은 이런 물질을 자세히 조사했어요. 고생물학자 야스미나 비만이 데이노니쿠스 알에 레이저를 쬐어 봤더니, 빛이 반사되면서 껍데기에 현대의 동물 알이 밝은색과 반점을 띠게 하는 화합물이 들어 있음이 드러났어요. 비만 박사는 데이노니쿠스 알이 파란색이라는 사실을 알아냈지요. 이 사실은 또한 비슷한 색깔의 알을 낳는 현대 조류처럼, 데이노니쿠스도 잘 보이는 둥지에 알을 낳고 품었을 가능성이 높음을 시사* 했어요.

*시사: 어떤 것을 간접적으로 나타내는 것.

더 알아보기

잠깐 퀴즈!

동물에 대해서 내가 얼마나 아는지 퀴즈로 확인해 봐요!

답을 종이에 적은 뒤, 아래 정답과 맞추어 봐요.

1 네덜란드에서 건너온 탐험가들은 쿼카를 처음 보고 어떤 동물로 생각했을까?
a. 작은 곰
b. 거대한 쥐
c. 웃는 햄스터
d. 다정한 고양이

2 참일까, 거짓일까? 홍학은 물 위에 둥지를 지어요. (   )

3 보전 활동가들은 스라소니를 _____의 숲으로 다시 들여오기 위해 노력하고 있다.
a. 태국
b. 그리스
c. 인도
d. 스코틀랜드

4 개는 냄새 맡는 후각 세포가 2억 2000만 개 있어서, 고양이보다 약 _____ 배 많다.
a. 2
b. 20
c. 200
d. 2000

5 참일까, 거짓일까? 소라게는 껍데기가 작아지면 스스로 더 큰 껍데기를 만들 수 있어요. (   )

너무 쉽다고요?
다음 장에 나오는 **퀴즈**에도 **도전**해 봐요!

정답: ① b, ② 참, ③ d, ④ c, ⑤ 거짓

동물의 세계

이렇게 해 봐요!
아주 훌륭한 동물 보고서 쓰기

해마

선생님이 해마에 관한 보고서를 쓰라는 과제를 내 주더라도 걱정 마요. 보고서를 잘 쓰는 방법을 알려 줄게요.

잘 쓰기 위한 3단계: 보고서는 서술과 설명을 담아요 (129쪽 '완벽하고 훌륭한 보고서를 쓰는 법' 참조). 주요 개념을 제시하고, 뒷받침할 증거를 자세히 적고, 결론을 내려야 해요. 이 기본 구조와 전체 흐름을 생각하면서 한 문단씩 써 나가면 보고서를 제대로 쓸 수 있을 거예요.

1. 서론
주요 개념을 제시해요.
해마는 독특한 특징을 많이 지닌 흥미로운 물고기예요.

2. 본론
주요 개념을 **뒷받침하는 증거**를 제시해요.
해마는 아주 작은 물고기예요.
해마는 머리가 말 모양이라서 '바다의 말'이라는 이름이 붙었어요.
해마는 거의 모든 지구 동물들과 다른 특이한 행동을 해요.

이어서 서술하고, 설명하고, 논술하여 이 요점들을 **확장**해요.
해마는 아주 작은 물고기예요.
해마는 태어날 때 건포도만 하고, 성체 해마는 대부분 찻잔 안에 들어갈 크기예요.
해마는 머리가 말 모양이라서 '바다의 말'이라는 이름이 붙었어요.
해마는 주둥이가 긴 관 모양이에요. 말처럼 생겨서 해마라고 해요.
해마는 거의 모든 지구 동물들과 다른 특이한 행동을 해요.
다른 대다수 물고기와 달리, 해마는 평생을 같은 짝과 함께 살아요. 또 암컷이 아니라 수컷이 새끼를 낳는 유일한 종이기도 해요.

3. 결론
보고서 전체 내용을 **요약**해요.
독특한 생김새와 독특한 행동 때문에, 해마는 바다에서 가장 흥미로우면서 쉽게 알아볼 수 있는 동물에 속해요.

핵심 정보

보고서에는 다음과 같은 내용을 포함시킬 생각을 해야 해요.
- 내가 다룰 동물은 어떤 모습일까요?
- 어떤 종과 가까울까요?
- 어떻게 움직일까요?
- 어디에 사나요?
- 무엇을 먹나요?
- 포식자는 어떤 동물일까요?
- 얼마나 오래 사나요?
- 멸종 위기에 있나요?
- 왜 관심을 갖게 되었나요?

사실과 허구 구분하기: 여러분이 보고서를 쓸 동물은 영화나 신화나 전설에 나왔을 수도 있어요. 그 동물이 묘사된 모습과 현실에서 실제로 어떻게 행동하는지를 비교하고 대조해요. 예를 들어, 펭귄은 애니메이션 영화 「해피 피트」에서처럼 춤을 출 수는 없어요.

교정과 수정: 어떤 글이든 마찬가지로 다 쓰고 나면 맞춤법, 문법, 문장에 오류가 있는지 검사해요. 남에게 교정을 맡기는 것도 도움이 되곤 해요. 여러분이 놓친 오류를 찾아낼 수도 있으니까요. 또 문장과 문단을 더 다듬을 수도 있지요. 설명을 덧붙이고, 글이 훨씬 더 잘 전달될 만한 동사, 부사, 형용사를 골라요.

창의력을 발휘하기: 시각 자료를 덧붙여서 보고서에 활기를 불어넣어요. 잡지나 웹사이트에서 찾아낸 흥미로운 동물 사진을 보고서에 추가해요. 직접 그려 넣어도 되지요! 또 동물 서식지 모형을 만들 수도 있어요. 창의력을 발휘해서 자신이 아주 좋아하는 동물을 알릴 방법을 찾아봐요.

최종 결과물 완성하기: 이 모든 사항들을 다 모으고 다듬어서 최종 보고서로 만들어요. 깨끗하고 말끔하게 작성하고, 인용한 참고 문헌도 적어 두어요.

제임스 웹 우주 망원경이 찍은 이 이미지는 용골자리 성운에서 별이 형성되는 영역의 가장자리를 보여 줘요. 지구에서 약 7600광년 떨어진 곳이에요.

우주와 지구

우주의 천체들

5가지 경이로운 우주의 풍경들

이 세상의 풍경이 아닌 듯한 거대하면서 멋진 우주의 모습을 보세요.

1 아주아주 큰 별
고대 중국과 일본의 천문학자들은 1054년에 폭발해 **게성운**을 만든 초신성을 관측하고 기록했어요. 지름이 6광년에 달하는 이 죽은 별의 상세한 모습은 나사의 허블 우주 망원경이 찍은 사진을 합쳐 볼 수 있어요.

2 숨바꼭질
가스행성인 목성의 위성 70여 개 중 하나가 목성 뒤로 막 숨으려 하고 있어요. 목성의 위성 중 가장 큰 **가니메데**는 수성보다도 커요.

3 자유 비행
보이는 그대로예요! 미국 우주 비행사 브루스 매캔들리스 2세는 우주선에 연결된 **줄을 매지 않은 채 우주 유영**을 해서 우주 왕복선으로부터 가장 멀리 나아갔어요.

4 적색 초거성
외뿔소자리 V838은 지구로부터 2만 광년 떨어진 은하수 가장자리에 있어요. 2002년에 몇 주 동안 이 별이 갑자기 밝아졌어요. 그때 관찰된 '빛의 메아리'는 그전까지 보이지 않았던 별 주변의 먼지구름 구조를 보여 주었어요.

5 아주 거대한 원뿔
원뿔 성운은 총길이가 7광년인데, 이 사진에서는 위쪽 2.5광년만 보여요. 이 높이는 지구에서 달까지 2300만 번 왕복한 거리와 비슷해요! 수소 기체로 이루어진 으스스한 붉은 빛에 둘러싸여 있어요.

태양계 천체의 수

우주에 무엇이 떠돌고 있는지 궁금한 적이 있나요?

우리 태양계는 태양과 그 주위를 도는 온갖 천체들로 이루어져 있어요.
태양계를 이루는 행성, 소행성, 혜성을 만나 볼까요?

우주와 지구

147
달(위성)

5
왜소행성

71만 5000+
소행성

1
별
(이게 태양이에요!)

8
행성
수성, 금성, 지구, 화성, 목성,
토성, 천왕성, 해왕성

3400+
혜성

300+
우주 탐사 횟수

우주의 천체들

태양계 행성들

수성
- 태양으로부터 떨어진 평균 거리: 57,900,000킬로미터
- 적도에서 잰 지름: 4,878킬로미터
- 하루의 길이: 지구 시간으로 59일
- 1년의 길이: 지구 시간으로 88일
- 알려진 위성의 수: 0개

금성
- 태양으로부터 떨어진 평균 거리: 108,200,000킬로미터
- 적도에서 잰 지름: 12,100킬로미터
- 하루의 길이: 지구 시간으로 243일
- 1년의 길이: 지구 시간으로 224.7일
- 알려진 위성의 수: 0개

지구
- 태양으로부터 떨어진 평균 거리: 149,600,000킬로미터
- 적도에서 잰 지름: 12,750킬로미터
- 하루의 길이: 24시간
- 1년의 길이: 365일
- 알려진 위성의 수: 1개

화성
- 태양으로부터 떨어진 평균 거리: 227,936,000킬로미터
- 적도에서 잰 지름: 6,794킬로미터
- 하루의 길이: 지구 시간으로 25시간
- 1년의 길이: 지구 시간으로 1.9년
- 알려진 위성의 수: 2개

우주와 지구

이 그림은 우리 태양계의 행성 8개와 5개의 왜소행성을 나타내요. 왼쪽부터 오른쪽으로 태양에 가까운 순서대로 늘어놓았어요. 상대적인 크기라든가 위치는 실제와 같지만, 천체들 사이의 상대적인 거리는 실제와 달라요.

왜소행성에 대해서는 92쪽을 참고하세요.

목성
- 태양으로부터 떨어진 평균 거리: 778,412,000킬로미터
- 적도에서 잰 지름: 142,980킬로미터
- 하루의 길이: 지구 시간으로 9.9시간
- 1년의 길이: 지구 시간으로 11.9년
- 알려진 위성의 수: 79개*

토성
- 태양으로부터 떨어진 평균 거리: 1,433,600,000킬로미터
- 적도에서 잰 지름: 120,540킬로미터
- 하루의 길이: 지구 시간으로 10.7시간
- 1년의 길이: 지구 시간으로 29.5년
- 알려진 위성의 수: 82개*

천왕성
- 태양으로부터 떨어진 평균 거리: 2,871,000,000킬로미터
- 적도에서 잰 지름: 51,120킬로미터
- 하루의 길이: 지구 시간으로 17.2시간
- 1년의 길이: 지구 시간으로 84년
- 알려진 위성의 수: 27개

해왕성
- 태양으로부터 떨어진 평균 거리: 4,498,000,000킬로미터
- 적도에서 잰 지름: 49,528킬로미터
- 하루의 길이: 지구 시간으로 16시간
- 1년의 길이: 지구 시간으로 164.8년
- 알려진 위성의 수: 14개

*국제 천문 연맹에서 확인해 정식 이름이 붙기 전인 임시 위성을 포함해요.

우주의 천체들

왜소행성

에리스

명왕성

하우메아

기술이 발달한 덕분에 천문학자들은 망원경으로 예전에는 결코 볼 수 없었던 여러 천체들을 발견했어요. 새롭게 발견된 사실을 알려 줄까요? 명왕성 너머에 태양 주위를 돌고 있는 차가운 얼음 같은 천체들 무리가 있어요. 그중 가장 큰 천체는 명왕성과 마찬가지로 왜소행성으로 분류되죠. 왜소행성은 달보다는 작지만 질량이 충분해서 스스로를 공 모양으로 유지할 수 있을 만큼 중력을 갖고 있어요. 거의 구체에 가까워요. 하지만 자기 궤도상의 작은 천체들을 다 흡수할 만큼의 중력은 없어요. 그래서 보다 크고 무거운 다른 행성들은 자기만의 공전 궤도를 가진 데 비해 왜소행성들은 다른 왜소행성이나 자기보다 작은 바위, 얼음덩어리와 함께 궤도를 돌아요.

지금까지 천문학자들이 발견한 왜소행성 중에 잘 알려진 5개는 케레스, 명왕성, 하우메아, 마케마케, 에리스죠. 이름을 붙이기에 앞서 추가 연구가 더 필요한 왜소행성들도 최근에 많이 발견되었어요. 천문학자들은 우리 태양계의 추운 바깥쪽에서 수백 개의 새로운 천체들을 관찰하고 있어요. 시간이 지나 기술이 더 발전하면, 우리에게 알려진 왜소행성의 무리는 분명 계속해서 늘어날 거예요.

케레스
- 하루의 길이: 지구 시간으로 9.1시간
- 1년의 길이: 지구 시간으로 4.6년
- 알려진 위성의 수: 0개

명왕성
- 하루의 길이: 지구 시간으로 6.4일
- 1년의 길이: 지구 시간으로 248년
- 알려진 위성의 수: 5개

하우메아
- 하루의 길이: 지구 시간으로 3.9시간
- 1년의 길이: 지구 시간으로 282년
- 알려진 위성의 수: 2개

마케마케
- 하루의 길이: 지구 시간으로 22.5시간
- 1년의 길이 지구 시간으로 305년
- 알려진 위성의 수: 1개*

에리스
- 하루의 길이: 지구 시간으로 25.9시간
- 1년의 길이: 지구 시간으로 561년
- 알려진 위성의 수: 1개

*국제 천문 연맹에서 확인해 정식 이름이 붙기 전인 임시 위성을 포함해요.

우주와 지구

블랙홀

블랙홀

블랙홀은 정말로 우주에 난 구멍 같아 보여요. 대부분의 블랙홀은 거대한 별의 중심이 붕괴해 사라지는 과정에서 만들어져요. 블랙홀은 중력이 강해서 우주의 그 어떤 것도 끌어당기죠. 마치 바닥없는 구덩이처럼 가까이 다가오는 모든 것을 집어삼켜요. 빛마저 끌어당기기 때문에 검은색이지요. 블랙홀은 크기가 다양해요. 가장 작은 블랙홀은 질량이 태양의 약 3배예요. 지금껏 과학자들이 발견한 것 중 가장 큰 블랙홀은 질량이 태양의 약 66억 배나 된대요. 은하 한가운데에 있는 정말 큰 블랙홀은 오랜 세월 엄청난 양의 기체를 삼키며 만들어졌을 거예요. 2019년에는 과학자들이 최초로 블랙홀의 그림자 사진(왼쪽)을 찍는 데 성공했어요. 예전이라면 기록하기 어려웠을 이 이미지는 6개 대륙에 걸친 망원경 네트워크를 통해 얻어 냈어요.

어느 날 갑자기 태양이 사라진다면?

빛이 태양에서 지구까지 오는 데에는 약 8분이 걸려요. 따라서 태양이 갑자기 사라진다면, 마지막 빛은 8분이면 지구에 다다를 거예요. 그런 뒤 어둠이 찾아오지요. 달빛은 햇빛이 반사된 것이므로 달도 깜깜해지고, 지구에는 별빛과 인공조명만 남을 거예요. 전깃불, 가스 불, 모닥불 등만 남겠지요. 영하의 온도에서 살아남기 위해서 인류는 지열 에너지를 이용할 수 있도록 땅속 깊숙이 도시를 지어야 할 거예요. 다행히도 태양이 사라지는 것은 불가능해요. 하지만 태양의 핵에 든 수소 연료는 언젠가 고갈될 거예요. 대략 50억 년 뒤에요.

우주의 천체들

10가지 별에 관한 눈부신 사실들

우리 태양만 한 별이 형성되는 데에는 **약 5000만 년**이 걸려요.

우주에서 **가장 오래된 별** 중 하나인 SM0313은 거의 **136억 년** 전에 탄생했어요.

폴룩스

폴룩스 별은 쌍둥이자리에 있고, 그 반지름이 **태양보다 아홉 배쯤 커요.**

별은 **파랑, 빨강, 주황, 노랑,** 하양 빛깔로 반짝여요.

은하수에는 별이 **1000억에서 4000억 개** 있지만, 지구에서 맨눈으로 보이는 것은 약 9000개밖에 안 돼요.

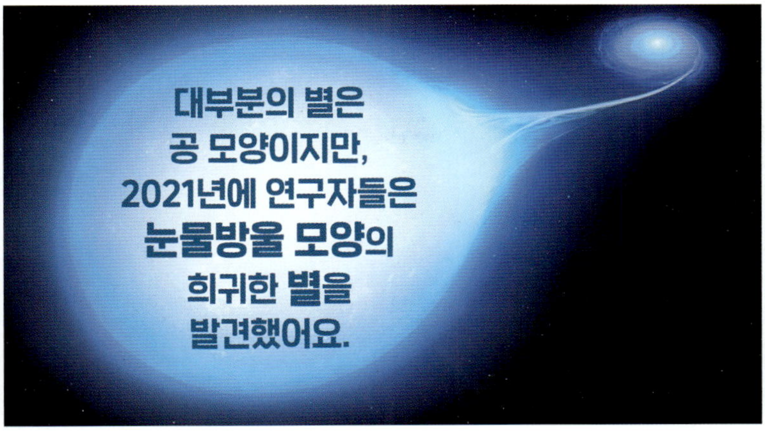

우주와 지구

대부분의 별은 공 모양이지만, 2021년에 연구자들은 눈물방울 모양의 희귀한 별을 발견했어요.

백금과 **금** 같은 무거운 금속 원소는 **중성자별들이 충돌할 때** 생겨요.

나사의 허블 우주 망원경은 아주 멀리 있는 별을 발견했어요. 너무 멀어서 그 빛이 **지구까지 오는 데 129억 년이 걸렸어요.**

인류는 고대부터 밤하늘에 푹 빠져 있었어요! 프랑스의 한 동굴에 그려진 약 1만 7000년 된 벽화는 별 지도로 여겨져요.

태양은 태양계 전체 질량의 **99퍼센트** 이상을 차지해요.

95

우주의 천체들

탐사 목적지: 소행성

과학자들은 우주의 오래된 암석에 로봇을 착륙시키려고 해요.

2년 동안 무인 우주선이 소행성 베누를 향해 계속 나아갔어요. 베누는 암석 덩어리이고 태양계의 다른 천체에 비해 아주 작아요. 지름이 약 500미터에 불과하지요. 하지만 과학자들은 이 소행성이 큰 비밀을 간직한다고 생각해요. 행성 과학자 제이슨 드워킨은 이렇게 말했어요. "베누는 약 46억 년 전에 태양, 행성들, 나머지 태양계가 만들어질 때 남은 찌꺼기예요." 드워킨은 오시리스-렉스라는 나사 우주선을 보낸 팀의 일원이에요. 베누를 연구하면 태양계가 어떻게 형성되었는지 이해하는 데 도움이 될 거예요. 그리고… 지구의 생명이 어떻게 시작되었는지에 대해서도 뭔가 알려 줄지 모르고요.

회전하는 바위 더미

오시리스-렉스는 3억 3000만 킬로미터를 여행하여, 2018년에 베누에 접근했어요. 과학자들은 이 로봇 우주선으로 암석 표본을 채집하고 싶었어요. 쉽지 않다는 것은 알고 있었지요. 시도하려면 먼저 지구에서 소행성을 연구해 어떤 방법이 최선인지 알아내야 했어요. 오시리스-렉스에 실린 원격 카메라, 레이저, 기타 도구를 써서 과학자들은 베누의 놀라운 점들을 발견했어요. 소행성 베누는 속이 좀 비어 있는 듯해요. 스위스 치즈처럼요. 그리고 표면에는 점보제트기만 한 바위들이 있었어요. 갑자기 과학자들은 우주선이 커다란 바위에 충돌하거나 돌무더기에 처박힐까 봐 걱정해야 했어요.

까다로운 착륙 작전

2020년 가을에 과학자들은 표본 채취를 시도할 준비를 끝냈어요. 그리고 우주선에 이런저런 명령문을 전송했어요. 우주선이 베누에 닿자마자 몇 초 사이에 표본을 빨아들인 뒤 다시 우주로 튕겨 나오라는 명령이었어요. 그런데… 성공했어요! 오시리스-렉스가 보낸 영상에는 임무를 제대로 수행하는 모습이 담겼어요.

그리고 2023년 9월에 지구에 표본이 도착했어요. 과학자들은 이 표본 중 일부를 연구하고 나머지는 보관할 거예요. 후대의 과학자들에게 새로운 발견을 할 기회를 주기 위해서예요.

소행성 베누에 착륙할 준비를 하는 오시리스-렉스를 묘사한 그림이에요.

소행성으로부터 지구 지키기

베누는 지구와 궤도가 교차해요. 22세기 말에 베누가 지구와 충돌할 가능성이 아주 조금 있어요. 확률이 2700분의 1쯤 돼요. 과학자들은 베누의 표본을 연구해서 치명적인 소행성 충돌로부터 지구를 보호할 새로운 방법을 찾아내는 데 도움을 얻기를 기대해요. 핵폭탄으로 터뜨리거나 우주선을 충돌시켜 방향을 바꾼다는 착상도 나와 있지요. 산화다연처럼 빛을 반사하는 물질을 베누 같은 작은 소행성에 뿌리는 방법도 있어요. 그러면 빛이 소행성 표면에 부딪치면서 소행성을 궤도에서 밀어낼 수도 있어요.

베누

오시리스-렉스라는 이름은 이집트의 신 오시리스에서 착안했어요. (렉스는 우주선에 장착된 엑스선 기술 종류를 가리켜요.)

우주와 지구

천문 관측 달력
2024년

하늘을 봐요! 월식부터 유성우까지, 2024년 밤하늘에서 일어나는 놀라운 주요 사건들을 살펴볼까요. (유성우는 가까운 별이나 별자리의 이름이 붙여져요.)

- **1월 3일~4일**
  용자리(사분의자리) 유성우가 가장 잘 보이는 날
  시간당 최대 40개의 유성이 보여요. 매년 처음 보이는 유성우이고, 북반구에서는 목동자리에서 뻗어 나와요.

- **1월 12일**
  수성이 서방 최대 이각*에 있는 날
  해뜨기 직전에 수성이 지평선에서 가장 높이 떠 있을 거예요. 동쪽 하늘에서 반달 모양의 수성을 찾아봐요.

- **3월 20일**
  춘분
  지구와 태양의 위치 때문에 낮과 밤의 길이가 똑같은 날이에요. 이날부터 낮이 밤보다 길어져요.

- **3월 25일**
  반영 월식이 일어나는 날
  북아메리카, 중앙아메리카, 남아메리카 전역에서 볼 수 있고, 달이 지구의 반그림자로 들어감에 따라서 살짝 어두워질 거예요.

- **4월 8일**
  개기 일식이 일어나는 날
  달이 해를 완전히 가려요. 미국 동부, 멕시코와 캐나다 노바스코샤주 일부 지역에서 볼 수 있을 거예요. 이 지역에서 볼 수 있는 다음 개기일식은 2044년에 일어나요.

- **5월 4일**
  물병자리 에타 유성우가 가장 잘 보이는 날
  별똥별이 많을 때에는 시간당 약 30개까지 쏟아져요.

- **8월 11일~12일**
  페르세우스 유성우가 가장 잘 보이는 날
  별똥별이 시간당 90개까지도 보여요! 페르세우스자리 쪽에서 가장 많이 보여요.

- **9월 18일**
  슈퍼문이 뜨고 부분 월식이 일어나는 날
  달이 지구의 반그림자를 지나가면서 일부가 어두워져요. 북아메리카, 남아메리카, 유럽, 아프리카에서 보일 거예요.

- **10월 2일**
  금환 일식이 일어나는 날
  달이 지구에서 멀리 있어서 태양을 완전히 가리지 못할 때 태양의 한가운데가 검은 원으로 보이고 가장자리에 빛의 테두리가 생겨요. 금환 일식은 칠레와 아르헨티나 남부에서 보일 거예요. 남아메리카 남부에서는 부분 일식을 볼 수 있어요.

- **10월 21일-22일**
  오리온자리 유성우가 가장 잘 보이는 날
  유성이 1시간에 20개까지 보여요. 오리온자리 쪽에서 가장 많이 보일 거예요.

- **11월 17일**
  천왕성이 충**의 위치에 오는 날
  2024년에 천왕성을 관측하기에 가장 좋은 날이에요. 천왕성이 햇빛에 가장 밝게 빛나요. 망원경으로는 작은 청록색 점으로 보여요.

- **12월 13일~14일**
  쌍둥이자리 유성우가 가장 잘 보이는 날
  다양한 색깔의 유성이 1시간에 최대 120개까지 쏟아지는 장관이 펼쳐져요!

- **2024년의 여러 날**
  국제 우주 정거장(ISS)이 잘 보이는 날
  국제 우주 정거장이 언제 어디를 지나가는지 알고 싶다면 나사의 홈페이지를 참고하세요.
  https://spotthestation.nasa.gov

- 여러분이 사는 지역에 따라 천문 관측 날짜는 조금씩 다를 수 있어요. 가까운 천문대를 방문해서 천체를 더 자세히 관찰해 봐요.

*서방 최대 이각: 지구에서 볼 때 내행성이 태양의 서쪽으로 가장 멀리 떨어져 있는 상태.
**충: 지구에서 볼 때 외행성이 태양과 정반대 위치에 오는 상태. 외행성 - 지구 - 태양의 순서로 위치할 때.

지구의 구조

지구 속 들여다보기

지구 표면에서 중심까지의 거리는 적도에서 쟀을 때 약 6400킬로미터예요. 지구는 4개의 층으로 이루어졌어요. 바깥에서부터 얇고 단단한 지각, 암석으로 구성된 맨틀, 녹은 철로 이루어진 외핵, 마지막으로 고체에 가까운 철로 여겨지는 내핵이에요.

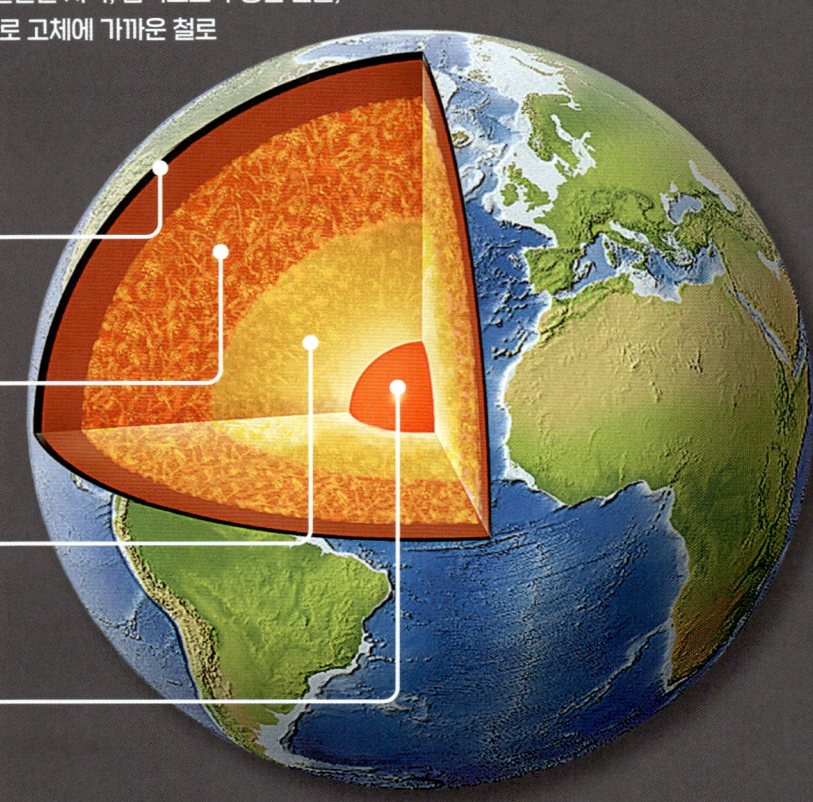

지각은 판*의 윗부분으로, 대륙 지각과 해양 지각을 포함해요. 두께는 5~100킬로미터예요.

맨틀은 뜨겁고 두꺼운 암석으로 약 2900킬로미터 두께예요. 상부 맨틀(적갈색)과 하부 맨틀(주황색)로 나눌 수 있어요.

외핵은 주로 철과 니켈로 이루어져 있고, 암석이 녹아 액체 상태예요.

내핵은 지구의 단단한 중심부이고, 주로 고체 상태의 철과 니켈로 이루어져 있어요.

*판: 지구의 표면을 덮고 있는 단단한 조각으로 지각과 최상부 맨틀로 구성되며, 여러 개로 나뉘어 있고 계속해서 움직여요.

지구 반대편까지 땅을 파 들어가면 어떻게 될까?

마그마로부터 몸을 보호할 옷을 입고 성능 좋은 드릴을 챙기면 어느 지표면이든 뚫고 들어갈 수 있을까요? 땅을 파서 지구 반대편에 닿으려면 1만 2714킬로미터는 뚫어야 해요. 그 전에 지표면에서 가장 단단한 지각을 32킬로미터쯤 파고 들어가 맨틀에 도달해야 하죠. 맨틀의 열과 압력은 너무 높아 탄소가 다이아몬드로 바뀔 정도예요. 사람은 쭈그러들고 말겠죠. 살아남더라도 2900킬로미터를 더 파 들어가야 해요. 그러면 온도가 6000도 이상 되는 화성 크기만 한 핵에 도착할 거예요. 핵을 뚫고 계속 가면 지구 반대편의 맨틀과 지각을 만나요. 다 파면 지구 반대편에 머리를 내밀 수 있겠죠. 하지만 구멍을 빠르게 빠져나와야 해요. 땅속에 큰 구멍이 생기면 주변 암석이 무너져 빈 공간을 채우려고 할 테니까요. 빈 곳이 메워지며 작은 지진이 생길지도 몰라요. 그럼 돌아갈 길은 완전히 막히겠죠. 행운을 빌어요!

우주와 지구

여러 가지 암석 알아보기

암석과 광물은 지구상 어디에나 있어요! 두 가지를 구별하기는 쉽지 않죠. 암석과 광물은 어떻게 다를까요? 암석은 주로 광물로 이루어졌고 자연에 존재하는 고체 물질이에요. 광물은 자연에 존재하는 고체인 무생물로 암석을 이루는 기본 요소예요. 암석은 흑연처럼 한 가지 광물로 구성될 수도, 여러 종류의 광물로 이루어질 수도 있어요. 하지만 모든 암석이 광물로 이루어지지는 않아요. 석탄은 식물성 성분으로 만들어졌고, 호박은 먼 옛날 나무에서 나온 송진으로 만들어졌어요.

화성암

화성암은 '불로 만들어진' 암석이란 뜻이죠. 마그마, 즉 암석이 뜨거워 녹은 액체가 차갑게 식어서 만들어져요. 마그마는 땅속 깊은 곳에 고였다가 지표면으로 천천히 나오는데, 폭발하듯 분출된 것을 '용암'이라고 해요. 용암층이 켜켜이 쌓여 만들어진 산이 화산이지요. 흔히 볼 수 있는 화성암으로 흑요석, 현무암, 부석이 있어요. 부석은 기포가 빠져나온 구멍이 많기 때문에 가벼워서 물 위로 떠요.

안산암　　　화강 반암

변성암

변성암은 변신을 아주 잘하는 암석이에요! 이 암석은 한때 화성암이거나 퇴적암이었다가 땅속 깊은 곳의 강한 열과 압력 때문에 변형된 거예요. 변성암은 완전히 녹지 않아요. 그 대신 열과 강한 압력이 암석을 뒤틀고 구부려서 모양이 아주 많이 바뀌지요. 변성암으로는 점판암, 대리암이 있어요. 대리암은 건물이나 기념물 조각상의 재료로 쓰인답니다.

운모 편암　　　호상 편마암

퇴적암

바람과 물, 얼음은 암석 표면을 끊임없이 닳게 해요. 이 과정에서 퇴적물이라는 작은 조각이 생겨요. 자갈, 모래, 진흙은 다 퇴적물 알갱이예요. 물은 경사진 곳을 흐르면서 퇴적물 알갱이를 호수나 바다에 옮겨 놓아요. 퇴적물 더미가 계속 쌓이다 보면 알갱이는 결국 압축되거나 한데 결합해요. 그 결과 새로운 퇴적암이 만들어져요. 사암, 석고, 석회암, 셰일은 이런 식으로 생겨난 퇴적암이에요.

석회암　　　암염

지구의 구조

이런저런 광물 감별하기

지구에는 너무도 다양한 광물이 있기 때문에 뭐가 뭔지 구별하기가 쉽지 않아요. 다행히도 각 광물에는 물리적인 특징이 있어요. 색깔, 광택, 조흔색, 쪼개짐, 깨짐, 굳기 같은 여러 특징에 따라 어떤 광물인지 확인해 봐요.

색깔

어떤 광물을 볼 때 첫눈에 들어오는 특징은 색깔이에요. 광물 중에서 몇몇 광물은 색이 변하지 않기 때문에 색깔이 가장 큰 특징이에요. 예컨대 아래 사진의 남동석은 항상 파란색이에요. 하지만 어떤 광물은 불순물이 들어가면 색깔이 바뀌기도 해요. 위 사진의 형석은 초록색, 붉은색, 보라색을 비롯한 여러 색깔을 띠어요. 그러니 이런 광물을 감별할 때는 색깔만으로는 안 돼요.

형석

광택

광택은 빛이 광물의 표면에서 반사되는 방식에 따라 구분돼요. 광물이 금이나 은처럼 금속과 비슷하게 보이나요? 아니면 오피먼트처럼 진주 같거나 다이아몬드처럼 반짝반짝 빛나요? 광택을 묘사할 때는 '흙 같은', '유리 같은', '비단 같은', '윤기 없는' 등의 표현을 쓰기도 해요.

오피먼트(웅황)

다이아몬드

남동석

조흔색

'조흔색'이란 광물 가루의 색깔이에요. 광물을 가루가 될 때까지 갈면 결정일 때와는 다른 색을 띠는 경우가 많아요. 예컨대 황철석이라는 광물은 겉으로는 금과 비슷해 보여요. 하지만 황철석을 '조흔판'이라는 초벌구이 도자기 타일에 문지르면 검은색 흔적이 남아요.

황철석

우주와 지구

쪼개짐

'쪼개짐'이란 특성은 광물이 부서지는 모양에서 드러나요. 한 종류의 광물은 구조가 언제나 동일하기 때문에 같은 모양으로 쪼개져요. 모든 광물이 잘 쪼개지지는 않아요. 하지만 사진 속 미사장석처럼 한 방향 또는 여러 방향으로 고르게 쪼개지는 광물도 있어요. 이런 광물은 '완전 쪼개짐'을 가졌다고 해요. 쪼개진 단면이 매끈하거나 깔끔하지 않은 정도에 따라 '양호', '명료' 또는 '불완전' 쪼개짐을 보인다고 하죠.

미사장석

금

깨짐

지질학자들에 따르면 금 같은 몇몇 광물은 쪼개지면서 부서지는 대신 깨져요. 깨지는 방식은 광물에 따라 다양해요. '조개껍질 모양', '깔쭉깔쭉한', '고른', '고르지 않은' 같은 말로 묘사할 수 있어요.

굳기

광물이 얼마나 잘 긁히고 그렇지 않은지, 단단한 정도를 나타내는 기준을 '굳기'라고 해요. 굳기는 '모스 굳기계'라는 특별한 표준에 따라 측정할 수 있어요. 모스 굳기계는 1에서 10까지 숫자로 나타내요. 표에서 낮은 단계에 있는 무른 광물은 높은 단계에 있는 단단한 광물에 긁혀요.

굳기(도)	광물 이름	굳기 예
1	활석	비누
2	석고	손톱
3	방해석	구리 동전
4	형석	무른 쇠못
5	인회석	강철 주머니칼 칼날
6	정장석	창문 유리
7	석영	단단한 쇠줄
8	황옥	토파즈
9	강옥	루비, 사파이어
10	금강석	다이아몬드

지구의 구조

뜨거운 화산

증기가 부글부글 솟아오르는 화산 속에서는 대체 무슨 일이 벌어지고 있을까요?

화산 내부를 들여다보면, '화도'라 불리는 길쭉한 통로가 보일 거예요. 불의 길을 뜻하는 화도를 통해 지각 아래의 마그마 방에 괴어 있던 마그마가 산꼭대기에 난 구멍, 분화구까지 연결돼요. 화도에서 마그마가 가지를 뻗어 갈라진 틈을 만들기도 해요.
화산 안쪽의 압력이 높아지면 화산 가스는 빠져나갈 구멍을 찾아서 결국 지표면을 향해 올라와요! 이때 용암, 화산 가스, 화산재, 돌멩이가 분화구에서 뿜어져 나와요.
이를 화산이 분화한다고 해요.

- 분화구, 화구
- 화도
- 갈라진 틈
- 마그마 방
- 용암과 화산재가 쌓여 단단히 굳어진 지층

우주와 지구

화산의 여러 종류

분석구
캐나다 이브콘산

분석구는 우묵한 그릇을 뒤집어 놓은 듯한 모양이에요. 뜨거운 용암과 화산재가 격렬하게 뿜어나와 만들어지지요. 몇 년에 걸쳐 연기를 뿜다가 크게 분화하기도 해요.

성층 화산
칠레 리칸카부르산

원뿔 모양의 성층 화산은 이전에 분화했을 때 나온 용암과 화산 쇄설물이 단단히 굳고 시간이 갈수록 겹겹이 쌓여서 만들어져요. 이 화산에서 뿜어낸 자욱하고 뜨거운 화산재는 시간당 수백 킬로미터의 속도로 날아가요.

순상 화산
미국 하와이주 마우나로아산

비탈면이 완만하고 넓은 모습이 전사들이 쓰던 방패를 닮았어요. 보통 느리게 분화해서, 용암이 맹렬히 공중으로 솟구치는 대신 후드득 떨어지거나 줄줄 흘러내리지요.

용암돔
미국 워싱턴주 세인트헬렌스산

끈적한 용암이 쌓여서 종 모양을 이룬 화산이에요. 분화구는 용암이 굳어서 막혀 있는 경우가 많아요. 화산 속 압력이 높아지면 다시 분화할 수 있어요.

불의 고리

화산은 모든 대륙에서 발견되지만, 대부분은 '불의 고리'라고 하는 환태평양 조산대를 따라 자리해요. 불의 고리는 말굽 모양으로 생겼으며, 약 4만 킬로미터에 이르는 태평양 연안 지

역을 가리켜요. 지구 표면을 이루는 단단하고 커다란 판 여러 개가 이곳에서 만나요. 판들은 서로를 향해 움직이다가 부딪치곤 해요. 그러면 어떻게 될까요? 화산이 분화하고 지진이 발생해요. 실제로 전 세계에서 기록된 지진의 90퍼센트와 활화산의 약 75퍼센트가 이 불의 고리에서 나타나요. 그리고 지구 표면이 여러 개의 판으로 이루어졌고 판들이 움직이고 있다고 설명하는 이론을 판 구조론이라고 해요.

지구의 구조

이건 몰랐을 걸!

7 화산에 관한 폭발적인 사실들

1 목성의 위성인 **이오**에 있는 화산은 분화하면 높이 **499킬로미터**까지 분출물을 뿜어낼 수 있어요.

2 7만 4000년 전에 한 화산에서 **엄청난 양**의 화산재가 뿜어나와 **태양을 가리는 바람**에 10년 동안 빙하기가 찾아왔어요.

3 화산 분화로 **화산재**가 하늘로 많이 뿜어지면 **달이 파랗게** 보일 수도 있어요.

4 1883년 인도네시아에서 분화한 화산은 **오스트레일리아에서 들릴 정도**로 **엄청난 소리**를 냈어요.

5 탄자니아의 올도이뇨렝가이 화산에서 뿜어나오는 **용암**은 식으면 **하얗게** 변해요.

6 **왜소행성** 케레스의 화산에서는 **얼음과 염류**의 혼합물이 **흘러나오는** 것으로 보여요.

7 과학자들은 **바다 밑에** 화산이 100만 개 넘게 있다고 믿어요.

우주와 지구

통계로 보는 화산

땅속 깊은 곳에서 압력이 높아지면 뜨겁게 달아오른 암석이 녹아서 마그마가 생겨요. 압력이 더욱 심해지면, 이윽고 이 마그마는 지각을 뚫고 솟구쳐요. 그것이 바로 화산이지요. 지표면의 80퍼센트 이상은 이러한 화산 분화로 생겨났어요.

169개
미국에 있는 활화산의 수

1093°C
화산에서 흘러나오는 용암의 최고 온도

75%
지구 화산 중에서 태평양을 둘러싼 불의 고리에 있는 화산의 비율

1500개
지구에 있는 활화산의 수(추정값)

35년
미국 하와이의 킬라우에아 화산이 연속하여 분화한 햇수. 지구에서 가장 활발한 화산 중 하나예요!

3개
한반도에 있는 활화산의 수

6877미터
세계에서 가장 높은 곳에 있는 활화산인 안데스산맥 오호스델살라도 화산의 높이

500개
역사에 기록된 화산 분화 횟수(추정값)

더 알아보기

잠깐 퀴즈!

우주와 지구에 대해서라면 확실히 알고 있다고요? 다음 문제를 풀어 보세요!

답을 종이에 적은 뒤, 아래 정답과 맞추어 봐요.

1 참일까, 거짓일까? 불순물은 천연광물의 색깔을 바꾸기 때문에, 색깔만 보고 광물을 구별하기란 어려워요. (　　　)

2 2021년에 연구자들은 ＿＿＿＿＿모양의 희귀한 별을 발견했다.
a. 눈물방울　　　c. 팬케이크
b. 심장　　　　　d. 웃는 얼굴

3 화산에서 흘러나오는 용암은 온도가 ＿＿＿＿＿에 달할 수 있다.
a. 260℃　　　　c. 816℃
b. 538℃　　　　d. 1093℃

4 우주 비행사 브루스 매캔들리스 2세는 연결 줄 없이 우주 유영을 했다. 몸을 ＿＿＿＿＿과 줄로 연결하지 않은 채 우주를 자유롭게 떠다녔다는 뜻이다.
a. 산소통　　　　c. 우주 왕복선
b. 물 공급　　　　d. 와이파이

5 태양계에서 가장 큰 위성인 가니메데는 어느 행성의 달일까?
a. 화성　　　　c. 토성
b. 목성　　　　d. 해왕성

너무 쉽다고요?
다음 장에서 나오는 **퀴즈**에도 도전해 봐요!

정답: ① 참, ② a, ③ d, ④ c, ⑤ b

우주와 지구

이렇게 해 봐요!

과학전람회 준비하기

책을 통해서도 과학을 많이 배울 수 있어요. 하지만 과학을 직접 경험하기 위해서는 실험실에 가서 실제로 해 봐야 하죠. 청소년을 위한 과학전람회나 과학 탐구 대회에 나가 보세요. 도전할 수 있는 과학 프로젝트는 많아요. 자, 고글과 실험용 가운을 챙기고 실험을 시작해 봐요. 과학 탐구 주제는 여러분이 고르는 경우가 많을 거예요. 자신이 흥미를 느끼는 주제를 고르도록 해요.

과학에서 조사와 발견의 기초는 바로 과학적 방법을 쓰는 것이에요. 다음 여러 단계를 거쳐 실험을 해 봐요.

관찰과 조사: 질문하고 문제를 발견해요.

가설: 여러분이 알아보고 싶은 질문을 떠올렸다면, 그 질문에 대해 가능한 답도 생각해요.

실험: 여러분의 가설이 맞는지 틀리는지 어떻게 알아요? 시험해 보면 되죠. 실제로 실험을 하는 거예요. 여러분의 질문에 답할 수 있는 실험을 설계해야 해요.

분석: 실험 결과를 모으고 일관된 과정을 거쳐 조심스레 측정해요.

결론: 여러분이 얻은 결과가 가설을 뒷받침하나요?

발견한 결과 보고: 실험하고 발견한 결과를 논문으로 작성해 사람들에게 알려요. 논문은 여러분의 실험 전체를 요약해야 하죠.

보너스!

여러분의 프로젝트를 한 단계 더 밀고 나가 봐요. 학교에서 해마다 과학전람회나 과학 탐구 대회가 열릴 수도 있지만, 지역 대회와 전국 대회도 열려요. 상을 놓고 다른 학생들과 겨루어 봐요.

실험 설계하기
여러분이 할 수 있는 실험 유형 3가지!

모형 만들기: '분출하는 화산' 모형을 만들어요. 간단하고 분명하게 해요.

시연하기: 터널형 인공 장치인 풍동에 토네이도를 일으키는 것처럼 과학 원리를 직접 보여 줘요.

조사하기: 과학전람회에서 잘 쓰이는 방법이에요. 가설을 세우고 적절한 과학 실험을 하고 과학적 방법을 활용해 질문에 대한 답을 찾아요.

두 명이 탈 수 있는 잠수함 슈퍼에비에이터가 미국 플로리다주 플로리다키스 제도의 산호초 사이를 지나 여행하고 있어요.

탐험과 발견

탐험가의 지구 소식

10가지 야생 동물의 지킴이가 될 수 있는 방법들

내셔널지오그래픽 청소년 탐험가 티아사 무툰케이는 15세 때 아프리카 야생 동물을 보호하고, 복원하고, 중요성을 알리는 운동을 시작했어요. 나이에 상관없이 야생 동물 지킴이가 될 수 있는 방법을 무툰케이에게 들어 볼까요?

야생 동물 지킴이 모임에 가입하거나 모임을 직접 만들어요.

"학교나 동네에 이미 그런 모임이 있을 거예요. 없다면요? 직접 만들어요! 믿을 만한 주변 어른들에게 모임을 어떻게 만들 수 있는지 묻고, 친구들과 힘을 모아요."

야생 동물 주제로 모임을 열어요.

"가까운 동물 보호소를 방문해서 도울 방법을 배워요. 저마다 좋아하는 동물 모습으로 꾸미고 모여서 서로 얼마나 많이 아는지 퀴즈 내기도 하고요."

기금 모금회를 열어요.

"음료를 팔거나 벼룩시장을 열어서 얻은 수익금을 야생 동물 보호 단체에 기부해요."

친구나 가족과 야생 동물에 관해 이야기해요.

"자기 생각과 관심사를 남에게 이야기하는 것을 망설이지 마요. 이야기하다 보면 새로운 관점을 접하고, 돕겠다고 나설 사람도 생겨날 거예요."

동물을 입양해요.

"보호 단체를 통해서 상징적으로 야생 동물을 '입양'할 수 있어요. 야생 동물을 집으로 데려올 수는 없지만 살아가고 번식하는 데 필요한 도움을 줄 수 있어요."

탐험과 발견

나무를 심고 키워요.
"그렇게 하면 새와 곤충이 살아갈 공간을 새로 만들고 가꾸는 것과 같아요. 하기도 쉬워요!"

작은 목표를 세워요.
"야생 동물 보호는 너무 큰일처럼 느껴질 수 있어요. 그러니 자신이 일으킬 수 있는 작은 변화부터 생각하면서 하나하나 적어 봐요. 명심해요. 여러분이 하는 일 하나하나가 모든 야생 동물과 지구의 미래에 도움이 된다는 것을요."

자신의 재능을 활용해서 야생 동물의 중요성을 알려요.
"사진 찍기를 좋아하나요? 동물의 사진을 찍어서 공유해 봐요. 그렇게 하면 자신의 두 가지 열정을 하나의 큰 목표에 합칠 수 있어요."

국립 공원과 동물 보호 구역을 방문해요.
"야생 동물이 살아가는 곳에 직접 가 보면 야생의 삶에 관해 많은 것을 배울 수 있어요. 아는 것이 많아질수록, 공유할 지식도 많아져요."

나와 가까운 주변 환경을 돌봐요.
"재활용하고, 쓰레기를 줍고, 쓰레기를 아무 데나 버리지 않을 때, 여러분은 해양 생물을 비롯해 여러분 주위에서 살아가는 동물들의 서식지를 적극적으로 보호하는 거예요."

탐험가의 지구 소식

탐험가의 시선

지역에서 '아루아'라고 불리는 브라질대왕달팽이를 들고 있는 라나

브라질의 전원 지역에서 태어나고 자란 레오나르두 모우치뉴 라나는 어릴 때부터 아름다운 자연을 접하며 살았어요. 하지만 사업에 너무 몰두하다 보니 주변 환경의 아름다움에 신경을 쓸 겨를이 없었어요. 나중에 친구를 따라 탐조 여행 모임에 참석했을 때 비로소 자신이 자연을 얼마나 사랑하는지 깨닫고서 아예 직업을 바꾸었어요. 지금은 연구자이자, 보전 생물학자이자, 야생 동물 사진가로 일해요. 라나는 곤충, 특히 사마귀에 관심이 많아요. 그가 어떤 일을 하는지 자세히 알아볼까요?

악어머리뿔매미

흰입술청개구리

후드사마귀

질문1: 자연과 생물학에 늘 관심이 많았나요?

라나: 어릴 때 자연을 좋아하긴 했지만, 지금처럼 곤충이나 새에 푹 빠져 들지는 않았어요. 사실 사업과 마케팅에 몰두했고, 문득 내 인생에서 뭔가를 놓치고 있다는 사실을 깨달았어요. 친구들과 탐조 여행을 다녀오면서 자연에 매료되었지요. 그 직후에 나는 직업을 바꿔 생물학을 공부하기로 했어요. 학교 공부를 처음부터 다시 시작했지만 그래도 할 만했어요.

질문2: 이 분야에서 일하면서 기억에 남는 순간이 있었나요?

라나: 아주 많았죠! 가장 놀라운 일들은 아마존에서 겪었어요. 말로 다 할 수 없을 정도지요. 그곳은 상상도 못할 온갖 질감, 색깔, 모양을 한 생물들이 득실거려요! 나는 아마존 동물들이 주로 활동하는 시간인 밤에 일을 많이 했어요. 본래 어둠을 무서워했지만, 아마존에서는 밤에 나가고 싶어서 못 견딜 정도예요. 야외로 나갈 때마다 새로운 행성을 발견하는 것과 같아요.

탐험과 발견

질문3: 어둠이 무서운데 어떻게 이겨 냈나요?

라나: 아주 활기차게 살아 숨 쉬는 이 세계에 있으면 어둠이 두렵지 않아요. 그리고 조심하면서 자연을 파괴하지 않는 한, 그 무엇도 내게 해를 끼치지 않아요. 정글을 걸을 때면 거미와 뱀을 수없이 많이 보고 재규어 소리도 들려와요. 그래도 거리를 지키고, 내가 이 세계에 손님으로 왔음을 명심하고 있으면 안전하다는 것을 알지요.

질문4: 사마귀가 받는 오해 중 풀고 싶은 것이 있다면요?

라나: 사마귀가 사람을 공격한다는 오해요. 다리에 가시가 많고 사납다는 평판 때문에 사람들은 사마귀가 해를 끼칠 것이라고 생각해요. 하지만 지구의 그 어떤 사마귀도 우리를 다치게 하지 않아요. 독도 없고, 물거나 쏘지 못하거든요. 그렇다고 해도 사마귀를 건드리지는 말아요. 또 사마귀는 전적으로 육식만 하는 동물이 아니에요. 최근에 사마귀가 식물의 즙도 먹는다는 것이 밝혀졌어요. 즉 자연에서 다른 먹이에도 의존할 수 있다는 의미지요.

로스차일드 산누에나방

솜털꽃매미

남아메리카꼬마낙엽사마귀

벨벳늪뱀

질문5: 사마귀에게 어떤 매력이 있기에, 연구하게 되었나요?

라나: 재미있게 생겼잖아요. 처음 생물학계에 들어왔을 때, 나는 곤충을 연구하고 싶지는 않았어요! 좀 지루하다고 생각했지요. 하지만 곤충은 지구에서 종이 가장 많고 다양해요. 그리고 아주 흥미롭지요. 또 사마귀는 브라질에서 그다지 연구가 안 되어 있어요. 사마귀는 브라질에만 500종이 넘을 텐데, 연구하는 사람이 거의 없었어요. 그래서 내가 하기로 했지요.

질문6: 이 일을 하면서 가장 좋다고 느끼는 점이 무엇인가요?

라나: 나는 곤충을 통해서 사람을 자연과 연결하는 것을 좋아해요. 나는 사진가이자 화가이기도 해요. 과학과 예술을 조합해서 사람들이 이 무한한 생명으로 가득한 놀라운 행성을 더 깊이 이해하도록 도울 수 있어서 기뻐요.

질문7: 자연 탐험가가 되고 싶은 아이들에게 어떤 조언을 하고 싶은가요?

라나: 자기 주변의 세계를 관찰하는 것부터 시작해요! 나무껍질을 들여다봐요. 뭐가 자라고 있나요? 계절마다 어떻게 바뀌나요? 사진을 찍거나 그림을 그리거나 글로 써 봐요. 우리 주변의 자연에는 놀라운 것들이 가득해요. 대도시에서도 마찬가지예요. 그러니 나가서 관찰하세요!

탐험가의 지구 소식

엉뚱한 과학자의 실수들

내셔널지오그래픽 탐험가들이 겪었던 가장 당혹스러웠던 순간을 공개합니다.

아주 명석한 과학자도 실수를 해요! 너무나 창피할 때도 있지요. 하지만 과학자는 실수를 통해 무언가를 배운답니다.

원숭이가 말썽을 피워

과학자: 로베르토 자리키에이
직업: 언어학자
조사 지역: 페루 우카얄리

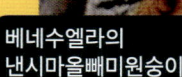
베네수엘라의 낸시마올빼미원숭이

"나는 아마존 우림의 어느 마을에서 원주민들과 대화하며 몇 주를 보냈어요. 최신 녹음 장치를 써서 원주민의 언어를 연구하고 보전하는 일을 하고 있었지요. 그런데 마지막 날 낸시마올빼미원숭이가 내 노트북이 있는 탁자 위로 뛰어오르더니… 내 노트북을 바닥에 내동댕이쳤어요! 서둘러 집어서 전원을 켰는데, 녹음 자료가 다 사라졌어요. 사본도 만들어 두지 않았는데 말이에요. 보통 평소에는 녹음 파일 사본을 만들어 다른 노트북에도 저장해요. 그런데 새 녹음기로 사본을 만드는 방법을 아직 모르는 상태였던 거죠. 그 원숭이는 분명히 말썽꾼이었어요. 하지만 그 일로 나는 어떤 장비든 간에 사용법을 완전히 파악한 뒤에 써야 한다는 것을 배웠어요."

거북에게 밟히다

과학자: 바네사 베지
직업: 해양 생물학자
조사 지역: 코스타리카 오스티오날

"나는 올리브각시바다거북 수천 마리가 왜 어떻게 동시에 해변으로 올라와서 알을 낳는지를 연구해요. 약 일주일간 밤마다 거북들이 계속 올라와서 알을 낳기 때문에, 나도 거의 못 자요.
어느 날은 밤에 새 자원봉사자들이 오기를 기다리는데 마구 졸음이 쏟아지는 거예요. 그때 해변에 오래된 통나무가 보이기에 등을 기댄 채 그대로 곯아떨어졌죠. 그런데 몇 분 뒤 59킬로그램이나 되는 거북이 통나무를 넘어오다가 내 어깨를 꽉 눌렀어요. 으악! 이 바다거북은 귀엽지만 냄새가 심하고 아주 시끄럽고 정말로 무거워요.
나는 거북을 밀어내면서 힘들게 일어섰어요. 거북은 그저 알을 낳을 곳을 찾아서 좀비처럼 움직이던 터라, 나를 그냥 내버려 두고 계속 나아갔어요.
지금은 늘 동료와 함께 다니고, 가능한 한 낮에 (정말 덥지만) 많이 자두려고 해요. 그리고 휴대용 그물 침대를 꼭 갖고 다녀요. 만일을 대비하는 거죠."

바네사 베지는 코스타리카에서 올리브각시바다거북의 산란을 연구해요.

탐험과 발견

장치여, 안녕!

과학자: 리디아 깁슨
직업: 생태학자 겸 인류학자
조사 지역: 자메이카

"하루는 하천에 수온 기록 장치를 설치했어요. 시간마다 수온을 측정해 몇 년간 계속 자료를 모으려고 했거든요. 그런데 장치가 떠내려가지 않도록 나무에 맬 줄을 빠뜨렸어요. 그래서 생각했죠. 난 정글 탐험가야! 덩굴을 쓰면 돼!
나긋한 덩굴로 장치를 묶고 다른 일을 하러 갔어요. 그 뒤 몇 달간 비가 자주 내렸고, 장치를 살펴봐야 했어요. 가서 봤더니 장치는 사라지고 없었어요. 250달러짜리 장치뿐 아니라 약 2년간 모은 자료도 사라졌죠. 전부터 계속 쓰던 거였거든요. 애초에 줄을 갖고 바로 다시 갔어야 했어요!"

리디아 깁슨은 자메이카에서 수중 드론을 써서 수생 생물을 조사해요. 오른쪽 사진은 덩굴에 묶었다가 잃어버린 수온 기록 장치예요.

모리스 오니앙고는 흔들림 없는 손으로 이 케냐산덤불살무사의 사진을 찍었어요.

"나는 뱀이 정말 무서워요. 그런데 케냐에는 멸종 직전에 있는 뱀이 두 종 있어요. 케냐에만 살아요. 나는 이 뱀들을 케냐인들에게 알려야 한다고 느꼈죠. 아주 불안한 마음으로 한 전문가와 함께 케냐산덤불살무사의 사진을 찍으러 숲으로 갔어요. 밀렵꾼들은 잡아서 다른 나라에 애완동물로 팔고 동네 주민들은 잡으면 아예 죽이기 때문에, 아주 희귀해진 종이에요. 같이 간 전문가가 나뭇가지에 있는 뱀을 발견했어요. 난 완전히 얼어붙었죠. 덜덜 떨리는 손으로 500장쯤 찍었는데… 대부분 아주 흐릿했어요. 하지만 몇 시간쯤 지나니까 긴장이 풀려 좋은 사진을 몇 장 찍을 수 있었어요. 지금도 뱀이 때로 무서워요. 뱀이 먹이를 잡아먹거나 공격하는 모습은 사진도 못 봐요. 하지만 두려움을 이겨 내면 야생에서 그들이 살아가도록 도울 수 있다는 것을 배웠어요."

사실은 무섭지만

과학자: 모리스 오니앙고
직업: 보전 활동가 겸 언론인
조사 지역: 케냐 추카

나무의 속임수

과학자: 나레라트 분차이
직업: 고식물학자
조사 지역: 태국 딱

나레라트 분차이는 태국에서 길이 39미터에 이르는 나무 화석 등을 연구해요.

"나는 식물 화석과 현재의 나무를 비교해서 기후가 어떻게 변해 왔는지 연구해요. 화석을 발굴하면 보호하기 위해 먼저 발굴지에 임시 오두막을 지어요. 그리고 나무의 한 부위를 골라서 투명한 액체를 발라요. 표본을 채취할 때 부서지지 않도록 하는 물질이에요.
한번은 우리 연구 팀이 15만 년 된 길이 39미터짜리 나무 화석을 조사했는데, 한 자원봉사자가 소리쳤어요. 그는 나무가 하얀 물질로 덮여 있다고 화학 물질이 너무 심하게 반응한 것 같다고 했어요! 우리는 화석이 훼손될까 걱정되어서 그곳으로 달려갔어요.
가서 보니 무슨 일인지 이해됐어요. 태국인들은 나무에 사는 정령이 사람들에게 행운을 가져다준다고 믿곤 해요. 밤사이에 주민들이 화석에 물에 갠 베이비파우더를 발라 놓았던 거예요. 행운의 숫자가 떠오르기를 바라면서요. 화석은 괜찮았어요(파우더는 빗물에 씻겨 내려갔지요). 나는 연구를 할 때면 지역 풍습도 염두에 두어야 한다는 것을 깨달았죠. 그리고 표본 주위에 울타리를 쳐야 한다는 것도요!"

동물 사진의 촬영 비결

순간 포착 지구의 동물들

쿨쿨 잠드는 순간

대왕판다(중국 토착종)
애틀랜타 동물원(미국 조지아주 애틀랜타)

"이 대왕판다들은 태어난 지 겨우 몇 달이 되었어요. 축구공만 한 쌍둥이를 하얀 촬영용 텐트에 넣어 두 마리가 뒹굴뒹굴할 때 사진 몇 장을 찍었죠. 하지만 새끼들이 슬슬 피곤한 기색이어서 깨어 있는 모습을 찍으려면 서둘러야 했어요. 한 마리가 다른 한 마리의 등에 머리를 기댄 이 사진은 새끼들이 잠들기 직전에 겨우 찍은 멋진 한 컷이에요."

내셔널지오그래픽 사진가가 동물을 지키기 위한 여정의 뒷이야기를 들려줘요.

사진가 조엘 사토리는 돼지처럼 비명을 크게 지르고, 잉꼬로부터 카메라를 지키고, 지독한 냄새를 맡으며 고생해요. 멋진 사진을 찍어서 동물들을 보호하는 데 도움이 되기 위해서죠. "나는 사람들이 이 동물들의 모습을 보고 보호하겠다는 생각이 들었으면 좋겠어요." 사토리는 포획된 채 살아가는 1만 5000종 이상의 동물들을 사진으로 남기는 내셔널지오그래픽 '포토 아크: 동물들을 위한 방주' 프로젝트를 맡았어요. 촬영을 할 때마다 사토리는 동물원 사육사, 수족관 관리자, 야생 동물 관리인들과 협력해서 동물들을 안전하고 편안한 상태에서 찍으려고 애썼어요. 하지만 예기치 못한 일이 생기곤 하지요. 사토리의 기억에 남는 순간들에 대해 들어 봐요.

어떤 북극여우 굴은 만들어진 지 300년도 넘었어요.

하! 피식하는 순간

북극여우(유라시아, 북아메리카, 그린란드, 아이슬란드의 북극 지역 토착종)
그레이트벤드 브릿 스파우 동물원(미국 캔자스주 그레이트벤드)

"북극여우 토드는 무엇이건 냄새를 맡아요. 너무 잽싸게 움직이는 바람에 좋은 사진을 찍기가 어려웠죠. 그래서 난 토드의 주의를 끌려는 생각에 돼지처럼 꽥꽥 소리를 냈답니다! 이상한 소리가 들리자 토드는 멈춰 앉아서 대체 무슨 일이냐고 묻듯이 고개를 갸우뚱 기울였어요. 그때 얼른 사진을 찍는 데 성공해서 정말 다행이었죠. 돼지 소리가 또다시 효과가 있지는 않을 테니까요. 다음번에는 내가 소리를 내도 토드는 완전히 무시할 게 분명했어요."

자연의 동물들을 더 만나자!

'포토 아크' 프로젝트는 온갖 종류의 동물을 소개해요. 조엘 사토리가 찍은 동물들 중 가장 기묘한 네 마리를 만나 보세요.

버젯프로그

주황점박이쥐치

지중해별노린재

알비노* 캐나다산미치광이

*알비노: 색소가 만들어지지 않아 피부와 털 등이 흰 동물.

탐험과 발견

> 사토리는 동물에 시선이 집중될 수 있도록 사진 배경은 검은색이나 흰색으로 해요. 그러면 작은 생쥐도 코끼리처럼 중요해 보이지요.

> 갓 태어난 대왕판다는 몸무게가 작은 우유갑과 비슷해요.

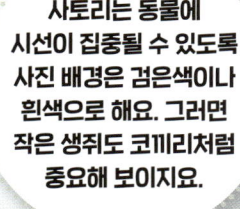

> 한데 모여사는 회색머리날여우박쥐는 최대 약 100만 마리가 함께 살 수도 있어요.

야호, 신나는 순간
회색머리날여우박쥐
(오스트레일리아 남동부 토착종)
오스트레일리아 박쥐 진료소 (어드번스타운)

"박쥐 진료소에 도착해서 깜짝 놀랐어요. 온갖 종류의 박쥐들이 마치 건조대에 넌 빨래처럼 구조 센터 곳곳에 매달려 있었거든요. 내가 방을 따라 걷는 동안 박쥐들은 졸린 듯이 나를 바라봤죠. 나는 관리인에게 친근해 보이는 한 회색머리날여우박쥐를 사진에 담아도 되는지 물었어요. 그러자 관리인은 박쥐를 움켜잡고 내 앞에 놓인 철사 선반 걸이로 옮겨 주었어요. 박쥐는 아주 얌전해서 카메라 앞이라는 걸 신경도 쓰지 않는 듯했어요. 가장 좋았던 점이 뭐냐고요? 이 진료소는 날개가 찢어진 박쥐들에게 재활 치료를 해 줘요. 사진 속 박쥐도 치료를 받고 야생으로 돌아갔어요."

냠냠 먹는 순간

그물무늬기린 (아프리카 토착종)
글래디스 포터 동물원 (미국 텍사스주 브라운스빌)

> 기린은 가끔 혀를 이용해서 귀 청소를 하지요.

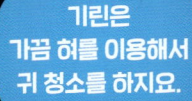

"기린은 사람이 시킨다고 해도 자기가 하기 싫은 행동은 결코 하지 않아요. 그래서 나는 사진을 잘 찍기 위해 기린이 좋아하는 활동을 촬영에 덧붙였죠. 바로 점심 식사였어요. 우리는 기린의 식사가 준비된 곳 뒤쪽 울타리 가로대에 큼직한 검은색 배경용 막을 매달았어요. 기린은 나를 전혀 신경 쓰지 않고 천천히 먹이 앞으로 다가왔어요. 약 10분간 이 동물이 대나무 잎을 우적우적 씹는 동안 나는 바라던 사진을 다 찍었어요. 기린은 점심 식사가 끝나자마자 떠나 버렸고 우리의 촬영도 막을 내렸죠."

동물 사진의 촬영 비결

야생에서 동물 사진 찍기

야생 동물의 생생한 모습을 담은 좋은 사진을 찍기란 쉽지 않아요. 멋진 사진을 찍기 위해 사진가들은 야생의 현장으로 직접 들어가고, 사진을 찍으려는 동물처럼 생각하거나 행동하기까지 하죠. 치명적인 독사를 뒤쫓거나 펭귄과 함께 헤엄치는 동물 사진가들은 아주 용감해야 해요. 동시에 조금은 거리를 두는 법도 알아야 하지요. 여기, 놀라운 사진가 세 명이 멋진 야생 동물 사진 촬영에 얽힌 믿기지 않는 뒷이야기를 들려줄 거예요.

함께 읽으면 좋은 책

독니에 초점을 맞추다

사진가: 마티아스 클룸
동물: 제임슨맘바
촬영 장소: 아프리카 카메룬

"제임슨맘바라는 독사는 아름답지만 위험해요. 독성이 강한 독액을 만들거든요. 우리 연구 팀은 몇 주 동안 지역 주민들에게 이 파충류가 많이 나타나는 지점이 어디인지 물어보며 계속 찾아다녔어요. 결국 나뭇잎 사이에서 고개를 내민 제임슨맘바를 발견했죠. 나는 조금씩 조심스레 다가갔어요. 내가 녀석을 못 본 것처럼 구는 게 중요했죠. 그러지 않으면 뱀이 위협을 느껴서 공격할 수도 있거든요. 난 1.4미터쯤 떨어진 곳까지 다가가서 사진을 찍는 데 성공했어요. 그 뒤 내가 물러서자 뱀은 스르륵 미끄러져 사라졌죠."

탐험과 발견

사진가들이 들려주는 놀라운 야생 동물 사진의 비밀

장완흉상어는 보통 혼자 생활하지만 거두고래과의 여러 고래 무리와 함께 헤엄치는 모습이 발견되기도 해요.

상어와 마주하다

사진가: 브라이언 스케리
동물: 장완흉상어
촬영 장소: 바하마

"나는 멸종 위험에 처한 장완흉상어를 찍고 싶었어요. 그래서 과학자들과 함께 바다에 나가 이 상어가 이전에 발견되었던 구역을 찾았죠. 며칠 뒤 배 가까이에 상어의 큰지느러미가 물 위로 솟아올랐어요. 과학자 한 명이 상어를 관찰하기 위해 금속 우리 안에 들어가서 바다에 잠수했죠. 이어서 나도 바다에 뛰어들었어요. 나는 안전을 지켜 줄 금속 우리가 없었기 때문에 아주 조심했죠. 몸길이가 2.7미터에 이르는 장완흉상어는 공격적일 때도 있지만 이 상어는 그저 호기심에 찬 듯 보였어요. 2시간 동안 우리 주위를 맴돌면서 내가 사진을 찍을 기회를 주었죠. 완벽한 모델이었어요."

펄쩍 뛰어오를 때

사진가: 닉 니컬스
동물: 인도호랑이
촬영 장소: 인도 반다브가르 국립 공원

"나는 절벽을 따라 호랑이를 뒤쫓았고, 이 호랑이가 절벽 가장자리에서 자기의 비밀 샘물로 풀쩍 뛰어올라 물 마시는 모습을 봤어요. 호랑이를 크게 찍고 싶었지만 가까이 다가가면 위험할 수 있었죠. 그래서 이 장소에 언젠가 호랑이가 다시 올 거라 믿고 절벽에 적외선 센서가 달린 카메라를 설치했어요. 감지 범위 안으로 들어오면 사진이 찍혀요. 이 장치를 3개월 동안 설치해 놨는데 내가 건진 사진은 이 한 장뿐이에요. 나는 호랑이에 가까이 가기만 해도 팔에 털이 쭈뼛 서요. 이렇게 놀라운 동물과 마주할 수 있었던 건 대단한 행운이에요."

동물 사진 이야기

자연 사진의 비밀

새끼 잔점박이물범은 물속에서 어미의 등에 올라타 매달리곤 해요.

탐험과 발견

잔점박이물범

한 끈기 있는 사진작가로부터 새 '친구'를 만난 이야기를 들어 볼까요?

사진작가 랠프 페이스
조사 지역 미국 캘리포니아주 몬터레이

민물 호수와 강에서도 잔점박이물범을 볼 수 있어요.

"내가 동물들이 잔뜩 있는 물속으로 뛰어들면, 대개 모두 헤엄쳐 달아나요. 그 동물들에게 난 공기 방울을 잔뜩 뿜어내고 낯선 소음을 내는 커다랗고 이상한 존재죠. 나는 완벽한 동물 사진을 찍으려면 끈기 있게 기다려야 한다는 것을 배웠어요.

내가 다시마와 성게의 사진을 찍고 있는데, 뭔가가 등을 누르는 것이 느껴졌어요. 놀라서 얼른 몸을 돌렸죠. 잔점박이물범이었어요. 물범은 재빨리 달아났어요! 몇 분 뒤 다시 뭔가가 등에 올라타는 게 느껴졌어요. 몸을 돌리니 물범은 마치 수줍어하는 양 다시 잽싸게 달아나더군요. 잔점박이물범은 호기심이 많고 장난을 좋아해요. 그래서 나는 물범이 다시 돌아올 거라고 생각했어요. 이번에는 가만히 있으면서 뭘 하는지 보자고 마음먹었죠. 몇 분 뒤 물범은 다시 내 등에 올라타더니 머리카락을 조금 물고서 깨작거렸어요. 이어서 내 머리 위로 불쑥 고개를 내밀었어요. 그러더니 멈칫했어요. 아마 카메라에 비친 자기 모습을 언뜻 본 듯했어요. 잠시 물에 뜬 채로 그냥 있었죠. 마치 뭔가 생각하는 것 같았지요.

이 잔점박이물범이 사는 다시마 숲에는 약 800종의 동물이 있어요. 하지만 기후 변화로 해양 열파*가 일어나면서 이 서식지는 위험에 처했어요. 이렇게 동물과 어울리고 있으면, 다시마 숲을 보호하는 일이 왜 중요한지를 새삼 깨닫게 돼요. 이 서식지를 보호하는 일에 우리 모두 나서야 해요!"

잔점박이물범은 주로 물고기를 먹지만 오징어, 문어, 조개, 게도 잡아먹어요.

잔점박이물범이 사는 곳

*해양 열파: 어떤 이유로 발생한 열이 퍼져 바다 표면의 온도가 오르는 것.

탐험을 위한 지식

야생 동물 수의사의 야생 모험담

쿤차이(왼쪽)는 우유를 하루에 다섯 번 먹어야 해요.

동물은 어디가 아프다고 의사에게 말하지 못해요. 그래서 야생 동물 수의사는 일하기가 조금… 힘들어요. 전 세계를 돌아다니며 동물원, 쉼터, 국립 공원, 구조 센터에 있는 동물들을 치료하는 개비 와일드를 만나 봐요. 이 야생 동물 수의사는 동물을 돌보려면 약간의 약과 많은 정성이 필요하다고 말해요.

새끼 코끼리가 정성껏 보살핌을 받아요

"동남아시아의 태국에서는 코끼리를 농장 일꾼으로 쓰곤 해요. 한 농민이 숲에서 불법으로 새끼 코끼리를 잡아 왔어요. 어른 코끼리를 사는 것보다 더 싸다고 생각했겠지요. 하지만 곧 새끼는 죽어 가기 시작했어요. 농민은 코끼리가 치료를 받아야 한다는 것을 알아차렸어요. 그는 내가 일하는 야생 동물 병원으로 새끼 코끼리를 데려왔어요. 우리는 그 새끼에게 쿤차이라는 이름을 붙였어요. 태국어로 '왕자'라는 뜻이에요. 쿤차이는 다른 코끼리들과 놀지 않으려 했고, 우리가 주는 우유도 거부했어요.
나는 코끼리의 행동을 연구한 적이 있었기에, 귀찮게 굴지 말라는 뜻이라고 짐작했지요. 그래서 나는 코끼리 우리에 들어가서 가만히 바닥에 앉아 딴 곳을 바라보고 있었어요. 쿤차이를 곁눈질로 계속 보면서요. 30분쯤 지나자 내 어깨를 살짝 건드리는 무언가가 느껴졌어요. 쿤차이가 코로 내 어깨를 두드리고 있었어요!
그때부터 쿤차이는 구조 센터에서 나를 졸졸 따라다녔어요. 나는 하루에 다섯 번씩 우유를 먹이고, 세 번씩 산책을 시키고, 일주일에 몇 번씩 목욕을 시켰지요. 먹고 체중이 늘면서, 쿤차이는 건강해졌어요.
우리는 쿤차이가 사람의 손에 자랐기 때문에, 숲에 풀어놓는 것은 위험하다고 판단했죠. 그래서 지역 보전 센터로 보내서 다른 코끼리들과 어울려 살아가도록 했어요. 나는 쿤차이가 건강하고 행복하게 자라도록 도울 수 있어서 무척 기뻤어요."

수컷 아시아코끼리는 대개 태어나서 5년쯤 어미와 살다가 떠나요.

탐험과 발견

극한 직업! 화산학자

존 스티븐슨이 하는 일은 결코 평범하지 않아요. 화산학자인 스티븐슨은 화산 분화를 평가하고, 용암의 흐름을 뒤쫓고, 화산에 대해 더 배우기 위해 외딴 지역까지 찾아가요. 다음 글을 읽어 보면 화산학자의 일이 얼마나 위험한지, 하지만 얼마나 보람찬지 알 수 있어요.

새로운 연구 장비를 시험 중인 존 스티븐슨

과학이 좋아서 "어릴 때 나는 과학과 자연을 정말 좋아했어요. 대학교에서는 화학 공학을 전공했지만 지질학도 공부했죠. 과학 분야의 배경 지식을 두루 갖추니 화산 관찰부터 분화 과정을 더 큰 관점에서 이해하는 데 도움이 되었답니다."

깊이 땅 파기 "나는 아이슬란드에서 4200년 전에 폭발했던 부석과 재 표본을 모으는 작업을 열흘 동안 한 적이 있어요. 우리는 우리가 찾는 재 층이 나올 때까지 흙을 파고 또 팠어요. 그다음에는 2시간 동안 사진을 찍고 표본을 채집했어요. 밤에는 개울가의 경치 좋은 곳을 찾아 저녁을 먹고 캠핑을 했죠."

위험한 공기 "흘러가는 용암 가까이 있으면 위험해요. 주변 공기가 뜨거운 데다 독성이 있는 이산화 황 기체가 잔뜩 떠다닐 수 있거든요. 아이슬란드의 활화산 바우르다르붕카산에서 일할 때, 주변을 떠다니는 먼지 농도를 재기 위해 방독면을 쓰고서 전자 가스 계량기를 사용했어요."

비처럼 내리는 재 "멕시코의 콜리마 화산에서 작업할 때 우리는 분화구에서 몇 킬로미터 떨어진 곳에 텐트를 치고 지냈어요. 어느 밤 쉭쉭대는 소리에 나는 잠에서 깼어요. 그 소리는 텐트에 비가 거세게 내리는 듯한 후드득 소리로 빠르게 바뀌었죠. 손을 뻗어 비를 받자 거친 회색 모래가 묻었어요. 화산이 폭발해서 화산재가 내린 것이었어요. 우리는 급히 짐을 싸서 안전한 곳으로 대피했죠."

이 직업의 장점 "멋진 장소에 가서 흥미로운 도구로 연구해요. 여가 시간에도 산을 오르거나 캠핑을 하고, 장비나 컴퓨터를 이리저리 만지며 보내죠. 나는 정확한 데이터를 얻고 방법을 찾아 문제를 해결하는 것을 좋아해요. 그런 과정에서 세계가 어떻게 돌아가는지 알 수 있으니까요."

현장에서 일하는 모습

발견의 역사

1 홀로 높이 멀리

1932년 5월 21일 **어밀리아 에어하트**는 여성으로서 처음 단독 비행으로 대서양 횡단에 성공했어요. 미국을 떠나 북아일랜드에 록히드 베가 비행기를 무사히 착륙시켰죠. 15시간 동안 조종하는 틈틈이 토마토 주스와 초콜릿으로 체력을 유지했어요.

> 어릴 때 에어하트는 사나운 제임스라는 이름의 커다란 검은 개를 키웠어요.

8가지 대담한 모험의 여정

포기하지 않았던 이 용감한 탐험가들은 높은 파도, 단단한 얼음, 끝없이 펼쳐지는 낯선 지형에 맞서서 전설적인 모험을 했어요.

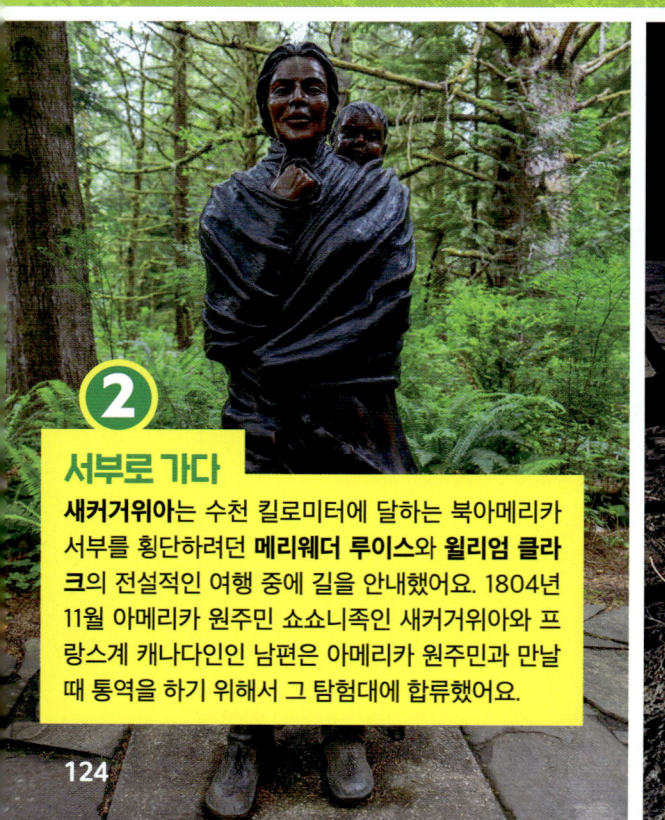

2 서부로 가다

새커거위아는 수천 킬로미터에 달하는 북아메리카 서부를 횡단하려던 **메리웨더 루이스**와 **윌리엄 클라크**의 전설적인 여행 중에 길을 안내했어요. 1804년 11월 아메리카 원주민 쇼쇼니족인 새커거위아와 프랑스계 캐나다인인 남편은 아메리카 원주민과 만날 때 통역을 하기 위해서 그 탐험대에 합류했어요.

3 달나라 여행

닐 암스트롱은 1969년 아폴로 11호가 달에 착륙했을 때 **에드윈 '버즈' 올드린**의 모습을 사진으로 찍었어요. 암스트롱을 시작으로 달에 발을 디딘 나사의 우주 비행사는 겨우 12명에 불과해요.

탐험과 발견

④

환상적인 항해
중국 명나라의 장군 **정화**(약 1371~1433년)는 바다를 지배하는 제해권을 넓히기 위해 인도양 원정을 일곱 번 떠났어요. 1405년 첫 원정 때에는 배 62척에 2만 7800명이 타고서 인도와 스리랑카까지 갔어요.

사진사 프랭크 헐리는 사진기와 영사기를 써서 이 극지 탐험을 기록했어요.

⑤

극한의 인내심
극지 탐험가 **어니스트 섀클턴**의 배 인듀어런스호는 남극 대륙 탐험에 나섰다가 1915년 1월에 얼음 속에 갇히고 말했어요. 배는 가라앉았지만 선원들은 1년 반 뒤에 모두 구조되었어요. 섀클턴의 영웅적인 노력 덕분이었지요.

스콧 탐험대는 아문센 탐험대보다 겨우 한 달 늦게 도착했어요. 그리고 베이스캠프로 돌아가는 도중에 사망했어요.

⑥

겹겹이 껴입은 옷
노르웨이의 **로알 아문센**(위 사진)과 영국의 **로버트 팰컨 스콧**은 누가 먼저 남극점에 도달할지를 놓고 경쟁했어요. 이 경쟁은 전설이 되었어요. 1911년 12월 14일, 아문센이 먼저 남극점에 도착했어요.

요동치는 뗏목

⑦

1947년 노르웨이 탐험가 **토르 헤위에르달**은 고대인들이 어떻게 태평양을 건널 수 있었는지를 보여 주겠다며, 발사나무 목재로 만든 단순한 뗏목을 타고 페루에서 출발했어요. 출발 101일째에 콘티키호가 난파되는 바람에 항해는 중단되었어요. 선원들은 폴리네시아의 한 섬으로 피신했다가 구조되었어요.

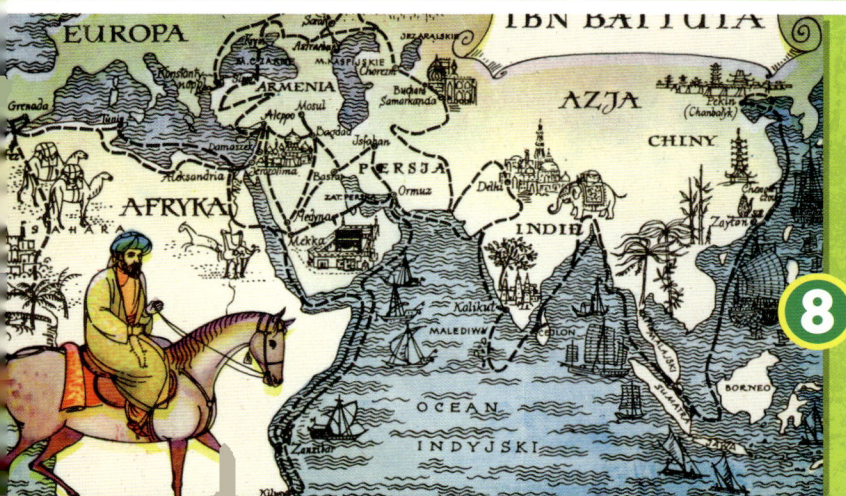

세계 여행자
항공기가 등장하기 전에도 아주 멀리까지 여행하는 이들이 있었어요. 14세기 아라비아의 탐험가 **이븐 바투타**가 바로 그랬어요. 그는 서아시아 일대와 아프리카 해안, 인도와 중국까지 약 12만 킬로미터를 여행했어요. 이븐 바투타의 여행 기록은 당시의 이슬람 세계를 이해하려는 역사가들에게 유용해요.

⑧

125

변화 일으키기

알리고 싶은 코끼리 이야기

동물의 행동을 비롯해서 생태계에 속한 생물들의 모든 측면들을 연구하는 생태학자인 도미니크 곤살베스는 코끼리와 특별한 관계를 맺고 있어요. 무슨 일을 하냐고요? 아프리카 모잠비크의 고향 인근에 있는 고롱고사 국립공원에서 코끼리를 보전하고 증식시키는 일을 돕고 있어요. 도미니크는 코끼리 연구를 위해 코끼리를 따라다니면서 사진을 찍고 코끼리의 이동, 성장, 건강, 행동을 관찰해요. 그러다 보면 코끼리와 아주 친해져요.

도미니크는 최근에 관찰하고 있는 코끼리를 이렇게 이야기했어요. "코끼리의 눈에 비친 자신의 모습을 거의 매일 보게 돼요. 야생에서 코끼리가 정말로 장엄하면서 힘센 동물임을 실감하게 되지요." 그러면 도미니크의 신기한 코끼리 이야기를 들어 볼까요?

코끼리는 새끼를 보호해요. 어미는 새끼를 지킬 때는 아주 사나워지기도 해요. 곤살베스는 한 암컷이 다친 새끼를 지키기 위해서 나무를 쓰러뜨리고 나뭇가지로 자기 등을 탁탁 때리는 광경을 보았어요. 사람들로부터 위협을 느낀 모양이었어요. "코끼리는 가족을 지키기 위해서라면 무엇이든 해요. 암컷이 이끄는 가족 무리는 더욱 그래요."

코끼리는 호기심이 많아요. 곤살베스는 얼마 동안 추적하고 있던 수컷과 정면으로 마주쳤을 때, 처음에는 겁이 났어요. 그러다가 그 코끼리가 그저 호기심이 동해서 다가왔음을 알아차렸어요. 코끼리는 도미니크를 더 자세히 보려는 듯 고개를 숙이기까지 했어요. 잠시 가만히 바라본 뒤, 코끼리는 고개를 들어 주위를 살피더니 천천히 다른 코끼리들을 이끌고 근처 늪으로 향했어요. "코끼리가 너무 가까이 다가오는 바람에 숨조차 쉴 수 없었지요. 그런데 그냥 걸어갔어요."

코끼리는 감정을 표현해요. 가까이에서 코끼리들을 살피는 동안 곤살베스는 코끼리가 아주 개성이 강하고 감정 표현도 섬세하다는 사실을 깨달았어요. 코끼리가 기쁨, 사랑, 슬픔, 분노, 연민을 비롯해서 다양한 감정을 드러낸다는 연구들이 많아요. "코끼리는 지능도 뛰어나고 힘도 세고 강인할 뿐만 아니라 서로에게 따스하고 서로를 잘 돌보는 동물이에요."

탐험과 발견

우리 힘으로 세상을 바꾸자!

코끼리는 지능이 높고 복잡한 사회를 구성하는 동물이에요. 안타깝게도 이 놀라운 동물은 밀렵과 서식지 상실로 위험에 처해 있어요. 도미니크 곤살베스 같은 사람들은 코끼리와 그 서식지를 구하기 위해서 사람들에게 코끼리를 알리기 위해 노력하고 있어요.

사람도 매우 사회적인 동물이에요. 우리는 소셜 미디어를 통해서도 소통해요. 소셜 미디어를 써서 친구들과 대화하고, 관심을 공유하고, 모임도 갖지요. 소셜 미디어는 사람들을 서로 잇고 사람들이 중요한 문제에 관심을 갖도록 이끄는 좋은 도구이기도 해요.

만약 코끼리들도 소셜 미디어 계정이 있다면 어떨까요? 코끼리는 무슨 말을 할까요?

코끼리를 위해 소셜 미디어 계정을 만들어 봐요. 코끼리를 알리는 글과 사진을 올리는 거예요. 코끼리 계정을 만들고자 할 때 이런 점들을 생각해요.

- 코끼리는 어떤 내용을 올리려고 할까요?
- 친구와 팔로워에게 무엇을 알리고 싶어 할까요?
- 소셜 미디어를 어떤 방식으로 이용해서 긍정적인 변화를 일으키고자 할까요?

소셜 미디어 계정은 왼쪽 예처럼 만들 수도 있고, 원한다면 다른 식으로도 만들 수 있어요! 만든 계정을 가족과 친구들에게 공유해요. 그러면서 많은 사람들에게 코끼리의 이모저모와 코끼리를 보호할 방법을 알리는 거예요. 그럼 세상의 코끼리들이 분명히 뿌우 하고 감사 인사를 보내겠죠?

더 알아보기

잠깐 퀴즈!

탐험과 발견에 대해서 얼마나 많이 아는지 다음 문제를 풀어서 확인해 볼까요!

답을 종이에 적은 뒤, 아래 정답과 맞추어 봐요.

1 어밀리아 에어하트는 1932년에 15시간을 비행한 뒤 북아일랜드에 착륙함으로써, 여성 최초로 단독 비행으로 _____ 을(를) 횡단하는 데 성공했다.

a. 대서양　　　　　c. 인도양
b. 태평양　　　　　d. 북극해

2 참일까, 거짓일까? 잔점박이물범은 북반구에 살아요. (　　　)

3 회색머리날여우박쥐는 몇 마리가 모여 한 무리를 이룰까?

a. 100마리
b. 1000마리
c. 10만 마리
d. 100만 마리

4 나무 화석을 연구하는 고식물학자들은 _____ 를 연구하기 위해서 채취한 화석 표본을 지금의 나무와 비교한다.

a. 얼마나 오래 살았는지　　c. 나무가 왜 자라는지
b. 기후가 어떻게 바뀌었는지　d. 나무가 왜 쓰러졌는지

5 참일까, 거짓일까? 모든 사마귀는 오로지 다른 곤충들만 잡아먹는 엄격한 육식 동물이에요. (　　　)

너무 쉽다고요?
다음 장에 나오는 퀴즈에도 도전해 봐요!

정답: ① a, ② 참, ③ d, ④ b, ⑤ 거짓. 식물도 먹기 때문이에요.

탐험과 발견

이렇게 해 봐요!
완벽하고 훌륭한 보고서를 쓰는 법

과제로 보고서를 써야 한다고요? 숙제가 에베레스트산에 오르는 것처럼 부담스러운가요? 겁내지 마세요. 여러분은 도전할 준비가 됐으니까요! 다음 각 단계별 도움말을 차근차근 따라 하다 보면 엄청나 보이는 숙제도 끝낼 수 있어요.

1 **브레인스토밍**
보고서의 주제는 정해져 있기도 하지만, 가끔은 그렇지 않기도 하죠. 어떤 경우든 여러분은 무슨 내용을 쓰고 싶은지 정해야 해요. 먼저 자유롭게 아이디어를 떠올려 봐요. 주제에 대해 생각나는 걸 뭐든지 적는 거예요. 그런 다음 적은 내용을 읽으면서 어떤 아이디어가 가장 좋은지 생각해 봐요. 어떤 내용을 가장 다루고 싶은지 스스로에게 묻고요. 보고서의 목적을 계속 떠올려야 해요. 이 주제로 숙제의 목표를 달성할 수 있나요? 그렇다면 다음 단계로 넘어가요.

2 **주제를 문장으로 써 보기**
여러분이 쓸 보고서의 주제, 어떤 대상에 대한 여러분의 생각을 문장으로 적어 봐요. 다시 한번 이 보고서의 목표에 맞나 고민해야 해요. 주제 문장이 보고서의 내용을 독자들에게 잘 설명할 수 있는지 생각해 봐요.

3 **아이디어의 윤곽 그리기**
일단 훌륭한 주제 문장을 썼다면, 이제 그 문장을 보다 자세한 정보와 사실, 생각, 사례로 뒷받침해야 해요. 이런 뒷받침하는 내용은 여러분의 주제 문장에 던지는 단 하나의 질문, '왜 그럴까?'에 대한 답이에요. 바로 이 점이 연구와 조사, 때로는 보다 많은 브레인스토밍이 이루어져야 할 대목이에요. 그런 다음 이 내용들을 가장 의미가 잘 통하는 방식으로 짜요. 예컨대 중요한 순서로 배열할 수 있겠죠. 그러면 끝!

4 **제자리에, 준비, 쓰기 시작!**
앞서 그린 윤곽을 따라 주제 문장을 뒷받침하는 각각의 내용을 문단의 줄거리로 삼아요. 독자들이 잘 이해할 수 있도록 내용을 정확히 서술하는 단어를 사용해요. 보다 자세한 부분은 구체적인 정보를 활용해 이야기를 전개하거나 여러분의 주장을 펼쳐요. 그리고 그 내용이 보고서 전체의 주제 문장과 관련이 있는지 점검해요. 글이 매끄럽게 흘러가도록 내용을 메워 넣어요.

5 **마무리하기**
보고서 전체를 요약하는 결론을 내고, 주제를 다시 이야기하면서 글을 마무리해요.

6 **고치고 다듬기**
맞춤법이 맞는지, 오탈자가 없는지, 문법에 맞는지 확인해요. 명료하고 이해하기 쉬우며, 흥미로운 글인지 살펴봐요. 서술하는 동사와 형용사를 적절히 활용해요. 다른 사람에게 글을 읽고 여러분이 실수한 부분을 지적해 달라고 하는 것도 도움이 돼요. 그런 다음 필요한 만큼 수정해서 두 번째 원고를 만들어요. 만족할 만한 최종 원고가 나올 때까지 이런 교정 과정을 최소 한 번 이상 반복해요.

게임과 퍼즐

미국 플로리다주의 새끼 굴올빼미예요. 굴올빼미들은 방울뱀 소리를 흉내 내어 다가오는 포식자를 물리쳐요.

이상하고 웃긴
거울의 집

다음은 웃기는 거울에 비친 동물들의 사진이에요. 사진 아래 적힌 힌트를 보고 무슨 동물인지 알아맞혀 봐요.

정답: 354쪽

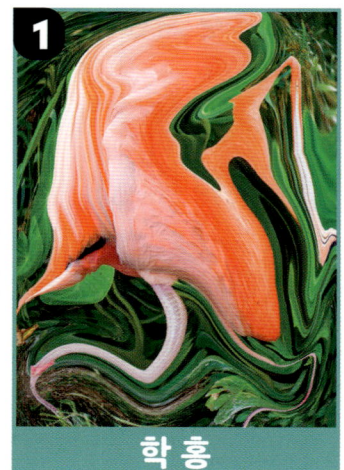
1. 학 홍

2. 끼 리 아 프 코 리 카

3. 마 펭 카 로 니 귄

4. 호 이 베 리 아 랑 시

5. 레 판 서 다

6. 멜 레 카 온

7. 타 치

재미있고 우스운
빈칸 채우기

친구와 함께 밑줄 아래 힌트를 살펴보고 빈칸을 웃기는 단어로 채워 각자 이야기를 완성해 봐요. 누구의 이야기가 더 웃길까요?

게임과 퍼즐

_____와(과) 나는 _____ 바닥을 탐사하다가 난파선을 발견했어요. 평범한 난파선이 아니었
　친구 이름　　　　　　　바다 이름

어요. _____에 가라앉은 유명한 _____였어요. 우리는 뭐가 있는지 살펴보러 _____ 속으
　　시대 이름　　　　　　　　배 이름　　　　　　　　　　　　　　　　　　　　　액체

로 헤엄쳐서 들어갔어요. 나는 낡은 무도회장을 보고 푹 빠졌어요. 천장에는 화려한 _____이(가) 걸려
　　　　　　　　　　　　　　　　　　　　　　　　　　　　　　　　　　　　　　　가구 이름

있었고, 오래된 _____이(가) 많이 흩어져 있었어요. 그 사이로 _____이(가) 헤엄치고 있었어요.
　　　　　　　명사　　　　　　　　　　　　　　　　　　동물

더 살펴보던 우리는 커다란 나무 _____을(를) 발견했어요. 우리는 뚜껑을 열려고 애썼어요. 마침내
　　　　　　　　　　　　　　명사

뚜껑이 열리고 _____이(가) 뿜어 나왔어요. 그 밑에는 _____ _____와(과) 반짝이는
　　　　　징그러운 무엇　　　　　　　　　　　　　　색깔　　　명사

보석이 가득했어요. 우리가 발견한 것을 _____데, 어디선가 소리가 들렸어요. 거대한 _____이(가)
　　　　　　　　　　　　　　　　　동사　　　　　　　　　　　　　　　　　　　　동물

나타나더니 _____로 상자를 _____ 감쌌어요! 이런, 보물이 자기 거라고 우기는 것 같아요.
　　　　신체 부위　　　　　부사

133

알쏭달쏭 세상 관찰
이건 멀까?

머리일까 꼬리일까?
다음은 동물의 신체 부위를 가까이에서 또는 멀리서 찍은 사진들이에요. 사진 아래 적힌 힌트를 보고 무슨 동물인지 알아맞혀 봐요.
정답: 354쪽

고수양염이

낙혹타

코말손뿔바사닥슴

혀뱀

고꼬리래

발도마이붙뱀

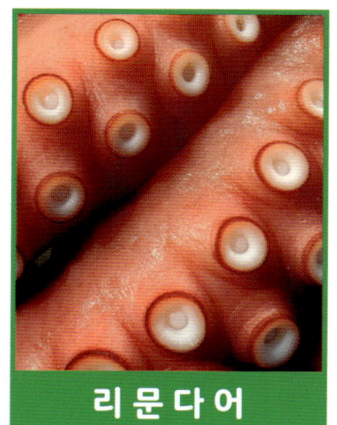
리문다어

비푸발른부새발

탉볏수

게임과 퍼즐

온 가족이 함께하는
깜짝 퀴즈

포뮬러 로사는 세계에서 가장 빠른 롤러코스터예요!

종이를 한 장씩 가져와서 답을 적어 봐요. 상으로 가장 많이 맞힌 사람의 소원을 하나 들어주면 어떨까요?   정답: 354쪽

1 모래가 녹는 온도는 몇 도일까요?
 a. 149℃   c. 1260℃
 b. 705℃   d. 1649℃

2 우리가 자는 동안 먹는 거미는 평생 몇 마리나 될까요?
 a. 4~8마리
 b. 10~15마리
 c. 1000~2000마리
 d. 0마리. 거미가 과연 가만히 먹힐까요?

3 지구는 왜 한가운데가 불룩할까요?
 a. 적도에 사는 사람들과 동물들의 무게 때문에
 b. 지구 자전으로 생기는 힘 때문에
 c. 남북극에 쌓인 무거운 얼음이 지구를 위아래로 짓눌러서
 d. 적도 근처의 대양 때문에

4 아프리카 원산의 바센지는 짖지 않는 개라고 해요. 이 개는 짖는 대신에 무엇을 할까요?
 a. 굴어요.
 b. 원을 그리며 빙빙 돌아요.
 c. 요들을 불러요.
 d. 고개를 끄덕여서 '예' 또는 '아니오'를 표시해요.

5 NBA 역사상 가장 큰 신발 크기는 얼마일까요?
 a. 300mm
 b. 400mm
 c. 500mm
 d. 600mm

6 아랍 에미리트 아부다비에서 아주 빠른 롤러코스터 포뮬러 로사를 탈 때 무엇을 착용해야 할까요?
 a. 헬멧   c. 넥타이
 b. 마우스 가드   d. 고글

7 중세 시대에 이탈리아 피렌체 여성들이 첨단 유행이라고 생각한 것은 뭘까요?
 a. 머리를 자주색으로 염색하기
 b. 치아 교정기 끼기
 c. 눈썹 밀기
 d. 턱수염 길게 기르기

8 딸기는 어느 과에 속할까요?
 a. 벚나무   c. 호박
 b. 장미   d. 파리지옥

9 해마는 주로 어떤 방법으로 움직일까요?
 a. 해류를 기다렸다가 올라타서
 b. 등에 달린 작은 지느러미를 팔랑거려서
 c. 꼬리를 말았다가 펴는 힘으로
 d. 스펀지밥에 달라붙어서

10 지구에서 이 행성이 뜨는 모습을 보려면, 동쪽이 아니라 서쪽을 봐야 해요.
 a. 금성   c. 화성
 b. 지구   d. 토성

수다쟁이 동물들

동물이 소셜 미디어를 쓴다면 무슨 말을 할까요? 이 일각돌고래가 하루에 주고받은 메시지를 한번 볼까요?

우리가 진짜 있는지 못 믿겠다는 사람들도 있어요.

일각돌고래
사는 곳: 북극해와 대서양
사용자 이름: 물속유니콘
친구들 ⌄

그린란드상어
느림보죠스

대서양바다코끼리
엄니

북극곰
얼음곰

오전 10:00

물속유니콘
모두 #겨울휴가 잘 보내고 있니? 우리 가족은 그린란드 인근 배핀만에서 물장구를 치면서 즐기는 중이야.
배핀만

나도 배핀만에 있어! 내 생일 파티를 하러 왔지. 난 올해 99세가 됐어. 우리 종으로 치면 난 아직 십 대 청소년이지. #겨울아이

느림보죠스

엄니
우리 무리는 바다 위에 뜬 얼음을 좋아해. 쉬다가 헤엄치기에 좋거든. 우리는 유빙으로 파도 타는 중. 함께할 동물 있어?

나도 할래. 유빙은 나에게 최고의 사냥터라고. 내 자세 어때?

얼음곰

물속유니콘
얼음 위에서 미끄러지지 않고 가만히 있으면, 만점 줄게.

오후 1:30

물속유니콘
푸우. 난 방금 100미터 넘게 잠수해서 오징어 좀 삼키고 왔어.

바다까지 경주하기 어때? 난 거기에 가라앉은 물범이 가장 맛있더라. #바다밑셀피

느림보죠스

얼음곰
어, 그 먹이는 내 거야! 어제 실수로 물에 빠뜨렸거든. 그래서 난 아직도 배고파.

@얼음곰, 물범은 네 마음대로 먹어. 내 새끼들만 건드리지 마.

엄니

오후 4:15

엄니
@물속유니콘, 네 엄마는 어디에 쓰는 거야? 내 엄니는 얼음을 깨고 물 밖으로 나오는 데도 쓰고, 배고픈 @얼음곰을 막는 데에도 쓰는데.

얼음곰
@엄니 말이 맞아. 그래서 내가 엄니 가까이 안 가지.

물속유니콘
흠, 수수께끼로 남겨 둘게. 짝을 사귀는 데 도움이 될 수도 있어.

멋져 보인다고 말하고 싶지만… 내 시력이 안 좋은데다가 이 깊은 물속은 컴컴해서 사실 잘 안 보여.

느림보죠스

물속유니콘
괜찮아. 사실 나는 물속에서 모습이 들키지 않는 게 좋거든. 모두 다음에 봐!

게임과 퍼즐

숨바꼭질 동물 탐정 숨은 동물 찾기

동물은 주변 환경에 몸을 잘 숨기곤 해요. 다음의 동물들이 숨어 있는 사진을 찾아서 종이에 이름과 함께 써 보세요.

정답: 354쪽

1. 달랑게 (　　)
2. 유럽기민개구리 (　　)
3. 둥근무늬문어 (　　)
4. 게거미 (　　)
5. 서부귀신소쩍새 (　　)
6. 붉은어깨금강앵무 (　　)

알쏭달쏭 세상 관찰
이건 멀까?

수면 아래

다음은 물속 동물들을 가까이에서 찍은 사진들이에요. 사진 아래 적힌 힌트를 보고 무슨 동물인지 알아맞혀 봐요.

정답: 354쪽

사 리 불 가

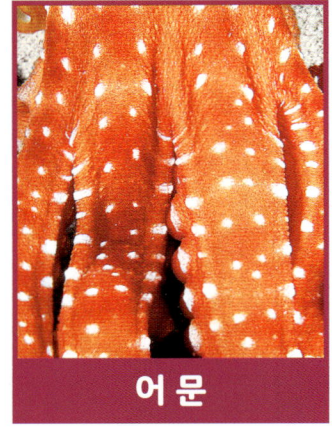
어 문

마 해

돔 청 줄

가 오 노 리 랑

민 숭 팽 달 갯 이

어 복

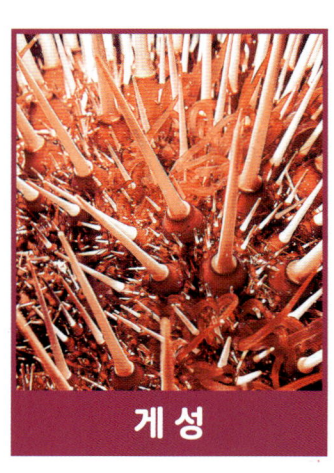
게 성

가 바 재 닷

재미있고 우스운
빈칸 채우기

놀라운 스쿠버다이빙

친구와 함께 밑줄 아래 힌트를 보고 빈칸에 알맞은 말을 채워 이야기를 완성해 봐요. 소리 내어 읽어 보면서 가장 재미있는 이야기로 다듬어 봐요.

우리 가족은 _____ 해변으로 휴가를 갔어요. 마지막 날 스쿠버 _____ 을 하기로 했지요.
　　　　　　먼 장소　　　　　　　　　　　　　　　　　　　　　　　명사

우리는 _____ _____ 을(를) 입고 _____ 을(를) 쓰고서 물속으로 _____.
　　　　형용사　　　　옷 종류　　　　　　　　명사　　　　　　　　　　　　　동사

_____ 물속에서 나는 맨 앞에서 헤엄치다가 _____ 동물과 충돌할 뻔했어요. 동물은
　형용사　　　　　　　　　　　　　　　　　　　　　형용사

_____ 의 머리에 _____ 의 몸을 지니고 있었어요! _____ 에는 _____
　육상 동물　　　　　　수생 동물　　　　　　　　　　　　　　신체 부위　　　　　　　색깔

줄무늬가 가득했어요. 동물이 말했어요. "안녕. 내 이름은 _____ 야." 그런 뒤 동물은 내게
　　　　　　　　　　　　　　　　　　　　　　　　　　　유명 인사

_____. 내가 식구들에게 알리려고 몸을 돌리는 순간, 동물은 _____ 보다 빠르게 헤엄쳐
　동사　　　　　　　　　　　　　　　　　　　　　　　　　　　명사

사라졌어요! 아무도 내 이야기를 믿지 않았지만, 그래도 괜찮아요. 내가 새로운 종을 발견했는지도 몰라요.

진짜? 가짜? 옛 표지판

보이는 것이 다 진짜는 아니에요. 다음 중 2개는 진짜가 아니에요. 무엇이 가짜일까요?

정답: 354쪽

게임과 퍼즐

알쏭달쏭 세상 관찰
이건 뭘까?

뜨거운 것과 차가운 것
맵고 뜨겁거나 차가운 것을 가까이에서 찍은 사진들이에요. 사진 아래 순서가 뒤섞인 글자를 보고 무엇인지 알아맞혀 봐요.   정답: 354쪽

스아이림크

양 태

하 천 덮 눈 인

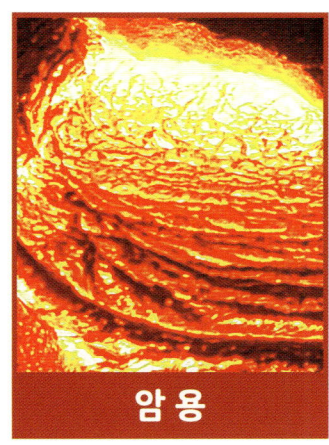
암 용

린 과 일 얼

플 레 핫 트 이

하 빙

추 간 고 빨

링 스 크 아 이

141

온 가족이 함께하는
깜짝 퀴즈

방금 그 소리 들었어?

종이를 한 장씩 가져와서 답을 적어 봐요. 상으로 가장 많이 맞힌 사람의 소원을 하나 들어주면 어떨까요?   정답: 354쪽

1 우주 비행사 장갑의 손가락 끝에는 뭐가 들어 있을까요?
a. 자석
b. 히터
c. 작은 전등
d. 스크루 드라이버

2 영국에서 가장 높은 건물(높이 310미터)은 왜 별명이 '더 샤드'일까요?
a. 건축가 조지프 '샤드'의 이름을 따와서
b. '샤드'가 뜻하는 유리 파편처럼 가늘고 길고 뾰족하게 생겨서
c. '샤드'가 고대 영어에서는 '아주 높다'는 뜻이어서
d. 누군가 '샤크(상어)'를 쓰려다가 잘못 써서

3 사람이 먹어도 안전한 꽃은 뭘까요?
a. 원추리
b. 붉은토끼풀
c. 제비꽃
d. 모두 다

4 돼지는 햇빛을 너무 오래 쬐면, _____ 수 있어요.
a. 햇빛 화상을 입을
b. 자주색으로 변할
c. 나무를 기어오를
d. 털이 다 빠질

5 연잎성게는 _____ 이에요.
a. 식물
b. 동물
c. 지층
d. 외계인

6 피그미코끼리는 _____ 섬의 고유종이며, 다른 코끼리들보다 작지만 귀와 꼬리가 아주 길어요.
a. 보르네오
b. 버뮤다
c. 바베이도스
d. 바레인

7 개의 눈은 눈꺼풀이 몇 개일까요?
a. 3개
b. 2개
c. 1개
d. 422개

8 세계에서 가장 거대한 나무가 있는 미국 국립 공원은 어디일까요?
a. 메인주 어케이디아 국립 공원
b. 버지니아주 셰넌도어 국립 공원
c. 캘리포니아주 세쿼이아 국립 공원
d. 캘리포니아주 레드우드 국립 공원

9 번데기 안에서 모충에게 가장 먼저 일어나는 일은 뭘까요?
a. 날개가 돋아요.
b. 다리가 떨어져요.
c. 눈이 점점 커져요.
d. 세포 덩어리로 분해돼요.

10 빛이 태양에서 지표면까지 오는 데 걸리는 시간은 얼마일까요?
a. 1초 미만
b. 약 8분
c. 정확히 3일
d. 2년 이상

수다쟁이 동물들

동물이 소셜 미디어를 쓴다면 무슨 말을 할까요? 이 승냥이가 하루에 주고받은 메시지를 한번 볼까요?

착한 애가 누구냐고? 바로 나지!

승냥이
사는 곳: 인도, 중앙아시아, 동아시아
사용자 이름: 빨간개
친구들 ⌄

붉은털원숭이 — 원숭이세상
뿔매 — 모호크
벵골왕도마뱀 — 길쭉도마뱀

시작 →

오전 7:30

빨간개: 나는 내 형제자매들과 중요한 사냥에 대비해 #앞다투어_달리기를 연습하면서 기운을 끌어올리는 중이야! #월월

모호크: 늦잠 잔 거 아냐? 난 아침 내내 나무 위 은신처에 숨어 있었어. 이미 아침거리는 잡아 놨지. #일찍_일어나는_매가_도마뱀을_잡는다

길쭉도마뱀: 너도 조그만 도마뱀이야 낚아챌 수 있겠지만, 나한테 덤비지는 마. 나는 길이 1.5미터에 몸무게 6.8킬로그램인 고질라야. 그리고 지금 먹이를 찾아 혀를 날름거리고 있어.

원숭이세상: 헉! 난 우리 원숭이 200마리 무리에서 떨어지지 않을래. 여럿이 몰려다니면 안전하지야. #과일_샐러드_최고

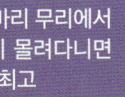

오후 1:15

빨간개: 성공! 멧돼지를 잡았어! 이제 강으로 가서 물도 마시고 헤엄도 칠 거야. 같이 할래?

원숭이세상: 그래, 모두 실컷 먹었으면, 뛰어들어야지!

길쭉도마뱀: 우리 누가 오래 숨을 참나 경기하자! 나는 물속에서 약 15분은 숨을 참을 수 있어. #수영팀_챔피언

모호크: 난 물새가 아니지만, 우리 둥지가 하천 가까이에 있어. 나와 새끼가 심판을 봐 줄게.

오후 4:00

빨간개: 방금 내 친구를 만났어. 저절로 꼬리가 흔들리는 거 있지!

원숭이세상: 나도 친구 만났어. 우리는 서로 털에 붙어 있는 벼룩을 떼어 내 먹었어. #털_난_친구들이_하는_일

길쭉도마뱀: 친구가 필요해? 내게 반가운 얼굴은 태양의 얼굴뿐인데? 난 필요할 때면 태양을 보면서 햇볕을 쫴. #홀로_생활

모호크: 맞아, 나도 짝 말고 다른 뿔매 친구가 필요 없어. 짝과 나는 휘파람 소리로 대화해. #키이키이키이이('네가 좋아'라는 뜻이야.)

빨간개: 멋져! 우리 무리는 휘파람 소리, 으르렁 소리, 새된 소리로 대화를 해. 우리는 서로의 소리를 듣기 좋아하지.

재미있고 우스운
빈칸 채우기

힘겨운 아이 돌보기

친구와 함께 밑줄 아래 힌트를 보고 빈칸에 알맞은 말을 채워 이야기를 완성해 봐요. 소리 내어 읽어 보면서 가장 재미있는 이야기로 다듬어 봐요.

지난주에 어린 _____(유명인 이름)을(를) 돌봐주러 갔어요. 그 애 부모님이 _____(음악 종류) 콘서트에 가신다고 했거든요. 부모님은 아이에게 저녁으로 _____(음식)을(를) 먹이고 재우면 된다고 했어요. 그런데 부모님이 나가자마자 아이는 _____(형용사) _____(명사)을(를) _____(동사)더니, 갑자기 장난감을 사방에 _____(동사)기 시작했어요. 심지어 _____(명사)로 벽에 _____(동사)까지 했어요! 그러더니 어디론가 사라졌고, _____(명사)가(이) _____(동사)는 소리가 들렸어요. 문을 여니 아이가 제멋대로 주문한 _____(음식)을(를) _____(큰 숫자) 개나 든 채로 _____(직업 이름)가(이) _____(동사)고 있었어요. 마침내 나는 _____(가구) 밑에 숨어 있는 아이를 찾아냈어요. 우리는 함께 집을 _____(동사) 뒤, 아이의 _____(명사)을(를) 닦았어요. 부모님이 돌아왔을 때 아이는 자고 있었죠. _____(명사)가(이) 쉽다고 말한 사람이 있다고요? 대체 누가요?

게임과 퍼즐

알쏭달쏭 세상 관찰
이건 뭘까?

빛나는 것들

다음은 뜨겁고 차가운 것을 가까이에서 찍은 사진들이에요. 사진 아래 순서가 뒤섞인 글자를 보고 무엇인지 알아맞혀 봐요. 정답: 354쪽

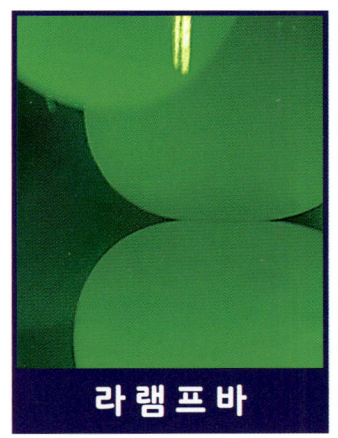
라램프바

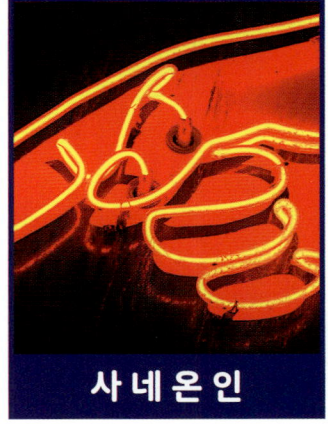
사네온인

반불딧이

개번

꽃불

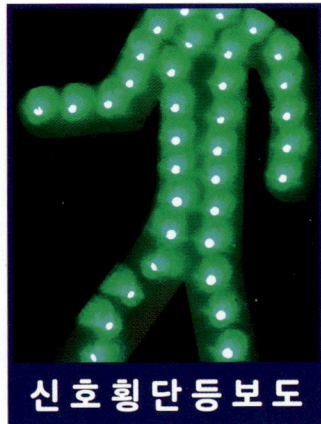
신호횡단등보도

구전

광북극

야명간조

숨은 동물 찾기

숨바꼭질 동물 탐정

동물은 주변 환경에 몸을 잘 숨기곤 해요. 다음의 동물들이 숨어 있는 사진을 찾아서 종이에 이름과 함께 써 보세요.

정답: 354쪽

1. 포투 ( )
2. 이슬거미 ( )
3. 페링게이사막살무사 ( )
4. 솔나방 ( )
5. 잎꼬리도마뱀붙이 ( )
6. 씬벵이 ( )

진짜? 가짜? 옛 표지판

게임과 퍼즐

보이는 것이 다 진짜는 아니에요. 다음 중 2개는 진짜가 아니에요. 무엇이 가짜일까요?

정답: 354쪽

147

인도 라자스탄주 푸쉬카르 낙타 축제 현장에서 만난 낙타들이에요.

농담 반 진담 반?

카이만은 걷기보다 헤엄치기에 더 알맞아요. 힘센 꼬리를 휘둘러서 물속을 나아가요.

이름: 분젠
좋아하는 활동: 주기율표 아래 숨기
좋아하는 장난감: 보안경
싫어하는 것: 과잉 반응

나는 화학에 환장하는 악어야!

나는 입이 커서 카랑카랑하게 가요를 잘 불러!

나는 주기적인 화학 농담이 재미있더라!

고체, 액체, 기체… 모두 물질이지.

원자를 결코 믿지 마. 원자는 모든 것을 만드니까.

152

곱씹어 보면 웃긴 이야기

우리를 웃겨 주는 유머

"돛새치가 있다는 말은 들었지만, 돛새치가 도떼기시장에서 세일하는 건 처음 봐."

"나는 이만 마구간으로 돌아가야 할 것 같아."

"나는 땅콩버터 바른 해파리 샌드위치를 좋아해."

"어떤 포식자는 우리 흰동가리를 싫어해. 우리가 똥 가루 맛이 난다고 생각하거든."

"너 오늘 생일인 상어라고 고깔 썼구나. 생일 축하해."

알쏭달쏭 수수께끼

움직일 수 있지만 **걷지 않고**,
삼킬 수 있지만 **말하지 않고**,
누워 있지만 **잠들지 않고**,
높은 곳에서 **낮은 곳을 향하는 것은?**

정답: 강

누가 내게 먼저 말하지 않으면 **난 말할 수 없어요.** 내 목소리를 들은 사람은 많지만 **나를 본 사람은** 아무도 없어요. **나는 누구일까요?**

정답: 메아리

달리면 **달릴수록** 더 잡기가 어려운 것은?

정답: 흐름

누를 수 있지만 들어갈 수는 없고, 길이는 다르지만 **높이는 같고**, 열쇠가 있지만 **자물쇠가 없는 것. 나는 누구일까요?**

정답: 피아노 건반

졸업하려면 반드시 **떨어져야만 하는 학교는** 어디일까요?

정답: 낙하산 학교

아버지 두 명과 **아들 두 명**이 함께 낚시를 갔는데 배를 탄 사람은 **세 명**이에요. **왜 그럴까요?**

정답: 할아버지 아버지 아들이니까

죽은 자를 되살려 내고, 우리를 울게 하고, 또 웃게 하고, 한순간에 태어나 영원히 사는 것은?

정답: 기억

많이 **나타날수록** 더 **볼 수 없는** 것은 **무엇일까요?**

정답: 어둠

우리를 웃겨 주는 유머

혀가 꼬이는 말
빠르게 세 번씩 읽어 봐요.

토끼 빗은 도께 빗!

선결이가 선글라스를 선물해요.

대나무 원숭이 아니고 개코원숭이.

버즘나무 길 너머에 버젓이 있는 문.

새하얀 눈산과 새하얀 거품 파도.

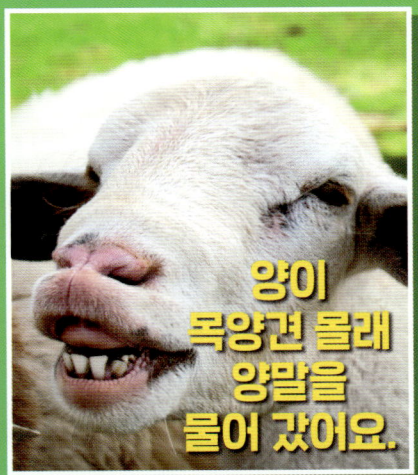

양이 목양견 몰래 양말을 물어 갔어요.

새들이 눈이 새로 쌓인 가지에 새침하게 앉아 있어요.

그냥 재미로 하는 고양이 농담

Q 옆집 고양이가 **큰 고양이 무리**와 어울리지 않는 이유는?
A 교양이가 아니라 사치라서.

Q 고양이가 비밀 공작원에 알맞은 이유는?
A 발톱을 숨기고 조용히 걸을 수 있어서.

Q 고양이가 타고난 곡예사인 이유는?
A 야옹하는 재주가 있으니깐.

Q 신데렐라가 고양이라면 어떻게 될까?
A 아웅이 공주에 왕어.

똑똑
누구세요?
하워드요.
하워드가 누구죠?
고양이라면 다 좋아하는 개박하를 남겼던 고양이 하워드예요.

Q 고양이와 동전의 닮은 점은?
A 내 손아에 갈때 떨어지니까 돈돈거려.

우리를 웃겨 주는 유머

그냥 재미로 하는 강아지 농담

똑똑
누구세요?
콜리요.
콜리가 누구죠?
양 떼 모는 콜리예요.
강아지 산책시킬 때가 왔다고 들었어요.

Q 래브라도는 왜 모자 쓰는 것을 좋아할까요?

A 아빠 말을 받아들는 착한 아들이거든요.

스티븐: 개에게 축구를 가르칠 건가요?
애나: 당연히 아니죠. 우리 애는 복서잖아요!

경찰관: 선생님 댁 개가 자전거를 타고 사람들을 쫓아갔어요.
개 반려인: 그럴 리 없어요. 우리 개는 자전거가 없어요.

Q 프랑스식 개집을 짓고 싶을 때 어떤 개를 고용할까요?

A 프렌치 불독.

Q 마술사와 개를 합체하는 주문이 있다면 뭘까요?

A 래브라카다브라더.

Q 추워하는 개에게는 뭐가 필요할까요?

A 풀오버.

157

곱씹어 보면 웃긴 이야기

"수의사 말이 내가 건초열에 걸렸대."

"이 부엉이는 밤의 기사야."

"종이 빨대 중에 가장 긴 걸로 가져왔어."

"그리 나쁘지 않아.
게다가 TV 소리가 아주 잘 들려."

알쏭달쏭 수수께끼

우리를 웃겨 주는 유머

한 남자가 비행기를 타고 금요일 정오에 출발해 열세 시간을 날아갔는데, 도착해서 시계를 봤더니 금요일 오전이었어요. 어떻게 된 일일까요?

시차의 차를 반영하는 비행이라서

1분에 한 번, 10분에 한 번 나타나지만 1000년 동안에는 결코 나타나지 않는 것은 무엇일까요?

글자 ㄴ

풀 수 있고, 먹을 수 있지만, 감을 수 없는 것은 무엇일까요?

껌

사냥꾼 세 명이 사냥에 나섰는데 비가 오기 시작했어요. 그런데 머리가 젖은 사람은 두 명이에요. 이게 무슨 영문일까요?

한 명은 대머리라서

갑옷을 입었지만 결코 싸우지 않고, 이동할 때에도 언제나 집에 있는 것은 무엇일까요?

거북

나는 작은 구멍을 파고 은이나 금으로 채워요. 또 나는 은빛 다리를 짓고 금빛 왕관을 씌울 수 있어요. 모두가 나를 우러러 봐요. 하지만 대부분은 나를 두려워해요. 나는 누구일까요?

치과 의사

처음에 설 때는 키가 크지만, 시간이 갈수록 오래 서 있을수록 키가 작아지는 것은 무엇일까요?

양초

연주하고 귀로 들을 수 있지만 결코 볼 수 없는 악기는 무엇일까요?

하모니카

그냥 재미로 하는 음식 농담

Q 우유가 쓰러지면서 남긴 한마디 말은?
A "어머"

Q 아이스크림이 횡단보도를 건너지 못하는 이유는?
A 차가 와서.

그만! 스모어는 이제 그만!

지금까지 만든 **가장 큰 스모어**는 무게가 121킬로그램이었대요! **남자 어른 평균 몸무게**의 1.6배나 돼요.

Q 메이플시럽이 팬케이크보다 센 이유는?
A 메이플시럽은 팬케이크 위에 팔리니까.

Q 미국 햄버거와 치즈버거는 자기 딸의 이름을 뭐라고 했을까요?
A 패티.

Q 한 소녀가 산딸기를 따러 간 이유는 뭘까요?
A 산딸기가 걸어갈 수가 없으니까.

Q 옥수수의 출연이 막판에 취소된 이유는?
A 팝콘이 되어 날아가서.

우리를 웃겨 주는 유머
곱씹어 보면 웃긴 이야기

"왜 진작 이 생각을 못 했지?"

"저는 휴가 중이에요."

"쟤가 저럴 때마다 너무 별로예요."

"얘가 빠른 속도를 좀 좋아해."

"잘 자라, 아가들아…. 아침에 보자."
(무한 반복 중)

"맙소사! 네 선물이 뭘까? 빨리 보고 싶어!"

혀가 꼬이는 말
빠르게 세 번씩 읽어 봐요.

래프팅은 계곡에서 고무보트로 급류를 타는 것.

병아리가 병정개미를 쫓아 삐악삐악.

상어는 상상보다 빨라요.

바다코끼리는 바다에 사는 코끼리가 아니에요.

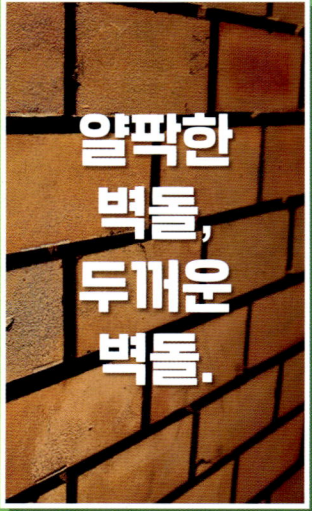
얄팍한 벽돌, 두꺼운 벽돌.

갈색 라마, 흰색 라마, 모두 다 라마.

우리를 웃겨 주는 유머

꽤 긴 이야기…

어느 날 **브라키오사우루스 아빠와 아들**이 저녁을 먹고 있는데, 아들이 물었어요.
"아빠, 우리는 초식 동물이에요?"

"그래, 이제 식사를 계속하렴."
아빠가 대답했어요.

"하지만 우리가 **초식 동물**이라면, **곤충을 먹지 않는다**는 뜻이 맞죠?"
아들이 다시 물었어요.

아빠는 한숨을 쉬면서 말했어요.
"맞아. **우리는 곤충을 먹지 않아. 식물만 먹지.** 이제 그만 묻고 어서 먹으렴."

"하지만 아빠, 우리가 곤충을 안 먹는 게 **확실히 맞아요? 우리가 먹는 곤충도 있지 않을까요?**"

그러자 아빠가 소리쳤어요.
"아들! 아빠가 말했지? **우리는 어떤 곤충도 먹지 않아.** 자, 잎을 다 먹은 뒤에 이야기하자."

식사가 끝나자, 아빠는 물었어요.
"그래, 얘야, 아까 왜 계속 곤충을 먹느냐고 물었니?"

아들 공룡이 말했어요.
"아까 아빠가 먹던 잎에 커다란 딱정벌레가 앉아 있었는데 어딘가로 사라졌거든요."

그냥 재미로 하는 이상한 세계 농담

Q 영국에서 **빅벤**과 **친구**가 되려는 사람이 없는 이유는?

A 시계 왕고 꼰대라서.

Q 복어가 한국에서 전화기 위에 올라가면 어떻게 될까요?

A 폰위허복.

Q 프랑스에서 오래된 건물 옥상에 올라가지 말아야 할 이유는?
A 가끔 조각상이 않아서.

Q 미국 의회 도서관은 왜 **자리 예약**이 안 될까요?
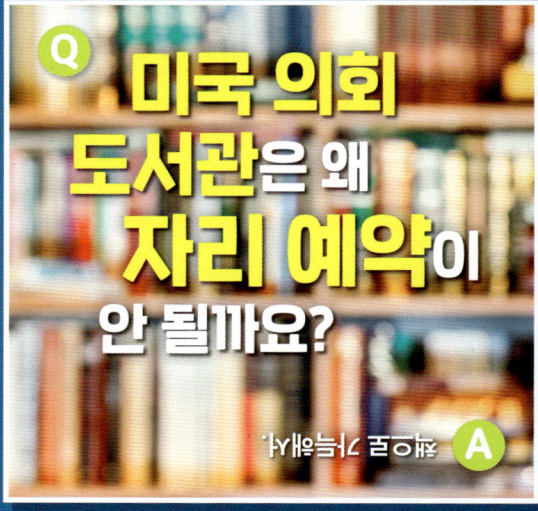
A 책을 가능하늬사.

Q 에베레스트산 또는 부르즈 할리파와 숨바꼭질을 하지 말아야 할 이유는?
A 쉽게 둘릉 곳이에서. 시끄럽니까.

에펠탑은 여기 어딘가에 있는 것이 분명해. 지도가 있으면 좋을 텐데.

전쟁 영웅 중에 **비둘기**들도 있었어요. 놀랍죠? 편지를 나르도록 훈련한 비둘기 '전서구'는 **제1차 세계 대전**과 **제2차 세계 대전** 때 전선을 넘나들며 첩보와 정보를 전달했어요.

비둘기는 남극 대륙을 제외한 모든 대륙에 살아요.

우리를 웃겨 주는 유머

곱씹어 보면 웃긴 이야기

"아무 소리도 안 들려!"

*개 호루라기: 사람은 들을 수 없고 개는 들을 수 있는 소리를 내는 도구.

"안녕, 일기장아. 난 오늘 외국어를 배웠어."

"봄이 반쯤 지났을 때 깨워 주세요. 세상이 어떻게 달라지는지 다 볼래요."

문화와 생활

태국 방콕의 수상 시장에서 한 여성 상인이 배 위에서 국수를 만들고 있어요.

세계의 기념일과 휴일

2024년 세계의 여러 가지

설날
2월 10일

아시아의 일부 국가에서 음력으로 쇠는 새해 첫날이에요. 한국에서는 가족들이 모이고, 차례를 지내고 성묘를 하기도 해요. 쌀로 만든 가래떡을 얇게 썰어 육수에 넣고 끓인 떡국을 나누어 먹어요. 아이들은 어른들에게 세배를 하고 세뱃돈을 받기도 해요.

용이 머리를 드는 날
3월 11일

중국에서 봄의 시작을 알리는 날이에요. 특히 청룡이 비를 부른다고 하지요. 집을 청소하고 머리를 다듬으면서 행운을 기원하고, 용의 귀(만두)와 용의 턱수염(국수)을 먹는 전통이 있어요.

부활절
3월 31일†

예수 그리스도의 부활을 기념하는 기독교 기념일이에요. 부활절에는 바구니에 사탕이나 색칠한 달걀을 담아 아이들에게 선물해요.

인티 라이미(태양의 축제)
6월 24일*

잉카 제국 시대에 태양신 인티를 기리기 위해 시작되었어요. 페루인들은 잔치를 열고 퍼레이드를 벌이며 화려한 축제를 즐겨요. 이날은 남반구의 동지여서, 낮이 점점 길어질 것을 예고하는 날이기도 하지요.

래머스(수확제)
8월 1일

영국의 잉글랜드, 스코틀랜드, 웨일스, 아일랜드에서 열리는 축제로서 그해의 첫 밀 수확을 기념하는 날이에요. 사람들은 빵을 구워서 먹고 교회에 기부하면서 축하해요.

문화유산의 날
9월 24일

남아프리카 공화국에서 전국의 다양한 문화를 축하하며 애국심과 자긍심을 고취하는 날이에요. 가족과 친구들이 모닥불 주위에 모여서 요리하고 구운 고기를 먹는 전통이 있어요. 이 바비큐를 브라이라고 하지요.

문화와 생활

기념일

각 기념일은 해마다 날짜가 달라지기도 해요. 그러니 해가 바뀌면 달력을 꼭 확인하세요.

로쉬 하샤나
10월 2일~4일**

유대교 달력에 따른 유대인의 새해 첫날이에요. 로쉬 하샤나는 해의 머리를 뜻해요. 이날을 기념하기 위해 기도하고, 전통 음식을 먹고, 쉬면서 보내요.

디왈리
10월 31일*

힌두교인들이 새해의 시작으로 여기는 날로 점토 램프에 불을 켜서 집을 밝혀요. 어둠의 악귀에 맞서는 내면의 불을 상징하지요. 인도에서 가장 중요하고 가장 큰 축제예요.

하누카
12월 25일*~1월 2일

유대교 기념일로서 8일 동안 이어져요. 빼앗겼던 예루살렘 성전을 되찾은 것을 기념해 전통 촛대에 8일 동안 불을 켜 두고, 선물을 주고받아요.

크리스마스
12월 25일

예수 그리스도의 탄생을 기념하는 기독교 축일이에요. 대개 나무를 장식하고, 선물을 교환하고, 모임을 갖지요.

*날짜는 지역에 따라 약간 달라지기도 해요.
**해가 진 뒤에 시작돼요.
†정교회의 부활절은 5월 5일이에요.

2024년 달력

1월
일	월	화	수	목	금	토
	1	2	3	4	5	6
7	8	9	10	11	12	13
14	15	16	17	18	19	20
21	22	23	24	25	26	27
28	29	30	31			

2월
일	월	화	수	목	금	토
				1	2	3
4	5	6	7	8	9	10
11	12	13	14	15	16	17
18	19	20	21	22	23	24
25	26	27	28	29		

3월
일	월	화	수	목	금	토
					1	2
3	4	5	6	7	8	9
10	11	12	13	14	15	16
17	18	19	20	21	22	23
24	25	26	27	28	29	30
31						

4월
일	월	화	수	목	금	토
	1	2	3	4	5	6
7	8	9	10	11	12	13
14	15	16	17	18	19	20
21	22	23	24	25	26	27
28	29	30				

5월
일	월	화	수	목	금	토
			1	2	3	4
5	6	7	8	9	10	11
12	13	14	15	16	17	18
19	20	21	22	23	24	25
26	27	28	29	30	31	

6월
일	월	화	수	목	금	토
						1
2	3	4	5	6	7	8
9	10	11	12	13	14	15
16	17	18	19	20	21	22
23	24	25	26	27	28	29
30						

7월
일	월	화	수	목	금	토
	1	2	3	4	5	6
7	8	9	10	11	12	13
14	15	16	17	18	19	20
21	22	23	24	25	26	27
28	29	30	31			

8월
일	월	화	수	목	금	토
				1	2	3
4	5	6	7	8	9	10
11	12	13	14	15	16	17
18	19	20	21	22	23	24
25	26	27	28	29	30	31

9월
일	월	화	수	목	금	토
1	2	3	4	5	6	7
8	9	10	11	12	13	14
15	16	17	18	19	20	21
22	23	24	25	26	27	28
29	30					

10월
일	월	화	수	목	금	토
		1	2	3	4	5
6	7	8	9	10	11	12
13	14	15	16	17	18	19
20	21	22	23	24	25	26
27	28	29	30	31		

11월
일	월	화	수	목	금	토
					1	2
3	4	5	6	7	8	9
10	11	12	13	14	15	16
17	18	19	20	21	22	23
24	25	26	27	28	29	30

12월
일	월	화	수	목	금	토
1	2	3	4	5	6	7
8	9	10	11	12	13	14
15	16	17	18	19	20	21
22	23	24	25	26	27	28
29	30	31				

세계의 기념일과 휴일

세계의 8가지

1 밤의 빛 축제

미국 플로리다주 세인트피터즈버그의 보카시에가만은 겨울 축제가 열리면 화려한 조명을 켠 배들이 오가면서 활기를 띠어요. 해마다 이곳 세인트피트 해변 축제의 배 퍼레이드에 참가한 사람들은 아이들에게 장난감을 선물하기도 하지요. 정말 완벽한 행렬이에요!

축제 행렬

이처럼 화려한 장관을 보고 있으면 절로 흥이 나서 함께하고 싶을 거예요.

2 꽃차 행진

한 세기 넘게 해마다 새해 첫날 열리는 미국 캘리포니아주 패서디나의 장미 퍼레이드에서는 꽃으로 뒤덮인 환상적인 수레와 군악대가 행진하면서 관중을 흥분에 빠뜨려요. 꽃을 별로 좋아하지 않는다고요? 행진 뒤에 근처 대학에서 열리는 미식축구 경기도 있어요.

문화와 생활

3 불타는 배

해마다 1월에 영국 스코틀랜드 러윅에서 열리는 업 헬리 아 축제는 배가 불타오르면서 끝나요. 바이킹 전통을 되새기는 이 축제에서는 수백 명이 횃불을 들고 도심을 행진한 뒤에 길이 9미터의 갤리선*에 불을 붙여요.

*갤리선: 돛과 노를 쓰는 배로 중세 유럽에서 쓰였어요.

4 화려한 의례

인도의 쿰브 멜라 축제는 성스러운 강이 흐르는 네 도시에서 열려요. 알라하바드, 하르드와르, 우자인, 나시크에서 번갈아 개최되어요. 힌두교도 수백만 명이 신성한 강물에 몸을 담그거나 적시는 의례를 치르기 위해 모이지요. 코끼리와 낙타가 등장하여 함께 행진하는 종교 행사도 열리고, 음악과 춤 공연도 펼쳐져요.

5 풍선으로 가득한 거리

300만 명이 넘는 사람들이 이 헬로키티 대형 풍선을 보려고 미국 뉴욕의 메이시스 추수 감사절 퍼레이드에 모였어요. 이 행진은 1924년부터 거의 매년 추수 감사절 아침에 이루어지고 있어요.

6 댄스파티

브라질 리우데자네이루 카니발 축제 때는 화려한 머리 모양과 옷차림을 한 춤꾼들이 아프리카계 브라질 사람들의 춤인 삼바를 추면서 행진해요. 카니발 축제에서는 누구나 흥겹게 놀고 맘껏 먹으면서 즐겨요.

7 수상 축제

이탈리아 베네치아에서는 물 위에 축제 행렬이 펼쳐져요. 이 도시에서는 운하가 도로 역할을 하니까요. 카니발 축제가 열릴 때면 사람들은 이 거대한 생쥐 모양의 곤돌라처럼 갖가지 장식을 한 곤돌라와 배를 타고 대운하를 행진하면서 흥겹게 즐겨요.

8 광대 축제

미국 루이지애나주 뉴올리언스의 유서 깊은 지역인 프렌치쿼터에서는 거대한 어릿광대 인형을 앞세운 행렬이 등장해요. 마르디 그라 축제를 위한 것이지요. 100여 팀의 참가자들이 관중에게 장난감, 봉제 인형, 마르디 그라 구슬 등을 던지면서 행진을 펼치지요.

세계의 기념일과 휴일

나는 무슨 띠일까?
내가 태어난 해를 찾아봐요.

동아시아에서는 음력에 따라 12년 주기로 운세가 돌아간다고 여겨서 순서를 나타내는 띠가 있어요. 띠를 상징하는 동물도 있어요. 어떤 사람이 태어난 해에 그해의 동물 이름을 붙여 '○○띠'라고 하지요. 나는 무슨 띠일까요? 내 띠의 동물은 어떤 성격을 말해 줄까요?

쥐띠
1972, 1984, 1996, 2008, 2020년 출생
'치즈' 하고 웃어 봐요! 난 매력적이고 인기 있고 창의적이에요. 화가 나면 날카로운 이빨을 드러내기도 해요!

말띠
1966, 1978, 1990, 2002, 2014년 출생
행복이 삶의 목표예요. 영리하고 열심히 일하지요. 말이 너무 많다고 선생님이 주의를 줄 수도 있어요.

소띠
1973, 1985, 1997, 2009, 2021년 출생
영리하고 끈기 있고 강한 사람이에요. 지도자이긴 하지만, 결코 뽐내지 않아요.

양띠
1967, 1979, 1991, 2003, 2015년 출생
새끼 양처럼 점잖고, 예술성이 있고 동정심이 많고 지혜로워요. 수줍음이 많은 사람도 있어요.

호랑이띠
1974, 1986, 1998, 2010, 2022년 출생
친절한 사람이에요. 하지만 누군가 자기 방에 허락도 없이 들어오면 무척 화를 낼 거예요!

원숭이띠
1968, 1980, 1992, 2004, 2016년 출생
원숭이처럼 성급하게 행동하는 사람은 아니에요. 기억력이 뛰어나고, 문제를 해결하는 능력도 뛰어나요.

토끼띠
1975, 1987, 1999, 2011, 2023년 출생
야심과 재능이 있어서 기회를 잘 잡아요. 또 소문에 늘 귀를 기울이고 있지요.

닭띠
1969, 1981, 1993, 2005, 2017년 출생
자신의 모험담을 자랑하곤 하지만, 사실 수줍음이 많아요. 생각이 깊고, 유능하고, 용감하고, 재주가 많지요.

용띠
1976, 1988, 2000, 2012, 2024년 출생
기운이 넘쳐요! 건강하고, 활기차고, 정직하고, 용감해서 살아 있는 전설이 될 수도 있어요.

개띠
1970, 1982, 1994, 2006, 2018년 출생
무리의 지도자가 되는 일이 종종 있어요. 충직하고 정직해요. 비밀도 잘 지키는 사람이에요.

뱀띠
1965, 1977, 1989, 2001, 2013년 출생
말수가 적은 편이고, 아주 영리한 사람이에요. 늘 비상금을 지니고 있는 듯해요.

돼지띠
1971, 1983, 1995, 2007, 2019년 출생
용감하고 정직하고 친절한 사람이에요. 하지만 한 가지 일에 집중하지 않는 편이에요.

문화와 생활

조금 별난 기념일

이렇게 별난 기념일들을 다 축하한다면 매일 파티를 열어야 할 거예요!
가장 인기 있는 기념일은 아닐지 모르지만, 그래도 상관없지 않나요?
달력에 이 특별한 날들을 적고서 신나는 파티 준비를 하자고요!

파이의 날
3월 14일

수학을 좋아하는 사람들이여, 기뻐하라! 1988년에 제정된 파이의 날은 3.14로 시작되는 무한수인 원주율을 기념하는 날이에요. 원주율 기호로 그리스 문자 π(파이)를 쓰거든요. 동그란 파이를 먹으면서 축하하고 싶어지지요?

도넛의 날
6월의 첫째 금요일

도넛을 기념하는 날이 있다고 해도 그리 놀랍지 않겠죠? 한 해에 미국에서만 100억 개가 넘는 도넛이 생산돼요! (그리고 먹히지요!) 1938년부터 미국에서 기념하기 시작했어요.

해적처럼 말하기 날
9월 19일

왠지 오싹하지 않나요? 2002년부터 7대 바다 전역에서 축하하는 날이지요. 아마 가장 재미있는 기념일이 아닐까요? 한쪽 눈에 안대를 끼고 칼을 움켜쥔 채 친구들에게 인사해요. "어호이!"

가장 달콤한 날
10월의 셋째 토요일

10월의 밸런타인데이 같은 날이에요. 1920년대에 미국 오하이오주 클리블랜드의 어느 사탕 회사 직원이 만들었어요. 초콜릿을 즐기기 위해 만든 핑계라고 할 수 있죠. 어디 한번 먹어 볼까요!

건축 문화

놀라운 탑의 비밀

이토록 멋진 프랑스의 랜드마크 이야기

프랑스 파리의 에펠탑은 아주 유명해요. 1889년 3월에 완공된 에펠탑은 세계에서 가장 널리 알려진 기념물 중 하나로 철의 여인이라는 별명도 있어요. 해마다 관광객이 거의 700만 명씩 찾아오지요. 이렇게 유명한 탑에도 숨겨진 비밀이 몇 가지 있어요. 파리의 명소를 자세히 살펴볼까요.

에펠탑은 19세기에 완공될 당시에는 세계에서 가장 높은 건축물이었어요.

120개 안테나 수

1665개 계단 수

3개 전망대 수

거의 80 킬로미터 에펠탑에 설치된 전선의 총길이

약 18000개 에펠탑을 짓느라 볼트로 연결한 철 조각의 수

숨겨진 아파트

에펠탑을 지을 때, 짓는 사람들은 어디에서 지냈을까요? 바로 에펠탑이지요. 이 기념물을 설계한 귀스타브 에펠은 탑의 꼭대기에 눈에 띄지 않게 작은 아파트를 지었어요. 거기에 양탄자를 깔고 유화 그림을 걸고 그랜드 피아노도 들여놓았지요. 발명가 토머스 에디슨 같은 유명 인사만이 초대받아 방문할 수 있었어요. 하지만 1920년대에 에펠이 사망한 뒤로 쓰이지 않아서 약 290미터 높이에 있는 이 아파트는 거의 잊혔다가 2016년에 대중에게 공개되었지요.

녹색 건축

어쩌면 에펠탑은 에코탑으로 이름을 바꿔야 할지도 몰라요. 2015년에 이 탑의 2층에 풍력 터빈 두 개를 설치해서 환경 친화적으로 바뀌었거든요. 풍력 터빈은 바람의 힘을 전기로 바꾸어서 에펠탑 안의 상점과 식당에 공급해요. 또 빗물을 모아서 화장실에서 쓰는 설비도 설치했어요.

박람회 열풍

에펠탑은 1889년 만국 박람회 때 공식적으로 문을 열었어요. 전 세계의 첨단 발명품, 건축과 기술을 한자리에 모은 만국 박람회는 1851년 영국 런던에서 처음 열렸어요. 회전 관람차, 텔레비전, 엑스선 장치, 아이스크림콘 등 '미래 생활'을 보여 주는 많은 발명품이 만국 박람회에서 선을 보였지요.

문화와 생활

공중 첩보 작전

에펠탑은 첩보원 역할도 했어요! 1914~1918년에 일어났던 제1차 세계 대전 때 프랑스군은 에펠탑을 무선 통신과 전신 사령부로 삼았어요. 그리고 지상의 군대 및 바다의 전함과 통신을 주고받았어요. 적의 메시지도 엿들었지요. 1916년 사령부는 마타 하리라는 여성 첩보원에 관한 메시지를 엿들었어요. 이 정보를 써서 프랑스군은 그를 추적하고 체포했지요.

뛰어내린 지점

스케이트 타는 사람

무모한 모험가들

에펠탑을 구경하러 오는 사람도 많지만, 짜릿한 전율을 맛보러 오는 사람들도 있어요. 1889년에 한 남성은 대말을 탄 채로 계단을 704개까지 올랐어요. 1952년에 그네타기 곡예사 세 명은 밑에 안전그물도 설치하지 않은 채 122미터 높이에서 밧줄 그네를 탔어요. 2010년에는 한 남성이 인라인스케이트를 탄 채 에펠탑에서 뛰어내려 27미터 높이에서 땅으로 이어지는 경사로를 타고 내려갔어요.

20000개
밤마다 에펠탑을 밝히는 전구의 수

진짜 색깔

에펠탑의 역사는 색깔로 가득해요. 처음에는 에펠탑을 짙은 빨간색으로 칠했어요. 1899년에는 노란색으로 칠했죠. 약 50년 전에는 청동색으로 칠했고요. 지금은 7년마다 페인트를 칠하는데, 페인트가 거의 6만 567리터나 들어가요.

도장공

175

음식 문화

10가지 세계의 별난 음식들

타란툴라 튀김은 캄보디아에서 인기 있는 간식이에요.

독일에서는 새해 전날 저녁에 마르지판 피그라고 하는 돼지 모양 과자를 먹으면 **행운이 온다고 해요.**

남아프리카에서는 모파니 나무에 사는 **커다란 나방 애벌레**를 (일명 모파니 벌레) 잡아서 으깨고 말려서 요리해 먹어요.

그린란드의 이누이트족은 크리스마스에 막탁을 먹는 풍습이 있어요. 막탁은 **고래의 지방과 껍데기**인데 보통 익히지 않고 먹지요.

이탈리아에서는 리코타치즈 맛과 레몬 맛이 나는 **젤라토**가 인기 있는 **간식**이에요.

문화와 생활

감자튀김 맛 탄산음료가 일본에 있어요.

영국 왕실에서는 한때 **백조** 요리를 특별 연회에 내놓았어요.

싱가포르에서는 노르웨이산 냉동 연어를 거리에 있는 **자판기에서** 살 수 있어요.

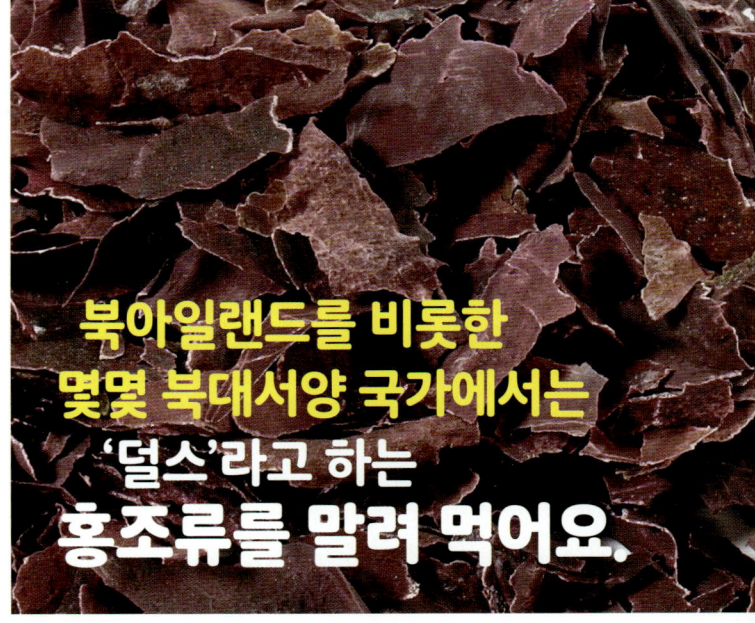

북아일랜드를 비롯한 몇몇 북대서양 국가에서는 '덜스'라고 하는 **홍조류를 말려 먹어요.**

산낙지는 한국의 전통 음식이에요. **살아 있는** 낙지를 바로 썰어서 내놓기 때문에 촉수가 꿈틀거리는 **채로 먹어요.**

화폐와 문화

비밀스럽고 재미있는

깜짝 놀랄 만큼 재밌어서 동전을 땡그랑 떨어뜨리게 될걸요!

운동화를 살 때 박쥐 배설물로 값을 치르려는 사람은 없을 거예요. 하지만 일부 고대 문명에서는 박쥐 똥이 돈으로 쓰였어요.

돈이라고 하면 우리는 대개 지폐와 동전을 떠올리지만, 사람들이 상품이나 서비스와 바꿀 만한 가치가 있다고 생각하는 것들은 모두 돈이 될 수 있어요. 역사적으로 박쥐 똥, 비단, 병뚜껑 같은 것들이 교환 대가로 쓰인 이유와 같아요. 돈에 관한 다양한 역사적 사실들을 알아봐요.

> 우리 소들은 돈이나 마찬가지였어.

> 역사가들이 언제나 옛 사건의 정확한 날짜를 알지는 못해요. 그래서 연도나 연대 뒤에 '가까운 때'라는 뜻으로 '경'이라는 단어를 붙이곤 해요.

① 기원전 9000년~기원전 6000년경

역사 초기에 인류는 모두가 동의하는 화폐 체계가 없었기에 원하는 물건이나 서비스를 물물 교환했어요. 고대 이집트인들은 리넨과 상아를 교환하거나, 곡물과 목재를 바꾸었지요. 가장 오래된 형태의 돈은 소, 낙타, 염소였어요. 소는 지금도 세계의 일부 지역에서 돈으로 쓰여요.

② 기원전 1200년경

중국에서 사람들은 개오지라는 연체동물의 껍데기를 화폐로 쓰기 시작했어요. 태평양과 인도양에 사는 개오지는 역사상 가장 널리 화폐로 쓰였어요. 즉 다른 물건들보다 개오지를 화폐로 쓰는 사람들이 가장 많았어요.

③ 기원전 1000년~기원전 45년

청동과 구리로 만든 동전은 중국에서 가장 먼저 나왔어요. 은이나 금으로 만든 동전은 리디아(현대의 튀르키예)에서 처음 등장했고, 그리스와 로마에서도 쓰이기 시작했어요. 이때부터 로마 정치인과 율리우스 카이사르 장군 같은 인물의 얼굴을 동전에 찍었어요.

돈의 역사

문화와 생활

돈은 세계 각지에서 베이컨, 물라, 체더, 도 등 다양한 이름으로 불렸어요.

4 기원전 118년
중국인들은 흰사슴 가죽을 네모나게 자른 조각을 돈으로 썼어요. 최초의 지폐였지요. 진짜 종이로 된 지폐는 약 900년 뒤인 기원후 806년에 나왔어요.

5 13세기 말
이탈리아의 상인이자 탐험가인 마르코 폴로는 중국에 다녀온 뒤 유럽인들에게 지폐의 개념을 소개했어요. 그 뒤로 수백 년 동안 손으로 제작한 다양한 지폐가 유럽 대륙 전역에서 쓰였어요. 1661년에야 비로소 유럽에서 최초로 스웨덴에서 인쇄기로 지폐를 찍어 내기 시작했어요.

6 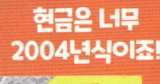 1535년
북아메리카의 원주민들은 조개껍데기로 만든 하얀색과 자주색 구슬들을 실로 엮은 염주를 돈으로 썼어요. 일부 원주민들과 유럽에서 온 정착민들은 구슬을 염색해서 더 귀하고 값비싼 청흑색 조개껍데기 구슬인 양 속이려고 했어요.

현금은 너무 2004년식이죠!

돈을 태우거나 훼손하면 범죄로 처벌하는 나라도 있어요.

7 1871년
미국의 전신 회사인 웨스턴유니언은 전보를 통해 돈을 보낼 방법을 고안했어요. 즉 다른 사람에게 돈을 빠르게 보낼 수 있는 방법을 찾았죠.

9 2005년
스마트폰을 접촉하지 않고 가까이 가져가기만 해도 정보를 스캔해서 돈을 낼 수 있게 됐어요. 현재 세계 통화의 약 8퍼센트만이 현금으로 오가요. 나머지는 전자 기술로 주고받아요.

초기의 신용 카드

8 1950년대
여러 사업 분야에서 쓸 수 있는 범용 신용 카드가 처음 발명되었어요. 이때부터 지폐나 동전 없이 물건을 살 수 있었어요.

179

화폐와 문화

돈의 비밀 세계의 동전과 지폐

2022년 **미국 조폐국**은 한쪽 면에 미국 여성들의 모습을 담은 25센트 동전을 발행하기 시작했어요. 가장 먼저 나온 것은 시인인 **마이아 앤절로**와 미국 최초의 여성 우주 비행사 **샐리 라이드**의 동전이에요.

1600년대에 스웨덴에서는 무게가 거의 **20킬로그램**에 달하는 **접시만 한 동전**을 발행했어요.

2015년 2월 **스쿠버다이버들**은 이스라엘 앞바다에서 9세기 무렵에 만들어진 **금화를 2600개 넘게** 발견했어요.

1966년에 발행된 오스트레일리아의 2센트 동전에는 **목도리도마뱀**이 있었어요.

독일의 어느 **도서관**에서 청소원이 희귀한 **동전이 든 상자**를 발견했는데, 수십만 달러의 가치가 있는 동전들로 밝혀졌어요.

문화와 생활

파나마의 화폐 단위인 **발보아**는 16세기 에스파냐 탐험가 바스코 누녜스 데 발보아의 이름을 땄어요.

2019년 콩고 민주 공화국은 기린의 모습을 담은 금화와 은화를 발행했어요. 세계의 야생 동물을 보호하자는 뜻에서 만든 기념주화예요.

고고학자들은 4세기에 화폐 위조꾼들이 로마 동전을 위조하는 데 썼던 **점토 주형***을 발굴했어요.

이집트의 1파운드짜리 동전에는 고대 이집트왕 **투탕카멘**이 새겨져 있어요.

1670년에 발행된 신성 로마 제국 동전에는 황제 레오폴트 1세의 꾸밈없는 초상이 새겨졌어요. 황제에게는 '돼지 입 레오폴트'라는 별명이 생겼다고 하지요.

한 영국 미술가는 전 세계의 헌 지폐를 모아서 옷을 지었어요.

용돈을 더 받는 요령!
부모님께 쿠폰을 만들어 드려요. 내 돼지 저금통에 용돈을 넣어 주시면 부모님께서 쓸 수 있는 심부름 쿠폰을 만들어 선물하세요.

*주형: 쇠붙이를 녹여 부어 원하는 모양으로 찍어 내는 틀. 거푸집.

언어와 문화

사라질 위기에 처한 언어를 살리자!

현재 세계에서는 7000가지가 넘는 언어가 사용되어요. 그러나 2100년경에는 그중 절반 이상이 사라질 수도 있어요. 전문가들은 2주마다 언어 하나가 사라지고 있다고 말해요. 영어, 에스파냐어, 중국어 같은 많이 쓰는 몇몇 언어들의 사용이 늘면서 밀려나는 것이지요.

그렇다면 어떻게 해야 언어가 사라지는 것을 막을 수 있을까요? 우선 내셔널지오그래픽 탐험가들은 전 세계에서 다양한 계획을 추진하고 있어요. 세계에서 가장 심각한 소멸 위기에 처한 언어를 구하고, 그 언어가 속한 문화를 지키고 보전하려고 노력하지요. 언어를 구하려는 탐험가들의 이야기를 들어 볼까요?

탐험가: 탐 티 톤
언어: 바나르어

활동: 톤은 수수께끼와 재담 등 전래 설화를 모아서 초등학생들에게 바나르어를 가르치는 교재를 만들고 있어요. 바나르어는 베트남 중부 고지대에 사는 바나르족의 언어이지요.

바나르족 교실에서 이야기하는 톤

나라야난이 내셔널지오그래픽 본부에서 현장 조사의 내용을 발표하고 있어요.

탐험가: 산댜 나라야난
언어: 케추아어와 아이마라어

활동: 나라야난은 페루와 볼리비아의 국경을 따라 흩어져 있는 안데스 지역의 원주민 언어들을 조사하여, 원주민 부족들 사이의 상호 작용이 시간이 흐르면서 언어에 어떤 영향을 미치는지를 이해하고자 애쓰고 있어요.

문화와 생활

탐험가: K. 데이비드 해리슨
언어: 코로-아카어

활동: 해리슨은 인도를 탐사하다가, 학자들에게 전혀 알려지지 않은 코로-아카어라는 새 언어를 찾아냈어요. 또한 해리슨은 소규모 부족의 언어를 알리고 되살리는 일을 하는 '멸종 위험 언어를 위한 살아 있는 말 연구소'의 부소장이기도 해요.

인터뷰를 하는 해리슨

탐험가: 수전 바필드
언어: 마푸둥군어

활동: 바필드는 세 가지 언어로 된 어린이 책 『엘 코피후』를 써서 칠레 남부에 사는 마푸체족의 언어인 마푸둥군어를 알리고 있어요. 마푸체족 설화에 마푸체족 학생들의 그림을 곁들인 책이에요.

바필드가 출판 기념회에서 선물을 건네주고 있어요.

펄린이 마을 지도자를 인터뷰하고 있어요.

탐험가: 로스 펄린
언어: 세케어

활동: 네팔 북부의 세케어를 보전하기 위해서, 펄린은 그곳 마을과 뉴욕에서 세케어를 쓰는 사람들과 긴밀하게 협력해 왔어요. 현재 그 지역 출신으로 뉴욕에 사는 젊은이들도 자신의 언어를 기록하기 위해 애쓰고 있어요.

탐험가: 랄 라파차
언어: 키란티-코이츠어

활동: 네팔 카트만두의 키라톨로지 연구소 설립자이자 소장으로서, 라파차는 덜 알려진 히말라야 원주민 언어들을 연구하고 있어요. 소멸 위기에 처한 라파차의 모어*인 키란티-코이츠어도 연구 대상이에요.

*모어: 자라나면서 배운 말로 첫 번째 언어.

네팔 현장에서 일하고 있는 라파차

183

고대 신화

세계의 신화

그리스 신화

고대 그리스인은 많은 신들이 우주를 지배한다고 믿었어요. 그리스 신화에서 신들은 그리스의 올림포스산 위에 살았다고 해요. 주요한 12명의 신들은 각자 성격이 달랐고, 사랑이나 죽음처럼 삶의 어떤 측면을 맡았어요.

올림포스의 신들

데메테르는 풍요와 자연의 여신이에요.

아레스는 신들의 왕인 제우스와 헤라의 아들이며 전쟁의 신이에요.

아르테미스는 제우스의 딸이자 아폴론의 쌍둥이로서, 사냥과 출산의 여신이지요.

아테나는 제우스의 머리를 깨고 나왔어요. 지혜와 기술의 여신이지요.

아폴론은 제우스의 아들이며 태양, 음악, 치유의 신이에요. 아르테미스의 쌍둥이지요.

아프로디테는 사랑과 미의 여신이에요.

제우스는 가장 강력한 신이에요. 벼락을 휘둘렀고, 하늘과 천둥의 신이에요.

포세이돈은 제우스의 형제이며, 바다의 신이지요.

하데스는 제우스의 형제이며, 지하 세계와 죽음의 신이지요.

헤라는 제우스의 아내이며, 여성과 결혼의 여신이에요.

헤르메스는 제우스의 아들이며, 신들의 전령이에요.

헤파이스토스는 제우스와 헤라의 아들이며, 불의 신이에요.

이집트 신화

고대 이집트의 창세 신화에서는 바다에 알이 나타나면서 이야기가 시작돼요. 알이 깨지자 태양의 신, 라가 나왔다고 하지요. 그래서 고대 이집트인들은 태양과 함께, 대부분 라의 자식과 손주인 9명의 신을 숭배했어요.

9명의 신

게브는 슈와 테프누트의 아들이자, 땅의 신이에요.

네프티스(네베트-후트)는 게브와 누트의 딸이며, 죽은 사람의 수호자예요.

누트는 슈와 테프누트의 딸이자, 하늘의 여신이에요.

라(레)는 태양의 신이며, 일반적으로 창조신이라고 여겨져요. 삶과 죽음을 다스려요.

세트는 게브와 누트의 아들이고, 사막과 혼돈의 신이에요.

슈는 라의 아들이며, 공기의 신이에요.

오시리스(우시르)는 게브와 누트의 아들이며, 사후 세계의 신이에요.

이시스(아스트)는 게브와 누트의 딸이며, 풍요와 모성애의 여신이에요.

테프누트는 라의 딸이며, 비의 여신이에요.

문화와 생활

전 세계의 모든 문화에는 대대로 전해지는 나름의 전설과 전통이 있어요. 많은 신화에는 세계에서 일어나는 일들을 다스리는 신과 초자연적인 영웅이 등장해요. 북유럽 신화에서는 붉은 수염의 토르, 번개와 뇌우를 일으키는 천둥의 신을 이야기해요. 한편 많은 창세 신화, 특히 몇몇 북아메리카 원주민 문화의 신화는 깊은 바다에서 어떤 동물이 모래나 진흙을 갖고 올라와서 땅이 만들어졌다고 이야기해요. 그 작은 조각에서 세계 전체가 생겨났다고 하지요.

북유럽 신화

로마 신화

북유럽 신화는 유럽 북부 스칸디나비아에서 생겨났어요. 무지개다리를 건너야만 갈 수 있는 아스가르드라는 천상의 세계에 사는 신들이 나오지요. 북유럽 신화는 우리에게 덜 알려져 있지만, 영어권에서는 일상생활에서 자주 쓰여요. 영어의 요일 이름은 대부분 북유럽 신들의 이름을 땄어요. 다음은 주요 신들이에요.

북유럽 신들

발데르(발드르)는 빛과 미의 신이에요.

프레이야는 사랑, 미, 풍요의 여신이에요.

프리그는 아스가르드의 여왕이자 결혼, 모성애, 가정의 여신이에요. 영어로 금요일(Friday)의 어원이지요.

헤임달은 무지개다리 비프로스트의 감시자이자 신들의 수호자예요.

헬은 로키의 딸이며, 죽음과 저승의 여신이에요.

로키는 변신 능력자예요. 신들을 돕는 책략가이긴 하지만, 때로 말썽도 일으켜요.

스카디는 겨울과 사냥의 여신이에요. '눈의 여왕'으로 표현되기도 해요.

토르는 천둥과 번개의 신이에요. 영어로 목요일(Thursday)의 어원이에요.

티르는 하늘과 전쟁의 신이에요. 영어로 화요일(Tuesday)의 어원이에요.

오딘(우딘)은 전쟁, 지혜, 죽음, 마법의 신이에요. 영어로 수요일(Wednesday)의 어원이지요.

로마 신화는 그리스 신화에서 따온 내용이 많지만, 로마인들은 독창적인 신화도 많이 만들었어요. 로마 신화의 신들은 어디에나 살았고, 각자 맡은 역할이 있었어요. 신이 수천 명이나 되었지요. 그중에서 몇몇 주요 신들을 살펴볼까요?

고대 로마 신들

넵투누스는 유피테르의 형제이며, 바다의 신이에요.

디아나는 유피테르의 딸이며, 사냥과 달의 여신이에요.

마르스는 유피테르와 유노의 아들이며, 전쟁의 신이에요.

메르쿠리우스는 유피테르의 아들이며, 신들의 전령이자 여행자의 신이에요.

미네르바는 지혜, 공부, 예술과 기술의 신이지요.

베누스는 사랑과 미의 여신이에요.

베스타는 불과 화덕의 여신이지요. 로마에서 가장 중요한 신 중 한 명이에요.

유노는 유피테르의 아내이며, 여성과 출산의 여신이에요.

유피테르는 로마의 수호자이자 신들의 왕이에요. 하늘의 신이지요.

케레스는 수확과 모성애의 여신이에요.

세계의 종교

세계의 종교

전 세계에는 다양한 종교가 있어요. 기독교, 이슬람교, 유대교처럼 초월적이며 오직 하나인 신을 믿는 일신교가 있지요. 반면에 힌두교, 대다수의 토속 신앙처럼 여러 신을 믿는 다신교도 있어요.

모든 주요 종교는 아시아 대륙에서 기원해서 전 세계로 퍼졌어요. 세계에서 신자가 가장 많은 기독교는 크게 세 종파가 있어요. 로마 가톨릭교, 동방 정교회, 개신교로 나뉘지요. 종교가 있는 인구의 약 4분의 1을 차지하는 이슬람교는 주요 종파가 두 개 있어요. 수니파와 시아파이지요. 힌두교와 불교는 세계 종교인의 5분의 1을 차지해요. 그리고 약 4000년 전에 출현한 유대교는 신자가 거의 1500만 명이지만 종교인 전체의 1퍼센트에 못 미치는 규모예요.

기독교
약 2000년 전 현재의 이스라엘 지역에서 태어난 예수의 가르침을 토대로 한 기독교는 사람들을 적극적으로 개종시키면서 전 세계로 퍼졌어요. 사진은 스위스의 기독교도들이 부활절에 등불과 십자가를 들고 행진하는 모습이에요.

불교
약 2400년 전 인도 북부에서 작은 나라의 왕자 고타마 싯다르타가 불교를 창시했어요. 불교는 동아시아와 동남아시아에 퍼져 있어요. 사진에 나온 스리랑카의 미힌탈레처럼 불교 사원에는 불상이 있어요.

힌두교
4000여 년 전에 생겨난 힌두교는 주로 인도에서 따라요. 베다 같은 경전의 가르침을 따르고 다시 태어나는 환생을 믿지요. 사진은 두르가 여신을 기리는 나브라트리 축제 때, 신자들이 가르바 춤을 추는 모습이에요.

문화와 생활

금식을 끝내고

이드 알피트르는 이슬람교의 신성한 달인 라마단이 끝나는 날로서 해가 떠 있는 동안 음식을 먹지 않는 금식이 끝나는 날이기도 해요. 온 가족이 모스크에 가서 예배에 참석한 뒤, 놀이를 하고 선물을 주고받으며 함께하는 축하 잔치를 벌여요.

이슬람교

이슬람교도(무슬림)는 경전인 코란을 알라(신)가 약 610년부터 예언자 무함마드에게 한 말씀을 기록한 것으로 믿어요. 사진은 이슬람교 신앙의 중심지인 사우디아라비아 메카의 대모스크에서 신자들이 카바 신전을 둘러싼 모습이에요.

유대교

유대교의 전통, 율법, 신앙은 유대인의 민족 시조인 아브라함과 율법서인 토라에서 나왔어요. 사진은 예루살렘의 바위 사원 아래 있는 서쪽 벽에서 유대교 신자들이 기도하는 모습이에요.

더 알아보기

여러분은 문화와 생활에 대해서 얼마나 알고 있나요? 이 퀴즈를 풀면 알 수 있어요!

답을 종이에 적은 뒤, 아래 정답과 맞추어 봐요.

1 동아시아의 음력에서 2024년은 어떤 동물의 해일까?
 a. 토끼 c. 용
 b. 닭 d. 개

2 16세기 에스파냐 탐험가의 이름을 딴 화폐인 '발보아'를 쓰는 나라는 어디일까?
 a. 아르헨티나
 b. 벨리즈
 c. 콜롬비아
 d. 파나마

3 밤에 프랑스 파리의 에펠탑을 밝히는 전구는 몇 개일까?
 a. 200개
 b. 5000개
 c. 2만 개
 d. 50만 개

4 으깨고 말린 모파니 벌레는 _____ 에서 간식으로 먹는다.
 a. 북유럽 c. 남아프리카
 b. 동아시아 d. 오스트레일리아

5 **참일까, 거짓일까?** 이탈리아 상인이자 탐험가인 마르코 폴로는 유럽에 지폐의 개념을 소개했어요. (   )

너무 쉽다고요?
다음 장에 나오는 퀴즈도 풀어 봐요!

정답: ① c, ② d, ③ c, ④ c, ⑤ 참

문화와 생활

이렇게 해 봐요!
새롭고 낯선 문화 탐사하기

브라질 우표

브라질 지폐와 동전

브라질 국기

여러분은 학생이에요. 동시에 세계의 시민이기도 해요. 내가 사는 나라 또는 다른 나라를 조사하여 보고서를 쓰면 사람들이 어떻게 살아가는지를 더 잘 이해할 수 있어요. 한국도 좋고, 뉴스에서 본 나라도 좋고, 언젠가 방문하고 싶은 나라를 골라도 좋아요.

잘 쓰기 위한 요령
자신이 고른 나라에 관하여 상세한 정보를 제공하는 것이니까, 설명문의 형식을 따르는 것이 좋아요.

다음 단계들을 따라가면 멋진 보고서를 쓸 수 있어요.

① 조사하기
나라 조사 보고서를 쓸 때 가장 중요한 단계는 정보를 모으는 거예요. 인터넷, 백과사전, 책, 잡지, 신문 등을 조사해서 중요한 내용이나 흥미로운 내용을 모아요.

② 조사한 내용 정리하기
모은 정보를 정리해서 어디까지 쓸지 대강 윤곽을 정해요. 예를 들면 역사, 정부, 기후 등으로 자료를 나누어서 정리하는 식이에요.

③ 작성하기
좋은 글의 기본 구조를 따라 서론, 본론, 결론의 순서로 쓰는 거예요. 각 문단에 주제 문장을 적고 뒷받침해 주는 사실 자료와 세세한 내용을 덧붙여요. 모은 정보를 적는 한편, 자기 생각도 적어야 해요. 다른 사람이 이해하기 쉽도록 자세하게 쓰려고 노력해요.

④ 시각 자료 덧붙이기
지도, 그림, 사진 같은 시각 자료를 찾아 덧붙여요.

⑤ 교정하고 수정하기
잘못 쓴 단어나 표현을 바로잡고, 문장을 다듬어요.

⑥ 참고 문헌과 출처 표시하기
조사하며 참고한 책이나 자료는 꼭 적는 습관을 들여요.

로봇이 온실에서 키우는 식물에 비료를 뿌리고 있어요.

발명을 돕는 기술

10가지 멋진 로봇에 관한 사실들

1960년대에 개발된 **최초의 인공 지능 로봇인 셰이키**는 알아서 움직이고, 경로를 따라가고, 장애물을 피할 수 있었어요.

2019년에 「스타 워즈」의 드로이드 R2-D2를 실물 크기로 본뜬 로봇이 출시되었어요. 상호 작용이 되고 가격은 **2만 5000달러**예요.

기원전 350년에 어느 그리스 철학자가 **세계 최초의 로봇을 만들었다고** 해요. 그것은 바로 **나무로 만든 새**였고 날개를 치면서 200미터를 날아갔대요.

네발 로봇인 **스팟**은 이탈리아의 고대 폼페이 유적지를 돌아다니면서 **구조적 결함이 있거나 안전에 문제가 있는지** 살펴보는 일을 해요.

일본의 한 억만장자는 **반려동물 크기의 로봇을 개발**했어요. 사람의 감정에 반응하고 계속 곁을 지켜 줄 반려 로봇으로 만들었어요.

과학과 기술

네발 로봇인 **치타 3**는 땅에서 79센티미터 높이까지 뛰어오를 수 있어요.

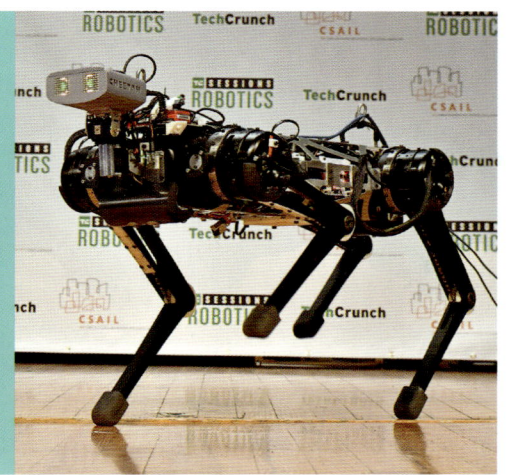

나노 로봇은 크기가 사람 머리카락 굵기의 약 100분의 1에 불과해서, 앞으로 치료하기 어려운 부위에 있는 암에 약물을 주입하는 데 쓰일 수도 있어요.

도쿄 대학교 과학자들은 로봇에게 바나나를 뭉개지 않으면서 **바나나 껍질을 벗기는** 법을 가르쳤어요.

2017년에 **'소피아'라는 휴머노이드 로봇**은 사우디아라비아에서 **시민권을 받았어요.**

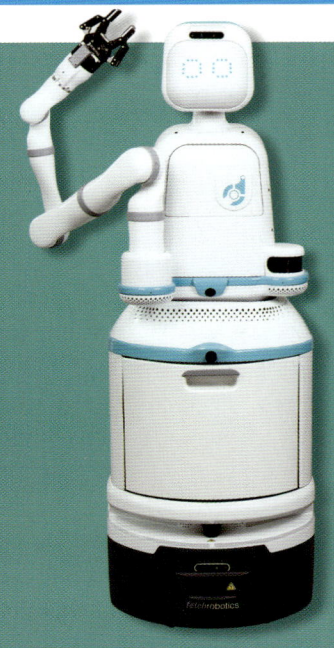

'목시'라는 키 1.2미터의 로봇은 미국 버지니아주의 한 병원을 돌아다니면서 약, 의료용품, 채취한 표본, 환자복 같은 개인 물품을 운반하는 일을 해요.

발명을 돕는 기술

6가지 멋진 발명품

우리 생활을
바꿀 수 있는
아주 영리한
장치들

① 로봇 고양이

고양이 털에 알레르기를 일으키지만 그래도 고양이가 귀여우면 **마스캣**을 '입양'할 수도 있어요. 반려동물 로봇이지요. 진짜 고양이처럼 마스캣도 우리의 **손길과 목소리에 반응해요**. 쓰다듬으면 꼬리를 흔들고 말을 걸면 **야옹 하고 대답하지요**. 마스캣은 개체마다 모양과 성격이 달라요. 그리고 어떻게 대하느냐에 따라서 반응도 달라져요. 이 로봇은 뭘 시키면 때때로 할 거예요. (진짜 고양이들이 대개 그렇듯이요!) 가장 좋은 점이 뭘까요? 냄새 나는 **배변 상자를 청소할 필요가 없다는 점**이에요.

② 디지털 게임

저녁에 가족끼리 게임을 하면 재미있어요. 그런데 게임 말이나 설명서가 사라지면 어떡하죠? **탁자 상판이 터치스크린으로 된 인피니티 게임 테이블**을 쓰면 그럴 일이 없어요. 전원을 켜고 모노폴리 같은 **수십 가지 보드게임** 중 하나를 고르기만 하면 돼요. 최대 여섯 명까지 한번에 게임을 할 수 있어요. 자, **게임 시작**!

과학과 기술

③ 거품 파티

거품 놀이를 좋아하나요? **포모 거품기**를 쓰면 앞마당을 무릎까지 거품으로 가득 채워서 신나는 거품 파티를 열 수 있어요. 이 영사기처럼 생긴 장치는 **작은 비눗방울**을 땅으로 계속 뿜어서 산처럼 거품을 만들어 내요. 액체비누와 물을 섞어 장치에 넣기만 하면 돼요. 쏟아지는 거품으로 **성을 짓거나 멋진 모자를 만들** 수도 있어요. 파티가 끝나면, 거품은 물로 씻어 내면 돼요. **신나게 놀고 청소도 말끔히** 끝.

④ 음악을 느끼는 옷

사운드셔츠를 입으면 말 그대로 음악을 몸으로 느낄 수 있어요. 늘어나는 천에 움직이는 미세한 부품을 집어넣은 이 셔츠는 **공기를 통해 전달되는 음파를 포착**하거나 앱으로 스마트폰과 연결할 수 있어요. 음악을 재생하면, 사운드셔츠가 옷을 입은 사람이 느낄 수 있는 울림과 진동으로 바꾸어요. **팔에서는 바이올린 줄의 떨림을, 어깨에서는 드럼을 두드리는 박자**를 느낄 수 있어요. 발명자들은 이 장치가 청력이 약하거나 귀가 먼 사람들에게 특히 유용할 것이라고 해요. 자, 흔들어요!

⑤ 가상 키보드

식탁을 두드려서 전자 우편을 읽거나 **방바닥**을 두드려서 문서를 작성할 수 있어요. **매직큐브**를 쓰면 불투명하고 편평한 표면은 모두 **키보드**가 될 수 있어요. 정육면체 모양의 이 작은 장치를 스마트폰, 태블릿, 컴퓨터에 연결해요. 그러면 큐브가 레이저로 표면에 **키보드를 비춰요**. 큐브 속 **감지기**가 손가락이 어디를 두드리는지 추적해서 손가락의 움직임을 화면의 숫자로 바꾸어요. 기존 키보드 자판을 누를 때 나는 **딸깍 소리**를 원하는 사람을 위해서 **두드리는 소리**까지 낼 수 있어요.

⑥ 스마트 반지

소파에서 책을 읽으려는데 조명이 너무 약하다고요? 그러면 엄지로 집게손가락을 세 번 두드려요. 이런 식으로 **전화도 걸 수 있어요**. 스마트폰을 건드리지 않아도 돼요. **오리**라는 스마트 반지가 있거든요. 반지를 손가락에 끼면, 반지의 **블루투스 칩**이 무선으로 스마트 기기들을 제어해요. **스마트 기기와 연결**한 뒤, 반지에 든 마이크로 친구에게 전화를 걸거나, 말을 문자로 바꾸어 **메시지를 보낼** 수도 있어요. 개인 비서 수준은 아니지만, 꽤 일을 잘해요.

생물학의 기초

생명이란 무엇일까?

대답하기 쉬운 질문이지요? 지저귀는 새가 살아 있고 바위는 살아 있지 않다는 것은 누구나 알아요. 그러나 세균과 다른 미생물을 떠올리면, 점점 복잡해져요.

생명이란 정확히 무엇일까?
대부분의 과학자는 번식할 수 있고, 자라면서 구조가 더 복잡해지고, 영양소를 얻어서 살아가고, 노폐물을 배출하고, 햇빛과 기온 변화 같은 외부 자극에 반응한다면, 살아 있는 생물로 보아요.

생명의 종류
생물학자들은 에너지를 얻는 방식에 따라서 생물을 분류해요. 조류, 식물, 몇몇 세균은 햇빛을 에너지원으로 삼아요. 사람을 비롯한 동물, 균류, 고세균 같은 단세포 미생물은 화학 물질을 써서 에너지를 얻어요. 우리가 음식을 먹으면, 몸에서 음식에 든 화학 물질이 소화되고 화학 반응을 거쳐서 에너지로 바뀌죠.
생물은 땅, 바다, 하늘에 있어요. 사실 생명은 바다 밑, 수 킬로미터 깊이의 땅속, 얼음 속 등 극한 환경에서도 살아요. 이 혹독한 환경에서 번성하는 생물이 극한 생물이에요. 어떤 생물은 주변의 화학 물질을 바로 흡수해 에너지를 만들어요. 우리에게 친숙한 생물들과 전혀 달라서, 때로는 살아 있지 않다고 착각하기도 하지만, 극한 생물들은 살아 있어요.

생명은 어떻게 살아갈까?
생물이 살아가는 방식을 이해하려면, 가장 단순한 생물인 단세포 세균, 연쇄상 구균을 살펴보는 것이 좋아요. 종류가 아주 다양하고, 사람에게 병을 일으키는 것도 있어요. 우리 몸속에서 독소를 뿜어내 우리를 아프거나 불편하게 만드는 세균도 있지요.
연쇄상 구균은 아주 작아서 마침표 하나에 500마리 이상 들어가요. 이런 세균은 우리가 아는 가장 단순한 생물에 속해요. 움직이는 부위도 없고, 허파도 뇌도 심장도 간도 없고, 잎도 열매도 없지요. 그러나 이 생명체는 번식을 해요. 또 긴 사슬처럼 자라고, 영양소를 흡수하고 노폐물을 배출하지요. 우리처럼 이 작은 생물도 살아 있어요.
감기와 코로나19 바이러스에 대해 연구할 때면, 살아 있다는 기준이 모호해져요. 바이러스는 우리 몸을 이루는 세포 안에 들어가서 불어나요. 하지만 세포도 없고, 영양소를 분해하여 에너지를 얻지 못하고, 숙주가 없으면 증식도 못하기에, 과학자들은 바이러스가 과연 살아 있다고 할 수 있을지 의심해요. 바이러스는 아주 성능 좋은 현미경이 있어야 볼 수 있어요. 세균보다 수백 배 더 작거든요.

과학자들은 생명이 약 40억 년 전에 시작됐다고 생각하지만 그렇게까지 오래된 화석은 없어요. 가장 오래된 화석은 약 35억 년 전에 살았던 원시 생명체예요. 그 뒤로 곧 다른 생물들이 출현했어요. 과학자들은 지구에서 생명이 어떻게 진화했는지를 계속 연구해요. 생명은 다른 행성에서 왔을 수도 있지요.

미생물

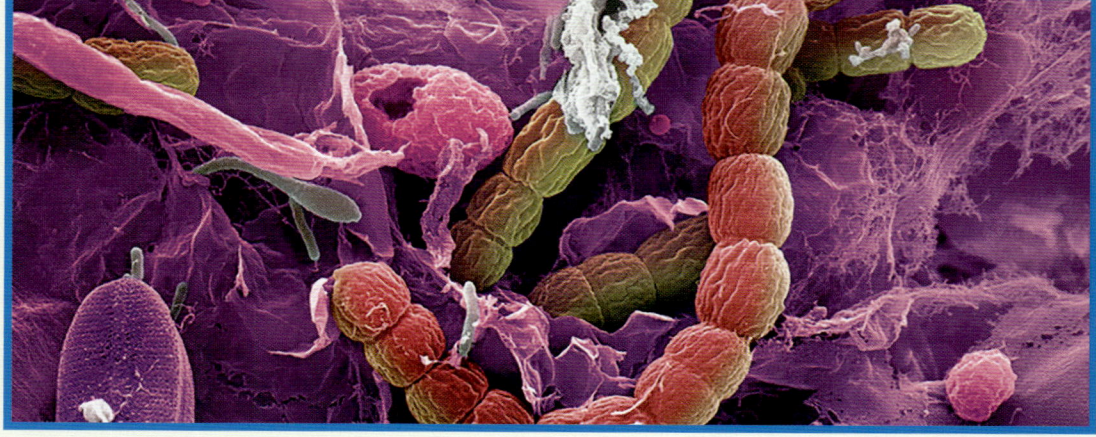

과학과 기술

생명의 가장 큰 분류 단위, 역

생물학자들은 모든 생물을 세 집단(역)으로 나누어요. 세균, 고세균, 진핵생물이지요. 세균과 고세균은 세포에 핵이 없어요. 핵은 번식을 비롯한 세포 기능에서 핵심적인 역할을 하는 소기관이에요. 공통점이 있지만 세균과 고세균은 여러 면에서 서로 달라요. 사람 세포는 핵이 있어서 우리 인류는 진핵생물에 속해요.

① 세균역

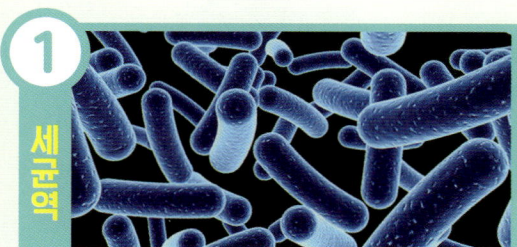

이 단세포 미생물은 박테리아라고도 하는데, 지구의 거의 모든 곳에 있어요. 세균은 작고 핵이 없어요. 막대나 나선, 공 모양이에요. 사람에게 유용한 것도 있고, 해로운 것도 있어요.

② 고세균역

이 단세포 미생물은 극도로 살기 힘든 환경에 살아요. 과학자들은 오늘날 살아 있는 고세균이 지구에 최초로 출현한 생명체와 가장 비슷하다고 생각해요. 고세균은 세균처럼 핵이 없지만, 진핵생물과 공통된 유전자도 있어요.

③ 진핵생물역

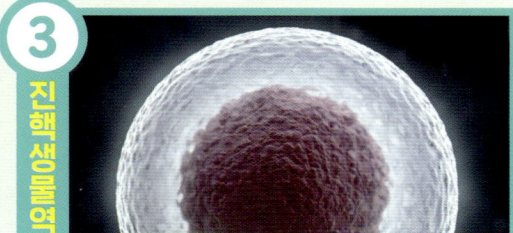

이 다양한 생명체 집단은 세균과 고세균보다 더 복잡해요. 진핵생물은 세포에 핵이 있거든요. 우리 몸은 이 작은 세포들로 이루어져 있어요. 진핵생물은 네 집단으로 나뉘어요. 균류계, 원생생물계, 식물계, 동물계이지요.

더 알아두기

역이란 무엇일까요? 과학에서 생물들을 관련 있는 계통끼리 분류할 때 쓰는 가장 큰 단위예요.

균류계

균류는 대부분 다세포 생물이고, 스스로 먹이를 만들 수 없어요. 버섯과 효모는 균류예요.

원생생물계
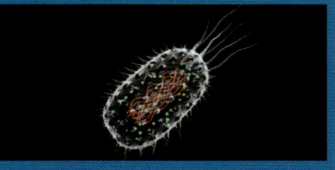

대부분 세포가 하나뿐인 단세포 생물이에요. 간혹 다세포 생물도 포함돼요. 아메바는 단세포 원생생물이에요.

식물계

식물은 다세포 생물이며, 광합성을 통해 스스로 먹이를 만들 수 있어요.

동물계

동물은 대부분 다세포 생물이며 호흡계, 소화계 등 기관계가 있어요. 식물이나 다른 동물을 먹어 에너지를 만들지요.

식물의 세계

은밀하게 움직이는 식물들

모든 식물이 그저 얌전히 자라기만 한다고 생각하나요? 그렇다면 벌레를 먹고, 비밀 메시지를 전달하는 등 은밀하게 일하는 식물들이 있다는 사실에 깜짝 놀랄 거예요.

고기를 먹어요 대다수 식물은 흙에서 양분을 얻지만, 파리지옥 같은 식충 식물은 양분이 적은 흙에 살아요. 그래서 잎에서 스며 나오는 꿀로 (파리와 귀뚜라미 같은) 먹이를 꾀어요. 먹이가 아무런 의심도 없이 꿀을 먹으러 잎 한가운데로 들어오다가 잎 가장자리의 감각털을 건드리면, 재빠르게 움직여요. 상어의 위아래 이빨이 맞물리듯이 잎이 탁 닫히면서 먹이를 가두어요. 먹이는 몸부림치지만, 잎에서 소화액이 나와서 먹이를 녹여요. 일주일 뒤 덫은 다시 열리고 새로 사냥할 준비가 돼요.

몸으로 말해요 숲은 조용해 보일지 모르지만, 그렇다고 해서 나무 같은 식물들이 '대화'를 하지 않는다는 뜻은 아니에요. 식물들은 뿌리와 균류로 이루어진 연결망을 통해 땅속에서 메시지를 주고받곤 해요. 예를 들어, 한 나무가 잎을 먹는 곤충에게 공격받으면, 화학 물질과 전기 신호를 주변 나무들에게 보내요. 그러면 주변 나무들은 곤충을 아프게 하는 산성 물질을 생산해 공격에 대비하지요. 또 건강한 나무가 고생하는 나무에게 양분을 보내기도 해요. 게다가 대화하는 양쪽 나무가 같은 종이 아닐 때도 있어요.

고약하고 크게 자라요 대체 무슨 악취일까요? 동남아시아 수마트라섬에 있다면 시체꽃이라고도 알려진 아모르포팔루스 티타눔이 풍기는 냄새일 수 있어요. 이 식물은 이름처럼 썩은 고기 냄새를 풍겨서 동물 사체에 알을 낳는 파리와 딱정벌레를 꾀지요. 키가 3.7미터까지 자라며 약 37도까지 열을 내서 악취를 널리 풍겨요. 몰려든 곤충들은 여러 꽃을 오가면서 꽃가루를 옮기지요.

과학과 기술

세상을 푸르게

퇴비 만들기

음식물 쓰레기를 줄이는 동시에 정원을 건강하게 가꾸는 방법이 있어요. 바로 직접 퇴비를 만드는 거예요. 퇴비의 유기물은 토양에 양분을 늘려 비옥하게 해요.

자연적인 방식으로 재순환하기

퇴비를 만들면 음식물 쓰레기를 줄이고 정원에 화학 비료도 덜 쓸 수 있어요. 바나나 껍질이 좋은 일에 쓰이게 되지요. 그러니 쓰레기로 버려질 많은 것들을 환경에 도움이 되는 퇴비로 만들어요. 이렇게 천연 비료를 만들면, 환경에도 도움이 되고 음식물로 장난칠 좋은 핑계도 얻게 되지요!

퇴비가 되는 것

'갈색' 물질
- 마른 잎
- 달걀 껍데기
- 잔가지
- 신문 쪼가리
- 견과 껍데기

'녹색' 물질
- 깎아 낸 잔디
- 커피 찌꺼기
- 채소와 과일 쓰레기
- 티백 찌꺼기

퇴비가 안 되는 것

퇴비 통에 넣지 말 것!
- 고기와 생선 찌꺼기
- 유제품
- 지방, 기름
- 고양이 배설물
- 유기물이 아닌 것

퇴비를 만드는 방법

1. 퇴비 더미를 쌓을 만한 마르고 그늘진 곳을 골라요.
2. 꽉 닫히는 뚜껑이 있고 공기구멍이 많이 있는 통을 골라요. 이 통에 퇴비 재료를 담을 거예요. 먼저 약 15센티미터 두께로 마른 '갈색' 물질(오른쪽 위의 목록을 참고해요.)을 넣어요. 큰 조각은 작게 잘라 넣어요.
3. '녹색' 물질(위의 목록을 참고해요.)을 약 7.6센티미터 두께로 넣어요. 앞서 넣은 갈색 물질의 절반쯤 넣는 거예요. 그다음에 흙을 약간 넣어 덮어요.
4. 갈색 층과 녹색 층을 섞어요.
5. 갈색 물질을 약 7.6센티미터 두께로 더 넣어요.
6. 물을 부어서 내용물을 축축하게 해요. 막 짠 스펀지처럼요. 물을 너무 많이 부었다면, 갈색 물질을 더 넣으면 돼요. 이제 1~2주가 지날 때마다 내용물을 섞어 줘요.
7. 1~4개월이 지나면 퇴비가 만들어져 있을 거예요. 퇴비는 짙은 갈색을 띠고 축축해요. 처음에 넣은 물질들은 형체가 사라지고 없어요. 2주쯤 더 기다려요. 비로소 완성된 퇴비를 정원에 뿌려요.

인체 탐구하기

놀랍고 신기한 우리 몸!

붉은 골수는 뼈에 들어 있는 조직인데, 1초에 800만 개씩 새 혈구를 생산해요.

인체는 복잡한 여러 기관계들로 이루어져 있어요. 정확히 말하면 9가지 기관계예요. 각 기관계는 몸에서 저마다 다른 중요한 일을 해요. 사람이 살아가려면 모든 기관계가 다 필요해요.

인체의 **신경계**는 몸을 제어해요.
인체의 **근육계**는 몸을 움직여요.
인체의 **골격계**는 몸을 지탱해요.
인체의 **순환계**는 온몸으로 피를 운반해요.
인체의 **호흡계**는 몸에 산소를 공급해요.
인체의 **소화계**는 음식을 영양소로 분해하고 노폐물을 제거해요.
인체의 **면역계**는 질병과 감염으로부터 몸을 보호해요.
인체의 **내분비계**는 신체 기능을 조절해요.
인체의 **생식계**는 자식을 낳을 수 있게 해요.

기발하고 괴상하고 웃긴 과학 사전!

사람 치아는 거의 **상어 이빨**만큼 **단단**해요.

음식은 반드시 **침**이나 물과 **섞여야** 제 **맛**을 느낄 수 있어요.

롤러코스터를 타면 때로 **내장**이 몸속에서 이리저리 **움직일** 수 있어요.

과학과 기술

지문에 숨겨진 놀라운 사실들

자기 손가락을 살펴봐요. 특이한 것이 보이나요? 맞아요, 지문이에요!
소용돌이무늬와 이랑으로 이루어진 지문은 사람마다 모양이 달라요.
지문에 관한 흥미로운 사실들을 알아볼까요.

지문을 이루는 이랑은 최대 **150개** 있어요.

똑같은 지문을 찾을 수 있을까요? 일치하는 지문을 찾을 확률은 $\frac{1}{640억}$ 이에요.

지문은 **기원전 약 200년**부터 범인을 찾는 데 쓰였어요.

지문은 정말로 저마다 달라요. **일란성 쌍둥이**도 지문이 서로 달라요.

지문은 여러분이 태어나기 전부터 있어요! 자궁에서 태아가 **3개월**이 지나면 태아의 손에 지문이 생기기 시작해요.

지문의 무늬는 크게 **세 종류**로 나뉘어요. 활 모양의 궁상문, 소용돌이 모양의 와상문이 있고, 말발굽 모양의 제상문이 가장 흔해서 **60~70%**를 차지해요.

201

인체 탐구하기

어째서 내가 긴장할 때 심장은 더 빨리 뛸까?

심장의 네 가지 기능

심장은 여러 가지 중요한 일을 해요! 그중 네 가지만 살펴볼까요.

1. 심장은 매일 10만 번 넘게 뛰어요. 한 번 뛸 때마다 피를 몸으로 보내 세포에 산소와 영양소를 공급하는 순환을 일으켜요.
2. 심장은 몸의 각 부위에서 생긴 이산화 탄소 같은 노폐물을 수거해요.
3. 심장의 오른쪽은 몸에서 돌아온 피를 받아서 허파로 보내어 산소를 얻게 해요.
4. 심장의 왼쪽은 허파에서 피를 받아서 온 몸으로 뿜어내요. 이 모든 일이 1분 이내에 일어나요!

상상해 봐요! 위 사진 속 친구는 피아노 연주를 하러 무대로 올라갔어요. 그런데 갑자기 심장이 마구 뛰기 시작해요. 마치 가슴 밖으로 튀어나올 것처럼 날뛰어요. 왜 그럴까요?

진정해! 침착해!

초조하다고요? 마음을 가라앉히는 방법 세 가지를 알아봐요.

1. 연습하고, 연습하고, 또 연습해요. 노래를 부르든 농구공을 던지든 간에 연습을 많이 할수록 준비가 더 잘 되어 있을 거예요. 그러면 긴장을 덜하게 되지요.
2. 굳어 있는 마음과 몸을 풀어요. 천천히 심호흡을 몇 차례 하거나 자신이 잘 해낸 모습을 상상하면서, 스스로 마음을 차분하게 만들려고 해 봐요.
3. 일이 어떻게 되든지 괜찮을 것이라고 여겨요. 편하게 생각해요. 하다가 실수하면 어쩌죠? 괜찮아요! 사람은 본래 실수를 통해 배운답니다. 다음에는 더 잘할 거예요.

믿거나 말거나, 심장이 날뛰는 건 스트레스를 받을 때 일어나는 정상적인 반응이에요. 우리가 긴장할 때 뇌는 '투쟁-도피 반응'을 일으키는 호르몬을 분비해요. 싸우거나 달아나도록! 겁이 나는 상황에서 몸에 생기는 자연스러운 반응이에요. 굶주린 뱀이 야영장으로 다가올 때처럼, 몹시 위험에 처했을 때에도 일어나요. 하지만 안전할 때에도 일어날 수 있어요. 어쨌든 그 결과로 심장 박동이 빨라지고 근육이 긴장하고 호흡이 가빠져요. 모두 대개는 금방 사라져요. 사람만 이런 반응을 일으키는 것이 아니에요. 과학자들은 개와 고양이를 비롯한 많은 동물들에게서 비슷한 '투쟁-도피 반응'이 일어나는 것을 관찰했어요.

과학과 기술

나는 왜 왼손을 오른손보다 (또는 오른손을 왼손보다) 잘 못 쓸까?

이 책을 읽는 사람 열 명 중 아홉 명은 아마도 오른손으로 책장을 넘길 거예요.

글을 쓰고 공을 던지는 일도 같은 손으로 하겠죠. 사람은 약 90퍼센트가 오른손잡이예요. 즉 주로 쓰는 손이 오른손이라는 뜻이에요. 나머지 10퍼센트는 왼손잡이예요. 주로 쓰는 손으로 할 때 자연스럽게 느껴지는 행동을 다른 손으로 하면 어색하거나 어렵게 느껴져요. 주로 쓰지 않는 손으로 연필을 쥐고 이름을 써 봐요. 쉽지 않을걸요?

5000여 년 전의 동굴 벽화들을 보면 당시 사람들도 지금처럼 오른손잡이 대 왼손잡이의 비율이 9 대 1임이 드러나요. 그리고 150만 년 전에 인류의 조상들이 썼던 석기들을 보아도 마찬가지예요. 화석 기록상 현생 인류인 호모 사피엔스 사피엔스가 등장하기 훨씬 전에도 마찬가지로 오른손잡이가 훨씬 더 많았어요.

그러면 왜 한쪽 손을 주로 쓸까?

과학자들은 일련의 유전자가 주로 쓰는 손과 관련이 있다는 것을 알아냈어요. 머리색이나 보조개처럼 오른손잡이(또는 왼손잡이)도 아이에게 전달되는 형질이라는 거죠. 이런 형질들은 우리 뇌가 어떻게 구성되느냐에 따라서 정해져요. 어떻게요? 뇌는 좌우로 절반씩 좌반구와 우반구로 나뉘어져 있어요. 인류의 약 90퍼센트는 좌반구에서 언어를 처리해요. 이들은 대개 오른손잡이지요. 왼손잡이 유전자를 지닌 사람은 인구의 10퍼센트인데, 대개 오른쪽 뇌에서 언어를 처리해요.

따라서 뇌의 어느 한쪽이 언어를 처리한다면, 주로 쓰는 손은 그 반대쪽이 되지요. 뇌는 왼쪽이 몸의 오른쪽을 제어하고, 오른쪽이 몸의 왼쪽을 제어해요. 그래서 과학자들은 주로 쓰는 손이 언어 능력의 발달과 어느 정도 관련이 있지 않을까 생각해요. 또 사람은 눈, 발, 귀에도 주로 쓰는 쪽이 있어요. 그러나 왜 그런지 이유는 확실하지 않아요. 그것이 바로 사람의 뇌가 우주에서 가장 복잡하다고 여겨지는 이유 중 하나예요.

혹시 나는 '양손잡이'일까?

양손을 거의 비슷하게 잘 쓰는 사람도 있지 않나요? 양손잡이 말이에요.(양손잡이라는 말은 주로 쓰는 손이 없다는 뜻이라서, 이 말을 안 쓰려는 과학자도 있어요.) 인구의 약 1퍼센트는 양손잡이랍니다. 여러분은 어떤가요? 종이에 글씨를 써 보면 알 수 있지요!

인체 탐구하기

바이러스는 어떻게 퍼질까

농구 연습을 한다고 상상해 보세요. 같은 팀 친구가 기침을 해요. 친구는 입을 가리지만, 맨눈에 보이지 않을 만큼 아주 미세한 침방울이 튀어나와요. 나는 알아차리지 못한 채 농구를 계속해요. 다음 날 친구는 결석해요. 며칠 뒤 나도 열이 나고 목이 아파요. 친구가 앓아서 나도 앓는 걸까요?

바이러스가 어디에서 오는지는 콕 찍어 말하기가 어려워요. 공기를 통해 퍼질 수도 있고, 문손잡이, 전등 스위치와 책상 같은 곳을 만지면 옮을 수도 있어요. 바이러스에 걸려서 기침이나 재채기를 하는 사람이 가까이 있거나 그 사람과 이야기를 나눈다면, 바이러스의 집중 공격을 받는 거예요. 바이러스에 노출되면, 우리 몸의 면역계는 병에 걸리지 않도록 최선을 다할 거예요. 바이러스가 우리 몸의 방어선을 뚫으면, 그대로 우리 몸에서 살 길을 찾아내려고 해요. 바이러스는 우리 몸의 세포 안으로 들어가서 자신을 복제해요. 즉 자기 사본을 많이 만들어요. 그러면서 세포를 파괴하기 때문에 우리는 몸이 아파 와요. 독감이나 코로나19 바이러스에 걸렸을 때 그런 일이 일어나지요. 그 와중에도 우리 면역계는 바이러스와 계속 싸우고 있어요. 열이 나는 것은 우리 몸이 바이러스와 싸우고 있다는 신호예요.

이때 어떻게 대처해야 할까요? 몸이 바이러스를 없애는 동안, 물을 많이 마시면서 푹 쉬어요. 그러면 며칠 안에 농구장으로 돌아가 친구와 함께 뛸 수 있을 거예요!

병균 관련 용어 알아두기!

세균: 중이염이나 인두염 같은 병을 일으킬 수 있는 미생물이에요. 큰창자에서 음식물을 분해하는 데 도움을 주는 세균처럼 우리 건강에 좋은 세균도 있어요.

유행병(에피데믹): 한 도시처럼 특정한 지역에서 같은 병에 걸리는 사람들이 갑자기 늘어나는 것을 말해요.

세계적 유행병(팬데믹): 어떤 병이 전 세계에서 나타나는 것을 말해요. 바이러스가 빠르게 퍼지면서 많은 사람들을 감염시킬 때 생겨요.

바이러스: 땅, 물, 공기 어디에나 있어요. 단, 숙주의 몸에 들어가야 증식하고 활동할 수 있지요. 일단 숙주에 들어가면 불어나고 세포를 공격할 수 있어요.

내 혈액형은 무엇일까?

모든 사람의 피는 똑같은 성분으로 이루어져 있지만, 모든 피가 똑같지는 않아요. 피는 크게 네 가지로 나누어요. 수혈을 할 때, 혈액형이 서로 맞지 않으면 피를 받는 사람의 면역계가 거부 반응을 일으킬 수 있어요. 아래 그림은 어느 혈액형들이 서로 들어맞는지를 보여 줘요.

 **O형**은 모든 사람에게 적혈구를 줄 수 있어요.

 **A형**은 A형과 AB형에게 적혈구를 줄 수 있어요.

 **B형**은 B형과 AB형에게 적혈구를 줄 수 있어요.

 **AB형**은 같은 AB형에게만 적혈구를 줄 수 있어요.

 A+형은 한국에서 가장 흔한 혈액형으로 한국인의 **33.9%**가 이 혈액형이에요. 미국인은 O+형이 가장 많아요.

혈액형은 Rh 양성(+)과 음성(-)으로 나눌 수도 있어요. 한국인의 **0.4%**, 미국인의 **18%**가 Rh 음성 혈액형이에요.

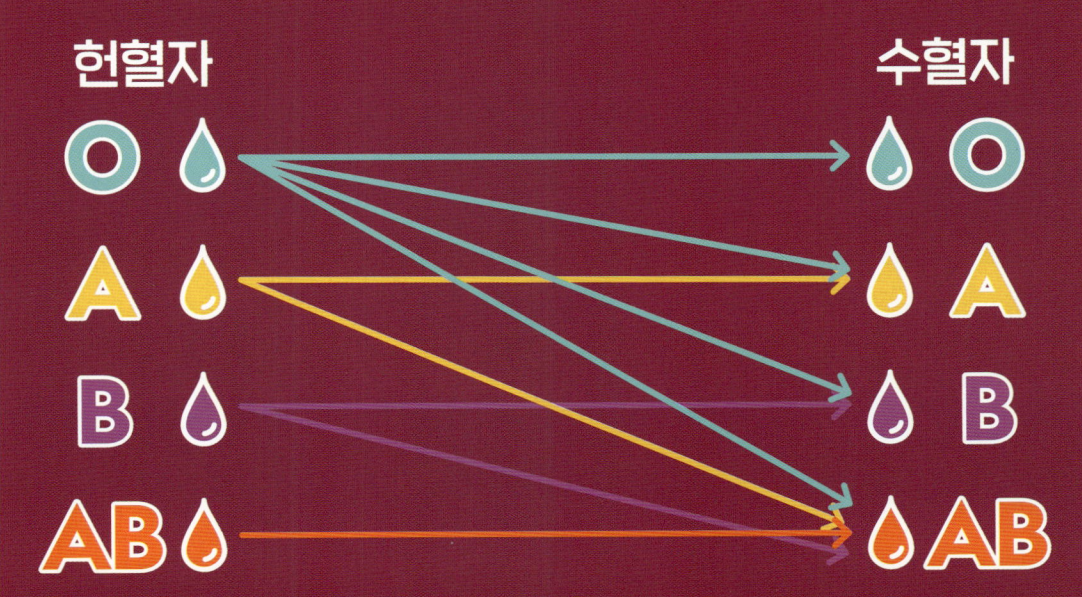

과학과 기술

인체 탐구하기

으스스한
무서움의 과학

무시무시하고 오싹한 것들이 우리 뇌에 미치는 영향

밤에 들리는 저 이상한 소리가 뭐지요? 바람 소리일까요? 아니면 다른 무엇?

심리학자 마틴 앤터니는 이렇게 말해요. "무서운 것과 마주치면, 뇌는 화학 물질을 분비해요. 그러면 심장이 두근거리고, 숨이 가빠지고, 땀이 나요. 신경계가 몸이 위협에 맞서 싸우거나 달아날 수 있도록 준비시키는 거예요." 과학자들은 이를 '투쟁-도피 반응'이라고 해요. 그런데 어떤 것이 이런 기분을 느끼게 할까요? 또 왜 그럴까요? 무서움을 느끼는 이유에 대해 알아볼까요?

무서운 것: 거미
병명: 거미 공포증
겁나는 이유: 인류의 조상들은 거미가 치명적인 질병을 옮긴다고 생각했어요. 그래서 사람들은 늘 거미를 무서워했지요. 심리학과 교수 카일 렉서는 이렇게 말해요. "지금은 그렇지 않다는 것을 알지만, 많은 사람들은 여전히 거미가 아주 위험하다고 잘못 생각하고 있지요." 치명적인 거미도 있긴 하지만, 대부분의 거미는 위험하지 않아요. 사실 인류는 거미에게 도움을 받고 있어요. 거미는 모기와 바퀴 같은 질병 매개체를 잡아먹어서 해충 방제에 중요한 역할을 하기 때문이에요. 또 과학자들은 거미 독을 통증 완화나 질병 치료에 쓸 수 있을지 연구하고 있어요.

무서운 것: 어릿광대
병명: 광대 공포증
겁나는 이유: 상대가 친구인지 적인지를 판단하는 방법 중 하나는 얼굴 표정을 보는 거예요. 광대는 짙게 화장을 하고 장신구를 달고 가짜 코를 붙여서 표정을 읽기가 어려워요. 그래서 어떤 사람들은 광대를 무섭다고 생각해요. 심리학과 교수 프랭크 맥앤드루는 이렇게 말해요. "광대가 어떤 기분인지 알기는 어려워요. 그래서 이런 생각이 들지요. 광대가 감정을 숨길 수 있다면, 딴것은 못 숨기겠어요?"

공포와 맞서 싸우는 법

무서운 것을 피하고 싶다고요? 당연해요. "하지만 거미든 광대든 어둠이든 간에 두려움을 이기려면 피하는 대신에 그것에 집중해야 해요." 렉서의 말이

과학과 기술

무서운 것: **높이**
병명: 고소 공포증
겁나는 이유: 우리가 단단한 바닥에 서 있을 때에는 눈이 속귀와 협력해서 몸의 균형을 잡도록 도와요. 그러나 낭떠러지에 서 있으면, 균형 감각이 어긋날 수 있어요. 속귀 전문가 데니스 피츠제럴드는 이렇게 설명해요. "속귀는 단단한 땅에 있다고 말하지만, 눈은 '아니야'라고 말하지요." 눈과 귀에서 받는 정보가 서로 다르니까 뇌는 혼란스러워요. 그래서 현기증이 생길 수 있고, 높은 곳을 무서워하게 되지요.

무서운 것: **어둠**
병명: 어둠 공포증
겁나는 이유: 다른 공포증처럼, 어둠 공포증도 위험을 피하기 위해 생긴 거예요. 우리 조상들은 밤에는 포식자인 동물과 침입자인 사람 등을 막기 위해 더욱 신경을 써야 했어요. (전등이 없었으니까요!) 심리학자 앤터니는 이렇게 말해요. "많은 사람들이 지금도 어둠을 두려워해요. 뭐가 있는지 모르니까 두려운 거죠."

무서운 것: **좁은 공간**
병명: 폐소 공포증
겁나는 이유: 승강기에 갇힌 적이 있지만 별것 아니었다고요? 하지만 그럴까 봐 겁이 나서 계단을 이용하는 사람도 있어요. 앤터니는 이렇게 말해요. "좁은 공간에 있으면 산소가 다 떨어지지 않을까, 못 나가게 될까 걱정하는 사람도 있어요. 갇힐 가능성이 실제로 없다고 해도요. 생존 기회를 높이기 위해 인류는 갇히는 상황을 피하는 성향을 갖도록 진화했어요. 그래서 좁은 곳이라면 어디든 갇힐 수 있다고 생각하는 사람도 있지요."

● 안전하다고 느끼는 환경에서 두려운 것을 접해요. 사람들 앞에서 말하는 것이 두렵다고요? 거울 앞에서 먼저 연습하고, 그다음에 가장 친한 사람들 앞에서 말해 봐요.

● 마음이 불안하면, 손을 배에 대고 천천히 심호흡을 해요. 호흡에 집중하면서요. 그러면 보다 차분해지고 두려운 마음이 줄어들 거예요.

● 너무 자신을 몰아붙이지 말아요! 누구든 두려워하는 것이 있어요. 두려움에 빠져들지 말아요. 정 힘들면 주변 어른에게 말해요.

미래 기술 전망

미래 세계 보고서:

때는 2070년, 미래의 여러분이 옷을 갈아입고 학교에 갈 시간이에요. 커다란 화면 거울 앞에 서서 여러 가지 옷을 띄워 봐요. 마음에 드는 티셔츠를 고르자, 로봇이 옷장에서 그 옷을 꺼내 와요. 짝이 맞는 양말을 찾느라 시간을 허비할 필요도 없어요. 잡다한 집안일은 어떻게 할까요? 집안일이 뭐죠? 전혀 새로운 가정생활을 만나 볼까요?

늘 연결되어 있어요

미래의 집이 도시의 고층 건물이든 수중 건물이든 간에, 모든 건물은 중앙 통신 허브를 통해 연결되어 있을 거예요. 거리가 먼 박물관에 티라노사우루스 뼈대가 있는지 알고 싶다고요? 직접 가 보는 것처럼 가상으로 박물관에 연결할 수 있어요. 멀리 떨어져 있는 것을 보기만 하는 것이 아니에요. 해변에 있는 집의 발코니에 연결하면 짠 바다 공기를 맡고 산들바람도 느낄 수 있어요. 또 건물은 날씨 정보도 알려 주고 비상시에 안전하게 지켜 주기도 하지요.

내게 맞춘 집 ▶

이제 집은 나에게 딱 맞춘 공간이 될 수 있어요. 열쇠도 필요 없어요. 감지기가 몸을 스캔해서 주인을 알아보고 문을 열어 줘요. 거실로 들어가면 조명이 내가 원하는 밝기로 켜져요. 목이 마르다고요? 주방에 가면 물이 담긴 컵이 나와요. 자기 전에 샤워하려면 욕실에 들어가며 말만 해요. "샤워 준비해 줘." 샤워기에서 원하는 온도의 물이 나오기 시작해요.

어디든 원하는 곳에 ▶

여러분의 방에서는 멋진 바다가 보여요. 집이 물에 떠 있거든요. 새로운 기술 덕분에 아주 별난 곳에도 집을 지을 수 있을 거예요. 도시가 더 혼잡해지면서 미래에는 지지대를 써서 물 위에 집을 띄우거나 산꼭대기처럼 접근하기 어려운 곳에 집을 짓는 사람도 늘어날 거예요. 지구의 육지에서만 살 필요도 없어요. 언젠가는 여러분의 가족이 우주에서 살 수도 있을 거예요!

과학과 기술

집이 궁금해!

계속 움직여요

미래의 집은 이리저리 계속 움직일 거예요. 벽을 늘리거나 좁힐 수도 있을 것이고, 에너지를 절약하기 위해서 태양의 움직임에 맞추어서 회전도 할 거예요. 누가 사는지에 따라서 집의 크기도 바꿀 수 있을 거예요. 집의 앞이나 뒤, 위쪽에 방을 덧붙일 수 있어서 할머니와 할아버지가 이사 와 함께 살 수도 있어요.

로봇이 일해요

친구들과 밖에서 노는 동안, 집에서는 로봇이 세탁하고, 진공 청소기를 돌리고, 욕실 청소를 해요. 또 드론이 채소와 식료품을 가게에서 집으로 배달해요. 잠시 뒤에는 로봇이 점심을 차려 줘요. 정말 일을 잘하지요. 어린이가 집안일을 돕지 못하면 어떻게 용돈을 벌 수 있을까요? 쓰레기를 버리거나 식탁을 차리는 대신에, 로봇을 닦고 관리하여 벌지요.

미래 기술 전망

미래 세계 보고서:

수십 년 뒤에는 식당에 어떻게 갈까요? 아마 드론을 타고 갈 걸요. 비가 오면 운전자 없는 자율 주행차를 탈 수도 있지요. 미국 조지아 공과대학교의 기계공학자 톰 커페스는 이렇게 말했어요. "하늘에도 교통수단이 가득할 거예요." 미래에 어떤 교통수단들이 쓰일지 한번 살펴볼까요?

올라갑니다, 우주로!

우주 엘리베이터의 문이 열리나요? 우주 정거장 로비에 온 것을 환영해요. 언젠가는 지상에서 약 3만 6000킬로미터 상공의 궤도에 있는 우주 정거장까지 승강기를 타고 올라갈지 몰라요. 이 승강기는 지금의 로켓과 달리 엄청난 양의 연료를 불태우지 않고도 승객과 화물을 운반할 수 있어요. 우주 정거장에서는 우주가 한눈에 보이는 호텔 방에서 지낼 수 있고요. 그뿐 아니라 우주선을 타고 화성으로 갈 수도 있지요.

운전자가 필요 없는 차

상상해 봐요. 고층 아파트에서 베란다로 나가 곧바로 투명한 개인 엘리베이터에 타서 자리에 앉고 목적지를 말해요. 엘리베이터는 205층을 내려간 뒤 건물에서 떨어져 도로로 들어서면서 상자 모양의 차가 돼요. 친구가 탄 차가 옆으로 다가오네요. 두 차는 붙어서 더 큰 차가 되어 달려요. 차는 나와 친구를 학교에 내려 주고 알아서 주차해요. 넥스트퓨처트랜스포테이션의 설립자인 토마소 게첼린은 자율 주행차가 교통 정체를 없애고 안전을 개선할 것이라고 말해요.

과학과 기술

교통수단이 궁금해!

미래가 어떻게 될지는 사실 아무도 알지 못해요. 이런 예측은 그냥 재미로 하는 거예요!

동력 비행기

여객기는 미래에도 여전히 쓰일 거예요. 지금보다 훨씬 더 빨라질 가능성이 높아요. 현재 뉴욕에서 베이징까지 1만 1025킬로미터를 날아갈 때 약 14시간이 걸려요. 더 날렵하고 가벼운 항공기 등 기술의 발전에 힘입어서, 미래에는 같은 거리를 2시간 안에 날 수도 있을 거예요.

드론으로 날아가기

게첼린은 이렇게 말해요. "머지않아 드론과 로봇이 음식을 배송할 거예요." 하지만 더 미래에는 헬기만 한 드론이 사람도 태워 보낼 거예요. 화물 드론이 휴가 때 도시에서 집 자체를 들어서 경치 좋은 휴가지에 내려놓을 수도 있어요.

원통 튜브를 타고

갑자기 대륙 반대쪽에 사는 친구의 생일 파티에 초대받았다고요? 장소가 어디든 아무 문제 없어요. 미래에는 북아메리카 서해안에서 동해안까지 두어 시간이면 갈 수 있으니까요. 열차처럼 보이지만 궤도가 없는 캡슐을 타면 돼요. 슈우욱! 캡슐이 진공관 안으로 빨려 들어가요. 자기 부상 열차처럼 자석을 이용해서 마찰도 저항도 없이 슝 나아가요. 시속 1200킬로미터 이상의 속도로 매끄럽고 빠르게 달려요.

211

더 알아보기

잠깐 퀴즈!

나는 과학과 기술에 대해서 얼마나 알고 있을까요? 이 퀴즈를 풀면 알 수 있어요!

답을 종이에 적은 뒤, 아래 정답과 맞추어 봐요.

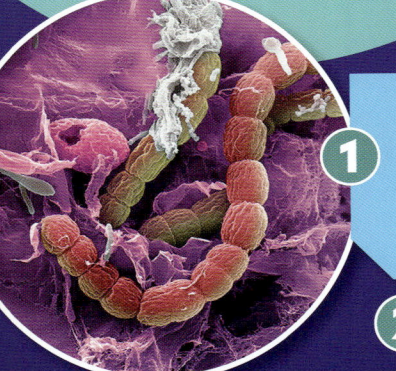

1 가장 오래된 화석은 _____ 년 전에 살았던 원시 생명체의 것이다.
a. 15억   c. 35억
b. 25억   d. 45억

2 참일까, 거짓일까? 우리 심장은 하루에 10만 번 넘게 뛰어요. (   )

3 특정한 지역에서 같은 병에 걸리는 사람들이 갑자기 늘어나면 _____(이)라고 한다.
a. 세균
b. 유행병
c. 세계적 유행병
d. 바이러스

4 파리지옥은 잎 안쪽으로 어떤 물질을 분비해서 곤충을 꾈까?
a. 독액   c. 꿀
b. 우유   d. 물

5 키 1.2미터의 로봇인 목시는 미국 버지니아주의 _____에서 돌아다니면서 물품을 옮긴다.
a. 병원
b. 학교
c. 은행
d. 식당

너무 쉽다고요?
다음 장에 나오는 퀴즈도 풀어 봐요!

정답: ① c, ② 참, ③ b, ④ c, ⑤ a

과학과 기술

이렇게 해 봐요!
어려운 문제 풀이 방법

아주 복잡한 문제라도 단계를 하나하나 밟아 나아가면 풀 수도 있어요. 이렇게 차근차근 푸는 방법을 과정 분석이라고도 해요. 과학자와 공학자는 이와 같은 방법으로 로봇의 프로그램을 짜고 컴퓨터 코드를 짜요. 우리도 요리법을 따라 하는 것부터 새 장난감을 조립하는 것에 이르기까지 일상생활에서 여러 가지로 과정 분석을 활용해요. 간단한 과정 분석 보고서를 써 볼까요?

1단계: 주제 문장 고르기
쓰고자 하는 내용을 명확하게 요약한 주제 문장을 하나 골라요. 그 주제가 왜 중요한지를 설명하는 문장이어야 해요. 그리고 해내는 데 몇 단계가 걸리는지도 설명하면 좋고요.

2단계: 필요 목록 작성하기
과정을 끝내려면 구성 요소나 장비가 필요하겠지요? 어떤 것들이 필요한지를 독자가 알 수 있도록 다 적어요.

3단계: 지시 사항 적기
명확하고 따라 하기 쉽게 자신의 방법을 적어야 해요. 처음 해 보는 사람에게 어떻게 하는지를 설명한다고 가정해요. 낯선 용어도 명확히 정의해야 해요. 읽는 사람이 정확히 순서대로 따르면 일을 끝낼 수 있도록 단계별로 나누어서 적어요. 하지만 6단계를 넘지 않도록 해요.

4단계: 주요 개념 반복하기
주제 문장으로 다시 돌아가서, 결론을 내리면서 그 주제가 왜 중요한지를 다시 설명해요.

과정 분석 보고서의 작성 사례

앱을 내려받는 것만으로도 우리는 태블릿 피시에 기능을 추가할 수 있어요. 오늘 나는 앱을 검색해서 태블릿 피시에 설치하는 방법을 설명하려고 해요.

첫째, 인터넷에 접속할 수 있는 태블릿 피시가 필요해요. 혹시나 나쁜 앱일 수도 있으니까, 먼저 부모님과 이야기해서 허락을 받으면 안전할 거예요.
다음은 태블릿 피시에서 앱스토어로 들어가서 검색창에 앱 이름을 넣고 검색해요. 앱을 찾으면, '다운로드'를 누르고 앱이 설치될 때까지 기다려요. 설치가 끝나면 앱 아이콘을 눌러요. 그러면 앱을 쓸 수 있어요.

이제 원하는 앱으로 태블릿 피시를 더 재미있게 사용할 수 있어요.

캐나다 앨버타주의 에이브러햄호는 얼어붙은 메테인 방울로 유명해요. 동식물이 죽으면 호수 바닥으로 가라앉아서 썩어요. 이때 발생하는 메테인 기체가 수면으로 방울져 올라오는데 겨울에는 물이 얼면서 메테인 방울도 그대로 얼어붙지요.

생물 군계 알아보기

생물 군계

'주요 생활대' 또는 '생물 분포대'라고 불리는 생물 군계는, 동물과 식물을 비롯한 생물이 특정 환경에 적응해 살아가는 커다란 자연 공동체예요. 생물 군계는 두드러진 식생과 기후, 그 지역의 지리에 따라 여러 가지로 구분되어요. 여기서는 크게 여섯 유형으로 나누어 볼게요. 바로 숲, 민물, 바다, 사막, 초원, 툰드라예요. 각 생물 군계는 여러 생태계로 구성돼요.

생물 군계는 엄청나게 중요해요. 생물 군계 사이에 균형 잡힌 생태학적 관계가 이루어져야 우리가 아는 지구상의 환경과 생명을 유지할 수 있죠. 예를 들어 외부에서 들어온 침입종 식물이 한 종 늘어나면 연쇄 작용으로 생물 군계 전체에 효과를 미칠 수 있어요.

숲

숲은 지구에서 육지의 약 3분의 1을 차지해요. 숲은 3가지 주된 유형이 있어요. 열대림, 온대림, 냉대림(타이가)이에요. 숲은 다양한 식물의 서식지인데 숲에 사는 몇몇 식물은 사람뿐 아니라 수많은 동물에게 약으로 쓰이죠. 아직 사람이 모르는 식물들도 있고요. 또한 숲은 온실가스*인 이산화 탄소를 흡수하고 산소를 방출해요.

세계 동물 종의 절반 이상은 우림에 살아요.

민물

지구상의 물은 대부분 바다에 있어서 짠물이에요. 호수, 연못, 습지, 강, 시냇물을 포함한 민물 생태계의 물은 염도가 1퍼센트도 되지 않죠. 민물 생물 군계에 사는 수많은 동물과 식물 종은 대륙에 따라 종류가 다양해요. 새, 개구리, 거북, 물고기, 여러 곤충의 애벌레 등이 있지요.

빙산은 주로 민물로 이루어져 있고, 육지의 빙하가 바다로 밀려가다가 쪼개져서 생겨요.

*온실가스: 지구 대기를 이루는 기체 중에서 지구에서 우주로 나가는 적외선의 열을 흡수해 온실 효과를 일으키는 것으로 메테인 등이 있다.

바다

바다는 지구 표면의 거의 4분의 3을 차지해요. 지구상에서 가장 큰 서식지이죠. 바다 생물 군계의 대부분을 차지하는 것은 대양이에요. 산호초는 이 생물 군계에서 가장 생물 다양성이 높은 서식지예요. 가장 여러 종류의 생물이 살고 있다는 뜻이죠. 바다 생태계는 100만 종 이상의 동식물 종이 머무는 집이에요.

전 세계 바다에는 약 13억 세제곱킬로미터의 물이 들어 있어요.

사막

지표면의 약 5분의 1을 덮고 있는 사막은 강수량이 1년에 25센티미터도 되지 않아요. 사막은 대부분이 무덥긴 하지만 그렇지 않은 다른 종류의 사막도 있어요. 주로 열대 사막, 온대 사막, 해안 사막, 한랭 사막으로 구분해요. 사막은 황무지와 달리 생물학적으로 생물 다양성이 높은 서식지랍니다.

남아메리카 아타카마 사막의 연평균 강우량은 겨우 1밀리미터예요.

초원

초원은 커다란 관목이나 나무 대신 풀이 자라는 게 특징이에요. 일반적으로 1년의 절반에서 4분의 3이 비가 내리는 우기이고요. 강수량이 그보다 더 많으면 숲이 되겠죠. 초원은 두 가지 유형으로 나뉘어요. 열대 초원(사바나)과 온대 초원이지요. 코끼리처럼 지구에서 가장 덩치 큰 육상 동물이 이곳 초원에 살아요.

북아메리카 중부의 많은 지역이 초원이고, 사냥으로 1800년대에 거의 멸종되었던 아메리카들소와 같은 동물들이 살고 있어요.

툰드라

모든 생물 군계 가운데 가장 추운 툰드라는 기후가 굉장히 차고, 식생이 단순하며, 강수량이 적어요. 그리고 흙에 영양분이 적고, 식물이 자랄 수 있는 기간이 짧지요. 툰드라에는 남극과 북극 툰드라와 고산 툰드라가 있어요. 툰드라에는 아주 적은 종류의 식물이 살아요. 또 늑대, 순록의 일종인 카리부, 심지어 모기를 비롯해 몇몇 동물 종들이 툰드라의 극단적으로 추운 기후에서 살아가요.

북극권 툰드라에 사는 북극여우는 개과 동물 중 유일하게 발바닥 전체가 털로 덮여 있어요. 이 털은 눈신 역할을 해요.

생물 군계 알아보기

경이로운 아마존

아마존 우림에 깊은 밤이 찾아왔어요. 세상의 절반이 깊은 잠에 빠져 있을 때, 이 울창한 숲에서는 수천 종이 깨어 있어요. 수많은 별이 반짝거리는 하늘 아래 뱀들은 숲 바닥을 기어다니고 연두색 개구리들은 이 식물에서 저 식물로 뛰어다녀요. 반점 무늬가 있는 날렵한 재규어는 웃자란 풀 사이로 슬금슬금 돌아다니면서 먹이를 찾고 있어요. 또 밤원숭이라는 별명을 지닌 올빼미원숭이들은 꺅꺅거리면서 나무 꼭대기에서 돌아다녀요.

놀라운 생태계

이러한 야행성 동물들은 남아메리카 아마존 우림에 사는 수많은 종들 중 일부일 뿐이에요. 세계에서 가장 큰 열대 우림인 아마존 우림은 면적이 550만 제곱킬로미터를 넘고 남아메리카 대륙의 브라질, 볼리비아, 페루, 에콰도르, 콜롬비아, 베네수엘라, 가이아나, 수리남, 프랑스령 기아나 등 여러 나라에 걸쳐 있어요. 아마존 생태계에는 식물 약 4만 종, 조류 약 1300종, 양서류 400여 종, 포유류 427종, 곤충 200만 종 이상이 살고 있어요.

아마존 우림을 위쪽에서 본 모습

생태와 자연

하나의 거대한 강

땅에 사는 동물만 그 정도예요. 아마존강에는 어류 3000여 종이 살고 있어요. 우림 속을 구불구불한 띠처럼 흐르는 아마존강은 길이가 6679킬로미터에 달해요. 세계에서 두 번째로 긴 강이지요. 강돌고래, 피라냐, 전기뱀장어, 피라루쿠(일명 아라파이마)가 살아요. 피라루쿠는 아주 거대한 물고기로 길이 4.5미터까지 자라고, 입천장과 혀에도 이빨이 나 있어요!

아마존 지키기

아마존 우림 지역은 생물 다양성이 아주 높고 아직 발견되지 않은 생물도 많아요. 그러니 숲 파괴와 기후 변화 같은 위협으로부터 아마존을 보호하는 것이 아주 중요해요. 지난 50년 동안 아마존 우림은 약 20퍼센트가 사람들의 손에 사라졌고, 동식물 약 1만 종이 멸종 위기에 처했어요. 그러나 더 이상의 훼손을 최소화하고 이 놀라운 곳을 지키려는 사람들이 많지요. 보호 지역을 감시하는 인원도 배치되어 있고, 농민들은 숲이 베어진 곳에 다시 나무를 심고 있어요. 이렇게 사람들이 힘을 모으면 아마존은 계속해서 밤낮으로 생물들이 가득한 곳으로 남아 있을 수 있을 거예요.

아마존 우림을 구불구불 흐르는 아마존강

피라루쿠

재규어

올빼미원숭이

우림의 여러 층 구조

- 돌출목층
- 수관층
- 하층
- 바닥층

돌출목층: 우듬지와 곁가지들이 수관층 위로 툭 튀어나와 있는 나무들이 있는 층이에요.

수관층(임관층): 식생이 약 6미터 두께로 빽빽하게 우거져 있으며, 우림의 동물 종 대부분이 여기에 살아요.

하층: 들어오는 빛이 약하고 야자나무 같은 넓은 잎을 지닌 키 작은 식물들이 살아요.

바닥층: 숲 바닥은 어두컴컴해서 식물들이 거의 자라지 못해요. 위층에서 떨어진 물질들이 썩으면서 나무뿌리에 양분을 제공해요.

바다의 이모저모

대양들

태평양

통계 자료

면적: 165,200,000제곱킬로미터

지구 수권*에서 차지하는 비율: 44퍼센트

표면 온도:
여름 최고: 32도
겨울 최저: 영하 2도

조차**:
가장 클 때:
9미터, 한반도 근처
가장 작을 때:
0.3미터, 미드웨이섬 근처

멋진 서식 동물: 문어, 병코고래, 흰동가리, 백상아리

흰동가리

대서양

통계 자료

면적: 106,460,000제곱킬로미터

지구 수권에서 차지하는 비율: 28퍼센트

표면 온도:
여름 최고: 32도
겨울 최저: 영하 2도

조차:
가장 클 때:
16미터, 캐나다 펀디만
가장 작을 때:
0.5미터, 멕시코만과 지중해

멋진 서식 동물: 대왕고래, 대서양알락돌고래, 바다거북, 큰돌고래

돌고래

*수권: 물(과 얼음)이 지표면을 덮고 있는 부분. **조차: 밀물과 썰물 때의 바닷물 높이의 차이.

생태와 자연

인도양

통계 자료

면적: 70,560,000제곱킬로미터

지구 수권에서 차지하는 비율: 19퍼센트

표면 온도:
여름 최고: 34도
겨울 최저: 영하 2도

조차:
가장 클 때:
11미터, 오스트레일리아 서해안
가장 작을 때:
0.6미터, 오스트레일리아 서해안

멋진 서식 동물: 혹등고래, 작은부레관해파리, 듀공, 장수거북

장수거북

북극해(북극양)

통계 자료

면적: 14,060,000제곱킬로미터

지구 수권에서 차지하는 비율: 4퍼센트

표면 온도:
여름 최고: 5도
겨울 최저: 영하 2도

조차:
0.3미터 미만으로
위치에 따라 조금씩 달라요.

멋진 서식 동물: 흰고래(벨루가), 범고래, 거문고바다표범(하프물범), 일각돌고래

일각돌고래

남극해(남극양)

통계 자료

면적: 20,330,000제곱킬로미터

지구 수권에서 차지하는 비율: 5퍼센트

표면 온도:
여름 최고: 10도
겨울 최저: 영하 2도

조차: 0.6미터 미만으로
위치에 따라 조금씩 달라요.

멋진 서식 동물: 황제펭귄, 대왕오징어, 남극빙어, 남극이빨고기

황제펭귄

대양을 접하는 대륙과 만은 272~273쪽 지도를 참고하세요.

바다의 이모저모

깊고 푸른 바다

바다는 지구 표면의 71퍼센트를 덮고 있어요. 드넓은 바다에서 어떤 곳은 지구에서 가장 높은 산이 푹 잠기고 남을 만큼 깊어요! 바다로 잠수하여 가장 깊은 곳을 살펴볼까요?

태평양 챌린저 해연*
10984미터

인도양 자바 해구**
7125미터

모든 대양의 평균 수심은 **3688미터**예요.

북극해 몰로이 해연
5669미터

대서양 푸에르토리코 해구
8605미터

남극해 사우스샌드위치 해구
7434미터

*해연: 해구 가운데 특히 깊이 들어간 곳.

**해구: 대양 밑바닥에 좁고 길게 움푹 들어간 곳.

생태와 자연

물의 순환

비, 눈, 우박이 내려요.

물이 얼음과 눈에 저장돼요.

수증기가 구름 속에서 응결돼요.

물이 땅속에 스며들어요.

녹은 물과 지표면의 물이 흘러요.

민물이 저장돼요.

증발

지하수가 빠져나가요.

물이 바다에 저장돼요.

지구에서 물의 양은 늘거나 줄지 않고 거의 일정해요. 물의 형태만 바뀌죠. 태양이 지표면을 데우면 액체인 물이 기체인 수증기가 되는데 이 과정을 '**증발**'이라고 해요. 또 식물 잎의 표면에서 물이 수증기로 변하는 과정은 '**증산**'이라 하죠. 수증기가 대기로 올라가면 차게 식으면서 다시 형태가 바뀌어요. 물방울이 되는 '**응결**'이라는 과정을 통해 모이면 구름이 만들어져요. 구름에서 떨어진 물방울은 비, 눈, 우박 등이 되어 땅에 내려요. 이런 물들을 '**강수**'라고 해요. 강수는 지하수로 스며들거나 호수, 강, 바다로 흘러요. 이러한 물의 순환 과정(위 그림 참고)은 계속 반복돼요.

날씨를 연구하는 과학자인 기상학자들의 기준에 따르면 비가 시간당 0.5밀리미터 이하로 내리면 '이슬비'이고, 시간당 4밀리미터 이상 내리면 '보통 비'예요.

여러분이 마시는 물은 공룡이 마셨던 물과 같은 물이에요! 지구가 지난 40억 년 넘게 물을 계속 재활용했기 때문이죠.

223

날씨와 기후

날씨는 특정한 시간과 장소에서 기온, 바람, 습도, 강수량 등 대기의 상태예요. 한편 기후는 일정한 장소에서 오랜 기간에 걸쳐 나타난 평균적인 날씨를 말해요. 장소에 따라 여러 기후가 나타나요. 이러한 기후는 위도, 고도, 탁월풍*, 해류의 온도, 물과 육지의 위치와 거리 같은 여러 요인에 따라 조절된 결과예요. 기후는 보통 일정하지만, 벌목, 온실가스 등의 요인이 기후를 바꾼다는 증거가 나오고 있어요.

*탁월풍: 어느 지역에서 어떤 시기나 계절에 따라 특정 방향에서부터 가장 자주 부는 바람.

극단적인 날씨의 사례

가장 오래 유지된 태풍: 태풍 존은 1994년 8~9월에 태평양의 동쪽에서 서쪽으로 나아가면서 31일 동안 유지되었어요.

가장 더웠던 달: 2018년 7월 미국 캘리포니아주 데스밸리는 일일 평균 기온이 42.3℃에 달했어요.

가장 긴 번갯불: 2022년 미국에서 텍사스주, 루이지애나주, 미시시피주에 걸쳐 767킬로미터를 뻗어 나갔어요.

지구의 기후대

기후학자들은 기후를 분류하는 여러 체계를 만들었어요. 그중에 흔히 쓰이는 것은 '쾨펜의 기후 분류법'이에요. 강수량, 기온, 식생에 따라 기후대를 분류하는 체계이지요. 열대 기후, 건조 기후, 온대 기후, 냉대 기후, 한대 기후 등 주로 5가지 범주로 나눠요. 그 지역의 고도가 다른 요인들보다 중요한 요건이지요.

생태와 자연

기후 변화

북극곰 한 마리가 녹고 있는 빙하 조각 위에 있어요.

과학자들은 그린란드의 대륙 빙하가 여름철에 녹기 시작한 현상을 걱정해요. 이 사진 속 버스데이 협곡도 빙하가 녹은 물에 깎여 나갔죠.

지구 온난화가 계속되다

지구는 점점 더워지고 있다

지표면의 온도는 계속 올랐어요. 지난 50년 동안 지구는 그 이전 50년에 비해 2배는 더 빠르게 더워졌어요. 기후 변화에 직접적인 영향을 받은 결과예요. 지구의 평균 기온이 올라가는 것(지구 온난화)뿐 아니라, 바람과 비, 해류도 장기적으로 영향을 받지요. 지구 온난화 때문에 빙하와 극지방의 빙상(대륙 빙하)이 녹고 있어요. 그러면 해수면이 높아지고 생물들의 서식지가 줄어들어요. 몇몇 동물에게는 생존이 달린 큰 문제예요. 또 지구가 더워지면서 해안을 따라 홍수가 늘고 내륙에서는 가뭄이 늘어나요.

기온은 왜 오르는 것일까?

최근의 기후 변화 가운데 일부는 자연적인 원인과 관련이 있어요. 햇볕의 세기 변화, 가끔 일어나는 엘니뇨*로 인하여 따뜻해진 해류, 화산 활동 등이죠.

하지만 기후 변화를 일으키는 가장 큰 원인은 인간의 활동이에요.

사람들은 석유로 달리는 자동차를 모는 등 화석 연료를 태우는 활동을 매일 하면서 지구 온난화를 일으켜요. 이런 활동은 온실가스를 만들어 대기의 열이 밖으로 빠져나가지 않게 가두는 온실 효과를 일으키죠. 지금 같은 속도라면 전 지구의 평균 기온은 1900년 이후 약 3도 이상 오를 것이라 예상돼요. 이후에는 더욱더 더워지겠지요. 지구가 계속 온난화될수록 환경과 우리 사회에 여러 영향을 미칠 거예요.

*엘니뇨: 난류가 흘러들어 적도 부근의 수온이 올라가는 현상.

날씨와 기후

하늘에서 떨어지는 것

공기 중의 습기가 모여서 여러 모습으로 땅에 떨어져요.

'강수'란 지구 과학에서 비, 눈, 우박, 안개 등으로 구름에서 땅으로 떨어지는 물을 가리키는 말이에요. 강수 현상에는 어는비, 진눈깨비, 우박 등도 포함돼요. 공기 중의 수증기가 구름으로 응결된 다음, 점점 무거워져 땅으로 떨어지면서 생겨요. 강수가 소풍을 망칠 수도 있지만 지구상의 여러 생명체들에게는 꼭 필요하지요.

얼음 알갱이가 반쯤 녹은 채 땅에 떨어졌다가 다시 녹으면서 생겨요. 주로 지면 근처의 기온이 영하로 떨어지는 겨울에 나타나는 현상이에요.

진눈깨비

비

높고 차가운 구름 속에서 얼음 결정이 점점 무거워져서 떨어지며 생겨요. 여름에도 결정은 아직 얼어 있는 채로 떨어질 수 있지만 지면 근처의 따뜻한 공기를 만나면 녹아서 빗방울이 돼요.

어는비

겨울에 비가 내리다가 지면에 부딪힌 즉시 얼 때, 어는비를 볼 수 있어요. 어는비는 도로에 얼음 층을 만들기 때문에 운전할 때 위험해요.

구름 속 얼음 알갱이가 너무 무거워져서 떨어질 때 생겨요. 얼음 결정이 떨어지는 동안 언 상태를 유지하도록 대기가 충분히 차가워야 볼 수 있지요.

눈

우박

물방울로 덮인 얼음 알갱이가 적란운* 꼭대기에서 얼어붙을 만큼 차가운 공기를 만날 때 생겨요. 얼음 알갱이를 둘러싼 물은 얼면서 커지지요. 점점 무거워지면 결국 땅에 떨어져요.

*227쪽을 참고하세요.

생태와 자연

여러 가지 구름의 종류

날씨가 어떨지 알고 싶다면 구름을 살펴요. 구름은 공기의 상태와 앞으로의 날씨에 대해 꽤 많은 것을 알려 주거든요. 구름은 공기와 물로 이루어져 있어요. 맑은 날에는 따뜻한 공기의 흐름이 위로 올라가면서 구름 속 물방울을 밀어 올려 계속 떨어지지 않게 해요. 하지만 구름 속의 물방울이 점점 커지면 자유의 몸이 될 때가 오지요. 물방울이 너무 커지면 공기의 흐름으로 더 이상 떠받들 수 없게 되어 땅으로 떨어져요.

1 층운(층구름) 이 구름이 뜨면 하늘이 걸쭉한 회색 죽처럼 보여요. 하늘에 낮게 걸려 으스스하고 어둑한 하늘을 만들지요. 층운은 지면 가까운 곳의 차갑고 습한 공기가 이동하는 곳에 만들어져요.

2 권운(새털구름) 이 얇고 성긴 구름 다발은 대기가 아주 차가운 곳에 높이 걸려 있어요. 권운은 작은 얼음 결정으로 이루어져 있죠.

3 적운(쎈구름/뭉게구름) 흰색 솜뭉치 같은 이 구름을 보면 사람들은 '오늘 아침엔 참 날씨가 좋다' 하고 콧노래를 부를 거예요. 대기권 아래에 수직으로 발달하며 말랑한 마시멜로와 비슷해서 푸른 하늘에 그림처럼 어우러지곤 해요. 따뜻한 공기가 위로 올라갈 때 만들어지는 적운은 밤이 되어 공기가 차가워지면 보통 사라져요.

4 적란운(쎈비구름) 적란운은 괴물 같은 구름이에요. 위로 올라가는 공기의 흐름이 솜털 같은 적운을 부풀리고 최대 12킬로미터 높이까지 올려 보낸 것이 적란운이에요. 이 구름이 대류권 계면*에 닿으면 마치 탁자처럼 윗부분이 편평해지죠.

> **구름은 얼마나 무거울까?**
> 가벼운 솜털처럼 푹신해 보이는 적운의 무게는 보통 50만 킬로그램쯤 돼요. 아프리카코끼리 78마리의 무게와 맞먹죠. 또 비를 품은 적란운은 보통 무게가 10억 킬로그램 정도여서 아프리카코끼리 15만 7000마리의 무게와 비슷해요.

*대류권 계면: 대기권에서 가장 아래층인 대류권이 위쪽 성층권과 만나는 경계면.

날씨와 기후

10가지 별난 날씨에 관한 희한한 사실들

뉴욕의 엠파이어스테이트빌딩은 평균적으로 **한 해에 25차례쯤** 번개에 맞아요.

개구리와 물고기가 하늘에서 비로 내리기도 해요. 강한 바람에 휘말려 하늘로 올라갔다가 떨어지는 것이지요. 빗방울처럼 뚝뚝 떨어져 내려요.

천둥과 번개를 아주 무서워하는 증상을 가리켜 **천둥 번개 공포증**이라고 해요.

구름 안의 수분층이 얼면서 우박이 생겨요. 마치 양파를 얼린 것처럼 여러 층으로 이루어진 둥근 얼음덩어리가 만들어지지요.

산불이 났을 때 땅속에서 번져 나가는 '좀비 불'이 있어요. 시베리아 같은 추운 곳에서는 쌓인 눈 밑에서 불이 스멀스멀 번져 나갈 수 있어요.

생태와 자연

한번은 미국 뉴멕시코주를 휩쓸었던 폭풍으로 **우박 빙하**가 생겨났어요. 우박이 쌓인 높이가 무려 **5미터**나 됐어요.

드물게 일어나는 기상 현상 중에 동시에 천둥이 치고 눈이 내리는 것을 **뇌설**이라고 해요.

연구 결과를 종합해 보면 토네이도는 대체로 **늦은 오후와 이른 저녁에** 가장 많이 생겨요.

붉은 스프라이트는 뇌우를 일으키는 구름 위쪽에서 치는 붉은 번개인데, 보기에는 마치 **불꽃놀이**나 **거대한 해파리** 같아요.

하부브는 건조 지역에 부는 **초강력 모래 폭풍**으로 높이가 **약 1킬로미터**에 이르는 거대한 먼지 벽을 만들어요.

재난과 재해

허리케인이 온다

폭풍우가 와요! 그런데 이것은 사이클론일까요, 허리케인일까요, 태풍일까요? 이 기상 현상이 어디에서 발생했는지, 바람이 얼마나 빠른지에 따라 이름이 달라져요. 대서양과 태평양의 일부 지역에서 생기는 강한 열대 저기압은 허리케인이라 하고, 태평양 서부에서는 태풍, 인도양 북부에서는 사이클론이라 불려요. 지역에 따라 이름은 다르지만 어디에서든 이 폭풍들은 강력한 힘을 발휘하지요. 그리고 열대 저기압은 모두 대양에서 따뜻하고 습한 공기가 솟아오를 때 생기는 빈자리로 주변 지역의 공기가 빨려 들면서 생겨나요. 빨려 든 공기도 따뜻해지고 습해지면서 솟아오르지요. 이 과정이 반복되면서 큰 구름이 생겨나고, 이 구름은 지구의 자전에 따라 회전하기 시작해요. 따뜻한 물이 충분히 많으면 폭풍이 계속 커지다가 이윽고 태풍이 되지요. 바다의 수온이 따뜻할수록, 공기에 수분이 더 많아지고, 태풍도 더 강력해져요.

태풍의 이름은 어떻게 지을까?

태풍은 해마다 발생한 순서에 따라 번호와 이름을 붙여요. 태풍의 이름은 2000년부터 아시아-태평양 지역의 태풍위원회 회원국이 제출한 이름을 사용해요. 말레이시아, 미크로네시아, 필리핀, 한국, 태국, 미국, 베트남, 캄보디아, 중국, 북한, 홍콩, 일본, 라오스, 마카오 등 14개 나라가 각각 10개씩 제출한 이름 140개를 28개씩 5조로 구성해서 차례로 써요. 다음은 앞으로 발생할 태풍에 붙여질 이름들이에요.

산바	프라피룬	종다리	풀라산	바리자트
쯔라왓	마리아	산산	솔릭	짜미
에위니아	손띤	야기	시마론	콩레이
말릭시	암필	리피	제비	인싱
개미	우쿵	버빙카	끄라톤	도라지

태풍의 강도

구분	-	중	강	매우강	초강력
피해의 정도	간판이 날아감	지붕이 날아감	기차가 선로를 벗어남	사람이나 큰 돌이 날아감	건물이 무너짐
풍속	61~90km/h*	90~119km/h	119~158km/h	158~194km/h	194km/h 이상

(피해 정도는 바람과 비에 의한 피해를 합쳐서 판단해요.)

*속력의 단위로 1시간에 가는 거리를 킬로미터로 나타낸 것. '시속 61~90킬로미터'로 읽는다.

생태와 자연

토네이도란 무엇일까?

개량 후지타 등급(EF)
토네이도 전문가인 T. 시어도어 후지타의 이름을 딴 토네이도 위력의 기준이에요. 바람의 속도와 바람으로 파괴된 정도에 따라 토네이도를 분류해요.

EF0
풍속*: 시속 105~137킬로미터
기왓장이 뜯기거나 나뭇잎이 날림.

EF1
풍속: 시속 138~177킬로미터
지붕과 간판이 날림.

EF2
풍속: 시속 178~217킬로미터
나무가 뽑힘.

EF3
풍속: 시속 218~266킬로미터
조립식 벽이 무너짐.

EF4
풍속: 시속 267~322킬로미터
대부분의 집이 무너짐.

EF5
풍속: 시속 322킬로미터 이상
철제 콘크리트 건물이 무너짐.

'회오리바람'이라고도 하는 토네이도는 깔때기 모양의 빠르게 회전하는 바람으로, 폭풍우가 치는 동안 만들어져요. 토네이도는 풍속이 시속 483킬로미터를 넘을 수 있어요. 지나가는 길의 모든 것을 감아올리고 파괴할 정도로 위력이 대단하지요.

*풍속: 단위 시간당 움직이는 공기의 속도로 바람의 세기를 나타낸다.

회전하는 깔때기 같은 이 바람은 적운이나 적란운 속에서 형성돼요. 땅과 맞닿으며 토네이도가 되죠.

토네이도는 미국의 평원에서 주로 발생해요. 그리고 남극을 제외한 모든 대륙에서도 발생하지요.

231

재난과 재해

통가의 본섬인 통가타푸섬 해변에 있는 건물들이 수중 화산의 분화로 무너졌어요.

지진 해일

2022년 1월의 어느 저녁, 남태평양에서 훙가 통가-훙가 하파이 해저 화산이 분화했어요. 644킬로미터 떨어진 곳에 있던 사람들도 엄청난 굉음과 땅의 흔들림을 느꼈어요. 처음에는 무슨 일이 일어났는지 몰랐지만 곧 알게 되었지요. 이 엄청난 분화로 지진 해일이 일어났어요. 지진 해일은 바다 밑에서 지진 같은 엄청난 충격이 일어났을 때 생기는 거대한 해일이에요. 지진 해일이 통가의 많은 섬을 휩쓸었어요. 통가는 태평양에 약 170개의 섬이 미국 텍사스주만 한 면적에 흩어져 있고, 인구는 10만 6000명쯤 되는 나라예요.

사나운 지진 해일이 빠르게 다가오는 사이에, 주민들은 경고 방송을 들었어요. 또 해일이 닥치기 직전에 경고가 표지판에 떴어요. 개들은 쉴 새 없이 짖어 댔고, 해안에서 갑자기 바닷물이 쑥 빠지고 그 물까지 머금은 아주 거대한 물결이 솟아올랐어요. 주민들이 더 높은 곳으로 대피하는 사이에, 높이가 거의 15미터에 이르는 거대한 물결이 통가의 일부 섬을 덮치면서 집과 건물을 무수히 파괴했고 통가 국민과 나라 전체에 큰 피해를 입혔어요.

매미 떼 등장!

미래 과학 영화의 한 장면 같은 일이 벌어졌어요. 2021년 늦봄과 초여름에 미국 동부 곳곳에서 붉은 눈이 툭 튀어나온 곤충 수백만 마리가 땅속 깊은 굴에서 서서히 기어 나왔어요. 영화 촬영이 아니었어요. '브루드 텐(Brood X)'이라고 불리는 매미 떼였어요. 17년 주기로 대규모로 나타나는 매미이죠.

해마다 나타나는 매미는 여름에 흔히 보이지만, 브루드 텐은 보기 드물고 대규모로 발생해서 매우 시끄럽게 울어 대요. 단 한 마리가 울어도 귀가 아플 정도라서, 수컷 수백만 마리가 고음으로 울어 대는 소리는 몇 킬로미터 떨어진 곳에서도 들려요(암컷 매미는 울지 않아요).

인간에게 다행스럽게도 브루드 텐의 침략은 오래 가지 않았어요. 땅속에서 17년을 지낸 뒤 밖으로 나오면 약 한 달밖에 살지 못하거든요. 죽고 딱딱한 갈색 겉뼈대만 남지요. 하지만 그 전에 짝짓기를 하고 암컷은 나무에 알을 500개쯤 낳아요. 알이 부화하면 약충*은 땅으로 떨어져서 굴을 파고 들어가 자라며 17년을 지내요. 브루드 텐은 2038년에 다시 대규모로 나타날 거예요!

*약충: 매미처럼 불완전 탈바꿈을 하는 동물의 애벌레.

생태와 자연

흑곰을 산불에서 구조하라!

> 흑곰은 수영을 아주 잘해요. 민물에서 1.6킬로미터 이상 헤엄쳐 갈 수 있어요.

야생 동물 담당관인 제프 스토더드가 발에 화상을 입어서 걷지 못하는 흑곰을 마취시켜서 안아 옮기고 있어요.

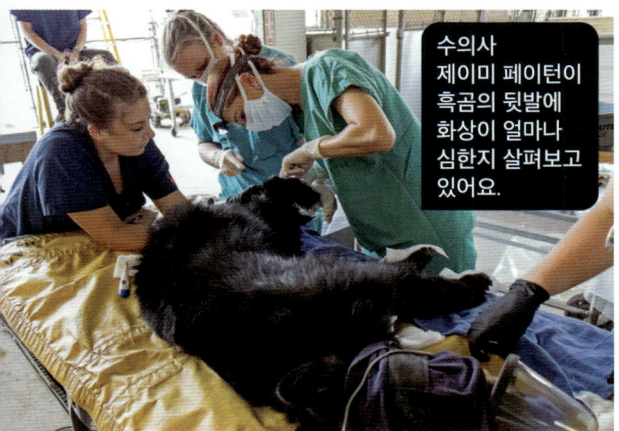

수의사 제이미 페이턴이 흑곰의 뒷발에 화상이 얼마나 심한지 살펴보고 있어요.

한 살 반 된 곰이 산비탈 개울 옆에 앉았어요. 머리 위로는 시뻘건 하늘에 검은 연기가 잔뜩 피어오르고 있어요. 곰은 발에 화상을 입어서 걸을 수가 없었어요. 혀로 발을 핥으면서 통증을 가라앉히려고 했지요. 이 곰을 비롯한 수많은 동물들은 미국 캘리포니아주 북부에서 발생한 카 산불로 약 9만 3078헥타르의 면적이 불타는 바람에 다치거나 살 곳을 잃었어요.

전기 기사들이 가스 마스크와 보호복을 착용하고 숲으로 들어가서 전봇대와 전선을 교체해 전력을 복구했어요. 처음에 기사들의 눈에는 새까맣게 탄 나무들만 보였다고 해요. 그러다가 곰을 알아보았어요. 곰이 다쳤다는 것을 알아차리고는 캘리포니아주 어류 및 야생 동물과에 전화했어요. 그 사무실은 약 322킬로미터 떨어진 랜초코도바에 있었어요. 담당관인 제프 스토더드는 곰을 그냥 두면 안 된다고 판단했어요. 바로 사람들을 모아서 몇 시간 만에 현장에 도착했어요.

"가서 보니까 발이 심하게 타서 쪼그라들어 있었어요." 야생 동물 담당 공무원인 피터 블레이크의 말이에요. 곰은 잔뜩 겁에 질렸고 탈수 증세도 보였지요. 환경 과학자 에릭 헤이니가 곰을 화살총으로 마취시킨 뒤, 함께 야생 동물 연구실로 옮겨서 치료하기로 했어요.

물고기 피부 붕대

수의사 디에나 클리퍼드와 제이미 페이턴은 곰의 발이 심하게 탄 것을 보고 충격을 받았어요. 두 사람은 새로운 치료법으로 곰을 치료하기로 했어요. 바로 물고기 피부였지요. 민물고기인 틸라피아의 피부로 만든 붕대로 곰의 발을 감싸면 감염을 막을 수 있어요. 또 틸라피아 피부에 들어 있는 단백질인 콜라겐은 상처가 더 빨리 낫게 도울 수 있지요.

곰은 발을 감쌀 때 몸부림치지 않았어요. 붕대로 감싸자 아픔이 줄어들었나 봐요. 그렇게 며칠을 보냈는데, 곰은 사람들을 피하려 하고 약도 먹지 않으려 했어요. 좋은 징후였어요. 너무 길들면 야생으로 돌아가기가 어려워지니까요. 또 약을 안 먹어도 몸이 튼튼해지고 있다는 뜻이었으니까요. 6주 뒤 수의사들이 붕대를 벗겼어요. 기대했던 것보다 훨씬 더 효과가 좋았어요. 곰의 발은 다 나은 상태였어요. 이제 곰이 야생으로 돌아갈 때가 되었지요.

> 흑곰은 사는 장소에 따라서 털이 청색이나 황갈색을 띠기도 해요.

다시 숲으로

곰을 어디다 풀어놓아야 할지 결정하기가 쉽지 않았어요. 헤이니는 말했죠. "불타 버린 그곳으로 돌려보내고 싶지 않았어요. 하지만 발견된 곳과 비교적 가까운 곳에 풀어 주고 싶었어요." 그래서 토지 관리국의 도움을 받아 먹이와 물이 많고, 불이 났을 때 빨리 번지지 않도록 덤불이 정리된 곳을 찾아냈어요.

헤이니는 곰이 든 커다란 금속 우리 위로 올라가서 천천히 문을 들어 올렸어요. 곰은 조심스럽게 밖을 내다보더니 숲으로 달려갔어요. 스토더드는 말했어요. "이 산불은 사람이 낸 겁니다. 그러니 우리 때문에 다친 동물들을 도울 책임도 우리에게 있지요."

233

더 알아보기

잠깐 퀴즈!

자연에 대한 지식이라면 자신 있다고요?
자연을 얼마나 아는지 다음 문제를 풀어 확인해 봐요!

답을 종이에 적은 뒤, 아래 정답과 맞추어 봐요.

1 **참일까, 거짓일까?** 흑곰은 민물에서 1.6킬로미터 이상 헤엄칠 수 있어요. (   )

2 다음 중 아마존강에서 헤엄치지 않는 동물은 무엇일까?
a. 피라냐
b. 강돌고래
c. 하마
d. 전기뱀장어

3 하부브라는 초강력 모래 폭풍은 높이가 _____ 에 달하는 먼지 벽을 일으킨다.
a. 1미터   c. 100미터
b. 10미터   d. 1킬로미터

4 **참일까, 거짓일까?** 황제펭귄 같은 멋진 동물들의 고향인 남극해는 지구 바다의 60퍼센트까지 차지해요. (   )

5 사막은 지표면을 얼마나 덮고 있을까?
a. 5분의 1   c. 3분의 1
b. 4분의 1   d. 2분의 1

너무 쉽다고요?
다음 장에 나오는 **퀴즈**에도 도전해 봐요!

정답: ① 참, ② c, ③ d, ④ 거짓, 지구 바다의 20퍼센트를 차지해요, ⑤ a

이렇게 해 봐요!
발표 잘하는 방법

생태와 자연

팁: 실제 발표처럼 몇 번쯤 연습해 봐요. 거울을 보면서 하거나, 가족에게 영상으로 찍어 달라고 해서 뭔가 고칠 점이 없나 점검해요. 예컨대 여러분이 청중과 눈을 잘 마주치는지 살펴요.

많은 사람 앞에서 발표한다는 상상만 해도 배 속에서 폭풍이 치는 것처럼 속이 불편하다고요? 사람들 앞에서 발표하는 것보다 눈사태에 휘말리는 게 더 낫겠다고요?

발표 과제가 꼭 자연재해만큼 두려운 건 아니에요. 발표의 기본 원리는 보고서를 쓰는 것과 아주 비슷하죠. 발표를 하는 데는 두 가지 요소가 있어요. 원고 쓰기와 말로 전달하기예요. 발표용 원고를 쓸 때는 청중이 그 글을 읽는 것이 아니라 듣는다는 점을 염두에 두어야 해요. 다음 도움말을 따라 해 보면 어느새 발표 걱정을 잊게 될 거예요.

원고 쓰기

129쪽의 '완벽하고 훌륭한 보고서를 쓰는 법'을 참고하세요. 하지만 이번에는 글이 아닌 말로 해야 한다는 점을 기억해요.

문장을 짧고 간단하게 써요. 길고 복잡한 문장은 따라가기가 어렵거든요. 청중에게 몇 가지 핵심 요점만 전달하면 돼요. 너무 많은 정보를 욱여넣으면 듣는 사람이 부담스러울 거예요. 가장 효과적인 방법은 말하고 싶은 요점을 서론에 넣고, 본론에서 요점을 자세히 설명한 다음, 결론에서 요점을 다시 반복하는 거예요.

발표용 원고가 갖추어야 할 세 가지 기본 요소

- **서론:** 청중의 주의를 끌고 여러분이 발표하는 주제에 관심을 집중시킬 기회예요. 재미있는 경험담이나 극적인 이야기를 활용하거나, 흥미로운 질문을 맨 처음에 던져도 좋아요.
- **본론:** 원고에서 가장 긴 부분이에요. 여러분이 전달하고 싶은 사실과 아이디어를 보다 자세히 전해요. 중심이 되는 주제를 뒷받침할 정보를 넣고 구체적인 사례와 설명으로 확장시켜요. 즉, 글로 쓴 보고서와 똑같은 원리로 발표용 원고를 정리해요. 명료하고 잘 짜여진 방식으로 생각을 나타내도록 하는 거예요.
- **결론:** 앞서 말한 여러 정보를 요약하고, 청중에게 전달하고 싶은 가장 중요한 요점을 마지막으로 강조해요.

말로 전달하기

1 연습이 완벽을 만든다. 연습, 연습! 연습만이 살 길이에요! 효과적으로 발표를 하려면 자신감과 열정, 에너지가 중요하죠. 그리고 최고의 방법은 연습이에요. 가족이나 친구에게 연습하는 걸 봐 달라고 부탁해서 발표가 어땠는지 물어봐요. 여러분이 전하려는 아이디어가 전달되었나요? 발표자가 지식이 풍부하고 자신감이 넘쳐 보였나요? 말하는 속도가 너무 느리거나 빠르다든지, 말소리가 너무 작거나 너무 크지는 않았나요? 연습을 되풀이할수록 주제에 대해 더 숙달하게 될 거예요. 그러면 쪽지에 적은 내용을 많이 보지 않고도 보다 편안하고 자신감 있게 발표할 수 있어요.

2 최대한 여러 가지를 활용한다. 가능한 한 창의력을 발휘해요. 영상이나 음성 파일, 슬라이드, 차트, 도표, 사진을 활용해요. 시각적인 자료가 있으면 듣는 사람의 감각을 자극해서 흥미를 돋우죠. 여러분이 전달하려는 요점을 강조하는 데도 도움이 돼요. 그리고 발표를 할 때는 일종의 연기를 한다고 생각해요. 조명을 받은 채 최대한 활동적으로 재미있게 발표하면 좋아요. 발표 과정을 즐기세요.

3 마음을 편안하게 안정시킨다. 누구나 많은 사람 앞에서 말할 때는 떨리기 마련이에요. 평범한 반응이죠. 하지만 발표 준비를 많이 할수록, 다시 말해 연구와 조사, 연습을 많이 할수록 자신감이 생길 거예요. 준비가 무엇보다 중요하죠. 설사 말을 더듬거나 실수를 해도 다시 생각을 가다듬어 계속해요. 완벽한 사람은 아무도 없어요. 그리고 아무도 여러분이 완벽할 것을 기대하지 않아요.

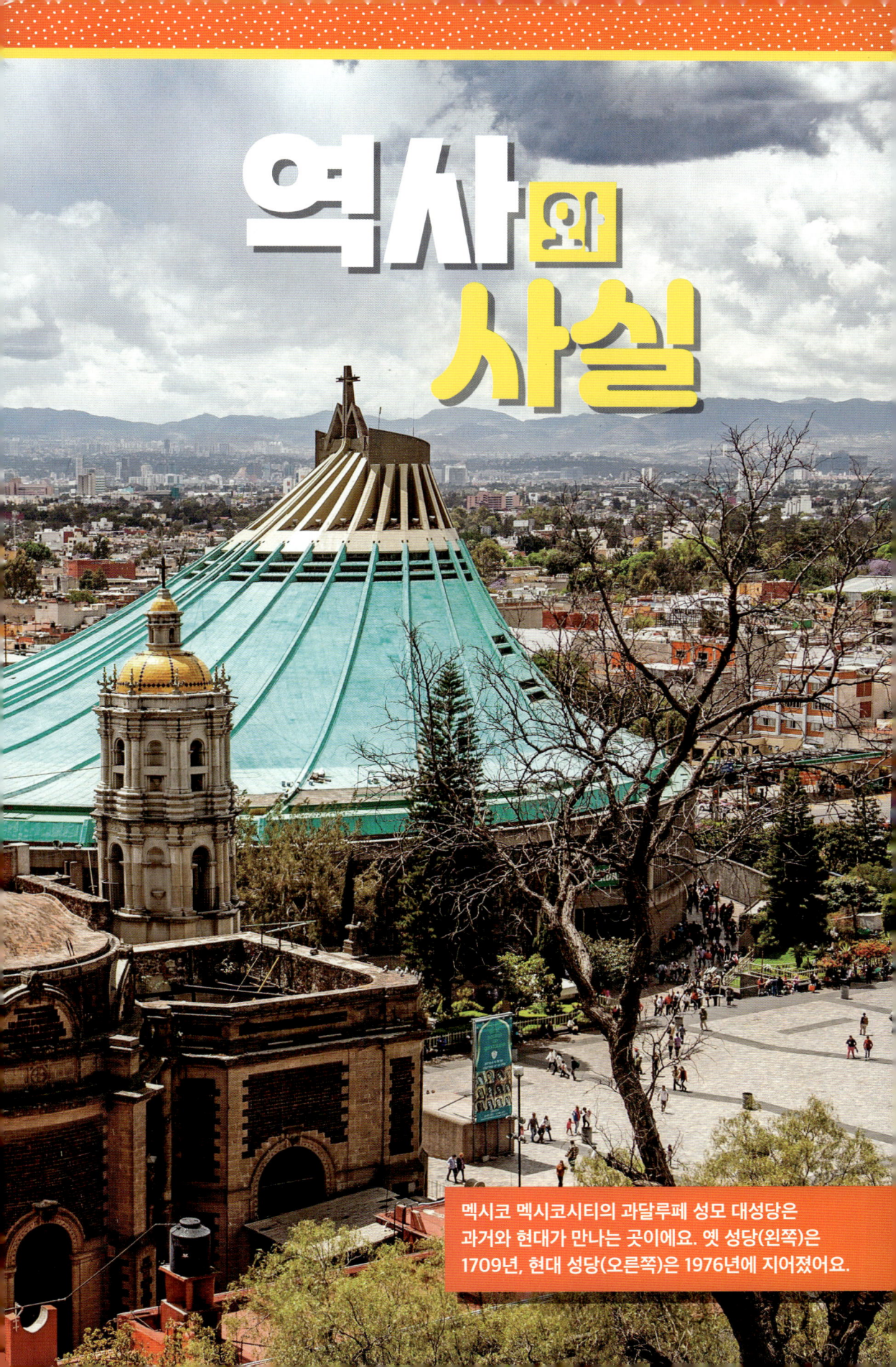

역사와 사실

멕시코 멕시코시티의 과달루페 성모 대성당은 과거와 현대가 만나는 곳이에요. 옛 성당(왼쪽)은 1709년, 현대 성당(오른쪽)은 1976년에 지어졌어요.

유적과 옛이야기

10가지 고고학의 어마어마한 발견

이탈리아의 고대 도시 폼페이는 **화산 분화로 묻힌 지 대략 1800년 뒤에야 발굴되었어요.**

티베트에서 석회암에 찍힌 **손자국 5개와 발자국 5개**를 발견했어요. **16만 9000년 전에서 22만 6000년 전에 찍힌** 자국으로 보여요.

미국 휴런호 밑에서 **사람이 만든 석조 구조물이 미식 축구장만 한 면적에 걸쳐** 발견되었어요. 이것은 초기 인류가 고기를 얻기 위해 협력했다는 증거로 여겨져요.

이집트 카이로 인근에서 **2500년 전까지 거슬러 올라가는** 장식된 관 450개가 발견되었는데, 잘 봉인된 관 안에는 **미라**도 들어 있었어요.

1990년대에 이집트 알렉산드리아 연안의 **지중해에서 발견된 유적**은 **클레오파트라의 궁전**이라고 여겨져요. 동전과 스핑크스도 발견되었지요.

역사와 사실

캐나다 란세오메도스에서 **바이킹이 북아메리카에 정착했음을** 보여 주는 건물들이 발굴되었어요.

러시아 북부의 한 고대 무덤에서 발굴된 **은과 금으로 된 길쭉한 관**은 5000년 전 사람들이 음료를 마실 때 쓰던 **최초의 빨대**로 여겨져요.

인도 캄바트만의 바다 밑에 있는 고대 도시의 유적에서 발견된 **치아와 뼈**가 대략 **9500년쯤 된 것**이라고 보는 과학자들도 있어요.

에스파냐의 한 무덤에서 발견된 **3700년 전** 여성의 유골은 왕관, 팔찌, 목걸이를 착용한 채였어요.

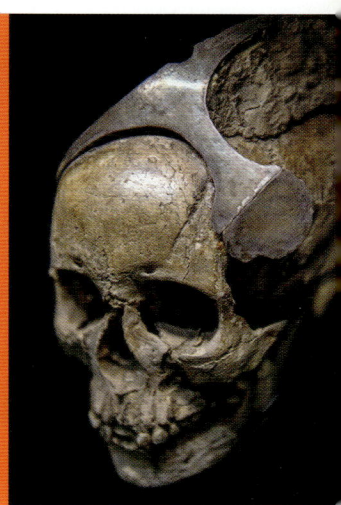

2010년 미국 뉴욕의 건설 현장에서 인부들이 땅을 파다가 **200년 된 나무배**를 발견했어요. 예전에 뉴욕의 세계 무역 센터가 있던 자리였어요.

유적과 옛이야기

스톤헨지의 비밀

새로운 발견이 이 고대의 수수께끼를 푸는 데 도움을 줄 수 있을까?

풀밭에 거대한 돌들이 원형으로 배열되어 있어요. 서 있는 높이가 6미터에 이르는 돌도 있고, 바닥에 누워 있는 돌도 있어요. 이런 것을 환상열석이라고 해요. 수천 년 전, 사람들은 이 유적이 태양에 완벽하게 들어맞도록 설치했어요. 한 해 중 낮이 가장 긴 날에 태양은 가장 높은 아치 사이에서 떠요. 가장 짧은 날에는 정반대 방향으로 지고요. 사람들은 스톤헨지라고 불리는 이 유적을 왜 세웠을까요? 스톤헨지는 지금도 세계에서 가장 큰 수수께끼 중 하나예요.

신화와 전설

수백 년 동안 사람들은 영국 솔즈베리 평원의 거대한 돌 구조물을 누가 세웠는지 궁금해했어요. 로마인, 바이킹, 고대 켈트족, 심지어 외계인이 세웠다는 주장까지 나왔죠(외계인은 물론 아니에요!). 지금 전문가들은 진실을 알아내기 위해서 스톤헨지에 관한 어느 전설을 자세히 살펴보고 있어요.

12세기의 이 전설에 따르면, 거인들이 오늘날 스톤헨지의 서쪽 언덕에 그 기념물을 놓았대요. 지금의 웨일스 지역이지요. 그런데 마법사 멀린이 마법을 써서 이 유적을 잉글랜드로 옮겼다는 거예요.

전문가들도 마법으로 이 돌들을 옮긴 것이 아닌 줄 알지만, 스톤헨지가 정말로 다른 곳에서 이곳으로 옮겨진 것이 아닐까 생각해 보게 되었어요. 고고학자들은 이 신화를 단서로 삼고 스톤헨지 유적의 서쪽에 돌들이 원형으로 놓인 흔적이 있는지 찾아보기 시작했어요.

스톤헨지에 앞선 이야기

스톤헨지의 초기 형태는 원형으로 꽂아 놓은 나무 기둥 56개였는데 기원전 3000년경에 세워졌어요. (그러니 훨씬 뒤에 살았던 로마인, 바이킹, 켈트족이 세웠다는 가설은 맞지 않아요.)

첫 원형 둔덕을 판 지 약 500년 뒤에 사람들은 나무 기둥을 청석으로 바꾸었어요. 청석은 쪼개지거나 물에 젖으면 약간 파란 색조를 띠는 암석이에요.

그러나 무게가 2722킬로그램에 달하는 청석 기둥들을 조사한 과학자들은 이 돌들이 스톤헨지에서 서쪽으로 약 225킬로미터 떨어진 채석장에서 왔다는 것을 밝혀냈어요. 현재 서 있는 잉글랜드 지역에서 멀리 떨어진 지금의 웨일스 지역이지요. 새 연구에 따르면, 이 돌들은 원래 웨일스에서 원의 지름이 같고 태양의 움직임과 일치하도록 세워진 더 오래된 환상열석의 일부였대요. 즉 스톤헨지와 비슷한 고대 돌기둥이 약 500년 전에 이미 있었다는 뜻이죠. 그 뒤로 고대인들이 그 돌들을 끌거나 배에 싣거나 해서 지금의 위치로 운반해 와서 스톤헨지를 세운 거예요.

아직 바퀴조차 발명하지 못했던 고대인들은 왜 이 돌들을 그렇게 멀리까지 운반했을까요? 전문가들은 이 청석이 아주 중요한 무언가를 상징했다고 여겨요. 그 고대인들의 조상 같은 무언가를요.

역사와 사실

스톤헨지의 바깥 고리를 이루며 서 있는 사암 덩어리 30개는 사르센석이에요.

기원전 2600년경 스톤헨지에 처음 놓인 커다란 돌들은 청석이고 최대 80개였을 거예요.

달력, 사원, 축제장?

현재 위치에 청석들이 놓이고 수백 년 뒤, 고대인들은 더 무거운 사암 덩어리를 추가했어요. 인근 채석장에서 가져온 사르센석이었어요. 평균 무게 2만 2680킬로그램짜리 돌들은 원둘레에서 가장 긴 구간을 이루고, 안쪽의 말굽 모양으로 배치된 것들도 이 돌이에요.

그러나 전문가들은 고대인들이 왜 이 유적을 만들었는지 잘 몰라요. 해가 뜨고 지는 것을 보고서 하지와 동지를 파악하는 데 도움을 주는 거대한 달력이었을까요? 죽은 이를 숭배하는 곳이었을까요? 고고학자들이 주변에서 화장한 유골을 발견했거든요. 영국 전역에서 온 돼지의 유골들도 발견했어요. 그러면 대규모 축제를 벌이는 모임 장소였을 수도 있지요. 지금으로서는 불확실하지요.

돌을 세운 모양

이 그림은 약 4200년 전의 스톤헨지 모습을 추정해 그린 거예요.

하지와 동지 때 햇빛은 큰 삼석탑이라고 하는 가장 큰 아치를 통해 들어와요.

전문가들은 말굽 모양으로 배치된 청석들이 몇 차례 옮겨졌다고 생각해요.

241

유적과 옛이야기

모아이인상 수수께끼

남태평양 한가운데의 작은 섬에는 수수께끼의 석상이 거의 900개 있어요. 이스터섬(원주민 언어로 라파누이)의 해안에 흩어져 있는 거대한 석상들은 수 세기 동안 관광객들의 호기심을 자극했지요. 이 모아이인상들은 대체 누가 짓고, 어떻게 만들었을까요? 자세히 알아봐요.

이스터섬에 있는 석상의 수:
887개

석상 하나를 만드는 데 걸린 기간:
2년

석상의 평균 키:
4미터

평균 무게:
12.7톤

제작 시기:
기원후 1100~1680년

Q: 옛날에 라파누이 사람들은 이렇게 거대한 석상을 최대 **18킬로미터**의 먼 거리까지 어떻게 옮겼을까요?

A: 밧줄로요! 연구자들이 실험해 봤더니 무게 **4536킬로그램**의 모아이인상 복제품을 밧줄에 묶고 앞뒤로 흔들면서 움직이는 방법으로 **183미터** 넘게 옮길 수 있었어요.

역사와 사실

두뇌를 자극하는 질문들

안녕, 똑똑이들!

이렇게 기발하고도 중요한 질문들을 봤니?

우리가 답을 알아냈어!

고대 조각상과 석조 건물은 왜 모두 흰색일까?

물감이 벗겨졌기 때문이지요! 고대 그리스와 로마에서는 조각상과 신전을 다양한 색깔로 칠했어요. 하지만 수천 년이 흐르는 동안 색이 다 바래서 사라졌어요. 고대 예술가들은 공작석 가루로 녹색을 내고 남동석 가루로 청색을 내는 등 색깔을 지닌 광물을 밀랍이나 달걀노른자와 섞어서 물감을 만들었어요. 오늘날 고고학자들은 자외선과 적외선을 이용해 조각상에 남아 있는 색깔과 무늬의 흔적을 찾아요. 화학 분석도 하고요. 또 당시 사람들이 색칠한 모습을 좋게 봤다는 것도 알아요. 고대 그리스의 한 희곡에 조각상의 색깔을 지우면 추해질 것이라는 대목이 나오거든요.

기자의 대피라미드 안에는 무엇이 있을까?

지금은 별것 없어요! 지금은요! 대피라미드는 약 4570년 전에 이집트 파라오 쿠푸의 마지막 안식처로 지어졌어요. 죽은 뒤 내세에서 살아가는 데 필요한 빵, 과일, 가구, 옷, 보석 같은 것도 모두 함께 묻혔지요. 높이 147미터의 이 석조 건축물은 쿠푸 왕이 사람들에게 자신을 대단히 중요한 존재라고 알리는 수단이었어요. 하지만 "어이, 이 안에 훔칠 게 많아!" 하고 외친 것이기도 했어요. 지금은 피라미드 중심까지 난 통로를 따라 묘실에 걸어 들어갈 수 있어요. 그곳에 화강암 석관이 놓여 있어요. 그 외에는 아무것도 없어요.

유적과 옛이야기

파라오가 통치한다!

고대 이집트의 위대한 통치자 네 명을 만나 봐요.

기원전 3100년경부터 기원전 30년까지 고대 이집트를 다스렸던 왕, 파라오는 단순히 구식 정부 관리가 아니었어요. 고대 이집트인들은 파라오가 자연을 다스리고, 모든 땅을 소유하고, 다른 모든 신들과 직접 소통하는 지상의 신이라고 믿었어요. 엄청난 부를 소유한 통치자였던 파라오들은 주민들에게 피라미드, 신전, 무덤을 짓도록 했어요. 오늘날 우리가 찾아가 관람하는 유적지들이지요. 자, 유명한 파라오들을 만나 볼까요?

고대에 일어난 일은 역사가들도 정확한 연대를 모를 수 있어요. 그럴 때 연대의 앞에 '약'을 붙이거나 연대의 뒤에 '경'이라는 말을 붙여요. 그 시간과 가까운 때라는 뜻이에요.

핫셉수트
통치 기간: 기원전 약 1479~기원전 1458년

유명한 이유 파라오의 딸인 핫셉수트는 다음 파라오와 혼인해서 왕비가 되었어요. 남편이 죽자 그는 아직 아기였던 의붓아들이 통치할 수 있을 만큼 자랄 때까지 임시로 이집트를 통치하게 되었지요. 그러나 아이가 자라는 사이에, 핫셉수트는 권력을 독차지했고 자신이 파라오라고 선포했어요. 이집트 통치자들이 거의 남성이었기에, 그는 자신을 왕이라고 부르기 시작했어요. 또 왕실 조각가들과 화가들에게 전통적으로 파라오를 묘사해 온 방식처럼 자신도 턱수염이 난 남성의 모습으로 그리도록 지시하곤 했어요. 그는 통치를 잘했어요. 통치하는 21년 동안 핫셉수트는 멀리까지 교역로를 개척할 탐험대를 보내고, 이집트를 평화롭고 부유하게 만들었지요. 자신을 위해 지은 제세르-제세루 사원(장엄 중의 장엄 사원)은 지금도 남아 있어요.

피라미드 모양의 역사

대개 사람들은 고대 이집트 파라오와 그 보물들이 피라미드 안에 함께 있을 것이라고 생각해요. 그러나 초기 파라오들은 그냥 땅에 묻혔어요. 세월이 흐르면서 피라미드의 모양이 어떻게 바뀌었는지 살펴볼까요.

기원전 3100년경

통치자들은 **마스타바** 아래에 묻혔어요. 마스타바는 진흙 벽돌로 지은 직사각형의 납작한 구조물이에요. (마스타바란 아랍어로 '긴 의자'를 뜻해요.)

기원전 2780년경

파라오 조세르는 자기 무덤을 지을 때 **계단식 피라미드**로 만들도록 요구했어요. 사실상 마스타바를 층층이 6단으로 쌓은 형태와 같았지요.

역사와 사실

람세스 2세 통치 기간: 기원전 1279~기원전 1213년

유명한 이유 람세스 2세의 벽화를 믿는다면, 그가 '적을 죽이는 자'라는 이름을 붙인 사자를 데리고 다니며 침입한 적들을 혼자서 물리쳤다고 생각할 수도 있어요. 그러나 실제 전투는 16년간 이어졌고, 결국 평화 조약을 맺고 전쟁을 끝내야 했지요. 람세스는 그럴듯한 이야기가 중요하다는 것을 잘 알고 있었어요. 이를테면 자신이 얼마나 위대한지 알려 주고자 했죠. 람세스 2세는 역대 파라오 중에서 자신을 찬미하는 기념물을 가장 많이 만들었어요. 이집트 제국 남쪽 가장자리에 지어진 아부심벨 신전에는 높이 20미터의 람세스 조각상이 네 점 있어요. 곁에 가족들의 상들도 있는데 훨씬 더 작아요. 굳이 과장할 필요가 없어요. 람세스 2세는 무려 66년을 통치했고, 자녀가 100명이 넘었어요. 후대의 이집트인들에게 '람세스 대왕'이라고 여겨진 인물이니까요.

타하르카 통치 기간: 기원전 690~기원전 664년

유명한 이유 타하르카는 이집트 바로 남쪽으로 지금의 수단을 다스렸던 쿠시 왕조에 속한 통치자였어요. 쿠시는 이집트와 다른 나라였지만, 통치자들은 같은 신을 믿었고 관습도 비슷했어요. 당시 이집트에서는 여러 권력자들이 왕좌를 차지하려고 싸우고 있었어요. 그때 타하르카의 부친인 쿠시 왕 피이는 군대를 이끌고 북쪽으로 진군해서 경쟁 중인 통치자들을 물리치고 스스로 이집트를 다스렸어요. 쿠시 왕조는 거의 100년 동안 이집트와 쿠시를 통치했고, 타하르카는 그중에서 가장 강력하고 부유했어요. 타하르카는 무너져 가는 낡은 사원들을 수리하고 새 사원들을 짓는 대규모 사업을 벌였어요. 게다가 약 800년 만에 피라미드를 짓는 일도 시작했지요.

클레오파트라 7세 통치 기간: 기원전 51~기원전 30년

유명한 이유 클레오파트라는 또래 중에서 가장 영리한 아이였을 가능성이 높아요. 배우는 것을 좋아했고, 전문가들은 그가 여러 언어를 썼다고 생각해요. 사실 그는 집안에서 이집트어를 할 수 있는 유일한 파라오였어요. (클레오파트라의 선조는 현재의 그리스에 속하는 마케도니아에서 200여 년 전에 건너와 이집트를 정복했어요.) 당시에는 로마 제국이 강력했어요. 클레오파트라는 로마 장군 율리우스 카이사르에게 제 남동생 대신에 자신을 지지해 달라고 설득했죠. 하지만 훗날 클레오파트라는 다른 로마 통치자와 전쟁을 벌이다가 졌어요. 그 결과로 이집트는 로마 제국의 일부가 되었고, 파라오도 더 이상 나오지 않았어요.

 우리는 파라오가 실제로 어떤 모습이었는지 알지 못해요. 이 초상화들은 그저 재미있으라고 그린 거예요!

기원전 2600년경

파라오 스네프루는 비탈면이 매끄러운 피라미드를 지으려고 세 번 시도했어요. 두 번째로 지은 **굴절 피라미드**는 중간 단계에 해당해요!

기원전 2550년경

스네프루의 아들인 쿠푸는 기자에 **대피라미드**를 건설했어요. 이집트에서 가장 큰 무덤 구조물이었지요. 쿠푸의 아들과 손자도 그 옆에 피라미드를 지었어요.

기원전 690년경

파라오가 마지막으로 피라미드에 묻히고 약 800년 뒤, 쿠시의 파라오들은 지금의 수단에 더 작고 더 뾰족한 형태의 **사암 피라미드**를 짓기 시작했어요.

유적과 옛이야기

황후를 기리기 위해

타지마할은 세계에서 가장 웅장한 무덤일 거예요.

인도의 타지마할은 국왕 부부가 살던 멋진 집처럼 보여요. 영화 「알라딘」의 궁전에 영감을 주었을 가능성이 높아요. 하지만 여기에는 아무도 살지 않았어요. 사실은 무덤이거든요. 누가 묻혔느냐고요? 읽어 보면 알아요!

건축주의 정체

무굴 제국은 약 330년간 지금의 인도, 파키스탄, 아프가니스탄, 네팔의 일부 지역을 통치했어요. 황제가 되기 위해, 우선 황가의 남성은 자신이 황태자로 가장 적합한 인물임을 증명해야 했어요. 물론 황태자가 정해진 뒤에도 황실은 마음을 바꿀 수 있었지요.

샤자한이 바로 그런 일을 겪었어요. 셋째 아들이었던 샤자한은 황태자가 되었지만, 나중에 황제의 눈 밖에 났어요. 하지만 부친이 세상을 떠나자 1628년에 돌아와서 황위를 되찾았지요. 그 과정에서 자신의 형제와 조카 몇 명을 비롯하여 경쟁자들을 죽음으로 내몰았어요.

새 황제 샤자한은 건축과 미술을 애호했고, 두 번째 아내인 뭄타즈 마할을 무척 사랑했어요. (샤자한은 아내가 세 명이었어요. 당시 황제는 여러 가문의 지지를 받기 위해 대개 부인을 여럿 두었어요.) 뭄타즈 마할은 어디든 황제와 함께했어요. 군대의 원정에도 함께 갔지요.

뭄타즈 마할(왼쪽)과 샤자한(오른쪽)의 초상화

무굴 미술 사학자 메흐린 치다-라즈비는 이렇게 말했어요. "그들은 진정한 동반자이자 진정한 연인이었어요." 샤자한 부부는 1631년 뭄타즈 마할이 사망할 때까지 거의 20년을 해로했어요. 전설에 따르면 아내가 죽고 비탄에 잠긴 샤자한은 까맣던 머리가 새하얗게 세었어요. 그는 사랑하는 아내의 무덤을 웅장한 기념물로 짓기로 결심했어요. "사망한 황후를 기리는 건축물을 이 정도 규모로 지은 사례는 유일해요."

역사와 사실

뭄타즈 마할은 '궁전의 선택된 자', '황궁의 보석'이라는 뜻이에요.

페르시아어로 샤자한은 '세계의 왕'이라는 뜻이에요.

샤자한은 공작좌라는 왕좌에 앉았어요. 황제의 금고에서 나온 보석들이 박혀 있는 아름다운 의자였어요.

타지마할은 옥과 산호로 상감*한 예술 작품으로 가득해요.

인부들은 점토로 타지마할을 닦은 뒤, 증류수로 씻어 내요.

황갈색 얼룩의 수수께끼

몇 년마다 타지마할은 진흙 목욕을 통해 흰 대리석에 달라붙은 수수께끼 같은 황갈색 얼룩을 제거해요. 환경학자 마이크 버긴은 얼룩의 원인을 찾아낸다면 무덤을 더 잘 관리할 수 있으리라고 생각했지요. 2012년 버긴은 이 기념물에 대리석 타일을 붙여 두었어요. 두 달 뒤 특수한 고해상도 현미경으로 타일을 살펴보았고, 자동차에서 나오는 미세한 입자와 나무, 쓰레기, 배설물이 탈 때 나오는 재 같은 오염 물질이 달라붙은 것을 발견했어요. 오염 물질은 빛을 반사하는 대신에 흡수하기에 얼룩이 생겼지요. 결국 인도 정부는 오염 물질로 생기는 얼룩을 줄이고자 타지마할 주변에서 쓰레기를 태우거나 자동차를 모는 활동을 제한했어요. "일단 원인을 알면, 바로잡는 정책을 펼칠 수 있어요."

최고의 건축물

약 2만 명의 장인은 진흙을 구운 벽돌을 쌓아 건물 뼈대를 만들었어요. 그런 뒤에 무덤은 흰 대리석으로 덮었고, 주변 건물들은 붉은 사암으로 덮었어요. 그리고 40가지가 넘는 준보석으로 무덤을 치장했지요. 이어서 명필가들이 벽과 기둥에 시와 글을 손으로 새겼어요.

뭄타즈 마할의 석관처럼 보이는 것이 중앙 묘실에 있어요. 사실은 빈 무덤이에요. 황후의 안식을 방해하지 않으면서 사람들이 참배할 수 있게 만든 가짜 무덤이지요. 진짜 석관은 바로 밑의 지하실에 안장했어요.

넓이 17헥타르에 달하는 이 거대한 복합 건축물은 거의 20년 만에 완공되었어요.

무덤의 진실

치다-라즈비는 샤자한이 타지마할 근처에 자기 무덤을 짓고 싶어 했다고 말했어요. 하지만 1657년 샤자한은 심한 병에 걸렸어요. 30년 전의 샤자한처럼, 황제가 될 기회가 왔음을 알아차린 한 아들이 샤자한을 요새에 가두었어요. 샤자한의 유일한 위안거리는 창밖으로 타지마할을 볼 수 있다는 것이었지요.

황제 자리를 빼앗기고 8년 뒤 샤자한이 죽었지만, 아들은 부친을 기리는 장엄한 무덤을 짓지 않았어요. 대신에 그의 시신을 밤에 타지마할로 옮겼지요. 샤자한의 석관은 아내의 석관 옆에 놓였어요. 그 무덤은 오로지 뭄타즈 마할을 기리는 곳이었지만요.

350여 년이 흐른 지금도 사람들은 타지마할을 보면서 감탄해요. 샤자한은 자신이 사랑한 아내를 사람들이 여전히 기리는 것을 보면서 행복해할 거예요.

*상감: 표면에 무늬를 새기고 그 속에 같은 모양의 보석, 자개 등을 박아 넣는 공예 기법.

유적과 옛이야기

해적이다!

역사상 바다에서 가장 무시무시했던 세 명의 해적을 만나 봐요.

영차, 영차! 앗! 수평선에 해골과 뼈다귀가 그려진 깃발을 휘날리는 수상쩍은 배가 나타났어요! 배를 발견한 18~19세기의 선원들은 달갑지 않은 반응이에요. 해골 깃발은 해적선을 뜻했으니까요. 재빠른 데다 대포를 장착한, 아마도 해적들이 탔을 해적선과 만나면 선장들이 선택할 수 있는 길은 두 가지뿐이었죠. 돛을 내리고 항복하거나, 방향을 돌려 도망치는 것.

해적들의 인생은 영웅적인 모험담과는 거리가 멀었어요. 배를 타는 동안 음식은 형편없고 선실은 비좁았으며 동료 선원들은 냄새가 지독했고 허리케인을 수시로 마주쳤죠. 그래도 몇몇 해적들은 꽤 성공을 거뒀어요. 주변에서는 이들을 결코 마주치고 싶지 않아 공포에 떨었어요. 역사상 가장 유명했던 해적들에 대해 알아봐요.

레이철 월

활동한 장소와 시기 미국 뉴잉글랜드 해안, 1700년대 후반

레이철 월과 남편 조지는 함께 일하며 대서양 메인주 연안의 작은 섬들에서 해적질을 했어요. 폭풍이 지나가고 나면 범선을 멈추고 조난 신호기를 높이 달았죠. 지나가던 사람들이 도와 달라는 레이철의 비명을 듣고 가까이 다가오면 강도짓을 하거나 더 심한 범죄를 저질렀어요. 그렇게 레이철과 조지는 두 해 여름에 걸쳐 해적 활동을 벌인 결과 최소 24명을 죽이고 현금 6000달러를 비롯해 가치가 알려지지 않은 여러 귀중품을 빼앗았죠. 그런 다음 바닷가에 떠내려 온 것을 주웠다고 하면서 전리품을 팔았어요.

최후의 운명 결국 레이철은 법의 심판을 받았어요. 1789년에 미국 매사추세츠주에서 교수형을 당했는데, 레이철은 매사추세츠주에서 마지막으로 교수형을 받은 여성으로 기록되었어요.

역사와 사실

정일수

활동한 장소와 시기 남중국해, 1801~1810년

정일수는 거의 2000척의 해적선을 거느렸어요. 정부인이라고도 불렸던 정일수는 유명한 해적과 결혼하여 범죄의 세계에 발을 들였죠. 남자와 여자, 심지어 아이들까지 포함한 8만 명 넘는 해적이 정일수의 지시를 받아 움직였어요. 이들은 온갖 방법으로 전리품과 돈을 뜯었죠. 다른 해적으로부터 지켜 준다는 명목으로 돈을 요구하거나, 지나가는 배를 공격하거나, 사람을 납치하고 몸값을 달라고 했어요. 정일수는 부하들이 가져온 잘린 머리 개수에 따라 보수를 지급한 것으로 유명해요(어이쿠!).

최후의 운명 모든 나라에서 정일수의 범죄를 막으려고 애썼지만 실패로 돌아갔어요. 정일수가 해적 일에서 은퇴하고 두 번째 직업으로 밀수*를 하기 시작했다는 소문도 돌았죠. 어쨌든 정일수는 69세의 나이로 편안하게 죽음을 맞았어요.

*밀수: 정부 몰래 물건을 사고파는 것.

검은 수염

활동한 장소와 시기 북아메리카 동부 해안과 카리브해, 1713~1718년

검은 수염의 진짜 이름을 아는 사람은 아무도 없어요. 역사가들은 에드워드 티치일지도 모른다고 해요. 어쨌든 검은 수염은 역사상 가장 유명한 해적이에요. 처음에는 검은 수염에게 영국 정부가 적의 함선을 공격해 가진 것을 빼앗도록 시켰어요. 합법적인 해적이었지요.

그러다가 1713년에 정부의 지시를 받는 일을 그만두고 제대로 해적 일을 했죠. 검은 수염은 또 다른 해적에게서 받은 프랑스 선박을 타고 카리브해를 돌아다녔고, 배에 대포를 장착한 다음 '앤 여왕의 복수'라고 이름 붙였어요. 검은 수염은 권총과 칼을 가슴에 차고, 불을 붙여 연기가 나는 대포의 도화선을 자기 수염에 매달아 적에게 겁을 주었어요. 전설에 따르면 검은 수염은 자기가 훔친 보물을 어딘가에 숨겨 두었다고 하는데… 아직까지 발견되지 않았어요.

최후의 운명 해적 일을 하고 몇 년이 지나 검은 수염은 영국 해군에게 붙잡혔어요. 처형으로 잘린 머리는 배에 걸렸지요. 해적이 되려는 자들에게 이런 범죄를 저지르지 말라고 본보기를 보인 거예요.

국제적 분쟁

전쟁터 속으로

아주 오랜 옛날부터 서로 다른 나라와 지역, 문화권에서 사람들은 땅과 권력, 정치적인 견해 때문에 싸움을 벌였어요. 다음은 역사상 손꼽히는 큰 전쟁이에요.

1095~1291년 십자군 전쟁
중동에서 11세기에 시작해 거의 200년 동안 지속된 종교 전쟁이에요.

1337~1453년 백 년 전쟁
프랑스와 영국은 100년 이상 땅을 차지하기 위해 싸웠고, 결국 1453년에 프랑스가 영국을 몰아내어 끝났어요.

1754~1763년 프렌치 인디언 전쟁 (유럽 7년 전쟁의 일부)
영국과 프랑스가 북아메리카를 두고 9년간 싸웠어요.

1775~1783년 미국 독립 혁명
아메리카의 영국 식민지 13곳이 힘을 합쳐 영국 정부의 통치를 거부하고 아메리카 합중국(미국)을 세우고자 뭉쳤어요.

1861~1865년 미국 남북 전쟁
미국 북부의 주들과 남부의 주들 간에 다툼이 생기면서 전쟁으로 번졌어요. 남부의 주들은 독립해서 남부 연합을 이루고자 했죠. 남북 전쟁의 핵심적인 사안 가운데 하나는 노예 제도였어요.

1910~1920년 멕시코 혁명
멕시코 사람들이 독재자였던 대통령 포르피리오 디아스를 끌어내리고 민주주의 혁명을 이끌었어요.

1914~1918년 제1차 세계 대전
오스트리아 대공 페르디난트가 세르비아의 애국주의자에 의해 암살당하면서 넓은 지역에 걸친 전쟁이 촉발되었어요. 독일이 영국 여객선 루시타니아호를 침몰시켜 120명 넘는 미국인이 사망한 뒤로는 중립국이었던 미국도 전쟁에 뛰어들었어요.

1918~1920년 러시아 내전
1917년 러시아 혁명에 이어 발발한 내전은 공산당인 적군과 외국 세력을 등에 업은 왕당파인 백군 사이의 갈등이었어요. 적군이 이기면서 1922년에 소비에트 연방(USSR, 소련)이 탄생했어요.

1936~1939년 에스파냐 내전
이탈리아와 독일의 도움을 받은 에스파냐 국가주의자들은 공산당의 지지를 받는 공화주의자들을 누르고 승리를 거뒀어요. 이 전쟁의 결과로 30만 명이 목숨을 잃었고 유럽에서 긴장감이 높아져 제2차 세계 대전으로 이어졌어요.

1939~1945년 제2차 세계 대전
유럽, 아시아, 북아프리카에서 벌어진 대규모 전쟁으로 여러 나라들이 연합국과 추축국이라는 양편으로 나뉘었지요. 1941년 미국 하와이 진주만에 폭탄

이 떨어진 후로 미국은 연합국의 편에서 전쟁에 참가했어요. 전쟁이 벌어지는 동안 5000만 명 이상이 목숨을 잃었어요.

1946~1949년 중국 내전
'국공내전'이라고도 불리며 중국 공산당과 국민당이 맞서 싸운 전쟁이에요. 공산당이 승리를 거두었어요.

1950~1953년 한국 전쟁(6·25 전쟁)
소련을 뒤에 업은 북한의 공산주의 세력이 민주주의인 남한을 공격하면서 시작됐어요. 유엔의 16개국이 연합하여 남한을 돕고자 나섰죠. 1953년에 전쟁을 멈추는 휴전 협정이 체결되었어요.

1950년대~1975년 베트남 전쟁
중국의 지원을 받은 공산주의의 북베트남과 미국의 지원을 받은 남베트남 정부를 비롯한 다른 반공산주의 국가들 사이에 벌어진 전쟁이에요.

1967년 6일 전쟁
이스라엘과 이집트, 요르단, 시리아 사이에 생긴 영토 분쟁이에요. 그 결과 이스라엘은 그동안 탐냈던 가자 지구와 요르단강 서안 지구를 손에 넣었어요.

1991년~현재 소말리아 내전
이 전쟁은 20세기에 소말리아를 통치했던 독재자 모하메드 시아드 바레를 타도하기 위해 시작되었어요. 오랫동안 전쟁과 무정부 상태가 이어지고 있어요.

2001~2014년 아프가니스탄 전쟁
알카에다 테러 집단이 미국을 공격한 9·11 테러 사건 이후, 오사마 빈 라덴과 다른 알카에다 구성원을 찾고 탈레반을 해체하기 위해 40개국 이상이 연합해 아프가니스탄을 침공했어요. 2011년 미국의 비밀 작전을 통해 오사마 빈 라덴이 사살되었어요. 2003년부터 북대서양 조약 기구(NATO, 나토)에서 연합국의 전투를 통제하는 역할을 맡았어요. 이 임무는 2014년에 공식적으로 끝났어요.

2003~2011년 이라크 전쟁
미국이 이끌고 영국, 오스트레일리아, 에스파냐가 연합해 이라크를 공격하면서 벌어졌어요. 이라크가 대규모 살상 무기를 갖고 있다는 의구심 때문에 시작됐어요.

역사와 사실

전시에 만들어진 발명품 이야기

필요는 발명의 어머니라는 말이 있어요. 전쟁이 벌어지면 필요한 것이 많을뿐더러 적어도 삶을 더 편리하게 해 줄 것들이 몹시 중요해지지요. 그러니 오늘날 우리에게 매우 유용한 사물들 중 일부가 전쟁 때 발명되었다고 해도 놀랄 일이 아니에요. 특히 산업화로 사회 전반에 걸쳐 혁신이 일어나고 있던 제1차 세계 대전 때에 여러 발명이 이루어졌어요.

크리넥스 휴지가 딱 맞는 예예요. 오늘날 우리가 코를 푸는 데 쓰는 휴지는 처음에 방독면에 쓸 얇은 솜 같은 안감을 만들려고 하다가 나왔어요. 1924년 킴벌리클라크라는 회사는 바로 그 휴지 안감을 여성의 화장을 닦아 내는 용도로 팔기 시작했어요. 그러다가 건초열에 걸린 한 직원이 코를 푸 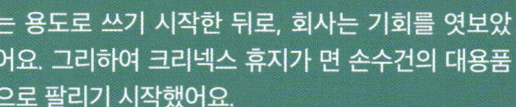 는 용도로 쓰기 시작한 뒤로, 회사는 기회를 엿보았어요. 그리하여 크리넥스 휴지가 면 손수건의 대용품으로 팔리기 시작했어요.

지퍼도 비슷해요. '고리 없는 죔쇠'라고 알려진 지퍼는 처음에 제1차 세계 대전 때 비행사의 비행복에 널리 쓰였어요. 그때까지만 해도 단추로 셔츠, 바지, 장화를 잠그는 방식이 유행이었지만, 새 발명품은 훨씬 더 빨리 잠글 수 있었어요. 1923년 B. F. 굿리치라는 회사가 지퍼라는 용어를 만들었고, 그 이름이 굳어졌지요.

손목시계로 시간을 볼 때마다, 우리는 제1차 세계 대전 참전 병사들에게 감사해야 해요. 손목시계를 널리 유행시켰으니까요. 전쟁이 시작되던 무렵에 손목시계는 여자들에게 인기가 있었고, 남자들은 주로 회중시계를 썼어요. 사슬로 연결해서 주머니에 넣고 다녔지요. 그러다가 전쟁터에서 병사들은 시간을 보기에 더 편리한 손목시계로 바꾸었어요. 참호에서 양손을 자유롭게 쓰면서도 시간을 볼 수 있었으니까요. 전쟁이 끝난 뒤에는 남녀 모두가 손목시계를 차고 다니게 되었지요. 오늘날까지도요.

세계의 지도자들

전 세계 195개 독립국에는 각각 지도자가 한 명 또는 그 이상 있어요. 대통령이든 국왕이나 총리든 이 지도자에게는 그 나라의 정치적, 경제적, 사회적 성장을 이끌 책임이 있지요.

몇몇 나라들은 한 명 이상의 지도자가 정부를 이끌어요. 보통 국무총리(총리)가 함께 하는데, 그 나라의 정부 형태에 따라 차이가 있어요.

이제 전 세계 각 나라의 지도자들과 그 명칭을 살펴볼 거예요. 북키프로스나 타이완처럼 논쟁이 있는 지역이나, 다른 나라에 속해 있는 버뮤다 제도, 그린란드, 푸에르토리코는 포함시키지 않았어요. 각 지도자들의 취임일은 맨 처음 임기를 기준으로 썼어요.

맨아래의 대륙별 색상 안내를 보면 각 나라가 어떤 대륙에 위치하는지 쉽게 알 수 있어요.

일러두기: 이 정보들은 이 책의 인쇄일이 기준이에요.

대륙별 색상 구분

가나
대통령: 나나 아쿠포아도
취임일: 2017년 1월 7일

가봉
대통령: 브리스 올리귀 은게마
취임일: 2023년 9월 4일
총리: 레이몽 은동 시마
취임일: 2023년 9월 7일

가이아나
대통령: 모하메드 이르판 알리
취임일: 2020년 8월 2일

> 모하메드 이르판 알리는 가이아나의 첫 번째 이슬람교도 대통령이에요.

감비아
대통령: 아다마 바로우
취임일: 2017년 1월 19일

과테말라
대통령: 알레한드로 잠마테이
취임일: 2020년 1월 14일

그레나다
총독: 세실 라 그레나드
취임일: 2013년 5월 7일
총리: 디컨 미첼
취임일: 2022년 6월 24일

> 세실 라 그레나드는 식품 과학 박사 학위가 있어요.

그리스
대통령: 카테리나 사켈라로풀루
취임일: 2020년 3월 13일
총리: 키리아코스 미초타키스
취임일: 2019년 7월 8일

기니
대통령: 마마디 둠부야
취임일: 2021년 10월 1일
총리: 베르나르 구무
취임일: 2022년 8월 20일

기니비사우
대통령: 우마로 시소코 엠발로
취임일: 2020년 2월 27일
총리: 제랄도 마르틴스
취임일: 2023년 8월 8일

나미비아
대통령: 하게 게인고브
취임일: 2005년 3월 21일

대륙별 색상 ● 아시아 ● 유럽 ● 아프리카

역사와 사실

나우루
대통령: 러스 쿤
취임일: 2022년 9월 28일

나이지리아
대통령: 볼라 티누부
취임일: 2023년 5월 29일

남수단
대통령: 살바 키르 마야르디트
취임일: 2011년 7월 9일

남아프리카 공화국
대통령: 시릴 라마포사
취임일: 2018년 2월 15일

네덜란드
국왕: 빌럼 알렉산더르
즉위일: 2013년 4월 30일
총리: 마르크 뤼터
취임일: 2010년 10월 14일

네팔
대통령: 람 찬드라 파우델
취임일: 2023년 3월 13일
총리: 푸시파 카말 다할
취임일: 2022년 12월 26일

노르웨이
국왕: 하랄 5세
즉위일: 1991년 1월 17일
총리: 요나스 가르 스퇴레
취임일: 2021년 10월 14일

뉴질랜드
총독: 신디 키로
취임일: 2021년 10월 21일
총리: 크리스 힙킨스
취임일: 2023년 1월 25일

> 크리스 힙킨스는 별명이 '치피'라고 해요.

니제르
국가수호위원회 위원장: 압두라하마네 치아니
취임일: 2023년 7월 28일
총리: 알리 마하만 라민 제인
취임일: 2023년 8월 10일

니카라과
대통령: 다니엘 오르테가
취임일: 2007년 1월 10일

대한민국
대통령: 윤석열
취임일: 2022년 5월 10일

덴마크
국왕: 프레데릭 10세
즉위일: 2024년 1월 14일
총리: 메테 프레데릭센
취임일: 2019년 6월 27일

> 메테 프레데릭센은 41세에 선출되어서 덴마크의 최연소 총리예요.

도미니카 공화국
대통령: 루이스 아비나데르
취임일: 2020년 8월 16일

도미니카 연방
대통령: 실바니 버튼
취임일: 2023년 10월 2일
총리: 루스벨트 스케릿
취임일: 2004년 1월 8일

독일
대통령: 프랑크발터 슈타인마이어
취임일: 2017년 3월 19일
총리: 올라프 숄츠
취임일: 2021년 12월 8일

동티모르
대통령: 주제 하무스오르타
취임일: 2022년 5월 20일
총리: 샤나나 구스망
취임일: 2023년 7월 1일

> 주제 하무스오르타는 1996년에 노벨 평화상을 받았어요.

라오스
대통령: 통룬 시술리트
취임일: 2021년 3월 22일
총리: 손싸이 시판돈
취임일: 2022년 12월 30일

라이베리아
대통령: 조지프 보아카이
취임일: 2024년 1월 22일

● 북아메리카, 중앙아메리카 ● 남아메리카 ● 오세아니아

세계의 지도자들

라트비아
대통령: 에드가르스 린케비치
취임일: 2023년 7월 8일
총리: 에비카 실리냐
취임일: 2023년 9월 15일

러시아
대통령: 블라디미르 푸틴
취임일: 2012년 5월 7일
연방 총리: 미하일 미슈스틴
취임일: 2020년 1월 16일
참고: 러시아는 유럽과 아시아에 걸쳐 있지만, 수도가 유럽에 있어서 유럽 국가로 분류했어요.

레바논
대통령: 공석
총리: 나지브 미카티
취임일: 2021년 9월 10일

레소토
국왕: 레치에 3세
즉위일: 1996년 2월 7일
총리: 은초코아네 사무엘 마테카네
취임일: 2022년 11월 4일

> 사무엘 마테카네는 형제자매가 13명이에요.

루마니아
대통령: 클라우스 요하니스
취임일: 2014년 12월 21일
총리: 마르첼 치올라쿠
취임일: 2023년 6월 15일

룩셈부르크
대공: 앙리
즉위일: 2000년 10월 7일
총리: 그자비에 베텔
취임일: 2013년 12월 4일

르완다
대통령: 폴 카가메
취임일: 2000년 4월 22일
총리: 에두아르 응기렌테
취임일: 2017년 8월 30일

리비아
대통령 위원회 의장: 모하메드 알 멘피
취임일: 2021년 3월 15일
임시 총리: 압둘 하미드 드베이바
취임일: 2021년 2월 15일

리투아니아
대통령: 기타나스 나우세다
취임일: 2019년 7월 12일
총리: 잉그리다 시모니테
취임일: 2020년 11월 25일

> 잉그리다 시모니테는 리투아니아어뿐 아니라 영어, 폴란드어, 러시아어도 하고, 스웨덴어도 조금 해요.

리히텐슈타인
국왕(대공): 한스 아담 2세
즉위일: 1989년 11월 13일
총리: 다니엘 리시
취임일: 2021년 3월 25일

마다가스카르
대통령: 안드리 라조엘리나
취임일: 미정
총리: 크리스티앙 은짜이
취임일: 2018년 6월 6일

마셜 제도
대통령: 데이비드 카부아
취임일: 2020년 1월 13일

말라위
대통령: 라자루스 차퀘라
취임일: 2020년 6월 28일

말레이시아
국왕: 압둘라 이브니 술탄 아흐맛 샤
즉위일: 2019년 1월 24일
총리: 안와르 이브라힘
취임일: 2022년 11월 24일

말리
임시 대통령: 아시미 고이타
취임일: 2021년 5월 28일
총리: 초겔 코칼라 마이가
취임일: 2022년 12월 5일

멕시코
대통령: 안드레스 마누엘 로페스 오브라도르
취임일: 2018년 12월 1일

모나코
국가 원수: 알베르 2세
즉위일: 2005년 4월 6일
국무장관: 피에르 다투트
취임일: 2020년 9월 1일

대륙별 색상 ● 아시아 ● 유럽 ● 아프리카

역사와 사실

모로코
국왕: 무함마드 6세
즉위일: 1999년 7월 30일
총리: 아지즈 아카누스
취임일: 2021년 10월 7일

모리셔스
대통령: 프리트비라즈싱 루푼
취임일: 2019년 12월 2일
총리: 프라빈드 주그노트
취임일: 2017년 1월 23일

모리타니
대통령: 무함마드 울드 가즈와니
취임일: 2019년 8월 1일
총리: 무함마드 오울드 빌랄
취임일: 2020년 8월 6일

모잠비크
대통령: 필리프 자신투 뉴시
취임일: 2015년 1월 15일
총리: 아드리아누 아폰수 말레이안느
취임일: 2022년 3월 3일

필리프 뉴시는 열정적인 축구 팬이에요.

몬테네그로
대통령: 야콥 밀라토비치
취임일: 2023년 5월 20일
총리: 드리탄 아바조비치
취임일: 2022년 4월 28일

몰도바
대통령: 마이야 산두
취임일: 2020년 12월 24일
총리: 도린 레체안
취임일: 2023년 2월 16일

몰디브
대통령: 이브라힘 무함마드 솔리
취임일: 2018년 11월 17일

몰타
대통령: 조지 벨라
취임일: 2019년 4월 3일
총리: 로버트 아벨라
취임일: 2020년 1월 13일

조지 벨라는 대통령이 되기 전에 가정의로 일했어요.

몽골
대통령: 우흐나 후렐수흐
취임일: 2021년 7월 10일
총리: 롭상남스랭 어용에르덴
취임일: 2021년 1월 27일

미국
대통령: 조 바이든
취임일: 2021년 1월 20일

조 바이든은 초콜릿 칩이 든 아이스크림을 좋아해요.

미얀마
대통령 권한 대행: 민 스웨
취임일: 2021년 2월 1일
총리: 민 아웅 흘라잉
취임일: 2021년 8월 1일

미크로네시아
대통령: 웨슬리 시미나
취임일: 2023년 5월 11일

바누아투
대통령: 니케니케 부로바라부
취임일: 2022년 7월 23일
총리: 샬롯 살와이
취임일: 2023년 10월 6일

바레인
국왕: 하마드 빈 이사 알할리파
즉위일: 1999년 3월 6일
총리: 살만 빈 하마드 알할리파
취임일: 2020년 11월 11일

하마드 빈 이사 알할리파는 영국과 미국에서 공부했어요.

바베이도스
대통령: 샌드라 메이슨
취임일: 2021년 11월 20일
총리: 미아 모틀리
취임일: 2018년 5월 25일

미아 모틀리는 한때 재즈 레게 밴드의 매니저였어요.

● 북아메리카, 중앙아메리카   ● 남아메리카   ● 오세아니아

세계의 지도자들

바티칸 시국
교황: 프란치스코
취임일: 2013년 3월 13일
국무원장: 피에트로 파롤린
취임일: 2013년 10월 15일

> 프란치스코 교황은 탱고와 축구를 좋아해요.

바하마
총독: 신시아 A. 프라트
취임일: 2023년 9월 1일
총리: 필립 데이비스
취임일: 2021년 9월 17일

방글라데시
대통령: 모함마드 샤하부딘 추푸
취임일: 2023년 4월 23일
총리: 셰이크 하시나
취임일: 2009년 1월 6일

베냉
대통령: 파트리스 탈롱
취임일: 2016년 4월 6일

베네수엘라
대통령: 니콜라스 마두로
취임일: 2013년 4월 19일

베트남
공산당 서기장: 응우옌 푸 쫑
취임일: 2011년 1월 19일
국가 주석: 보 반 트엉
취임일: 2023년 3월 2일
총리: 팜 민 친
취임일: 2021년 7월 26일

벨기에
국왕: 필리프
즉위일: 2013년 7월 21일
총리: 알렉산더르 더크로
취임일: 2020년 10월 1일

벨라루스
대통령: 알렉산드르 루카셴코
취임일: 1994년 7월 20일
총리: 로만 골롭첸코
취임일: 2020년 6월 4일

벨리즈
총독: 프로일라 찰람
취임일: 2021년 5월 27일
총리: 존 브리세뇨
취임일: 2020년 11월 12일

보스니아 헤르체고비나
대통령 위원회: 젤코 콤시치, 젤카 츠비야노비치, 데니스 베치로비치
취임일: 2022년 11월 16일
각료이사회 의장: 보르야나 크리쉬토
취임일: 2023년 1월 25일

보츠와나
대통령: 모퀘에치 마시시
취임일: 2018년 4월 1일

볼리비아
대통령: 루이스 알베르토 아르세 카타코라
취임일: 2020년 11월 8일

부룬디
대통령: 에바리스트 은다이시미예
취임일: 2020년 6월 18일

부르키나파소
임시 대통령: 이브라힘 트라오레
취임일: 2022년 9월 30일
총리: 아폴리네르 킬렘 드 탕벨라
취임일: 2022년 10월 21일

부탄
국왕: 지그메 케사르 남기엘 왕축
즉위일: 2006년 12월 14일
총리: 체링 톱게
취임일: 2024년 1월 28일

> 부탄의 왕에 대한 공식 명칭은 '드루크걀포'이고 용왕이란 뜻이에요.

북마케도니아
대통령: 스테보 펜다로프스키
취임일: 2019년 5월 12일
총리: 디미타르 코바체프스키
취임일: 2022년 1월 17일

북한
최고 지도자: 김정은
취임일: 2011년 12월 17일
최고인민회의 상임위원회 위원장: 최룡해
취임일: 2019년 4월 11일

불가리아
대통령: 루멘 라데프
취임일: 2017년 1월 22일
총리: 니콜라이 덴코프
취임일: 2023년 6월 6일

대륙별 색상 ● 아시아 ● 유럽 ● 아프리카

역사와 사실

브라질
대통령: 루이스 이나시우 룰라 다시우바
취임일: 2023년 1월 1일

> 루이스 이나시우 룰라 다시우바의 이름에서 룰라는 원래 별명이었어요.

브루나이
국왕: 하사날 볼키아
즉위일: 1967년 10월 5일

사모아
국가 원수: 발레토아 수알라우비 2세
취임일: 2017년 7월 21일
총리: 피아메 나오미 마타아파
취임일: 2021년 5월 24일

사우디아라비아
국왕: 살만 빈 압둘아지즈 알사우드
즉위일: 2015년 1월 23일
왕세자 겸 총리: 무함마드 빈 살만 빈 압둘아지즈 알사우드
즉위일: 2022년 9월 27일

산마리노
공동 국가 원수: 필리포 타마니니, 가에타노 트로이나
취임일: 2023년 10월 1일
외교 장관: 루카 베카리
취임일: 2020년 1월 8일

상투메 프린시페
대통령: 카를로스 빌라노바
취임일: 2021년 10월 2일
총리: 파트리스 트로보아다
취임일: 2022년 11월 11일

세네갈
대통령: 마키 살
취임일: 2012년 4월 2일
총리: 아마두 바
취임일: 2022년 9월 17일

세르비아
대통령: 알렉산다르 부치치
취임일: 2017년 5월 31일
총리: 아나 브르나비치
취임일: 2017년 6월 29일

세이셸
대통령: 와벨 람칼라완
취임일: 2020년 10월 26일

세인트루시아
총독 권한 대행: 에롤 샤를
취임일: 2021년 11월 11일
총리: 필립 J. 피에르
취임일: 2021년 7월 28일

> 필립 J. 피에르는 크리켓을 좋아해요.

세인트빈센트 그레나딘
총독: 수잔 도간 니 라이언
취임일: 2019년 8월 1일
총리: 랠프 곤살베스
취임일: 2001년 3월 29일

> 수잔 도간은 세인트빈센트 그레나딘 총리가 되기 전에 교육자로서 30년 이상 일했어요.

세인트키츠 네비스
총독: 마르셀라 리버드
취임일: 2023년 2월 1일
총리: 테런스 드루
취임일: 2022년 8월 6일

소말리아
대통령: 하산 셰흐 마하무드
취임일: 2022년 5월 23일
총리: 함자 압디 바레
취임일: 2022년 6월 26일

솔로몬 제도
총독: 데이비드 부나기
취임일: 2019년 7월 8일
총리: 머내시 소가바레
취임일: 2019년 4월 24일

수단
국가 원수: 압델파타흐 알부르한 압달라흐만
취임일: 2021년 10월

수리남
대통령: 찬 산토키
취임일: 2020년 7월 16일

> 찬 산토키는 전직 경찰서장이었어요.

● 북아메리카, 중앙아메리카 ● 남아메리카 ● 오세아니아

257

세계의 지도자들

스리랑카
대통령: 라닐 위크레마싱헤
취임일: 2022년 7월 21일

스웨덴
국왕: 칼 구스타프 16세
즉위일: 1973년 9월 19일
총리: 울프 크리스터손
취임일: 2022년 10월 18일

스위스
연방평의회 의장(대통령): 알랭 베르세
취임일: 2023년 1월 1일
연방평의회 구성원: 알베르트 뢰슈티, 이냐치오 카시스, 비올라 아메르트, 기 파르믈랭, 카린 켈러주터, 엘리자베스 바움슈나이더
취임일: 각각 다름

> 기 파르믈랭은 포도를 전문적으로 재배하는 농부였어요.

슬로바키아
대통령: 주자나 차푸토바
취임일: 2019년 6월 15일
총리: 루도비트 오도르
취임일: 2023년 5월 15일

> 주자나 차푸토바는 대통령이 되기 전에 독성 폐기물로 인한 토양 오염으로부터 고향을 지키는 일에 변호사로서 앞장섰어요.

슬로베니아
대통령: 나타샤 피르츠 무사르
취임일: 2022년 12월 23일
총리: 로버트 골롭
취임일: 2022년 6월 1일

시리아
대통령: 바샤르 알아사드
취임일: 2000년 7월 17일
총리: 후세인 아르누스
취임일: 2020년 8월 30일

시에라리온
대통령: 줄리어스 마다 비오
취임일: 2018년 4월 4일

스리랑카에서 엽서를 보내왔어요.

시기리야 요새 근처의 코끼리 떼

대륙별 색상: ● 아시아 ● 유럽 ● 아프리카

역사와 사실

싱가포르
대통령: 타르만 샨무가라트남
취임일: 2023년 9월 14일
총리: 리셴룽
취임일: 2004년 8월 12일

아랍 에미리트
대통령: 모하메드 빈 자이드 알 나하얀
취임일: 2022년 5월 14일
총리: 무함마드 빈 라시드 알막툼
취임일: 2006년 1월 5일

아르메니아
대통령: 바하근 하차투랸
취임일: 2022년 3월 13일
총리: 니콜 파시냔
취임일: 2018년 5월 8일

아르헨티나
대통령: 하비에르 밀레이
취임일: 2023년 12월 10일

아이슬란드
대통령: 구드니 또르라시우스 요하네손
취임일: 2016년 8월 1일
총리: 카트린 야콥스도띠르
취임일: 2017년 11월 30일

아이티
대통령 겸 총리 권한 대행: 아리엘 앙리
취임일: 2021년 7월 20일

아일랜드
대통령: 마이클 D. 히긴스
취임일: 2011년 11월 11일
총리: 리오 버라드커
취임일: 2022년 12월 16일

> 마이클 D. 히긴스는 시집을 4권 낸 시인이에요.

아제르바이잔
대통령: 일함 알리예프
취임일: 2003년 10월 31일
총리: 알리 아사도프
취임일: 2019년 10월 8일

아이슬란드에 오신 것을 환영해요.

싱벨리어 국립 공원

● 북아메리카, 중앙아메리카　● 남아메리카　● 오세아니아

세계의 지도자들

아프가니스탄
최고 지도자: 하이바툴라 아쿤드자다
취임일: 2021년 8월 15일

안도라
공동 국가 원수: 에마뉘엘 마크롱
취임일: 2017년 5월 14일
공동 국가 원수: 호안엔리크 비베스 이 시실리아
취임일: 2003년 5월 12일
총리: 자비에 에스포트 사모라
취임일: 2019년 5월 16일

알바니아
대통령: 바이람 베가이
취임일: 2022년 7월 24일
총리: 에디 라마
취임일: 2013년 9월 10일

알제리
대통령: 압델마지드 테분
취임일: 2019년 12월 12일
총리: 에이멘 벤압데라흐만
취임일: 2021년 6월 30일

앙골라
대통령: 주앙 마누엘 곤살베스 로렌수
취임일: 2017년 9월 26일

앤티가 바부다
총독: 로드니 윌리엄스
취임일: 2014년 8월 14일
총리: 개스턴 브라운
취임일: 2014년 6월 13일

에리트레아
대통령: 이사이아스 아페웨르키
취임일: 1993년 6월 8일

에스와티니
국왕: 음스와티 3세
즉위일: 1986년 4월 25일
총리 권한 대행: 음과과 가메체
취임일: 2023년 9월 28일

에스토니아
대통령: 알라르 카리스
취임일 2021년 10월 11일
총리: 카야 칼라스
2021년 1월 26일

에스파냐(스페인)
국왕: 펠리페 6세
즉위일: 2014년 6월 19일
총리: 페드로 산체스 페레스-카스테혼
취임일: 2018년 6월 2일

에콰도르
대통령: 다니엘 노보아 아신
취임일: 2023년 11월 23일

에티오피아
대통령: 사흘레워크 제우데
취임일: 2018년 10월 25일
총리: 아비 아흐메드 알리
취임일: 2018년 4월 2일

엘살바도르
대통령: 나이브 부켈레
취임일: 2019년 6월 1일

영국
국왕: 찰스 3세
즉위일: 2022년 9월 8일
총리: 리시 수낵
취임일: 2022년 10월 25일

> 찰스 3세는 동굴에 사는 노인에 관한 어린이책을 썼어요.

예멘
대통령 지도위원회 대표: 라샤드 알알리미
취임일: 2022년 4월 7일
총리: 마인 압둘말리크 사이드
취임일: 2018년 10월 15일

오만
술탄: 하이삼 빈 타리크 알사이드
즉위일: 2020년 1월 11일

오스트레일리아(호주)
총독: 데이비드 헐리
취임일: 2019년 7월 1일
총리: 앤서니 앨버니지
취임일: 2022년 5월 23일

오스트리아
대통령: 알렉산더 판데어벨렌
취임일: 2017년 1월 26일
총리: 카를 네함머
취임일: 2021년 12월 6일

온두라스
대통령: 시오마라 카스트로
취임일: 2022년 1월 27일

대륙별 색상: ● 아시아 ● 유럽 ● 아프리카

역사와 사실

요르단
국왕: 압둘라 2세
즉위일: 1999년 2월 7일
총리: 비셔 카사우네
취임일: 2020년 10월 7일

> 압둘라 2세는 드라마 「스타트렉: 보이저」에 단역으로 깜짝 출연했어요.

우간다
대통령: 요웨리 무세베니
취임일: 1986년 1월 26일

우루과이
대통령: 루이스 라카예 포우
취임일: 2020년 3월 1일

우즈베키스탄
대통령: 샵카트 미르지요예프
취임일: 2016년 9월 8일
총리: 압둘라 아리포프
취임일: 2016년 12월 14일

우크라이나
대통령: 볼로디미르 젤렌스키
취임일: 2019년 5월 20일
총리: 데니스 시미할
취임일: 2020년 3월 4일

이라크
대통령: 압둘 라티프 라시드
취임일: 2022년 10월 17일
총리: 모하메드 시아 알수다니
취임일: 2022년 10월 27일

이란
최고 지도자: 알리 호세인 하메네이
취임일: 1989년 6월 4일
대통령: 에브라힘 라이시
취임일: 2021년 8월 5일

이스라엘
대통령: 이츠하크 헤르초그
취임일: 2021년 7월 7일
총리: 베냐민 네타냐후
취임일: 2022년 12월 29일

이집트
대통령: 압둘팟타흐 시시
취임일: 2014년 6월 8일
총리: 무스타파 마드불리
취임일: 2018년 6월 7일

이탈리아
대통령: 세르조 마타렐라
취임일: 2015년 2월 3일
총리: 조르자 멜로니
취임일: 2022년 10월 22일

인도
대통령: 드라우파디 무르무
취임일: 2022년 7월 25일
총리: 나렌드라 모디
취임일: 2014년 5월 26일

인도네시아
대통령: 조코 위도도
취임일: 2014년 10월 20일

일본
국왕: 나루히토
즉위일: 2019년 5월 1일
총리: 기시다 후미오
취임일: 2021년 10월 4일

자메이카
총독: 패트릭 앨런
취임일: 2009년 2월 26일
총리: 앤드루 홀니스
취임일: 2016년 3월 3일

잠비아
대통령: 하카인데 히칠레마
취임일: 2021년 8월 24일

적도 기니
대통령: 테오도로 오비앙 응게마 음바소고
취임일: 1979년 8월 3일
총리: 마누엘라 로카 보테이
취임일: 2023년 2월 1일

> 마누엘라 루카 보테이는 적도 기니의 첫 여성 총리예요.

조지아
대통령: 살로메 주라비슈빌리
취임일: 2018년 12월 16일
총리: 이라클리 가리바슈빌리
취임일: 2021년 2월 22일

● 북아메리카, 중앙아메리카 ● 남아메리카 ● 오세아니아

세계의 지도자들

중국
국가 주석: 시진핑
취임일: 2013년 3월 14일
국무원 총리: 리창
취임일: 2023년 3월 11일

중앙아프리카 공화국
대통령: 포스탱아르캉주 투아데라
취임일: 2016년 3월 30일
총리: 펠릭스 몰루아
취임일: 2022년 2월 7일

지부티
대통령: 이스마일 오마르 겔레
취임일: 1999년 5월 8일
총리: 압둘카데르 카밀 모하메드
취임일: 2013년 4월 1일

짐바브웨
대통령: 에머슨 담부조 음낭가과
취임일: 2017년 11월 24일

차드
대통령 권한 대행: 마하마트 이본이드리스 데비 이트노
취임일: 2022년 10월 10일

체코
대통령: 페트르 파벨
취임일: 2023년 3월 9일
총리: 페트르 피알라
취임일: 2021년 12월 17일

칠레
대통령: 가브리엘 보리치
취임일: 2022년 3월 11일

카메룬
대통령: 폴 비야
취임일: 1982년 11월 6일
총리: 조지프 디온 은구테
취임일: 2019년 1월 4일

카보베르데
대통령: 주제 마리아 페레이라 네베스
취임일: 2021년 11월 9일
총리: 울리시스 코헤이아 에 실바
취임일: 2016년 4월 22일

카자흐스탄
대통령: 카심조마르트 토카예프
취임일: 2019년 3월 20일
총리: 알리한 스마일로프
취임일: 2022년 1월 11일

카타르
국왕: 타밈 빈 하마드 알사니
즉위일: 2013년 6월 25일
총리: 모하메드 빈 압둘라흐만 빈 자심 알사니
취임일: 2023년 3월 7일

캄보디아
국왕: 노로돔 시하모니
즉위일: 2004년 10월 29일
총리: 훈 마네트
취임일: 2023년 8월 22일

캐나다
총독: 메리 사이먼
취임일: 2021년 7월 26일
총리: 쥐스탱 트뤼도
취임일: 2015년 11월 4일

> 쥐스탱 트뤼도와 그의 동생은 둘 다 크리스마스에 태어났어요.

케냐
대통령: 윌리엄 루토
취임일: 2022년 9월 13일

코모로
대통령: 아잘리 아수마니
취임일: 2016년 5월 26일

코소보
대통령: 비오사 오스마니-사드리우
취임일: 2020년 11월 5일
총리: 알빈 쿠르티
취임일: 2021년 3월 22일

> 비오사 오스마니-사드리우는 쌍둥이 딸들이 있어요.

코스타리카
대통령: 로드리고 차베스 로블레스
취임일: 2022년 5월 8일

코트디부아르
대통령: 알라산 드라만 우아타라
취임일: 2010년 12월 4일
총리: 공석

대륙별 색상 ● 아시아 ● 유럽 ● 아프리카

역사와 사실

콜롬비아
대통령: 구스타보 페트로
취임일: 2022년 8월 7일

콩고
대통령: 드니 사수 응게소
취임일: 1997년 10월 25일
총리: 아나톨 콜리네 마코소
취임일: 2021년 5월 12일

콩고 민주 공화국
대통령: 펠릭스 치세케디
취임일: 2019년 1월 24일
총리: 장미셸 사마 루콘데 키엔게
취임일: 2021년 4월 26일

쿠바
대통령: 미겔 디아스카넬
취임일: 2019년 10월 10일
총리: 마누엘 마레로 크루스
취임일: 2019년 12월 21일

> 미겔 디아스카넬은 비틀스와 롤링스톤스를 열렬히 좋아한다고 해요.

쿠웨이트
국왕: 나와프 알아마드 알자베르 알사바
즉위일: 2020년 9월 30일
총리: 아마드 나와프 알아마드 알사바
취임일: 2022년 7월 24일

크로아티아
대통령: 조란 밀라노비치
취임일: 2020년 2월 18일
총리: 안드레이 플렌코비치
취임일: 2016년 10월 19일

키르기스스탄
대통령: 사디르 자파로프
취임일: 2021년 1월 28일

키리바시
대통령: 타네티 마마우
취임일: 2016년 3월 11일

키프로스
대통령: 니코스 호리스토둘리디스
취임일: 2023년 2월 28일

안녕, **콜롬비아**에서 인사를 전해요.

큰개미핥기

● 북아메리카, 중앙아메리카 ● 남아메리카 ● 오세아니아

263

세계의 지도자들

타지키스탄
대통령: 에모말리 라흐몬
취임일: 1992년 11월 19일
총리: 코히르 라술조다
취임일: 2013년 11월 23일

탄자니아
대통령: 사미아 술루후 하산
취임일: 2021년 3월 19일

태국
국왕: 마하 와치랄롱꼰(라마 10세)
즉위일: 2016년 12월 1일
총리: 스레타 타위신
취임일: 2023년 8월 22일

토고
대통령: 포레 나싱베
취임일: 2005년 5월 4일
총리: 빅투아르 토메가 도그베
취임일: 2020년 9월 28일

통가
국왕: 투포우 6세
즉위일: 2012년 3월 18일
총리: 시아오시 소발레니
취임일: 2021년 12월 27일

> 시아오시 소발레니는 뉴질랜드에서 고등학교를 다닐 때 럭비를 했어요.

투르크메니스탄
대통령: 세르다르 베르디무함메도프
취임일: 2022년 3월 19일

투발루
총독: 토피가 바에발루 팔라니
취임일: 2021년 9월 28일
총리: 카우사 나타노
취임일: 2019년 9월 19일

튀니지
대통령: 카이스 사이에드
취임일: 2019년 10월 23일
총리: 아흐메드 아차니
취임일: 2023년 8월 2일

쿠웨이트에 오신 것을 환영해요.

환하게 조명을 밝힌
쿠웨이트 타워와 쿠웨이트시

대륙별 색상 ● 아시아 ● 유럽 ● 아프리카

역사와 사실

튀르키예
대통령: 레제프 타이이프 에르도안
취임일: 2014년 8월 28일

트리니다드 토바고
대통령: 크리스틴 칸갈루
취임일: 2023년 3월 20일
총리: 키스 로울리
취임일: 2015년 9월 9일

> 크리스틴 칸갈루는 트리니다드 토바고의 **두 번째 여성 대통령**이에요.

파나마
대통령: 라우렌티노 코르티소 코엔
취임일: 2019년 7월 1일

파라과이
대통령: 산티아고 페냐 팔라시오스
취임일: 2023년 8월 15일

파키스탄
대통령: 아리프 알비
취임일: 2018년 9월 9일
총리: 안와르울하크 카카르
취임일: 2023년 8월 14일

파푸아 뉴기니
총독: 밥 다데
취임일: 2017년 2월 28일
총리: 제임스 마라페
취임일: 2019년 5월 30일

팔라우
대통령: 수랑겔 휩스 2세
취임일: 2021년 1월 21일

페루
대통령: 디나 에르실리아 볼루아르테 세가라
취임일: 2021년 7월 28일

> 디나 볼루아르테는 페루의 **첫 번째 여성 대통령**이에요.

포르투갈
대통령: 마르셀루 헤벨루 드소자
취임일: 2016년 3월 9일
총리: 안토니우 코스타
취임일: 2015년 11월 26일

폴란드
대통령: 안제이 두다
취임일: 2015년 8월 6일
총리: 마테우시 모라비에츠키
취임일: 2017년 12월 11일

> 안제이 두다는 **스키**를 매우 좋아해요.

프랑스
대통령: 에마뉘엘 마크롱
취임일: 2017년 5월 14일
총리: 엘리자베트 보른
취임일: 2022년 5월 16일

피지
대통령: 라투 윌리아메 카토니베레
취임일: 2021년 11월 12일
총리: 시티베니 라부카
취임일: 2022년 12월 24일

> 라투 윌리아메 카토니베레는 지역의 해양 생태계를 보호하는 환경 단체를 세웠어요.

핀란드
대통령: 사울리 니니스퇴
취임일: 2012년 3월 1일
총리: 페테리 오르포
취임일: 2023년 6월 20일

필리핀
대통령: 페르디난드 '봉봉' 마르코스 주니어
취임일: 2022년 6월 30일

헝가리
대통령: 노바크 커털린
취임일: 2022년 5월 10일
총리: 오르반 빅토르
취임일: 2010년 5월 29일

> 노바크 커털린은 헝가리의 **첫 번째 여성 대통령**이에요.

● 북아메리카, 중앙아메리카   ● 남아메리카   ● 오세아니아

더 알아보기

잠깐 퀴즈!

과거로 돌아가 이 역사 퀴즈의 답을 알아내 봐요!

답을 종이에 적은 뒤, 아래 정답과 맞추어 봐요.

1 **참일까, 거짓일까?** 북아메리카에서 유일하게 알려진 바이킹 정착촌은 멕시코에서 발견되었어요. (　　)

2 스톤헨지에서 바깥 원을 이루고 있는 사암으로 된 선돌들은 _____이다.
 a. 사르센석
 b. 블라니석
 c. 철석
 d. 차돌

3 라파누이 사람들이 모아이인상 하나를 만드는 데 얼마나 걸렸을까?
 a. 1개월
 b. 2개월
 c. 1년
 d. 2년

4 **참일까, 거짓일까?** 핫셉수트는 왕실 화가들에게 예전부터 파라오를 그리던 관습대로 자기 초상화에도 턱수염을 그려 넣으라고 지시했어요. (　　)

5 고고학자들은 특수한 _____을 써서 고대 조각상에 남아 있는 물감과 무늬의 흔적을 발견한다.
 a. 안경   c. 현미경
 b. 망원경   d. 조명

너무 쉽다고요?
다음 장에 나오는 **퀴즈**에도 **도전**해 봐요!

정답: ① 거짓, 캐나다에서 발견되었어요. ② a, ③ d, ④ 거짓, ⑤ d

266

역사와 사실

이렇게 해 봐요!
훌륭한 전기를 쓰는 법

말랄라 유사프자이

전기란 한 사람의 삶을 이야기로 정리한 결과물이에요. 짧은 요약일 수도 있고 두꺼운 책 한 권일 수도 있죠. 전기 작가들은 다양한 자료를 참고해서 쓰려는 대상에 대해 배워요. 여러분도 흥미로운 유명인의 전기를 직접 써 보세요.

어떻게 시작할까

우선 흥미를 느끼는 주제를 선택해요. 예컨대 클레오파트라가 멋지다고 생각한다면 독자들도 충분히 흥미를 느끼도록 글을 쓸 수 있을 거예요. 반면에 고대 이집트를 지루해하면서 글을 쓴다면 독자도 첫 문단을 읽자마자 코를 골겠죠. 전기를 쓸 대상은 누구든 될 수 있어요. 작가, 발명가, 유명인, 정치가도 좋고 심지어 여러분 가족의 한 사람이어도 괜찮아요. 대상을 찾기 위해서 다음과 같은 간단한 질문 몇 개를 스스로 던져 봐요.

1. 내가 더 알고 싶은 사람이 누구인가?
2. 이 사람은 어떤 특별한 일을 했는가?
3. 이 사람은 어떻게 세상을 변화시켰는가?

조사하기

- 다양한 방법으로 전기를 쓸 대상에 대해 조사해요. 책이나 신문 기사, 백과사전을 훑어봐요. 영상 자료나 영화를 찾아보고 인터넷으로도 검색해요. 가능하면 직접 인터뷰를 하면 좋고요.
- 알아낸 중요한 정보나 흥미로운 이야기를 메모해요.

전기 쓰기

- 제목을 정해요. 전기 대상의 이름을 넣어서 지어요.
- 서문을 써요. 글의 주제 인물에 대해 자세한 질문을 던져요.
- 인물의 어린 시절에 대한 정보를 포함시켜요. 이 사람은 언제 태어났나요? 어디에서 자랐고, 누구를 존경했나요?
- 인물의 재능, 업적, 개인적인 특징을 강조해요.
- 인물의 삶을 바꿨던 특별한 사건에 대해서 기술해요. 이 사람은 결국 어떤 문제를 어떻게 극복했나요?
- 결론을 작성해요. 이 사람에 대해 알아 가는 게 중요한 이유에 대해 여러분의 생각대로 정리해요.
- 일단 초고를 완성하고 교정과 교열을 여러 번 거듭해요.

인권 운동가이자 최연소 노벨 평화상 수상자인 말랄라 유사프자이에 대한 전기 예시문이 여기 있어요. 물론 여러분 스스로 조사해서 쓸 내용이 훨씬 더 많이 있답니다!

말랄라 유사프자이

말랄라 유사프자이는 1997년 7월 12일 파키스탄에서 태어났어요. 말랄라의 아버지 지아우딘은 선생님이어서 딸이 훌륭한 교육을 받는 것을 우선시했죠. 말랄라는 학교를 좋아했고, 3개 국어를 배웠으며 학생으로 했던 경험으로 블로그를 운영하기도 했어요.

말랄라가 열 살이 될 무렵, 살던 지역을 탈레반이 점령했어요. 탈레반은 엄격한 무슬림 집단으로 여자들은 집에만 머물러야 한다고 여겼어요. 그래서 탈레반은 배움에 대한 열정을 숨기지 않고 드러내는 말랄라를 탐탁지 않게 생각했어요. 그러던 어느 날 말랄라는 학교에서 집으로 돌아오는 길에 탈레반이 보낸 무장 대원이 쏜 총에 머리를 맞았어요. 크게 다친 말랄라는 영국의 병원으로 옮겨졌어요.

말랄라는 총상에서 살아남았을 뿐 아니라 아주 잘 극복했어요. 자기 경험을 바탕으로 전 세계 모든 여자아이가 배움의 기회를 가져야 한다고 말하기 시작했죠. 말랄라의 노력은 전 세계의 주목을 끌었고 결국 말랄라는 2014년에 17세의 나이로 노벨 평화상을 탔어요. 가장 어린 나이에 이름 높은 상을 받은 거예요. 그리고 매년 7월 12일은 전 세계 '말랄라의 날'로 정해졌어요. 인권 문제에 대한 말랄라의 영웅적인 노력을 기리기 위해서죠.

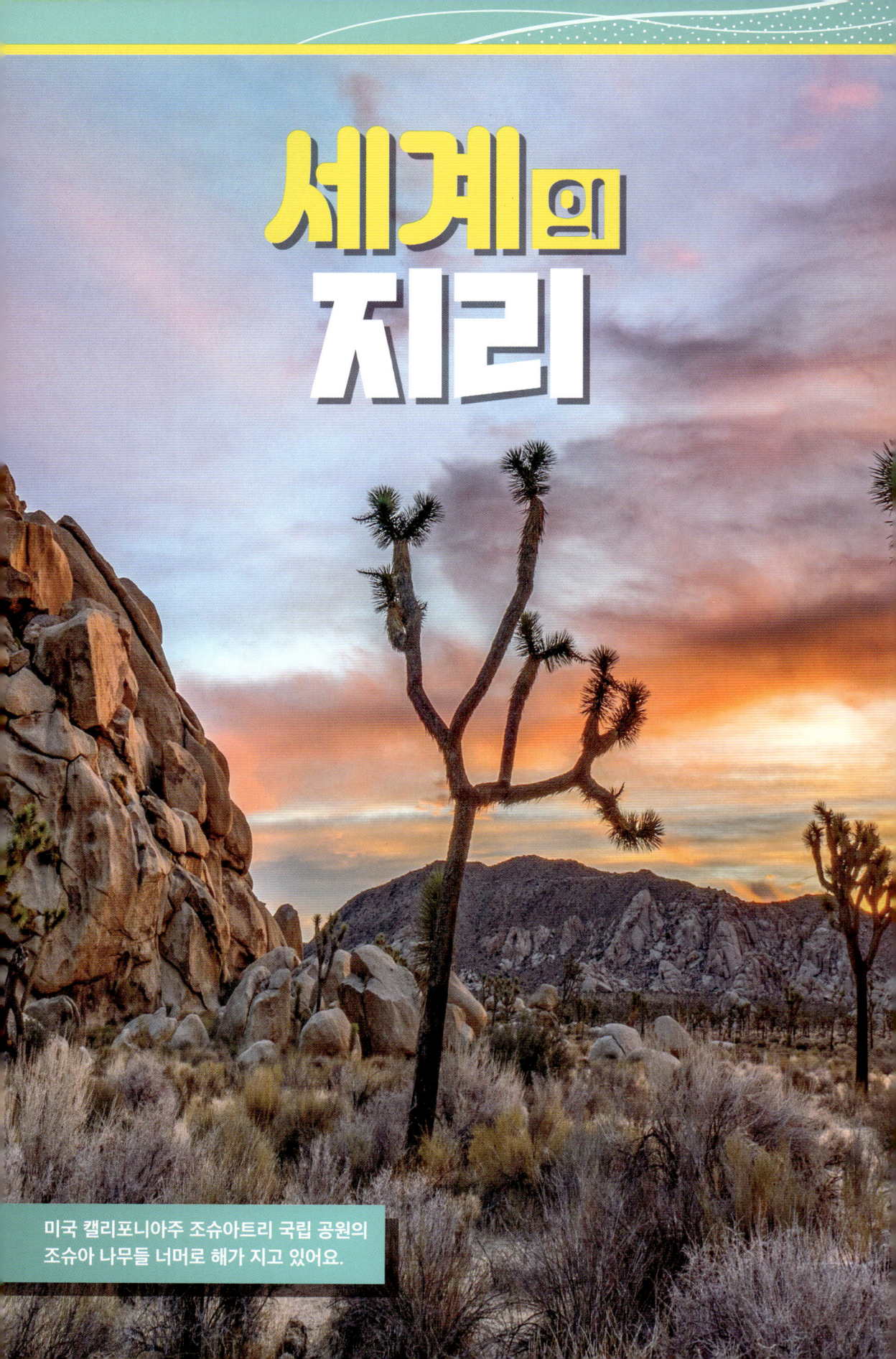

세계의 지리

미국 캘리포니아주 조슈아트리 국립 공원의 조슈아 나무들 너머로 해가 지고 있어요.

지도의 이해

국가로 본 세계

지구의 육지는 7개의 대륙으로 이루어지지만, 사람들은 대륙을 국가라고 하는 보다 작은 정치적인 단위로 나누어요. 예외가 있다면 하나의 국가로 이뤄진 오스트레일리아 대륙과 과학자들이 연구 목적으로 활용하는 남극 대륙이에요. 나머지 5개 대륙은 거의 200개나 되는 독립 국가로 이루어져요. 아래의 지도는 국가의 경계를 나눈 가상의 선을 보여 줘요. 미국과 캐나다 사이의 경계처럼 몇몇 국경은 여러 해 동안 분쟁이 없었어요.

*빈켈 트리펠 도법: 1913년 빈켈이 고안한 방식으로 면적이나 각도가 덜 일그러지기 때문에 세계 지도를 그릴 때 많이 이용한다.

세계의 지리

한편 아프리카 북동부의 수단과 남수단 사이의 국경은 비교적 최근에 만들어졌고 여전히 분쟁 중이에요. 국가들은 크기와 생김새가 다양해요. 러시아와 캐나다는 아주 크지만 엘살바도르나 카타르는 작아요. 남아메리카의 칠레처럼 길쭉하고 폭이 좁은 나라도 있어요! 또 아시아의 인도네시아와 일본처럼 여러 섬으로 이뤄진 나라들도 있죠. 아래의 지도는 지구가 정말 다양하고 멋진 곳이라는 사실을 알려 줘요.

더 자세히 살피려면 280~281쪽 아시아 지도를 보세요.

지도의 이해

지형으로 본 세계

지구는 대륙이라는 7개의 큰 땅덩어리와 그 사이를 잇는 대양으로 이뤄졌어요. 서로 연결된 대양은 여러 대륙에 의해 다섯 부분으로 나뉘죠. 지구 표면의 70퍼센트 이상이 대양이에요. 나머지가 육지에 해당하죠. 지형이 다른 덕분에 대륙의 지표면은 다양한 모습을 이루어요. 로키산맥은 북아메리카를 가로지르고, 안데스산맥은 남아메리카의 서쪽 가장자리에 있죠. 남아시아에는 히말라야산맥이 높이 솟아 있고요.

세계의 지리

아시아의 바위투성이 중심부에 티베트고원이 있다면, 북유럽 평원은 북해에서 우랄산맥까지 펼쳐져 있어요. 아프리카의 상당 부분은 평원이고, 오스트레일리아에도 넓고 건조한 평원이 있죠. 남극은 거대한 얼음판으로 이루어졌어요. 한편 대양의 바닥에도 산맥과 해구가 있어서 지표면만큼이나 다양한 모습을 띠어요. 대서양 밑에는 '대서양 중앙 해령'*이 있고, 태평양 서부에도 해구들이 대양저**까지 깊이 파여 있어요.

*대서양 중앙 해령: 북극해부터 대서양을 지나 인도양으로 S자 모양으로 뻗어 있는 바다 밑 산맥.
**대양저: 대륙과 이어지는 경사면을 뺀 심해의 평탄하고 넓은 땅.

지도의 이해

지도의 종류

지도란 지리학자들이 지구에 대한 정보를 전달하는 특별한 도구예요. 지도는 장소에 대한 모든 것을 우리에게 보여 줄 수 있죠. 몇몇 지도는 산맥이나 식생* 같은 물리적인 특징을 드러내요. 또 기후나 자연재해를 비롯해 우리가 쉽게 볼 수 없는 것들을 보여 주는 지도도 있어요. 국경선이라든지 도시의 중심, 경제 시스템처럼 지구상의 또 다른 특징을 보여 주는 지도도 있죠.

*식생: 어떤 장소에 모여 사는 고유한 식물들.

불완전한 도구

지도는 완벽하지 않아요. 지구본이라면 각 장소의 상대적인 넓이와 위치를 정확하게 반영할 수 있겠죠. 하지만 지도는 편평하기 때문에 크기와 모양, 방향의 왜곡이 생겨요. 또 지도 제작자들이 지도에 어떤 정보를 포함시킬지 선택해서 만들어요. 그러므로 많은 정보를 얻으려면 다양한 종류의 지도를 봐야 해요. 다음은 흔히 볼 수 있는 지도의 3가지 유형이에요.

물리적인 지도 육지의 형태, 물, 식생 같은 지구의 자연적인 특징이 나타나요. 위의 지도를 보면 색깔과 그림자를 통해 남아메리카 중앙부의 산맥과 호수, 강, 사막을 표현했어요. 지도에는 나라 이름과 국경도 표시되었지만 이건 자연적인 특징이 아니에요.

정치적인 지도 이 지도에는 국경, 도시, 장소처럼 인간이 만든 풍경이 표현돼요. 자연적인 특징은 참고 사항으로만 추가했죠. 위 지도에는 각 나라의 수도가 원 안에 별표 기호로 표시되고 다른 도시는 검은색 점으로 표시되었어요.

주제가 있는 지도 인구 분포 같은 특정 주제와 관련된 무늬가 지도에 드러나요. 위의 지도는 이 지역의 기후대를 보여 줘요. 예컨대 습한 열대 기후(진한 녹색), 습하거나 건조한 열대 기후(연한 녹색), 반건조 기후(진한 노란색), 건조한 곳 또는 사막(연한 노란색)이 표시되었죠.

세계의 지리

지도를 만드는 일

지도 제작자를 만나 봐요!

내셔널지오그래픽의 지도 제작자인 **마이크 맥니**는 날마다 지도와 함께 일해요. 짧은 인터뷰를 통해 이 멋진 직업에 대해 여러분에게 알려 줄게요.

내셔널지오그래픽에서 일하는 지도 제작자인 마이크 맥니와 로즈메리 워들리가 책에 들어갈 아프리카 지도를 검토하고 있어요.

지도 제작자는 무슨 일을 하나요?

나는 일반 책이나 지도책에 들어가는 지도를 만들어요. 지도는 책에 실린 글을 보다 이해하기 쉽게 도와준답니다. 책에 들어갈 지도는 책의 크기와 분위기에 알맞아야 하고, 정확한 정보를 독자들에게 알리는 것이 최종 목적이에요.

지도를 통해 어떤 정보를 전달하나요?

한번은 미국 플로리다주 에버글레이즈 국립 공원의 버마왕뱀의 개체군이 어떻게 분포되었는지 보여 주는 지도를 만든 적이 있어요. 미국 같은 특정 국가의 농장이나 식량 생산, 가축의 분포, 물고기를 잡은 어획량 데이터를 알려 주는 지도도 만들었죠.

일을 할 때 컴퓨터를 얼마나 쓰나요?

지도를 제작하는 모든 단계는 컴퓨터에서 이루어져요. 그래야 훨씬 더 빠르게 지도를 만들 수 있죠. 그뿐만 아니라 지도를 수정하는 일도 쉬워져요. 만약 지도에서 강의 색깔을 바꾸고 싶다면 마우스를 한 번 딸깍 누르기만 하면 되니까요.

지도를 어떻게 만드나요?

지리 정보 시스템(GIS)이라는 컴퓨터 소프트웨어를 활용해요. 전 세계 특정 장소의 데이터, 심지어 지구 전체의 데이터를 어떤 것이든 보여 주죠. 예컨대 멸종 위험에 놓인 종, 동물들의 서식지, 특정 장소의 인구 같은 온갖 데이터를 얻을 수 있어요. 그뿐 아니라 지표면을 분석하기 위해 위성이나 항공 사진 같은 원격 시스템도 활용해요.

지구 주변의 궤도를 도는 위성은 마치 우리 눈이 우주에 있는 것처럼 지구의 육지와 바다에 대한 데이터를 기록해요. 이 데이터는 숫자로 변환되어 컴퓨터로 전송돼요. 컴퓨터에는 데이터를 해석할 특별한 프로그램이 있죠. 데이터는 지도 제작자들이 지도를 만드는 데 사용할 수 있는 형태로 기록돼요.

미래의 지도는 어떤 모습일까요?

미래에는 지도에 점점 더 많은 데이터가 들어갈 거예요. 또 세계 지도를 특정 지역의 지도로 바꾸어 보는 온라인 지도가 더 많아질 거예요. 어떤 축척(276쪽 참고)에서든 쓸 수 있죠.

이 직업의 가장 좋은 점은 무엇인가요?

나는 과학과 디자인이 조합된 이 일이 좋아요. 어린이들이 흥미를 가질 만한 지도를 만드는 일도 아주 즐겁답니다.

지리와 지형 상식

지도에 대해 이해하기

입체를 평면에 투사하기

지구본은 공 모양인 지구를 있는 그대로 드러내는 모형이에요. 하지만 부피가 커서 사용하거나 보관하기는 조금 불편해요. 편평한 지도는 훨씬 더 편리해요. 하지만 지구의 곡면을 편평한 종이에 옮기는 투사 과정에서 여러 문제가 생겨요. 오른쪽 그림처럼 지구본을 반으로 자른다고 상상해 봐요. 여기에 빛을 비춘다면 위도와 경도, 각 대륙의 테두리가 그림자를 드리우며 종이 위에 '투영될' 거예요. 종이를 어디에 두냐에 따라 그림자는 그 크기나 모양이 다 다르게 왜곡되죠.

기호에 대해 배우기

모든 지도는 우리에게 알려 주고 싶은 정보가 있어요. 그 정보를 알려면 먼저 지도 읽는 법을 배워야 해요. 지도는 여러 기호를 이용해 정보를 표시해요. 이 기호에 대해 알면 폭넓은 정보에 접근할 수 있어요. 축척과 나침반 바늘을 보고 거리와 방위를 알 수 있어요.(아래 '축척과 방위'를 참고해요)

지도의 기호들 각각이 어떤 의미인지 알고 싶다면 지도에 표시된 '기호표(범례)'를 찾아보면 돼요. 이 표는 지도의 여러 가지 기호가 각각 어떤 정보를 나타내는지 알려 줘요.

지도의 기호는 크게 세 가지 유형이 있어요. 점과 선, 면적이죠. 점 기호는 작은 원이나 아이콘으로 표시되며 학교나 도시, 지형지물의 위치와 수를 보여 줘요. 선 기호는 국경과 도로, 강을 나타내고 색깔이나 두께가 다양해요. 또 면적 기호는 모래가 많은 곳이나 이웃 동네 같은 지역 정보를 보여 주기 위해 무늬나 색깔을 사용해요.

축척과 방위*

지도의 축척은 분수나 단어, 막대로 표시돼요. 축척이란 어떤 곳의 실제 지구상의 거리와 지도상 거리를 비교한 비율이에요. 가끔은 축척에 지도에 사용된 투사 도법**이 적혀 있기도 해요. 그뿐만 아니라 지도에는 북쪽을 나타내는 화살표나 방위를 나타내는 나침반도 그려져 있어요.

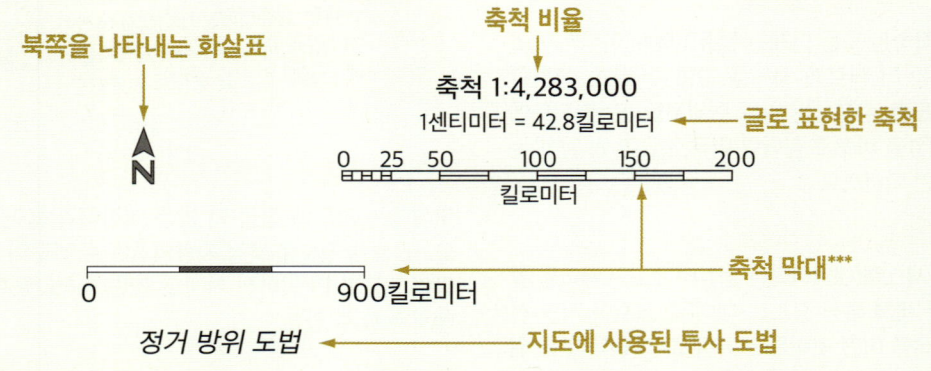

*방위: 공간의 어떤 점의 방향을 통해 알 수 있는 위치.
**투사 도법: 입체인 지구를 편평한 면에 투사시켜 지도를 그리는 방법.
***축척 막대: 축척을 알 수 있는 막대 모양의 표시.

지리적 특징들

요란한 소리를 내며 흐르는 강과 바싹 마른 사막, 바닷속 협곡과 들쑥날쑥한 산맥까지, 지구는 다채롭고 아름다운 환경으로 뒤덮여 있어요. 다음은 지구상에서 가장 흔한 지형들이에요.

세계의 지리

폭포
폭포는 강이 흐르는 곳의 높이가 갑자기 크게 낮아지면서 생겨요. 왼쪽의 이구아수 폭포는 브라질과 아르헨티나 국경에 있고 작은 폭포 275개로 이뤄졌어요.

계곡
계곡은 흐르는 물이나 움직이는 얼음에 의해 깎여 만들어져요. 계곡은 넓고 편평하기도 하지만, 사진 속 인도 라다크 지역의 인더스강 계곡처럼 폭이 좁고 가파르기도 하죠.

강
강은 평지에서 구불구불 나아가며 흘러요. 위 사진은 페루의 열대 우림 주변을 흐르는 로스아미고스강이에요.

산
산은 지구에서 가장 높은 지형이에요. 지구상에서 가장 높은 산은 높이가 해발 고도 8848.86미터인 에베레스트산이죠. 사진 속 모습을 보세요.

빙하
빙하는 '얼음의 강'이란 뜻이에요. 위 사진은 미국 알래스카주의 허버드 빙하로 산에서 바다까지 천천히 움직여요. 하지만 지구 온난화 탓에 이런 빙하가 줄어들고 있어요.

협곡
협곡은 가장자리가 가파른 계곡이에요. 주로 흐르는 물에 의해 형성되죠. 위 사진 속 미국 유타주의 벅스킨 협곡은 미국 남서부에서 가장 깊은 협곡이에요.

사막
사막은 기후에 의해 만들어진 지형이에요. 특히 물이 부족한 환경이 큰 역할을 하죠. 위 사진은 낙타를 타고 북아프리카의 사하라 사막을 건너는 상인인 카라반의 모습이에요.

대륙의 지리 특징

아시아

티베트의 기도 깃발

티베트 기도 깃발은 하늘, 공기, 불, 흙, 물 같은 자연을 색깔로 나타내요.

라오스는 동남아시아에서 유일한 내륙 국가예요.

세계의 지리

인도네시아 자카르타에서 자전거를 타는 여성들

현재 아시아는 세계에서 가장 큰 대륙이에요. 얼마나 크냐고요? 서쪽 끝의 튀르키예에서 동쪽 끝의 러시아까지, 아시아는 전 세계 육지 면적의 약 30퍼센트나 되어요! 45억 명 넘는, 지구 인구의 5분의 3이 살고 있죠. 아시아 인구는 다른 대륙 인구를 모두 합한 수보다 더 많아요.

나무 심기

싱가포르는 2030년까지 전국에 나무 100만 그루를 심는 사업을 벌이고 있어요. 왜일까요? 공기를 좋게 바꿀 수 있고, 공원을 더 늘려서 누구나 걸으면 10분 안에 녹지를 만날 수 있도록 하려는 것이지요.

도시의 향기

활기가 넘치는 도시, 홍콩은 '향기 나는 항구'라는 뜻이에요. 학자들은 예전에 이 항구에서 기름과 향료의 교역이 이루어진 데서 이런 이름이 지어졌다고 생각해요.

늘어나는 호랑이

호랑이는 수십 년 동안 중국에서 수가 줄어들다가 다시 꾸준히 늘어나고 있어요. 생물을 보전하기 위한 노력 덕분에 중국 야생 호랑이는 약 55마리로 늘었어요. 25년여 전에는 겨우 7마리였지요. 네팔에서도 최근에 거의 세 배로 늘어나서 지금은 약 355마리가 야생을 돌아다녀요.

지구에서 가장 깊은 호수

바이칼호 (러시아)	탕가니카호 (동아프리카)	카스피해 (중앙아시아와 유럽의 경계)	말라위호 (동아프리카)	이식쿨호 (키르기스스탄)
1,642m	1,436m	1,025m	706m	702m

지표면의 민물은 대부분 호수에 있어요. 가장 깊은 호수는 아시아의 바이칼호로서 지구 표면의 민물 중 약 20퍼센트가 모여 있어요.

대륙의 지리 특징

지형 정보

육지 면적
44,580,000km²

가장 높은 곳
에베레스트산
8,849m

가장 낮은 곳
이스라엘과 요르단, 사해
-434m

가장 긴 강
중국 양쯔강
6,244km

가장 큰 호수
러시아 바이칼호
31,722km²

정치 정보

인구
4,666,831,000명

가장 큰 대도시권
일본 도쿄
인구 37,274,000명

가장 큰 국가
중국
9,596,960km²

인구 밀도가 가장 높은 국가
싱가포르
(1km²당 8,235명)

일반적으로 아시아와 유럽을 나누는 경계선을 자주색 점선으로 나타냈어요. 우랄산맥, 우랄강, 카스피해, 캅카스산맥, 흑해, 보스포루스 해협과 다르다넬스 해협을 경계로 삼아요.

*이점 등거리 투영도: 한 지점에서 다른 한 점까지의 거리가 실제 거리와 동일하게 비례되는 방식으로 그린 지도.

대륙의 지리 특징

유럽

폴란드 크라쿠프의 바벨성 근처에는 불을 뿜는 용 조각이 있어요.

아일랜드는 에메랄드 섬이라는 별명이 있어요.

폴란드 크라쿠프의 비스와강 너머로 보이는 바벨성

세계의 지리

그리스에서 사람들이 전통 춤을 추고 있어요

아시아 대륙 서쪽으로 뻗어 나온 여러 반도와 섬들로 이루어진 유럽은 대서양과 북극해 등 10개 이상의 바다로 둘러싸여 있어요. 산악 지대에서 농촌 지역과 해안 지대까지 다양한 풍경을 만날 수 있어요. 또한 유럽은 풍요로운 문화와 매혹적인 역사로 유명해서 지구에서 가장 많은 사람들이 방문하는 대륙이에요.

회색물범 개체 수 조사

매년 가을, 회색물범 수백 마리가 영국 판 제도에서 태어나요. 70년 넘게 관리인들이 이 서식지에서 물범의 수를 세어 왔어요. 회색물범의 수를 세고 추적하기 위해 새로 태어난 새끼들에게 매번 다른 색의 무해한 염료로 표시해요.

모기 걱정 없음

모기에게 물릴 걱정을 전혀 할 필요가 없는 곳이 있어요. 바로 아이슬란드예요! 이 나라에는 모기가 아예 없어요. 왜냐하면 물이 자주 어는 독특한 날씨 때문에 모기가 알에서 성체가 되기까지, 한살이를 다 할 수 없거든요.

초콜릿, 초콜릿, 어디에나 초콜릿

초콜릿 애호가들에게 희소식이 있어요. 스위스 취리히에 달콤한 식품, 초콜릿의 모든 것을 보여 주는 박물관이 생겼어요. 린트 초콜릿의 집에서 초콜릿의 이모저모와 놀라운 역사에 푹 빠져 보세요. 3층 건물 높이로 세계 최대 규모인 초콜릿 분수도 있어요.

유럽에서 가장 긴 강

볼가강	3,692km
도나우강	2,850km
드니프로강	2,285km
라인강	1,230km
엘베강	1,165km

대륙의 지리 특징

지형 정보

육지 면적
9,947,000km²

가장 높은 곳
러시아 엘브루스산
5,642m

가장 낮은 곳
카스피해
-28m

가장 긴 강
러시아 볼가강
3,692km

가장 큰 호수
러시아 라도가호
17,872km²

정치 정보

인구
764,189,000명

가장 큰 대도시권
러시아 모스크바
인구 12,641,000명

가장 큰 국가*
프랑스
643,801km²

인구 밀도가 가장 높은 국가
모나코
(1km²당 15,700명)

범례
- ⊛ 수도
- ⊛ 북아일랜드, 스코틀랜드, 웨일스의 주요 도시
- • 도시
- ▫ 작은 국가
- ▲ 높은 곳(해발 고도)
- ▼ 낮은 곳(해발 고도)

*러시아는 유럽과 아시아에 걸쳐 있기 때문에 제외함. 러시아 면적은 약 17,098,242km²이다.

**정거 방위 도법: 지도의 중심에서 모든 지점까지의 직선 거리가 정확히 나타나도록 조정해 그리는 지도 제작법. 중심에서 멀어질수록 크기가 왜곡될 수 있다.

대륙의 지리 특징

아프리카

사하라 사막에도 때로 눈이 내려요.

표범은 대개 홀로 다니며 나무를 긁어서 자기 영역을 표시해요.

남아프리카의 표범

세계의 지리

앙골라 루안다

거대한 대륙 아프리카에는 수백만 년 전부터 인류가 살기 시작했어요. 여러 대륙 가운데 아시아 다음으로 넓어요. 동쪽에서 서쪽까지의 거리가 남쪽에서 북쪽까지의 거리와 거의 비슷한 아프리카에는 지구상에서 가장 긴 강(나일강)과 가장 넓고 더운 사막(사하라 사막)이 있어요.

나노카멜레온

아주아주 작은 도마뱀이 있어요! 최근에 마다가스카르의 사막에서 세계에서 가장 작은 카멜레온일 수도 있는 낯선 동물이 발견되었어요. 나노카멜레온 수컷은 길이가 2.5센티미터가 채 안 돼요. 사람의 손가락 끝에 올라갈 수 있을 정도예요.

멋진 협곡

아프리카에서 가장 큰 협곡인 나미비아의 피시강 협곡에는 전설이 있어요. 거대한 뱀이 사냥꾼을 피해 땅속으로 깊이 파고들면서 자국이 생겼고, 그것이 지금의 협곡이 되었다는 이야기예요.

거대한 피라미드에 담긴 숫자
지구상에서 가장 큰 피라미드에는 어떤 숫자가 숨어 있을까?

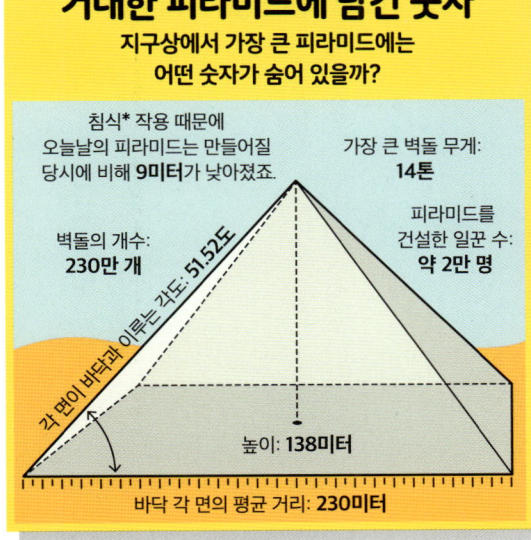

침식* 작용 때문에 오늘날의 피라미드는 만들어질 당시에 비해 **9미터**가 낮아졌죠.

가장 큰 벽돌 무게: **14톤**

벽돌의 개수: **230만 개**

각 면이 이루는 각도: **51.52도**

피라미드를 건설한 일꾼 수: **약 2만 명**

각 면이 바닥과

높이: **138미터**

바닥 각 면의 평균 거리: **230미터**

놀라운 강

아프리카에는 세계에서 가장 긴 강이 있어요. 바로 나일강이지요. 나일강은 남쪽에서 북쪽으로 약 6600킬로미터를 흐르면서 11개국을 지나요. 역사적으로 나일강은 하마, 거북, 악어 등 주변에 사는 많은 동물들과 사람들에게 물과 먹이를 제공해 왔어요.

*침식: 비, 바람 등에 의해 땅이나 건물 등이 깎이는 것.

대륙의 지리 특징

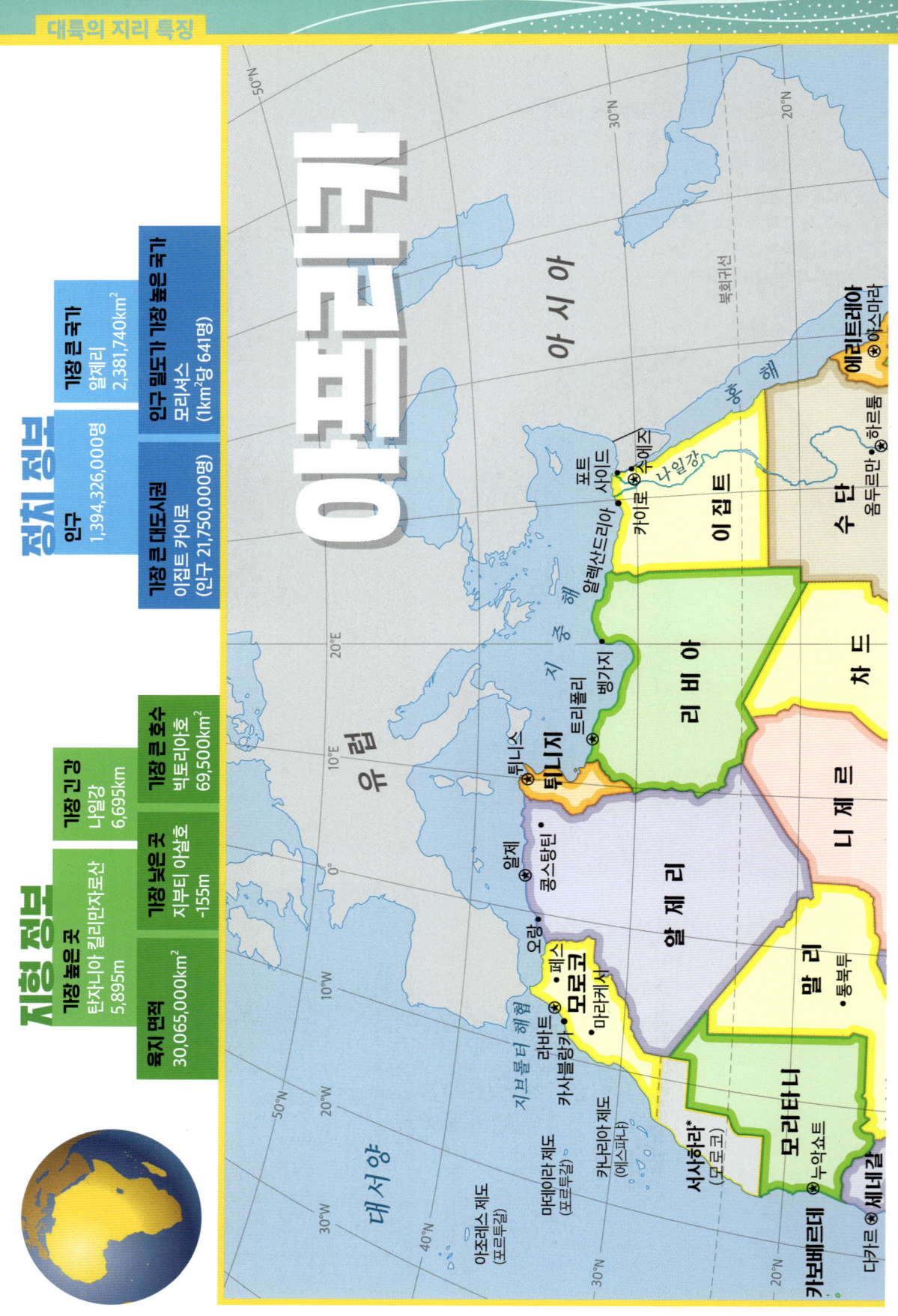

아프리카

정치 정보
- **인구**: 1,394,326,000명
- **가장 큰 국가**: 알제리 2,381,740km²
- **인구 밀도가 가장 높은 국가**: 모리셔스 (1km²당 641명)
- **가장 큰 대도시권**: 이집트 카이로 (인구 21,750,000명)

지형 정보
- **육지 면적**: 30,065,000km²
- **가장 높은 곳**: 탄자니아 킬리만자로산 5,895m
- **가장 낮은 곳**: 지부티 아살호 -155m
- **가장 긴 강**: 나일강 6,695km
- **가장 큰 호수**: 빅토리아호 69,500km²

*서사하라: 사하라 아랍 민주 공화국과 모로코 간의 영토 분쟁 지역이다.

대륙의 지리 특징

북아메리카

바하마를 대표하는 동물은 홍학과 청새치예요. 바하마의 국장에도 그려져 있어요.

캐나다는 인구 1인당 도넛 가게의 수가 세계에서 가장 많아요.

홍학

세계의 지리

미국과 캐나다의 대평원에서 파나마의 열대 우림까지 북아메리카는 북에서 남으로 8850킬로미터가량 뻗어 있어요. 세 번째로 큰 대륙인 북아메리카는 5개 지역으로 나뉘어요. 산지가 많은 서부(멕시코 일부와 중앙아메리카 서부 해안), 대평원, 캐나다 순상지*, 지형이 다양한 동부(중앙아메리카 저지대**와 해안 평원), 카리브해 지역이에요.

*순상지: 방패 모양으로 생긴 넓고 편평하고 오래된 땅.
**저지대: 낮은 지대.

멕시코 멕시코시티에서 죽은 자들의 날에 행진이 펼쳐졌어요.

수정 동굴

멕시코의 약 290미터 지하에 있는 수정 동굴은 우윳빛을 띤 거대한 투석고 결정으로 가득해요. 2000년에 발견된 이 동굴은 수십만 년 만에 사람의 발길이 닿았어요. 밟고 걸어 다닐 수 있을 정도로 커다란 결정들도 있어요.

늘어나는 벌

미국에서 꿀벌 수를 늘리려는 노력이 효과를 보는 듯해요. 최근에 전국에서 꿀벌 군체의 수가 늘어났다는 연구 결과가 나왔어요. 이 윙윙거리며 나는 꽃가루 매개자들에게 희소식이지요. 그동안 꿀벌들은 기후 변화와 서식지 상실, 해로운 살충제로 위협을 받아 왔거든요.

풍력 발전

역사상 처음으로 미국에서는 풍력 발전이 수력 발전보다 더 많은 전기를 생산하게 되었어요. 현재 7만 1000개가 넘는 풍력 터빈이 약 44개 주에서 가정에 전기를 공급하고 있어요.

지구에서 가장 해안이 긴 나라

나라	해안선 길이
캐나다	243,048km
인도네시아	54,716km
러시아	37,653km
필리핀	36,289km
일본	29,751km

291

대륙의 지리 특징

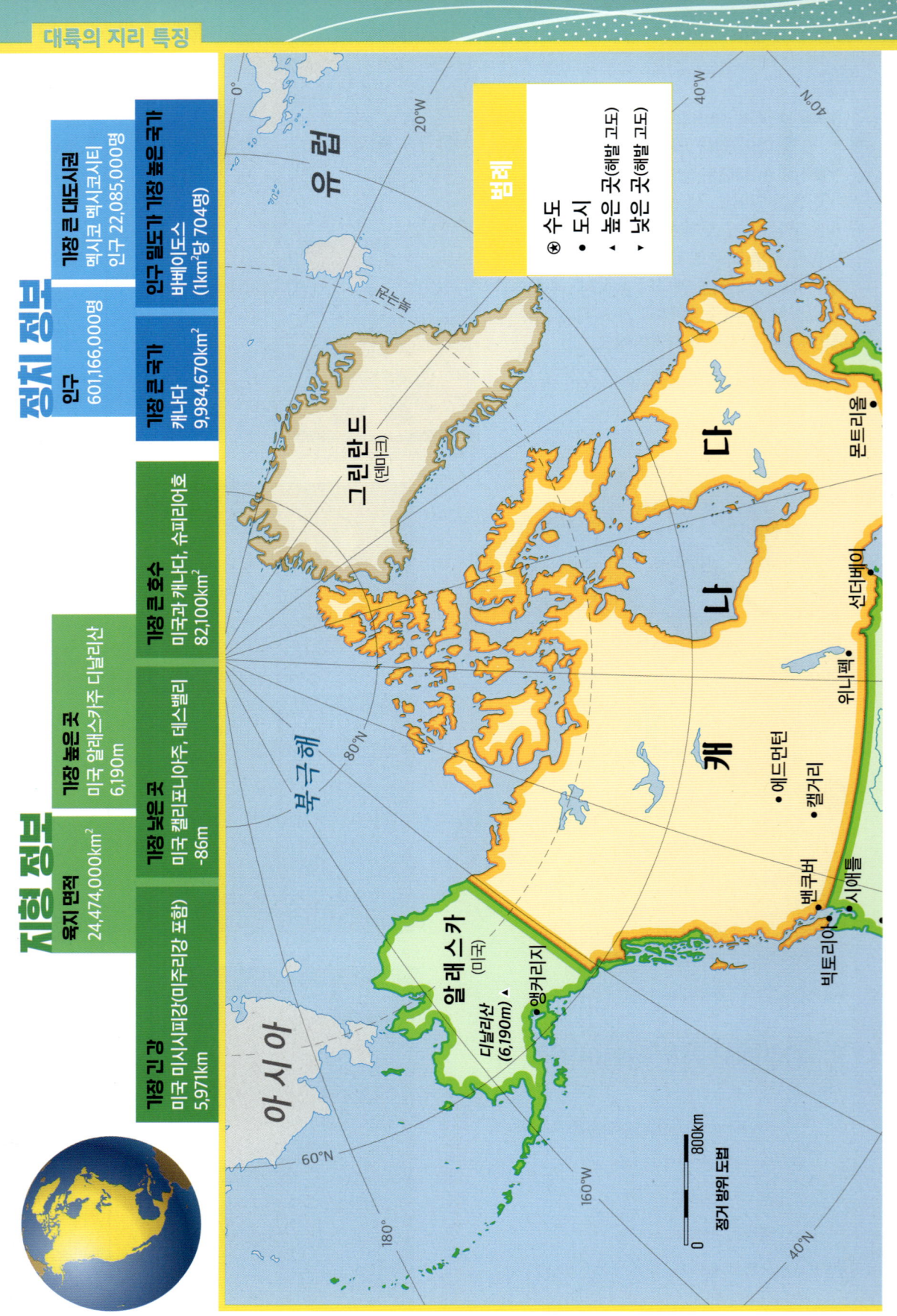

정치 정보

- 인구: 601,166,000명
- 가장 큰 국가: 캐나다 9,984,670km²
- 가장 큰 대도시권: 멕시코 멕시코시티 인구 22,085,000명
- 인구 밀도가 가장 높은 국가: 바베이도스 (1km²당 704명)

지형 정보

- 육지 면적: 24,474,000km²
- 가장 긴 강: 미국 미시시피강(미주리강 포함) 5,971km
- 가장 낮은 곳: 미국 캘리포니아주, 데스밸리 -86m
- 가장 큰 호수: 미국과 캐나다, 슈피리어호 82,100km²
- 가장 높은 곳: 미국 알래스카주 디날리산 6,190m

292

대륙의 지리 특징

남아메리카

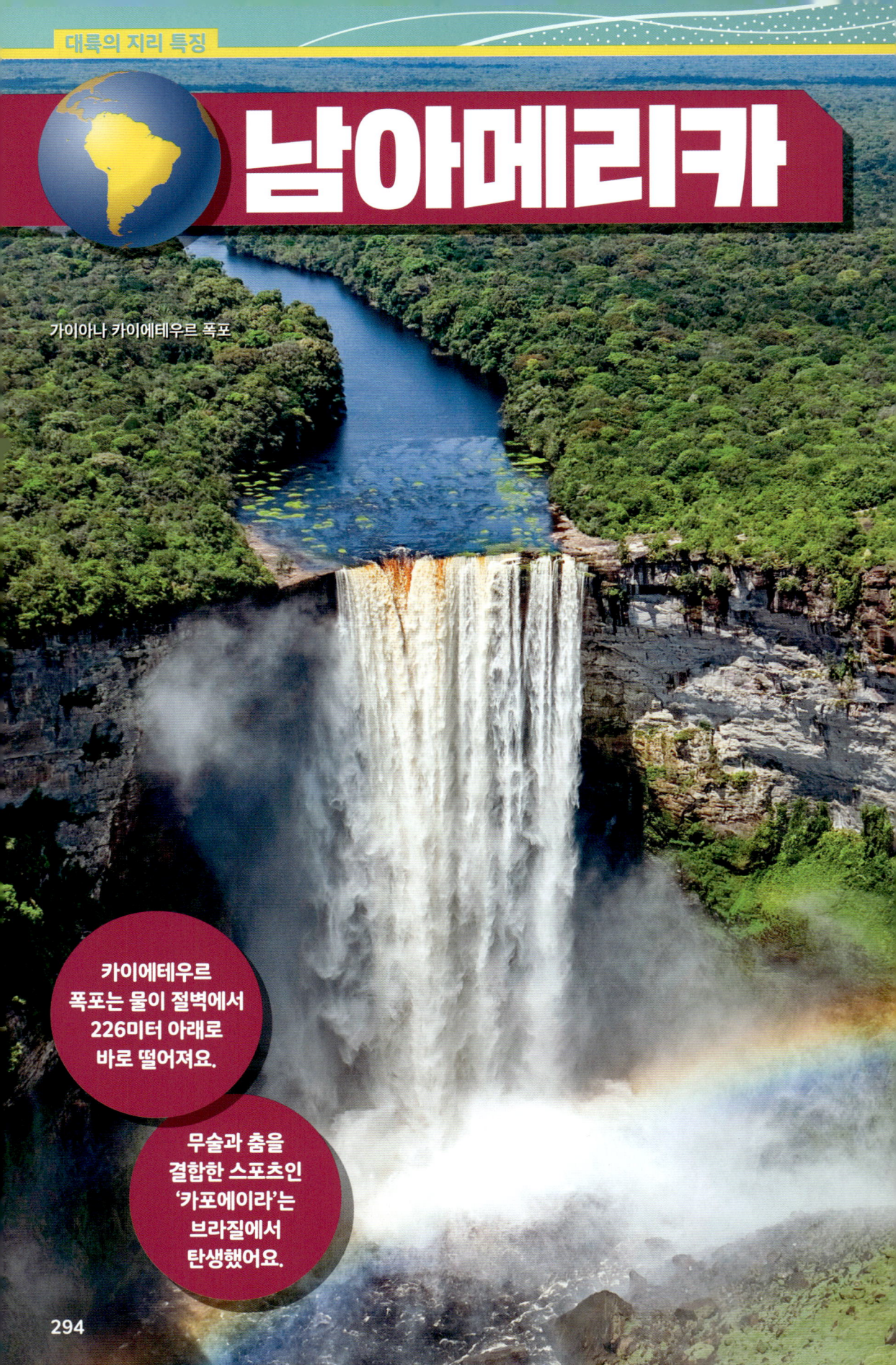

가이아나 카이에테우르 폭포

카이에테우르 폭포는 물이 절벽에서 226미터 아래로 바로 떨어져요.

무술과 춤을 결합한 스포츠인 '카포에이라'는 브라질에서 탄생했어요.

세계의 지리

남아메리카는 카리브해, 대서양, 태평양 등 세 수역*으로 경계가 지어져요. 세계에서 네 번째로 큰 대륙이고 북쪽의 열대 기후에서 남쪽의 아한대 기후에 이르기까지 기후의 범위가 넓어요. 남아메리카는 생물 다양성이 풍부해 견과, 과일, 설탕, 곡물, 커피, 초콜릿 등 다양한 농작물이 생산돼요.

*수역: 바다, 강, 호수 등 물을 기준으로 하는 일정한 구역.

칠레 산티아고의 산티아고 대성당

야생에서 달리기

낙타의 친척인 과나코는 목이 좀 더 긴 작은 라마처럼 보여요. 안데스산맥 초원에 살아요. 시속 56킬로미터의 속도로 달릴 수 있는 아주 빠른 동물이지요. 칠레와 페루의 보호종이에요.

체스의 도시

우루과이의 수도 몬테비데오에서는 오래전부터 체스를 두었어요. 수십 년 이상 이어 온 문화유산이고, 2017년에는 이 도시에서 세계 청소년 체스 대회도 열렸어요. 몬테비데오의 길가나 공원에서는 사람들이 체스를 두는 모습을 흔히 볼 수 있어요.

광대한 지대

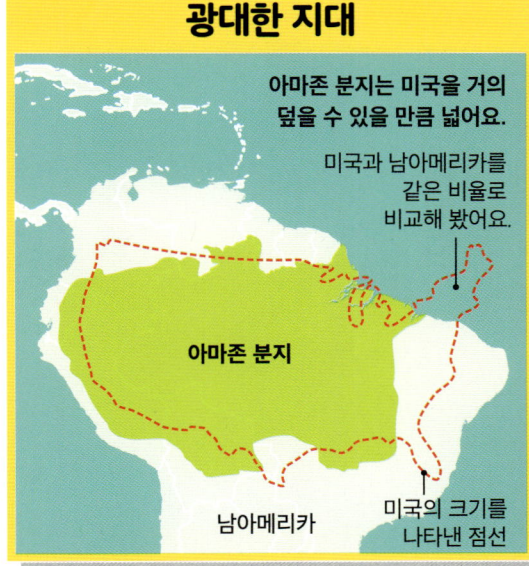

아마존 분지는 미국을 거의 덮을 수 있을 만큼 넓어요.

미국과 남아메리카를 같은 비율로 비교해 봤어요.

아마존 분지

남아메리카

미국의 크기를 나타낸 점선

높은 폭포

베네수엘라의 앙헬 폭포는 케레파쿠파이 폭포라고도 하며, 단일 폭포로는 세계에서 가장 높아요. 높이가 979미터에 달해요. 이 폭포 위를 처음으로 날아간 미국 비행사 지미 에인절의 이름을 땄어요. 에인절을 베네수엘라식으로 읽으면 앙헬이에요.

대륙의 지리 특징

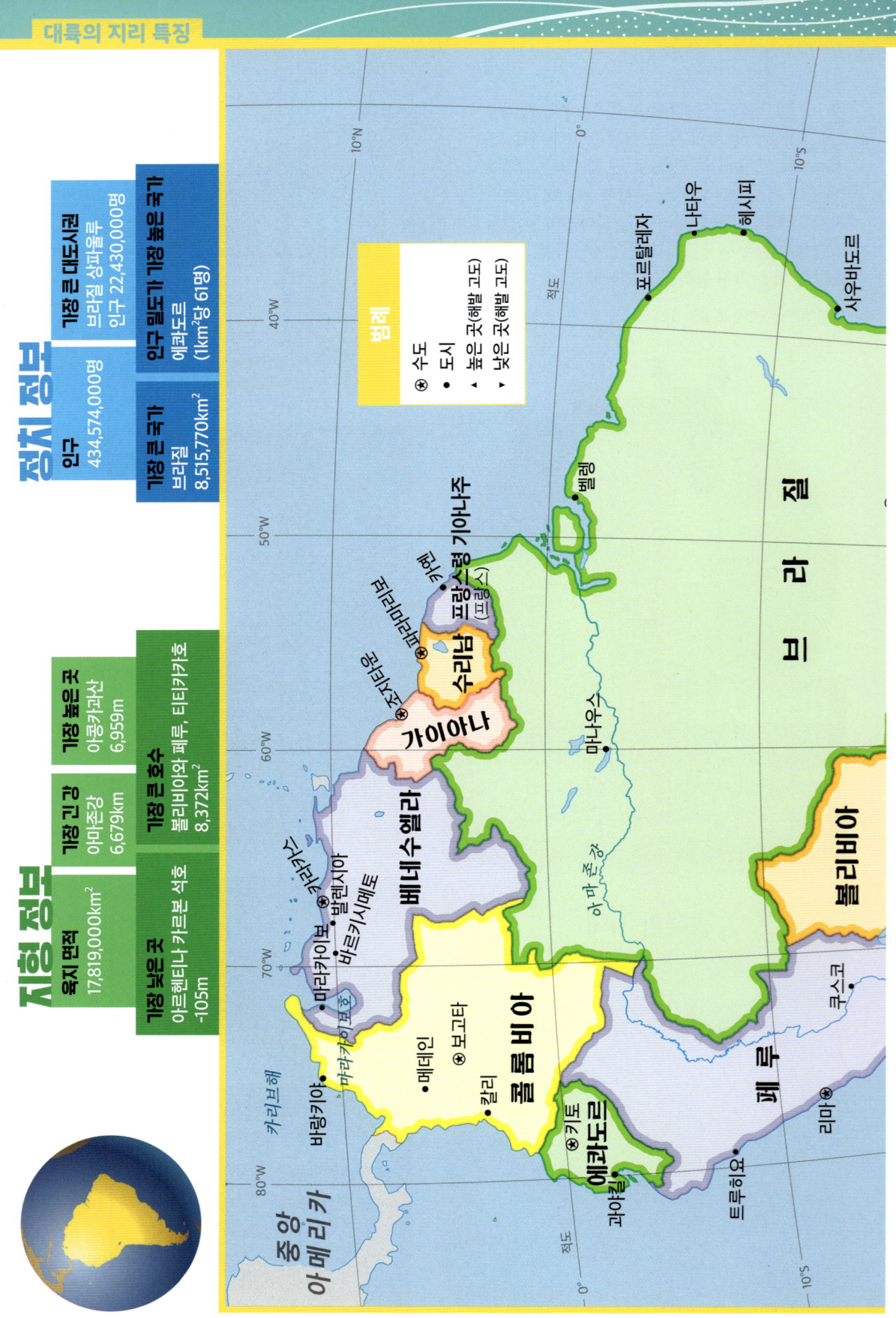

정치 정보

인구	가장 큰 대도시권
434,574,000명	브라질 상파울루 인구 22,430,000명

가장 큰 국가	인구 밀도가 가장 높은 국가
브라질 8,515,770km²	에콰도르 (1km²당 61명)

지형 정보

육지 면적	가장 긴 강	가장 높은 곳
17,819,000km²	아마존강 6,679km	아콩카과산 6,959m

가장 낮은 곳	가장 큰 호수
아르헨티나 카르본 석호 -105m	볼리비아와 페루, 티티카카호 8,372km²

범례
- ⊛ 수도
- • 도시
- ▲ 높은 곳(해발 고도)
- ▼ 낮은 곳(해발 고도)

주요 지명: 카리브해, 바랑키야, 마라카이보, 마라카이보 호, 메데인, 보고타, 칼리, 카라카스, 발렌시아, 바르키시메토, 베네수엘라, 파라마리보, 조지타운, 가이아나, 수리남, 프랑스령 기아나주(프랑스), 카옌, 벨렝, 포르탈레자, 나타우, 헤시피, 사우바도르, 마나우스, 아마존강, 브 라 질, 볼리비아, 쿠스코, 페 루, 리마, 트루히요, 과야킬, 키토, 에콰도르, 중앙 아메리카

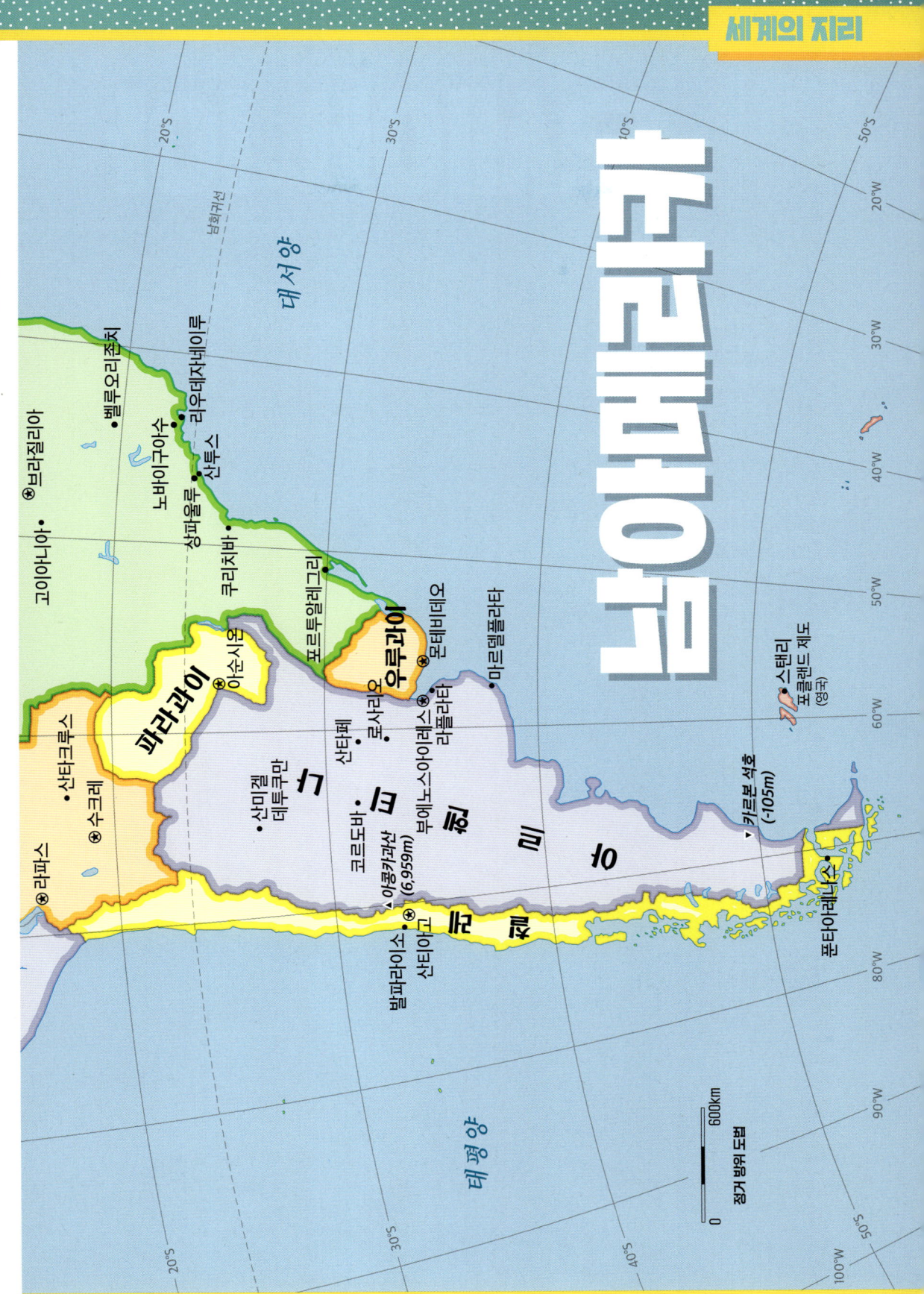

대륙의 지리 특징

오세아니아

붉은다리덤불왈라비 새끼는 태어난 뒤 6개월 동안 어미의 주머니 안에서 지내요.

파푸아 뉴기니에서 쓰이는 언어는 800가지가 넘어요.

붉은다리덤불왈라비

세계의 지리

뉴질랜드의 마오리족 어린이들이 전통 예식 복장을 차려입었어요.

이 넓은 지역은 면적이 거의 850만 킬로미터에 달해요. 오스트레일리아라는 지구에서 가장 작고 평탄한 대륙과 뉴질랜드, 태평양에 넓게 퍼진 작은 섬나라들로 이루어져요. 대부분의 나라들이 적도 아래쪽의 남반구 지역에 위치해요.

다시 늘어나는 왕가루

왕가루에게 좋은 소식이 있어요. 오스트레일리아 내륙에 폭우가 쏟아진 뒤로 그동안 점점 수가 줄어들고 있던 왕가루, 다른 이름으로 노란발바위왈라비라고 하는 유대류 종의 개체수가 조금 늘어났어요. 가뭄 때문에 줄어들고 있던 야생 왕가루에게 희소식이지요.

바위산

원주민들이 '부링구라'라고 일컫는 오스트레일리아 웨스턴오스트레일리아주의 오거스터스산은 세계에서 가장 큰 바위예요. 실제로는 몇 종류의 암석으로 이루어져 있지요. 이 적갈색 바위산은 헐벗은 사막 한가운데의 평원 위로 715미터까지 솟아 있고, 길이는 8킬로미터에 달해요.

놀라운 폐허

태평양 한가운데의 작은 섬 옆에 난마돌이라는 유적이 있어요. 난마돌은 산호초 위에 세워졌던 유일한 고대 도시예요. 한때 폰페이섬을 통치하며 번성했던 사우델레우르 왕조의 유산이랍니다. 지금은 돌로 만든 벽과 기둥만 남아 있어요.

사람보다 많은 동물

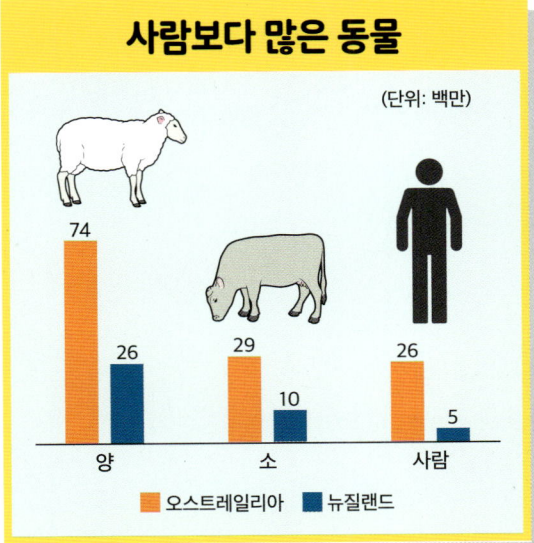

(단위: 백만)

	양	소	사람
오스트레일리아	74	29	26
뉴질랜드	26	10	5

대륙의 지리 특징

지형 정보

육지 면적
8,538,000km²

가장 높은 곳
파푸아 뉴기니 윌헬름산
4,509m

가장 낮은 곳
오스트레일리아 에어호
-15m

가장 긴 강
오스트레일리아 머리강
2,508km

가장 큰 호수
오스트레일리아 에어호
9,690km²

정치 정보

인구
44,285,000명

가장 큰 대도시권
오스트레일리아 멜버른
인구 5,151,000명

가장 큰 국가
오스트레일리아
7,741,220km²

인구 밀도가 가장 높은 국가
나우루
(1km²당 476명)

범례
- ⊛ 수도
- • 도시
- ▲ 높은 곳(해발 고도)
- ▼ 낮은 곳(해발 고도)

*메르카토르 도법: 중심이 되는 경선에서 가까운 지역의 위치를 비교적 정확한 각도로 파악할 수 있는 지도 제작법. 대축척 지도를 만들 때 유리하다.

대륙의 지리 특징

남극 대륙

혹등고래

남극 대륙에는 활화산도 있어요.

혹등고래는 여름에 남극 대륙의 주변 바다에서 주로 크릴을 먹어요.

세계의 지리

얼

어붙은 이 대륙은 지구에서 손꼽히게 멋진 장소이지만, 우리는 펭귄이 아니라서 남극에 오래 머물 수 없어요. 가장 춥고, 바람이 많이 불고, 건조한 대륙이라서 남극점을 둘러싼 이 땅에 많은 사람이 늘 거주하기는 힘들어요.

웨들해물범

극한의 마라톤
매년 전 세계에서 모인 수십 명의 사람들이 남극 대륙의 얼음 벌판을 달리는 마라톤에 참가해요. 참가자들은 평균 기온 영하 20도의 찬바람을 맞으며 달리지요.

그 어느 때보다 따뜻해진 날씨
남극 대륙은 점점 따뜻해지고 있어요. 2020년 2월에는 기온이 처음으로 20도를 넘었어요. 남극 대륙은 오늘날 지구에서 가장 빠르게 기온이 오르는 지역으로 손꼽혀요. 전문가들은 남극을 지구 온난화로부터 구하기 위해 노력하고 있어요.

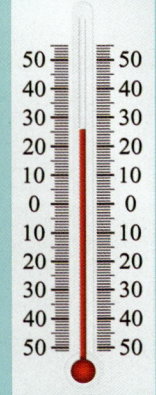

연간 평균 적설량
- 5미터 — 일본 삿포로
- 2미터 — 미국 뉴욕주 버펄로
- 0.2미터 — 남극 대륙 남극점

얼음 밑에 있는 것
최근에 남극 대륙 연구자들은 약 110년 전에 침몰한 배를 바닷속에서 거의 온전한 상태로 발견했어요. 영국 탐험가 어니스트 섀클턴이 탔던 인듀어런스호였어요. 1915년에 웨들해에서 얼음에 갇혀 부서져서 버려졌다가 결국 물속으로 가라앉았고 고스란히 보존되었지요.

303

대륙의 지리 특징

지형 정보

육지 면적
13,660,000km²

가장 높은 곳
빈슨산(빈슨 산괴)
4,892m

가장 낮은 곳
버드 빙하
-2,870m

가장 추운 곳
리지 A,
연간 평균 기온 -70℃

남극 고원의 평균 강수량
5cm 이하

정치 정보

인구
토착민이 없는 지역이지만, 여름 동안 혹은 1년 내내 연구 기지에서 생활하는 인구가 약간 있다.

독립국 수
0

영유권을 주장하는 국가의 수
7

1년 내내 연구 기지를 운영하는 국가의 수
20

1년 내내 운영되는 연구 기지의 수
40

범례
- ▲ 높은 곳(해발 고도)
- ▼ 낮은 곳(해발 고도)
- + 산봉우리

남극은 어느 나라의 영토일까?

어느 나라의 것도 아니에요.
하지만 7개 국가가 이 얼어붙은 대륙을
나누어 영유권을 주장하고 있어요.

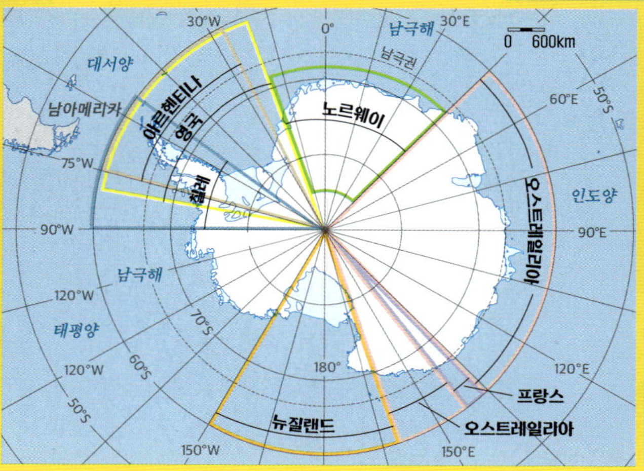

세계의 국가들

내셔널지오그래픽에서 파악한 195개 독립국에 대한 기본 정보를 소개합니다. 가장 최근인 2011년에 독립한 남수단도 포함하지요.

모든 독립국의 국기는 다양한 문화와 역사를 상징해요. 통계 자료는 지리와 인구 등 각 나라에 대한 간략한 정보를 제공해요. 이는 일반적인 특징일 뿐 종합적인 사실은 아니에요. 예를 들어 한 나라에서 쓰는 모든 언어를 나열할 수는 없으므로 대표적인 언어들을 중심으로 표기하지요. 종교도 마찬가지예요.

하나의 국가는 국민, 독립 정부, 영토가 있고 대부분은 군사, 조세 제도를 갖춘 정치적인 집단으로 규정해요.

북키프로스나 타이완처럼 논쟁이 있는 지역과 버뮤다 제도, 푸에르토리코처럼 다른 독립국의 자치령은 포함시키지 않았어요.

아래 지도와 책장 아래쪽의 대륙별 색상 안내를 보면 각 나라가 어떤 대륙에 위치하는지 쉽게 알 수 있어요. 수도 인구에는 수도권의 인구도 포함돼요. 모든 정보는 이 책이 출간된 시점의 사실이에요.

대륙별 색상 구분

가나

- **면적:** 238,533km^2
- **인구:** 34,121,000명
- **수도:** 아크라 (인구: 2,605,000명)
- **화폐 단위:** 세디
- **종교:** 개신교, 로마 가톨릭교, 다른 기독교, 이슬람교, 전통 신앙
- **언어:** 아샨티어, 에웨어, 판티어, 영어

감비아

- **면적:** 11,300km^2
- **인구:** 2,773,000명
- **수도:** 반줄 (인구: 470,000명)
- **화폐 단위:** 달라시
- **종교:** 이슬람교, 기독교
- **언어:** 영어, 만데어, 월로프어, 풀풀데어

가봉

- **면적:** 267,667km^2
- **인구:** 2,436,000명
- **수도:** 리브르빌 (인구: 857,000명)
- **화폐 단위:** 중앙아프리카 세파 프랑
- **종교:** 로마 가톨릭교, 개신교, 기타 기독교, 이슬람교
- **언어:** 프랑스어, 팡어, 미옌어, 은제비어, 바푸누/에시라어, 반자비어

과테말라

- **면적:** 108,889km^2
- **인구:** 18,092,000명
- **수도:** 과테말라시티 (인구: 3,036,000명)
- **화폐 단위:** 케찰
- **종교:** 로마 가톨릭교, 개신교, 토속 신앙
- **언어:** 에스파냐어, 마야어

가이아나

- **면적:** 214,969km^2
- **인구:** 813,000명
- **수도:** 조지타운 (인구: 110,000명)
- **화폐 단위:** 가이아나 달러
- **종교:** 힌두교, 개신교, 로마 가톨릭교, 기타 기독교, 이슬람교
- **언어:** 영어, 가이아나 크리올, 아메리카 원주민 언어, 가이아나 힌디어, 중국어

그레나다

- **면적:** 344km^2
- **인구:** 126,000명
- **수도:** 세인트조지스 (인구: 39,000명)
- **화폐 단위:** 동카리브 달러
- **종교:** 개신교, 로마 가톨릭교
- **언어:** 영어, 프랑스 크리올

 대륙별 색상 ● 아시아 ● 유럽 ● 아프리카

세계의 지리

그리스
- 면적: 131,957km^2
- 인구: 10,534,000명
- 수도: 아테네 (인구: 3,154,000명)
- 화폐 단위: 유로
- 종교: 그리스 정교회
- 언어: 그리스어

기니비사우
- 면적: 36,125km^2
- 인구: 2,150,000명
- 수도: 비사우 (인구: 643,000명)
- 화폐 단위: 서아프리카 세파 프랑
- 종교: 이슬람교, 기독교, 토속 신앙
- 언어: 포르투갈 크리올, 포르투갈어, 풀풀데어, 만데어

기니
- 면적: 245,857km^2
- 인구: 14,190,000명
- 수도: 코나크리 (인구: 2,049,000명)
- 화폐 단위: 기니 프랑
- 종교: 이슬람교, 기독교, 토속 신앙
- 언어: 프랑스어, 아프리카 언어

나미비아
- 면적: 824,292km^2
- 인구: 2,604,000명
- 수도: 빈트후크 (인구: 461,000명)
- 화폐 단위: 나미비아 달러, 남아프리카공화국 랜드
- 종교: 기독교, 토속 신앙
- 언어: 토착어, 아프리칸스어, 영어

오늘의 과테말라

과테말라 안티과에서는 화려한 색깔로 칠하고 개조한 버스들을 '치킨버스'라고 불러요.

● 북아메리카, 중앙아메리카 ● 남아메리카 ● 오세아니아

나우루

- **면적:** 21km²
- **인구:** 12,000명
- **수도:** 야렌 (인구: 800명)
- **화폐 단위:** 오스트레일리아 달러
- **종교:** 개신교, 로마 가톨릭교
- **언어:** 나우루어, 영어

네팔

- **면적:** 147,181km²
- **인구:** 30,896,000명
- **수도:** 카트만두 (인구: 1,521,000명)
- **화폐 단위:** 네팔 루피
- **종교:** 힌두교, 불교
- **언어:** 네팔어, 마이틸어

나이지리아

- **면적:** 923,768km²
- **인구:** 234,804,000명
- **수도:** 아부자 (인구: 3,652,000명)
- **화폐 단위:** 나이라
- **종교:** 이슬람교, 로마 가톨릭교, 기타 기독교
- **언어:** 영어, 토착어

노르웨이

- **면적:** 323,802km²
- **인구:** 5,474,000명
- **수도:** 오슬로 (인구: 1,071,000명)
- **화폐 단위:** 노르웨이 크로네
- **종교:** 개신교
- **언어:** 보크몰 노르웨이어, 뉘노르스크 노르웨이어

남수단

- **면적:** 644,329km²
- **인구:** 11,088,000명
- **수도:** 주바 (인구: 440,000명)
- **화폐 단위:** 남수단 파운드
- **종교:** 정령 신앙, 기독교, 이슬람교
- **언어:** 영어, 아랍어, 딩카어, 누에르어, 바리어, 잔데어, 실루크어

뉴질랜드

- **면적:** 268,838km²
- **인구:** 5,228,000명
- **수도:** 웰링턴 (인구: 419,000명)
- **화폐 단위:** 뉴질랜드 달러
- **종교:** 로마 가톨릭교, 개신교
- **언어:** 영어, 마오리어

남아프리카 공화국(남아공)

- **면적:** 1,219,090km²
- **인구:** 60,414,000명
- **수도:** 프리토리아 (인구: 2,740,000명), 케이프타운 (인구: 4,801,000명), 블룸폰테인 (인구: 588,000명)
- **화폐 단위:** 랜드
- **종교:** 기독교, 토속 신앙, 정령 신앙
- **언어:** 줄루어, 코사어, 기타 토착어, 아프리칸스어. 영어

니제르

- **면적:** 1,267,000km²
- **인구:** 27,202,000명
- **수도:** 니아메 (인구: 1,384,000명)
- **화폐 단위:** 서아프리카 세파 프랑
- **종교:** 이슬람교
- **언어:** 프랑스어, 하우사어, 제르마어

네덜란드

- **면적:** 41,543km²
- **인구:** 17,618,000명
- **수도:** 암스테르담 (인구: 1,166,000명)
- **화폐 단위:** 유로
- **종교:** 로마 가톨릭교, 개신교, 이슬람교
- **언어:** 네덜란드어, 프리슬란트어

니카라과

- **면적:** 130,370km²
- **인구:** 7,046,000명
- **수도:** 마나과 (인구: 1,083,000명)
- **화폐 단위:** 코르도바 오로
- **종교:** 로마 가톨릭교, 개신교
- **언어:** 에스파냐어

대륙별 색상 ● 아시아 ● 유럽 ● 아프리카

세계의 지리

대한민국
- **면적:** 100,363km²
- **인구:** 51,377,000명
- **수도:** 서울 (인구: 9,409,000명)
- **화폐 단위:** 원
- **종교:** 불교, 개신교, 로마 가톨릭교
- **언어:** 한국어

동티모르
- **면적:** 14,874km²
- **인구:** 1,360,000명
- **수도:** 딜리 (인구: 281,000명)
- **화폐 단위:** 미국 달러
- **종교:** 로마 가톨릭교
- **언어:** 테툼어, 맘바이어, 마카사이어, 포르투갈어, 인도네시아어, 영어

덴마크
- **면적:** 43,094km²
- **인구:** 5,910,000명
- **수도:** 코펜하겐 (인구: 1,370,000명)
- **화폐 단위:** 덴마크 크로네
- **종교:** 개신교, 이슬람교
- **언어:** 덴마크어, 페로어, 그린란드어, 영어

라오스
- **면적:** 236,800km²
- **인구:** 7,633,000명
- **수도:** 비엔티안 (인구: 706,000명)
- **화폐 단위:** 라오 키프
- **종교:** 불교, 토속 신앙
- **언어:** 라오어, 프랑스어, 영어, 여러 민족어

도미니카 공화국
- **면적:** 48,670km²
- **인구:** 11,332,000명
- **수도:** 산토도밍고 (인구: 3,458,000명)
- **화폐 단위:** 도미니카 페소
- **종교:** 로마 가톨릭교
- **언어:** 에스파냐어

라이베리아
- **면적:** 111,369km²
- **인구:** 5,418,000명
- **수도:** 몬로비아 (인구: 1,623,000명)
- **화폐 단위:** 라이베리아 달러
- **종교:** 기독교, 이슬람교, 토속 신앙
- **언어:** 영어, 토착어

도미니카 연방
- **면적:** 751km²
- **인구:** 73,000명
- **수도:** 로조 (인구: 15,000명)
- **화폐 단위:** 동카리브 달러
- **종교:** 로마 가톨릭교, 개신교
- **언어:** 영어, 프랑스어 방언

라트비아
- **면적:** 64,589km²
- **인구:** 1,830,000명
- **수도:** 리가 (인구: 625,000명)
- **화폐 단위:** 유로
- **종교:** 개신교, 로마 가톨릭교, 동방 정교회
- **언어:** 라트비아어, 러시아어

독일
- **면적:** 357,022km²
- **인구:** 83,294,000명
- **수도:** 베를린 (인구: 3,571,000명)
- **화폐 단위:** 유로
- **종교:** 로마 가톨릭교, 개신교, 이슬람교
- **언어:** 독일어

러시아
- **면적:** 17,098,242km²
- **인구:** 144,444,000명
- **수도:** 모스크바 (인구: 12,641,000명)
- **화폐 단위:** 러시아 루블
- **종교:** 러시아 정교회, 이슬람교
- **언어:** 러시아어

참고: 러시아는 유럽과 아시아에 걸쳐 있지만, 수도가 유럽에 있어서 유럽 국가로 분류했어요.

● 북아메리카, 중앙아메리카　● 남아메리카　● 오세아니아

레바논

- **면적:** 10,400km^2
- **인구:** 5,353,000명
- **수도:** 베이루트 (인구: 2,433,000명)
- **화폐 단위:** 레바논 파운드
- **종교:** 이슬람교, 기독교
- **언어:** 아랍어, 프랑스어, 영어, 아르메니아어

리비아

- **면적:** 1,759,540km^2
- **인구:** 6,888,000명
- **수도:** 트리폴리 (인구: 1,176,000명)
- **화폐 단위:** 리비아 디나르
- **종교:** 이슬람교
- **언어:** 아랍어, 이탈리아어, 영어, 베르베르어

레소토

- **면적:** 30,355km^2
- **인구:** 2,330,000명
- **수도:** 마세루 (인구: 202,000명)
- **화폐 단위:** 로티
- **종교:** 개신교, 로마 가톨릭교, 기타 기독교
- **언어:** 세소토어, 영어, 줄루어, 코사어

리투아니아

- **면적:** 65,300km^2
- **인구:** 2,718,000명
- **수도:** 빌뉴스 (인구: 541,000명)
- **화폐 단위:** 유로
- **종교:** 로마 가톨릭교
- **언어:** 리투아니아어

루마니아

- **면적:** 238,391km^2
- **인구:** 19,892,000명
- **수도:** 부쿠레슈티 (인구: 1,785,000명)
- **화폐 단위:** 루마니아 레우
- **종교:** 동방 정교회, 개신교
- **언어:** 루마니아어, 헝가리어

리히텐슈타인

- **면적:** 160km^2
- **인구:** 39,000명
- **수도:** 파두츠 (인구: 5,000명)
- **화폐 단위:** 스위스 프랑
- **종교:** 로마 가톨릭교, 개신교, 이슬람교
- **언어:** 독일어

룩셈부르크

- **면적:** 2,586km^2
- **인구:** 654,000명
- **수도:** 룩셈부르크 (인구: 120,000명)
- **화폐 단위:** 유로
- **종교:** 로마 가톨릭교
- **언어:** 룩셈부르크어, 포르투갈어, 독일어, 프랑스어

마다가스카르

- **면적:** 587,041km^2
- **인구:** 30,325,000명
- **수도:** 안타나나리보 (인구: 3,700,000명)
- **화폐 단위:** 아리아리
- **종교:** 기독교, 토속 신앙, 이슬람교
- **언어:** 프랑스어, 말라가시어, 영어

르완다

- **면적:** 26,338km^2
- **인구:** 14,094,000명
- **수도:** 키갈리 (인구: 1,208,000명)
- **화폐 단위:** 르완다 프랑
- **종교:** 로마 가톨릭교, 개신교
- **언어:** 키냐르완다어(르완다어), 프랑스어, 영어, 스와힐리어

마다가스카르는 세계에서 가장 큰 여우원숭이 종인 인드리원숭이의 고향이에요. 아장아장 걷는 사람 아기만큼 자랄 수 있어요.

대륙별 색상 ● 아시아 ● 유럽 ● 아프리카

세계의 지리

마셜 제도
- **면적:** 181km²
- **인구:** 41,000명
- **수도:** 마주로 (인구: 31,000명)
- **화폐 단위:** 미국 달러
- **종교:** 개신교, 로마 가톨릭교, 모르몬교
- **언어:** 마셜어, 영어

말레이시아
- **면적:** 329,847km²
- **인구:** 34,308,000명
- **수도:** 쿠알라룸푸르 (인구: 8,420,000명)
- **화폐 단위:** 링깃
- **종교:** 이슬람교, 불교, 기독교, 힌두교
- **언어:** 말레이어, 영어, 중국어, 타밀어, 텔루구어, 말라얄람어

말라위
- **면적:** 118,484km²
- **인구:** 20,931,000명
- **수도:** 릴롱궤 (인구: 1,222,000명)
- **화폐 단위:** 말라위 콰차
- **종교:** 개신교, 로마 가톨릭교, 기타 기독교, 이슬람교
- **언어:** 영어, 체와어, 기타 반투어

말리
- **면적:** 1,240,192km²
- **인구:** 23,293,000명
- **수도:** 바마코 (인구: 2,817,000명)
- **화폐 단위:** 서아프리카 세파 프랑
- **종교:** 이슬람교
- **언어:** 프랑스어, 밤바라어, 아프리카 언어

오늘의 리비아

트리폴리에서 지중해 쪽에 자리한 붉은 성은 비잔틴 제국 시대에 중요한 요새였어요.

● 북아메리카, 중앙아메리카 ● 남아메리카 ● 오세아니아

멕시코

면적: 1,964,375km^2
인구: 128,455,000명
수도: 멕시코시티
(인구: 22,085,000명)
화폐 단위: 멕시코 페소
종교: 로마 가톨릭교, 개신교
언어: 에스파냐어

모잠비크

면적: 799,380km^2
인구: 33,897,000명
수도: 마푸투 (인구: 1,139,000명)
화폐 단위: 모잠비크 메티칼
종교: 로마 가톨릭교, 개신교, 기타 기독교, 이슬람교
언어: 마쿠와어, 포르투갈어, 지역 언어

모나코

면적: 2km^2
인구: 36,000명
수도: 모나코 (인구: 31,000명)
화폐 단위: 유로
종교: 로마 가톨릭교
언어: 프랑스어, 영어, 이탈리아어, 모나코어

몬테네그로

면적: 13,812km^2
인구: 626,000명
수도: 포드고리차
(인구: 177,000명)
화폐 단위: 유로
종교: 동방 정교회, 이슬람교
언어: 세르비아어, 몬테네그로어

모로코

면적: 446,550km^2
인구: 37,840,000명
수도: 라바트 (인구: 1,932,000명)
화폐 단위: 모로코 디르함
종교: 이슬람교
언어: 아랍어, 타마지그트어, 베르베르어, 프랑스어

몰도바

면적: 33,851km^2
인구: 3,435,000명
수도: 키시너우
(인구: 491,000명)
화폐 단위: 몰도바 레우
종교: 동방 정교회
언어: 몰도바어, 루마니아어, 러시아어

모리셔스

면적: 2,040km^2
인구: 1,300,000명
수도: 포트루이스 (인구: 149,000명)
화폐 단위: 모리셔스 루피
종교: 힌두교, 로마 가톨릭교, 이슬람교, 기타 기독교
언어: 모리셔스 크리올, 영어

몰디브

면적: 298km^2
인구: 523,000명
수도: 말레 (인구: 177,000명)
화폐 단위: 루피야
종교: 이슬람교
언어: 디베히어, 영어

모리타니

면적: 1,030,700km^2
인구: 4,862,000명
수도: 누악쇼트 (인구: 1,432,000명)
화폐 단위: 우기야
종교: 이슬람교
언어: 아랍어, 풀풀데어, 소닝케어, 월로프어, 프랑스어

몰타

면적: 316km^2
인구: 535,000명
수도: 발레타 (인구: 213,000명)
화폐 단위: 유로
종교: 로마 가톨릭교
언어: 몰타어, 영어

몽골

면적: 1,564,116km²
인구: 3,447,000명
수도: 울란바토르
(인구: 1,645,000명)
화폐 단위: 투그릭
종교: 불교
언어: 몽골어, 튀르크어, 러시아어

3가지 미크로네시아에 대한 멋진 사실

1. 미크로네시아는 서태평양에서 약 2730킬로미터 거리에 흩어져 있는 600여 개의 섬과 환초로 이루어져 있어요.

2. 미크로네시아의 추크 환초호에는 침몰한 일본 함선이 60척 넘게 있어서 잠수부들이 탐사하곤 해요.

3. 전통적인 화폐인 '라이'는 어른 키만 한 돌인데, 지금도 미크로네시아의 야프섬에서는 결혼식 같은 중요한 행사 때 주고받곤 해요.

미국

면적: 9,833,517km²
인구: 339,996,000명
수도: 워싱턴 D.C.
(인구: 670,000명)
화폐 단위: 미국 달러
종교: 개신교, 로마 가톨릭교
언어: 영어, 에스파냐어, 아메리카 원주민 언어

미얀마

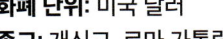

면적: 676,578km²
인구: 54,577,000명
수도: 네피도 (인구: 683,000명)
화폐 단위: 차트
종교: 불교, 기독교
언어: 버마어

바레인

면적: 760km²
인구: 1,485,000명
수도: 마나마 (인구: 689,000명)
화폐 단위: 바레인 디나르
종교: 이슬람교, 기독교
언어: 아랍어, 영어, 페르시아어, 우르두어

미크로네시아

면적: 702km²
인구: 115,000명
수도: 팔리키르 (인구: 7,000명)
화폐 단위: 미국 달러
종교: 로마 가톨릭교, 개신교
언어: 영어, 추크어, 코스라에어, 폰페이어, 기타 토착어

바베이도스

면적: 430km²
인구: 281,000명
수도: 브리지타운 (인구: 89,000명)
화폐 단위: 바베이도스 달러
종교: 개신교, 기타 기독교
언어: 영어, 크리올

바누아투

면적: 12,189 km²
인구: 334,000명
수도: 빌라 (인구: 53,000명)
화폐 단위: 바투
종교: 개신교, 로마 가톨릭교, 토속 신앙
언어: 지역 언어, 비슬라마어, 영어, 프랑스어

바티칸 시국

면적: 0.44km²
인구: 1,000명
수도: 바티칸 (인구: 1,000명)
화폐 단위: 유로
종교: 로마 가톨릭교
언어: 이탈리아어, 라틴어, 프랑스어

● 북아메리카, 중앙아메리카   ● 남아메리카   ● 오세아니아

세계의 국가들

바하마
- **면적:** 13,880km²
- **인구:** 412,000명
- **수도:** 나소 (인구: 280,000명)
- **화폐 단위:** 바하마 달러
- **종교:** 개신교, 로마 가톨릭교, 기타 기독교
- **언어:** 영어, 크리올

베트남은 **세계 최대의 캐슈너트** 생산국이자 수출국이에요.

방글라데시
- **면적:** 148,460km²
- **인구:** 172,954,000명
- **수도:** 다카 (인구: 22,478,000명)
- **화폐 단위:** 타카
- **종교:** 이슬람교, 힌두교
- **언어:** 벵골어

벨기에
- **면적:** 30,528km²
- **인구:** 11,686,000명
- **수도:** 브뤼셀 (인구: 2,111,000명)
- **화폐 단위:** 유로
- **종교:** 로마 가톨릭교, 이슬람교
- **언어:** 네덜란드어, 프랑스어, 독일어

베냉
- **면적:** 112,622km²
- **인구:** 13,712,000명
- **수도:** 포르토노보 (인구: 285,000명),
- **화폐 단위:** 서아프리카 세파 프랑
- **종교:** 이슬람교, 로마 가톨릭교, 개신교, 부두교, 기타 기독교
- **언어:** 프랑스어, 폰어, 요루바어, 여러 부족 언어

벨라루스
- **면적:** 207,600km²
- **인구:** 9,498,000명
- **수도:** 민스크 (인구: 2,049,000명)
- **화폐 단위:** 벨라루스 루블
- **종교:** 동방 정교회, 로마 가톨릭교
- **언어:** 러시아어, 벨라루스어

베네수엘라
- **면적:** 912,050km²
- **인구:** 28,838,000명
- **수도:** 카라카스 (인구: 2,957,000명)
- **화폐 단위:** 베네수엘라 볼리바르
- **종교:** 로마 가톨릭교
- **언어:** 에스파냐어, 수많은 방언

벨리즈
- **면적:** 22,966km²
- **인구:** 410,000명
- **수도:** 벨모판 (인구: 23,000명)
- **화폐 단위:** 벨리즈 달러
- **종교:** 로마 가톨릭교, 개신교
- **언어:** 영어, 에스파냐어, 크리올, 마야어

베트남
- **면적:** 331,210km²
- **인구:** 98,858,000명
- **수도:** 하노이 (인구: 5,067,000명)
- **화폐 단위:** 동
- **종교:** 불교, 로마 가톨릭교
- **언어:** 베트남어, 영어, 프랑스어, 중국어, 크메르어, 몬크메르어, 말레이폴리네시아어

보스니아 헤르체고비나
- **면적:** 51,197km²
- **인구:** 3,210,000명
- **수도:** 사라예보 (인구: 344,000명)
- **화폐 단위:** 태환 마르카
- **종교:** 이슬람교, 동방 정교회, 로마 가톨릭교
- **언어:** 보스니아어, 세르비아어, 크로아티아어

대륙별 색상 ● 아시아 ● 유럽 ● 아프리카

보츠와나

면적: 581,730km^2
인구: 2,675,000명
수도: 가보로네 (인구: 269,000명)
화폐 단위: 풀라
종교: 기독교
언어: 츠와나어, 칼랑가어, 크갈라가디어, 영어

부룬디

면적: 27,830km^2
인구: 13,238,000명
수도: 기테가 (인구: 135,000명), 부줌부라 (인구: 1,139,000명)
화폐 단위: 부룬디 프랑
종교: 로마 가톨릭교, 개신교
언어: 키룬디어, 프랑스어, 영어, 스와힐리어

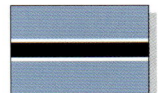

볼리비아

면적: 1,098,581km^2
인구: 12,388,000명
수도: 라파스 (인구: 1,908,000명), 수크레 (인구: 278,000명)
화폐 단위: 볼리비아노
종교: 로마 가톨릭교, 개신교
언어: 에스파냐어, 케추아어, 아이마라어, 과라니어

부르키나파소

면적: 274,200km^2
인구: 23,251,000명
수도: 와가두구 (인구: 3,056,000명)
화폐 단위: 서아프리카 세파 프랑
종교: 이슬람교, 로마 가톨릭교, 토속 신앙 또는 정령 신앙, 개신교
언어: 프랑스어, 아프리카 언어

오늘의 보츠와나

보츠와나에서 아프리카코끼리 수컷이 카메라를 마주했어요. 보츠와나는 세계에서 코끼리가 가장 많은 나라예요.

세계의 국가들

부탄
- **면적:** 38,394km²
- **인구:** 787,000명
- **수도:** 팀푸 (인구: 203,000명)
- **화폐 단위:** 눌트룸, 인도 루피
- **종교:** 불교, 힌두교
- **언어:** 샤촙어, 종카어, 로참파어

북한
- **면적:** 120,538km²
- **인구:** 26,160,000명
- **수도:** 평양 (인구: 3,133,000명)
- **화폐 단위:** 북한 원
- **종교:** 불교, 유교, 기독교, 천도교
- **언어:** 한국어

북마케도니아
- **면적:** 25,713km²
- **인구:** 2,085,000명
- **수도:** 스코페 (인구: 606,000명)
- **화폐 단위:** 데나르
- **종교:** 마케도니아 정교회, 이슬람교
- **언어:** 마케도니아어, 알바니아어

불가리아
- **면적:** 110,879km²
- **인구:** 6,687,000명
- **수도:** 소피아 (인구: 1,287,000명)
- **화폐 단위:** 레프
- **종교:** 동방 정교회, 이슬람교
- **언어:** 불가리아

오늘의 북한

북한의 평양 광장에서 주민들이 단체로 춤을 추고 있어요.

대륙별 색상 ● 아시아 ● 유럽 ● 아프리카

세계의 지리

브라질
- **면적:** 8,515,770km²
- **인구:** 216,422,000명
- **수도:** 브라질리아 (인구: 4,804,000명)
- **화폐 단위:** 헤알
- **종교:** 로마 가톨릭교, 개신교
- **언어:** 포르투갈어

상투메 프린시페
- **면적:** 964km²
- **인구:** 231,000명
- **수도:** 상투메 (인구: 80,000명)
- **화폐 단위:** 도브라
- **종교:** 로마 가톨릭교, 개신교
- **언어:** 포르투갈어, 크리올

브루나이
- **면적:** 5,765km²
- **인구:** 452,000명
- **수도:** 반다르스리브가완 (인구: 241,000명)
- **화폐 단위:** 브루나이 달러
- **종교:** 이슬람교, 기독교, 불교, 토속 신앙
- **언어:** 말레이어, 영어, 중국어

세네갈
- **면적:** 196,722km²
- **인구:** 17,763,000명
- **수도:** 다카르 (인구: 3,326,000명)
- **화폐 단위:** 서아프리카 세파 프랑
- **종교:** 이슬람교
- **언어:** 프랑스어, 월로프어, 기타 토착어

사모아
- **면적:** 2,831km²
- **인구:** 225,000명
- **수도:** 아피아 (인구: 36,000명)
- **화폐 단위:** 탈라
- **종교:** 개신교, 로마 가톨릭교, 모르몬교
- **언어:** 사모아어, 영어

세르비아
- **면적:** 77,474km²
- **인구:** 7,149,000명
- **수도:** 베오그라드 (인구: 1,405,000명)
- **화폐 단위:** 세르비아 디나르
- **종교:** 동방 정교회, 로마 가톨릭교
- **언어:** 세르비아어

사우디아라비아
- **면적:** 2,149,690km²
- **인구:** 36,947,000명
- **수도:** 리야드 (인구: 7,538,000명)
- **화폐 단위:** 사우디아라비아 리얄
- **종교:** 이슬람교
- **언어:** 아랍어

세이셸
- **면적:** 455km²
- **인구:** 107,000명
- **수도:** 빅토리아 (인구: 28,000명)
- **화폐 단위:** 세이셸 루피
- **종교:** 로마 가톨릭교, 개신교
- **언어:** 세이셸 크리올, 영어, 프랑스어

산마리노
- **면적:** 61km²
- **인구:** 34,000명
- **수도:** 산마리노 (인구: 4,000명)
- **화폐 단위:** 유로
- **종교:** 로마 가톨릭교
- **언어:** 이탈리아어

세인트루시아
- **면적:** 616km²
- **인구:** 180,000명
- **수도:** 캐스트리스 (인구: 22,000명)
- **화폐 단위:** 동카리브 달러
- **종교:** 로마 가톨릭교, 개신교
- **언어:** 영어, 프랑스어 방언

● 북아메리카, 중앙아메리카 ● 남아메리카 ● 오세아니아

세인트빈센트 그레나딘

- **면적:** 389km²
- **인구:** 103,000명
- **수도:** 킹스타운 (인구: 27,000명)
- **화폐 단위:** 동카리브 달러
- **종교:** 개신교, 로마 가톨릭교
- **언어:** 영어, 빈센트 크리올, 프랑스어 방언

수리남

- **면적:** 163,820km²
- **인구:** 623,000명
- **수도:** 파라마리보 (인구: 239,000명)
- **화폐 단위:** 수리남 달러
- **종교:** 개신교, 힌두교, 로마 가톨릭교, 이슬람교
- **언어:** 네덜란드어, 영어, 수리남어, 카리브 힌두스탄어, 자바어

세인트키츠 네비스

- **면적:** 261km²
- **인구:** 48,000명
- **수도:** 바스테르 (인구: 14,000명)
- **화폐 단위:** 동카리브 달러
- **종교:** 개신교, 로마 가톨릭교
- **언어:** 영어

> 수리남은 세계에서 몇 안 되는 **탄소 음성 국가**예요. 즉 수리남 국민의 활동으로 배출하는 양보다 더 많은 온실가스를 숲이 흡수한다는 뜻이에요.

소말리아

- **면적:** 637,657km²
- **인구:** 18,143,000명
- **수도:** 모가디슈 (인구: 2,497,000명)
- **화폐 단위:** 소말리아 실링
- **종교:** 이슬람교
- **언어:** 소말리어, 아랍어, 이탈리아어, 영어

스리랑카

- **면적:** 65,610km²
- **인구:** 21,893,000명
- **수도:** 콜롬보 (인구: 626,000명), 스리자야와르데네푸라코테 (인구: 103,000명)
- **화폐 단위:** 스리랑카 루피
- **종교:** 불교, 이슬람교, 힌두교, 로마 가톨릭교
- **언어:** 싱할라어, 타밀어, 영어

솔로몬 제도

- **면적:** 28,896m²
- **인구:** 740,000명
- **수도:** 호니아라 (인구: 82,000명)
- **화폐 단위:** 솔로몬 제도 달러
- **종교:** 개신교, 로마 가톨릭교
- **언어:** 멜라네시아 피진, 영어, 토착어

스웨덴

- **면적:** 450,295km²
- **인구:** 10,612,000명
- **수도:** 스톡홀름 (인구: 1,679,000명)
- **화폐 단위:** 스웨덴 크로나
- **종교:** 개신교
- **언어:** 스웨덴어

수단

- **면적:** 1,861,484km²
- **인구:** 48,109,000명
- **수도:** 하르툼 (인구: 6,161,000명)
- **화폐 단위:** 수단 파운드
- **종교:** 이슬람교
- **언어:** 아랍어, 영어, 누비아어, 타베다위어, 푸르어

스위스

- **면적:** 41,277km²
- **인구:** 8,796,000명
- **수도:** 베른 (인구: 437,000명)
- **화폐 단위:** 스위스 프랑
- **종교:** 로마 가톨릭교, 개신교, 기타 기독교, 이슬람교
- **언어:** 독일어(스위스 독일어), 프랑스어, 이탈리아어, 영어, 레토로망스어

대륙별 색상 ● 아시아 ● 유럽 ● 아프리카

슬로바키아

- **면적:** 49,035km²
- **인구:** 5,795,000명
- **수도:** 브라티슬라바
  (인구: 439,000명)
- **화폐 단위:** 유로
- **종교:** 로마 가톨릭교, 개신교
- **언어:** 슬로바키아어

슬로베니아

- **면적:** 20,273km²
- **인구:** 2,119,000명
- **수도:** 류블랴나
  (인구: 286,000명)
- **화폐 단위:** 유로
- **종교:** 로마 가톨릭교, 이슬람교, 동방 정교회
- **언어:** 슬로베니아어

3가지 싱가포르에 대한 멋진 사실

1. 싱가포르의 상징인 머라이언은 몸은 물고기이고 머리는 사자인 신화적인 동물이에요. 싱가포르는 말레이어로 '싱가푸라'라고 하는데 '사자의 도시'라는 뜻이지요.

2. 창이 국제 공항에는 나비 정원과 실내 폭포, 4층 높이에서 내려오는 싱가포르에서 가장 높은 미끄럼틀이 있어요.

3. 싱가포르의 '나이트 사파리'는 세계 최초의 야간 개장 동물원으로 관람객이 어둠 속의 동물들을 볼 수 있는 곳이에요.

시리아

- **면적:** 186,142km²
- **인구:** 23,227,000명
- **수도:** 다마스쿠스 (인구: 2,503,000명)
- **화폐 단위:** 시리아 파운드
- **종교:** 이슬람교, 동방 정교회, 오리엔트 정교회, 동방 가톨릭교, 기타 기독교
- **언어:** 아랍어, 쿠르드어, 아르메니아어, 아람어, 체르케스어, 프랑스어, 영어

아랍 에미리트

- **면적:** 83,600km²
- **인구:** 9,516,000명
- **수도:** 아부다비
  (인구: 1,540,000명)
- **화폐 단위:** 아랍에미리트 디르함
- **종교:** 이슬람교, 기독교
- **언어:** 아랍어, 영어, 힌디어, 말라얄람어, 우르두어, 파슈토어, 타갈로그어, 페르시아어

시에라리온

- **면적:** 71,740km²
- **인구:** 8,791,000명
- **수도:** 프리타운 (인구: 1,272,000명)
- **화폐 단위:** 리온
- **종교:** 이슬람교, 기독교
- **언어:** 영어, 멘데어, 템네어, 크리올

아르메니아

- **면적:** 29,743km²
- **인구:** 2,777,000명
- **수도:** 예레반
  (인구: 1,092,000명)
- **화폐 단위:** 드람
- **종교:** 아르메니아교회, 기타 기독교
- **언어:** 아르메니아어, 러시아어

싱가포르

- **면적:** 719km²
- **인구:** 6,014,000명
- **수도:** 싱가포르 (인구: 5,921,000명)
- **화폐 단위:** 싱가포르 달러
- **종교:** 불교, 기독교, 이슬람교, 도교, 힌두교
- **언어:** 영어, 중국어, 중국어 방언, 말레이어, 타밀어

아르헨티나

- **면적:** 2,780,400km²
- **인구:** 45,773,000명
- **수도:** 부에노스아이레스
  (인구: 15,370,000명)
- **화폐 단위:** 아르헨티나 페소
- **종교:** 로마 가톨릭교
- **언어:** 에스파냐어, 이탈리아어, 영어, 독일어, 프랑스어

세계의 국가들

3가지 아르헨티나에 대한 멋진 사실

1. 남반구에서 가장 높은 곳(아콩카과산)과 가장 낮은 곳(카르본 석호)이 모두 아르헨티나에 있어요.

2. 말을 타고 공을 스틱으로 치는 폴로와 농구를 결합한 파토는 아르헨티나의 국민 스포츠예요.

3. 아르헨티나에는 여성 대통령이 두 명 있었어요. 크리스티나 페르난데스 데 키르치네르와 이사벨 마르티네스 데 페론이에요.

아이슬란드

면적: 103,000km²
인구: 375,000명
수도: 레이캬비크 (인구 216,000명)
화폐 단위: 아이슬란드 크로나
종교: 개신교
언어: 아이슬란드어, 영어, 북유럽 언어, 독일어

아이티

면적: 27,750km²
인구: 11,724,000명
수도: 포르토프랭스
(인구 2,915,000명)
화폐 단위: 구르드
종교: 로마 가톨릭교, 개신교, 부두교
언어: 프랑스어, 아이티 크리올

오늘의 아랍 에미리트

세계에서 가장 높은 건물인 부르즈 할리파가 아랍 에미리트 두바이에 우뚝 솟아 있어요.

대륙별 색상: ● 아시아 ● 유럽 ● 아프리카

세계의 지리

아일랜드
면적: 70,273km^2
인구: 5,056,000명
수도: 더블린
(인구: 1,256,000명)
화폐 단위: 유로
종교: 로마 가톨릭교
언어: 영어, 아일랜드어

알제리
면적: 2,381,741km^2
인구: 45,606,000명
수도: 알제 (인구: 2,854,000명)
화폐 단위: 알제리 디나르
종교: 이슬람교
언어: 아랍어, 프랑스어, 베르베르어

아제르바이잔
면적: 86,600km^2
인구: 10,412,000명
수도: 바쿠 (인구: 2,401,000명)
화폐 단위: 아제르바이잔 마나트
종교: 이슬람교
언어: 아제르바이잔어, 러시아어

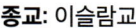

앙골라
면적: 1,246,700km^2
인구: 36,684,000명
수도: 루안다 (인구: 8,952,000명)
화폐 단위: 콴자
종교: 로마 가톨릭교, 개신교
언어: 포르투갈어, 음분두어, 기타 아프리카 언어

아프가니스탄
면적: 652,230km^2
인구: 42,239,000명
수도: 카불 (인구: 4,458,000명)
화폐 단위: 아프가니
종교: 이슬람교
언어: 다리어, 파슈토어, 우즈베크어, 영어

앤티가 바부다
면적: 443km^2
인구: 94,000명
수도: 세인트존스 (인구: 21,000명)
화폐 단위: 동카리브 달러
종교: 개신교, 로마 가톨릭교, 기타 기독교
언어: 영어, 앤티가 바부다 크리올

안도라
면적: 468km^2
인구: 80,000명
수도: 안도라라베야
(인구: 23,000명)
화폐 단위: 유로
종교: 로마 가톨릭교
언어: 카탈루냐어, 프랑스어, 에스파냐어, 포르투갈어

에리트레아
면적: 117,600km^2
인구: 3,748,000명
수도: 아스마라 (인구: 1,035,000명)
화폐 단위: 낙파
종교: 이슬람교, 오리엔트 정교회, 로마 가톨릭교, 개신교
언어: 티그리냐어, 아랍어, 영어, 티그레어, 쿠나마어, 아파르어, 기타 쿠시어파 언어

알바니아
면적: 28,748km^2
인구: 2,832,000명
수도: 티라나 (인구: 512,000명)
화폐 단위: 레크
종교: 이슬람교, 로마 가톨릭교, 동방 정교회
언어: 알바니아어

에스와티니
면적: 17,364km^2
인구: 1,210,000명
수도: 음바바네 (인구: 68,000명),
로밤바 (인구: 11,000명)
화폐 단위: 릴랑게니
종교: 로마 가톨릭교, 기타 기독교
언어: 영어, 스와티어

● 북아메리카, 중앙아메리카 ● 남아메리카 ● 오세아니아

에스토니아

- 면적: 45,228km²
- 인구: 1,322,000명
- 수도: 탈린 (인구: 452,000명)
- 화폐 단위: 유로
- 종교: 동방 정교회, 개신교
- 언어: 에스토니아어, 러시아어

> 엘살바도르
> 몬테크리스토 국립 공원의
> 운무림에서는 나무들이
> **9층 높이까지** 자라요.

에스파냐(스페인)

- 면적: 505,370km²
- 인구: 47,519,000명
- 수도: 마드리드 (인구: 6,714,000명)
- 화폐 단위: 유로
- 종교: 로마 가톨릭교
- 언어: 에스파냐어, 카탈루냐어, 갈리시아어, 바스크어

영국

- 면적: 243,610km²
- 인구: 67,736,000명
- 수도: 런던 (인구: 9,541,000명)
- 화폐 단위: 파운드 스털링
- 종교: 개신교, 로마 가톨릭교
- 언어: 영어, 스코트어, 스코틀랜드게일어, 웨일스어, 아일랜드어, 콘월어

에콰도르

- 면적: 283,561km²
- 인구: 18,190,000명
- 수도: 키토 (인구: 1,928,000명)
- 화폐 단위: 미국 달러
- 종교: 로마 가톨릭교, 개신교
- 언어: 에스파냐어, 아메리카 원주민 언어

예멘

- 면적: 527,968km²
- 인구: 34,449,000명
- 수도: 사나 (인구: 3,182,000명)
- 화폐 단위: 예멘 리알
- 종교: 이슬람교
- 언어: 아랍어

에티오피아

- 면적: 1,104,300km²
- 인구: 126,527,000명
- 수도: 아디스아바바 (인구: 5,228,000명)
- 화폐 단위: 비르
- 종교: 에티오피아 정교회, 이슬람교, 개신교
- 언어: 오로모어, 암하라어, 소말리어, 티그리냐어, 아파르어

오만

- 면적: 309,500km²
- 인구: 4,644,000명
- 수도: 무스카트 (인구: 1,623,000명)
- 화폐 단위: 오만 리알
- 종교: 이슬람교, 기독교, 힌두교
- 언어: 아랍어, 영어, 발루치어, 우르두어, 원주민 방언

엘살바도르

- 면적: 21,041km²
- 인구: 6,364,000명
- 수도: 산살바도르 (인구: 1,111,000명)
- 화폐 단위: 비트코인, 미국 달러
- 종교: 로마 가톨릭교, 개신교
- 언어: 에스파냐어

오스트레일리아(호주)

- 면적: 7,741,220km²
- 인구: 26,439,000명
- 수도: 캔버라 (인구: 467,000명)
- 화폐 단위: 오스트레일리아 달러
- 종교: 개신교, 로마 가톨릭교
- 언어: 영어

대륙별 색상 ● 아시아 ● 유럽 ● 아프리카

오스트리아

- **면적:** 83,871km²
- **인구:** 8,958,000명
- **수도:** 빈 (인구: 1,960,000명)
- **화폐 단위:** 유로
- **종교:** 로마 가톨릭교, 이슬람교, 개신교
- **언어:** 독일어, 크로아티아어

우즈베키스탄

- **면적:** 447,400km²
- **인구:** 35,163,000명
- **수도:** 타슈켄트 (인구: 2,574,000명)
- **화폐 단위:** 숨
- **종교:** 이슬람교, 동방 정교회
- **언어:** 우즈베크어, 러시아어, 타지크어

온두라스

- **면적:** 112,090km²
- **인구:** 10,593,000명
- **수도:** 테구시갈파 (인구: 1,527,000명)
- **화폐 단위:** 렘피라
- **종교:** 로마 가톨릭교, 개신교
- **언어:** 에스파냐어, 아메리카 원주민 방언

우크라이나

- **면적:** 603,550km²
- **인구:** 36,744,000명
- **수도:** 키이우 (인구: 3,010,000명)
- **화폐 단위:** 흐리우냐
- **종교:** 우크라이나 정교회, 로마 가톨릭교, 개신교
- **언어:** 우크라이나어, 러시아어

요르단

- **면적:** 89,342km²
- **인구:** 11,337,000명
- **수도:** 암만 (인구: 2,210,000명)
- **화폐 단위:** 요르단 디나르
- **종교:** 이슬람교, 기독교
- **언어:** 아랍어, 영어

이라크

- **면적:** 438,317km²
- **인구:** 45,504,000명
- **수도:** 바그다드 (인구: 7,512,000명)
- **화폐 단위:** 이라크 디나르
- **종교:** 이슬람교
- **언어:** 아랍어, 쿠르드어, 투르크멘어, 시리아어, 아르메니아어

우간다

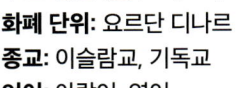

- **면적:** 241,038km²
- **인구:** 48,582,000명
- **수도:** 캄팔라 (인구: 3,652,000명)
- **화폐 단위:** 우간다 실링
- **종교:** 개신교, 로마 가톨릭교, 이슬람교
- **언어:** 영어, 루간다어(간다어), 여러 지역 언어, 스와힐리어, 아랍어

이란

- **면적:** 1,648,195km²
- **인구:** 89,172,000명
- **수도:** 테헤란 (인구: 9,382,000명)
- **화폐 단위:** 이란 리알
- **종교:** 이슬람교
- **언어:** 페르시아어, 튀르크어 방언, 쿠르드어

우루과이

- **면적:** 176,215km²
- **인구:** 3,423,000명
- **수도:** 몬테비데오 (인구: 1,767,000명)
- **화폐 단위:** 우루과이 페소
- **종교:** 로마 가톨릭교, 기타 기독교
- **언어:** 에스파냐어

이스라엘

- **면적:** 22,145km²
- **인구:** 9,174,000명
- **수도:** 예루살렘 (인구: 957,000명)
- **화폐 단위:** 이스라엘 신 셰켈
- **종교:** 유대교, 이슬람교
- **언어:** 히브리어, 아랍어, 영어

● 북아메리카, 중앙아메리카   ● 남아메리카   ● 오세아니아

세계의 국가들

이집트
- **면적:** 1,001,450km^2
- **인구:** 112,716,000명
- **수도:** 카이로 (인구: 21,750,000명)
- **화폐 단위:** 이집트 파운드
- **종교:** 이슬람교, 콥트 교회
- **언어:** 아랍어, 영어, 프랑스어

자메이카
- **면적:** 10,991km^2
- **인구:** 2,825,000명
- **수도:** 킹스턴 (인구: 595,000명)
- **화폐 단위:** 자메이카 달러
- **종교:** 개신교
- **언어:** 영어, 자메이카 크리올

이탈리아
- **면적:** 301,340km^2
- **인구:** 58,870,000명
- **수도:** 로마 (인구: 4,298,000명)
- **화폐 단위:** 유로
- **종교:** 로마 가톨릭교
- **언어:** 이탈리아어, 독일어, 프랑스어, 슬로베니아어

잠비아
- **면적:** 752,618km^2
- **인구:** 20,569,000명
- **수도:** 루사카 (인구: 3,042,000명)
- **화폐 단위:** 잠비아 콰차
- **종교:** 개신교, 로마 가톨릭교
- **언어:** 벰바어, 냔자어, 통가어, 여러 토착어, 영어

인도
- **면적:** 3,287,263km^2
- **인구:** 1,428,627,000명
- **수도:** 뉴델리 (인구: 32,066,000)
- **화폐 단위:** 인도 루피
- **종교:** 힌두교, 이슬람교, 기독교, 시크교
- **언어:** 힌디어, 영어, 벵골어, 텔루구어, 마라티어, 타밀어, 우르두어, 구자라트어, 칸나다어, 말라얄람어, 오리야어, 펀자브어, 아삼어

적도 기니
- **면적:** 28,051km^2
- **인구:** 1,714,000명
- **수도:** 말라보 (인구: 297,000명)
- **화폐 단위:** 중앙아프리카 세파 프랑
- **종교:** 로마 가톨릭교, 이슬람교, 바하이교, 정령 신앙, 토속 신앙
- **언어:** 에스파냐어, 포르투갈어, 프랑스어, 팡어, 부비어

인도네시아
- **면적:** 1,904,569km^2
- **인구:** 277,534,000명
- **수도:** 자카르타 (인구: 11,075,000명)
- **화폐 단위:** 인도네시아 루피
- **종교:** 이슬람교, 개신교, 로마 가톨릭교, 힌두교
- **언어:** 인도네시아어, 영어, 네덜란드어, 지역 방언

조지아
- **면적:** 69,700km^2
- **인구:** 3,728,000명
- **수도:** 트빌리시 (인구: 1,080,000명)
- **화폐 단위:** 라리
- **종교:** 동방 정교회, 이슬람교
- **언어:** 조지아어

일본
- **면적:** 377,915km^2
- **인구:** 123,294,000명
- **수도:** 도쿄 (인구: 37,274,000명)
- **화폐 단위:** 엔
- **종교:** 신도, 불교
- **언어:** 일본어

중국
- **면적:** 9,596,960km^2
- **인구:** 1,425,671,000명
- **수도:** 베이징 (인구: 21,333,000명)
- **화폐 단위:** 위안
- **종교:** 민간 신앙, 불교, 기독교
- **언어:** 표준 중국어(푸퉁화), 광둥어, 우어, 민베이어, 민난어, 샹어, 간어, 지역 언어

대륙별 색상: ● 아시아 ● 유럽 ● 아프리카

세계의 지리

중앙아프리카 공화국
- **면적:** 622,984km²
- **인구:** 5,742,000명
- **수도:** 방기 (인구: 933,000명)
- **화폐 단위:** 비트코인, 중앙아프리카 세파 프랑
- **종교:** 기독교, 이슬람교
- **언어:** 프랑스어, 상고어, 여러 부족 언어

짐바브웨
- **면적:** 390,757km²
- **인구:** 16,320,000명
- **수도:** 하라레 (인구: 1,558,000명)
- **화폐 단위:** 짐바브웨 달러, 미국 달러, 남아프리카 공화국 랜드
- **종교:** 개신교, 로마 가톨릭교, 기타 기독교
- **언어:** 쇼나어, 은데벨레어, 영어, 토착어

지부티
- **면적:** 23,200km²
- **인구:** 1,136,000명
- **수도:** 지부티 (인구: 591,000명)
- **화폐 단위:** 지부티 프랑
- **종교:** 이슬람교, 기독교
- **언어:** 프랑스어, 아랍어, 소말리어, 아파르어

차드
- **면적:** 1,284,000km²
- **인구:** 18,278,000명
- **수도:** 은자메나 (인구: 1,533,000명)
- **화폐 단위:** 중앙아프리카 세파 프랑
- **종교:** 이슬람교, 개신교, 로마 가톨릭교
- **언어:** 프랑스어, 아랍어, 사라어, 토착어

오늘의 일본

조신에쓰코겐 국립 공원의 눈에 덮인 골짜기에서 일본원숭이들이 온천에 몸을 담그고 있어요.

● 북아메리카, 중앙아메리카 ● 남아메리카 ● 오세아니아

체코

- **면적:** 78,867km²
- **인구:** 10,495,000명
- **수도:** 프라하 (인구: 1,318,000명)
- **화폐 단위:** 코루나
- **종교:** 로마 가톨릭교
- **언어:** 체코어, 슬로바키아어

카타르

- **면적:** 11,586km²
- **인구:** 2,716,000명
- **수도:** 도하 (인구: 652,000명)
- **화폐 단위:** 카타르 리얄
- **종교:** 이슬람교, 힌두교, 기독교
- **언어:** 아랍어, 영어

칠레

- **면적:** 756,102km²
- **인구:** 19,629,000명
- **수도:** 산티아고 (인구: 6,857,000명)
- **화폐 단위:** 칠레 페소
- **종교:** 로마 가톨릭교, 개신교
- **언어:** 에스파냐어, 영어

캄보디아

- **면적:** 181,035km²
- **인구:** 16,944,000명
- **수도:** 프놈펜 (인구: 2,211,000명)
- **화폐 단위:** 리엘
- **종교:** 불교
- **언어:** 크메르어

카메룬

- **면적:** 475,440km²
- **인구:** 28,647,000명
- **수도:** 야운데 (인구: 4,337,000명)
- **화폐 단위:** 중앙아프리카 세파 프랑
- **종교:** 로마 가톨릭교, 개신교, 기타 기독교, 이슬람교
- **언어:** 아프리카 언어, 영어, 프랑스어

캐나다

- **면적:** 9,984,670km²
- **인구:** 38,781,000명
- **수도:** 오타와 (인구: 1,423,000명)
- **화폐 단위:** 캐나다 달러
- **종교:** 로마 가톨릭교, 개신교, 기타 기독교
- **언어:** 영어, 프랑스어

카보베르데

- **면적:** 4,033km²
- **인구:** 598,000명
- **수도:** 프라이아 (인구: 168,000명)
- **화폐 단위:** 이스쿠두
- **종교:** 로마 가톨릭교, 개신교
- **언어:** 포르투갈어, 크리올

케냐

- **면적:** 580,367km²
- **인구:** 55,100,000명
- **수도:** 나이로비 (인구: 5,119,000명)
- **화폐 단위:** 케냐 실링
- **종교:** 개신교, 로마 가톨릭교, 기타 기독교, 이슬람교
- **언어:** 영어, 스와힐리어, 토착어

카자흐스탄

- **면적:** 2,724,900km²
- **인구:** 19,606,000명
- **수도:** 아스타나 (인구: 1,254,000명)
- **화폐 단위:** 텡게
- **종교:** 이슬람교, 동방 정교회
- **언어:** 카자흐어, 러시아어, 영어

코모로

- **면적:** 2,235km²
- **인구:** 852,000명
- **수도:** 모로니 (인구: 62,000명)
- **화폐 단위:** 코모로 프랑
- **종교:** 이슬람교
- **언어:** 아랍어, 프랑스어, 코모로어

세계의 지리

코소보
- **면적:** 10,887km^2
- **인구:** 1,663,000명
- **수도:** 프리슈티나 (인구: 217,000명)
- **화폐 단위:** 유로
- **종교:** 이슬람교
- **언어:** 알바니아어, 세르비아어, 보스니아어

코트디부아르
- **면적:** 322,463km^2
- **인구:** 28,873,000명
- **수도:** 야무수크로 (인구: 231,000명), 아비장 (인구: 5,516,000명)
- **화폐 단위:** 서아프리카 세파 프랑
- **종교:** 이슬람교, 로마 가톨릭교, 개신교
- **언어:** 프랑스어, 디울라어, 토착 방언

코스타리카
- **면적:** 51,100km^2
- **인구:** 5,212,000명
- **수도:** 산호세 (인구: 1,441,000명)
- **화폐 단위:** 코스타리카 콜론
- **종교:** 로마 가톨릭교, 개신교
- **언어:** 에스파냐어, 영어

콜롬비아
- **면적:** 1,138,910km^2
- **인구:** 52,085,000명
- **수도:** 보고타 (인구: 11,344,000명)
- **화폐 단위:** 콜롬비아 페소
- **종교:** 로마 가톨릭교, 개신교
- **언어:** 에스파냐어

오늘의 콜롬비아

'오색의 강'이라는 별명이 있는 카뇨 크리스탈레스는 6월에서 12월까지 수생 식물들이 자라면서 다채로운 색깔을 띠어요.

● 북아메리카, 중앙아메리카 ● 남아메리카 ● 오세아니아

세계의 국가들

콩고
- **면적:** 342,000km²
- **인구:** 6,106,000명
- **수도:** 브라자빌 (인구: 2,553,000명)
- **화폐 단위:** 중앙아프리카 세파 프랑
- **종교:** 로마 가톨릭교, 기타 기독교, 개신교
- **언어:** 프랑스어, 링갈라어, 키투바어, 키콩고어, 지역 언어

콩고 민주 공화국
- **면적:** 2,344,858km²
- **인구:** 102,262,000명
- **수도:** 킨샤사 (인구: 15,628,000명)
- **화폐 단위:** 콩고 프랑
- **종교:** 로마 가톨릭교, 개신교, 기타 기독교
- **언어:** 프랑스어, 링갈라어, 킹와나어, 키콩고어, 칠루바어

쿠바
- **면적:** 110,860km²
- **인구:** 11,194,000명
- **수도:** 아바나 (인구: 2,146,000명)
- **화폐 단위:** 쿠바 페소
- **종교:** 로마 가톨릭교, 토속 신앙
- **언어:** 에스파냐어

쿠웨이트
- **면적:** 17,818km²
- **인구:** 4,310,000명
- **수도:** 쿠웨이트 (인구: 3,239,000명)
- **화폐 단위:** 쿠웨이트 디나르
- **종교:** 이슬람교, 기독교
- **언어:** 아랍어, 영어

크로아티아
- **면적:** 56,594km²
- **인구:** 4,008,000명
- **수도:** 자그레브 (인구: 684,000명)
- **화폐 단위:** 쿠나
- **종교:** 로마 가톨릭교, 동방 정교회
- **언어:** 크로아티아어, 세르비아어

키르기스스탄
- **면적:** 199,951km²
- **인구:** 6,735,000명
- **수도:** 비슈케크 (인구: 1,082,000명)
- **화폐 단위:** 솜
- **종교:** 이슬람교, 동방 정교회
- **언어:** 키르기스어, 러시아어, 우즈베크어

키리바시
- **면적:** 811km²
- **인구:** 133,000명
- **수도:** 타라와 (인구: 64,000명)
- **화폐 단위:** 오스트레일리아 달러, 키리바시 달러
- **종교:** 로마 가톨릭교, 개신교, 모르몬교
- **언어:** 키리바시어, 영어

키프로스
- **면적:** 9,251km²
- **인구:** 1,260,000명
- **수도:** 니코시아 (인구: 269,000명)
- **화폐 단위:** 유로
- **종교:** 그리스 정교회, 이슬람교
- **언어:** 그리스어, 터키어, 영어

3가지 키프로스에 대한 멋진 사실

1. 그리스 신화 속 사랑의 여신인 아프로디테는 키프로스의 어느 바위에서 태어났대요. 그 바위는 오늘날 해안 도시인 파포스의 아프로디테 해변에 있다고 하지요.

2. 키프로스에서 인기 있는 간식인 할루미는 짭짤하고 쫄깃한 치즈인데, 굽지 않고 먹으면 찍찍 소리가 나요. 잘 녹지 않아서 구워 먹곤 해요.

3. 키프로스 해안의 난파선은 세계에서 특히 인기 있는 스쿠버 다이빙 장소로 손꼽혀요.

대륙별 색상 ● 아시아 ● 유럽 ● 아프리카

타지키스탄

- **면적:** 144,100km^2
- **인구:** 10,143,000명
- **수도:** 두샨베
  (인구: 962,000명)
- **화폐 단위:** 소모니
- **종교:** 이슬람교
- **언어:** 타지크어, 우즈베크어

투르크메니스탄

- **면적:** 488,100km^2
- **인구:** 6,516,000명
- **수도:** 아시가바트 (인구: 883,000명)
- **화폐 단위:** 투르크메니스탄 마나트
- **종교:** 이슬람교, 동방 정교회
- **언어:** 투르크멘어, 러시아어, 우즈베크어

탄자니아

- **면적:** 947,300km^2
- **인구:** 67,438,000명
- **수도:** 도도마 (인구: 262,000명),
- **화폐 단위:** 탄자니아 실링
- **종교:** 기독교, 이슬람교, 토속 신앙
- **언어:** 스와힐리어, 웅구자어, 영어, 아랍어, 지역 언어

투발루

- **면적:** 26km^2
- **인구:** 12,000명
- **수도:** 푸나푸티 (인구: 7,000명)
- **화폐 단위:** 오스트레일리아 달러
- **종교:** 개신교
- **언어:** 투발루어, 영어, 사모아어, 키리바시어

태국

- **면적:** 513,120km^2
- **인구:** 71,801,000명
- **수도:** 방콕 (인구: 10,900,000명)
- **화폐 단위:** 바트
- **종교:** 불교
- **언어:** 태국어, 영어

튀니지

- **면적:** 163,610km^2
- **인구:** 12,458,000명
- **수도:** 튀니스 (인구: 883,000명)
- **화폐 단위:** 튀니지 디나르
- **종교:** 이슬람교
- **언어:** 아랍어, 프랑스어, 베르베르어

토고

- **면적:** 56,785km^2
- **인구:** 9,053,000명
- **수도:** 로메 (인구: 1,926,000명)
- **화폐 단위:** 서아프리카 세파 프랑
- **종교:** 기독교, 토속 신앙, 이슬람교
- **언어:** 프랑스어, 에웨어, 미나어, 카비예어, 다곰바어

> 튀니지에서는 스쿨 버스만 한 고대 파충류 화석들이 발굴되었어요.

통가

- **면적:** 747km^2
- **인구:** 107,000명
- **수도:** 누쿠알로파
  (인구: 23,000명)
- **화폐 단위:** 팡가
- **종교:** 개신교, 모르몬교, 로마 가톨릭교
- **언어:** 통가어, 영어

튀르키예

- **면적:** 783,562km^2
- **인구:** 85,816,000명
- **수도:** 앙카라 (인구: 5,310,000명)
- **화폐 단위:** 튀르키예 리라
- **종교:** 이슬람교
- **언어:** 튀르키예어, 쿠르드어

● 북아메리카, 중앙아메리카 ● 남아메리카 ● 오세아니아

세계의 국가들

트리니다드 토바고
면적: 5,128km²
인구: 1,534,000명
수도: 포트오브스페인
(인구: 545,000명)
화폐 단위: 트리니다드 토바고 달러
종교: 개신교, 로마 가톨릭교, 힌두교, 이슬람교
언어: 영어, 앤틸리스 크리올, 카리브 힌두스탄어, 에스파냐어, 중국어

파라과이
면적: 406,752km²
인구: 6,861,000명
수도: 아순시온
(인구: 3,452,000명)
화폐 단위: 과라니
종교: 로마 가톨릭교, 개신교
언어: 에스파냐어, 과라니어

파나마
면적: 75,420km²
인구: 4,468,000명
수도: 파나마시티
(인구: 1,938,000명)
화폐 단위: 발보아
종교: 로마 가톨릭교, 개신교
언어: 에스파냐어, 토착어, 영어

파키스탄
면적: 796,095km2
인구: 240,485,000명
수도: 이슬라마바드
(인구: 1,198,000명)
화폐 단위: 파키스탄 루피
종교: 이슬람교
언어: 펀자브어, 신드어, 사라이키어, 우르두어, 영어

오늘의 팔라우

길이 5미터까지 자라는 바다악어가 팔라우 해안의 수면 아래에 숨어 있어요.

대륙별 색상 ● 아시아 ● 유럽 ● 아프리카

세계의 지리

파푸아 뉴기니
- **면적:** 462,840km²
- **인구:** 10,329,000명
- **수도:** 포트모르즈비 (인구: 400,000명)
- **화폐 단위:** 키나
- **종교:** 개신교, 로마 가톨릭교, 기타 기독교
- **언어:** 톡 피신, 영어, 모투어, 기타 토착어

프랑스
- **면적:** 643,801km²
- **인구:** 64,756,000명
- **수도:** 파리 (인구: 11,142,000명)
- **화폐 단위:** 유로
- **종교:** 로마 가톨릭교, 이슬람교
- **언어:** 프랑스어

팔라우
- **면적:** 459km²
- **인구:** 18,000명
- **수도:** 응게룰무드 (인구: 300명)
- **화폐 단위:** 미국 달러
- **종교:** 로마 가톨릭교, 개신교, 모데크게이
- **언어:** 팔라우어, 영어, 필리핀어

피지
- **면적:** 18,274km²
- **인구:** 936,000명
- **수도:** 수바 (인구: 178,000명)
- **화폐 단위:** 피지 달러
- **종교:** 개신교, 로마 가톨릭교, 기타 기독교, 힌두교, 이슬람교
- **언어:** 영어, 피지어, 힌두스타니어

페루
- **면적:** 1,285,216km²
- **인구:** 34,352,000명
- **수도:** 리마 (인구: 11,045,000명)
- **화폐 단위:** 솔
- **종교:** 로마 가톨릭교, 개신교
- **언어:** 에스파냐어, 케추아어, 아이마라어

핀란드
- **면적:** 338,145km²
- **인구:** 5,545,000명
- **수도:** 헬싱키 (인구: 1,328,000명)
- **화폐 단위:** 유로
- **종교:** 개신교
- **언어:** 핀란드어, 스웨덴어

포르투갈
- **면적:** 92,090km²
- **인구:** 10,247,000명
- **수도:** 리스본 (인구: 2,986,000명)
- **화폐 단위:** 유로
- **종교:** 로마 가톨릭교
- **언어:** 포르투갈어, 미란다어

필리핀
- **면적:** 300,000km²
- **인구:** 117,337,000명
- **수도:** 마닐라 (인구: 14,406,000명)
- **화폐 단위:** 필리핀 페소
- **종교:** 로마 가톨릭교, 개신교, 이슬람교
- **언어:** 타갈로그어, 영어, 토착어

폴란드
- **면적:** 312,685km²
- **인구:** 41,026,000명
- **수도:** 바르샤바 (인구: 1,795,000명)
- **화폐 단위:** 즈워티
- **종교:** 로마 가톨릭교
- **언어:** 폴란드어

헝가리
- **면적:** 93,028km²
- **인구:** 10,156,000명
- **수도:** 부다페스트 (인구: 1,775,000명)
- **화폐 단위:** 포린트
- **종교:** 로마 가톨릭교, 개신교
- **언어:** 헝가리어, 영어, 독일어

● 북아메리카, 중앙아메리카　● 남아메리카　● 오세아니아

세계 여행

신비로운 휴가 여행

여름휴가를 바닷가로 가고 싶다고요?
지금부터 소개하는 별난 지역들도 휴가지로 생각해 봐요.

우뚝 솟은 기암괴석
위치: 중국

까마득히 솟은 기암괴석들이 영화 속 장면 같아요. 실제로 영화에 나왔으니까요! 제임스 캐머런 감독은 영화 「아바타」를 이곳 중국 장자제 국립 공원에서 찍었어요. 이곳에는 석영 사암으로 된 기둥이 3000개가 넘게 우뚝 솟아 있어요. 높이가 200미터를 넘는 것도 있어요. 그밖에 폭포, 동굴, 물웅덩이도 딴 세상에 온 듯한 풍경을 만드는 데 한몫해요.

수중 조각 공원
위치: 멕시코

물안경을 쓰고서 미술 작품을 관람한다면? 색다르겠죠! 수중 미술관 무사(MUSA)에서는 물속에 들어가야만 작품을 볼 수 있어요. 500점이 넘는 미술관 조각품들은 멕시코의 무헤레스섬과 푼타니죽 사이의 바닷속에 놓여 있어요. 작품을 보려면 관람객은 스쿠버다이빙을 해야 하지요. 이 미술관에는 조각품만 있는 것이 아니에요. 조각품들은 산호초의 증식을 돕는 재료로 만들어져서 산호와 해양 생물에게 도움을 주는 인공 산호초 역할도 해요.

거인의 둑길, 자이언트 코즈웨이
위치: 영국 북아일랜드

현무암 기둥들이 4만 개 이상 모여 있는 모습은 기이해 보여요. 그래서 더 기이한 전설을 낳았지요. 옛날에 한 거인이 다른 거인에게 가르침을 주기 위해 스코틀랜드로 건너가려고 했어요. 하지만 물이 있어서 갈 수 없었죠. 거인은 길을 만들려고 바다로 돌을 던졌대요. 과학자들은 다르게 설명해요. 약 6000만 년 전 화산이 분화하면서 이 경이로운 풍경이 생겼다고 하지요. 자, 멋진 풍경을 감상해요!

소코트라섬
위치: 아라비아해

예멘 본토에서 약 354킬로미터 떨어진 외딴섬 소코트라섬에는 다른 곳에는 없는 기이한 동식물들이 살아요. 상처를 입으면 줄기에서 붉은 즙이 나와 '용혈수'라고 이름 붙여진 나무가 있지요. 거대한 버섯이나 나무줄기 위에 UFO가 내려앉은 듯이 생겼지요. 소코트라섬은 놀라운 생물 다양성을 간직하고 있어서 '인도양의 갈라파고스'라고 불려요.

세계 여행

15가지 세계 곳곳의 놀라운 사실들

중국의 대나무숲은 가파른 산에 형성되기도 해요. 다행히도 **대왕판다**는 비탈을 따라 해발 **3962미터**까지도 쉽게 올라가요.

지구의 자전 속도는 1세기에 1.5밀리초*씩 느려지고 있어요.

*밀리초: 1000분의 1초.

약 **1만 2000년 전**에 **사하라 사막**은 수백만 그루의 나무로 덮여 있었어요.

요르단의 고대 도시 페트라에서는 건물을 지을 때 절벽을 직접 깎아서 만들었어요.

지구 민물의 약 **70퍼센트**는 남극 대륙에서 빙하로 얼어붙어 있어요.

캐나다의 토르산에는 세계에서 가장 길게 이어지는 절벽 면이 있어요.

아이슬란드 인구 전체보다 미국 플로리다주 탬파 주민이 더 많아요.

세계의 지리

영국의 비숍암섬은 등대가 있는 섬 가운데 세계에서 가장 작아요.

남아메리카 아마존강에 물이 불어서 주변 숲까지 잠기면, 강돌고래들은 나무 사이를 헤엄쳐 돌아다니곤 해요.

사해의 수위는 해마다 **0.9미터** 이상 낮아지고 있어요.

말레이시아의 한 동굴은 **점보제트기** 8대가 들어갈 만큼 커요.

인도네시아 오지의 **포자산맥**에는 코가 길쭉한 **피노키오개구리** 같은 별난 종들이 살고 있어요.

오스트레일리아의 산호초 **그레이트배리어리프**는 면적이 **축구장 4800만 개를** 합친 넓이와 비슷해요.

아랍 에미리트에는 **야자나무처럼 생긴 인공 섬**이 두 곳 있어요.

모래고양이는 북아프리카의 뜨거운 사막에서도 멀쩡해요. 발바닥이 털로 덮여 있어서 모래의 열기를 막아 주거든요.

세계 여행

작고 경이로운
세계 문화유산

바티칸 시국은 전체 면적이 약 44헥타르*에 불과해서 18홀 골프장만 해요.

바티칸 시국의 벽 안쪽에 자리한 성 베드로 대성당은 세계에서 가장 큰 교회로 손꼽혀요.

가장 작은 나라
바티칸 시국

이 세계에서 가장 작은 나라는 경복궁만 해요. 바티칸 시국은 이탈리아 로마 안에 있는 도시 국가로서, 면적이 겨우 0.44제곱킬로미터예요. 교황(가톨릭교회의 수장)을 비롯한 약 1000명이 사는 곳이에요. 세계에서 인구가 가장 적은 나라이기도 하지요. 하지만 이 작은 나라를 신성한 순례지로 여기는 독실한 가톨릭 신자들이 많이 찾아와요.

바티칸 시국에서 태어난다고 시민권을 받는 것이 아니에요. 바티칸 시국의 시민권은 외교관이나 이곳에서 살면서 일하는 사람과 직계 가족에게 주어져요.

*헥타르: 미터법 넓이의 단위로, 1헥타르는 1만 제곱미터.

세계의 지리

남극 대륙

과연 남극 대륙에는 얼음, 오로지 얼음뿐일까요? 아니에요. 이 지구에서 가장 추운 대륙의 경이로운 자연물 8가지를 살펴봐요!

3. 무서운 포식자
이 얼룩무늬물범이 친근해 보인다고요? 다시 생각해 봐요. 검은 반점이 나 있는 이 사나운 포식자는 강한 턱과 아주 긴 이빨로 펭귄과 다른 새들, 오징어, 물고기를 주로 잡아먹어요.

2. 멋진 절벽
로스 빙붕은 거의 프랑스 면적만큼 바다를 덮으며 떠 있는데 해수면 위로 높이가 61미터까지 솟아 있어요. 하지만 전체 높이는 최대 1829미터로 대부분이 물속에 잠겨 있어요.

1. 거대한 얼음덩어리
남극 대륙 주변 바다에는 빙산이 점점이 흩어져 있어요. 빙하에서 떨어져 나온 조각들이지요. 도시가 떠 있는 것처럼 커다란 덩어리도 있어요. 면적이 세종시보다 크고 7층 건물 높이에 달하는 것도 있어요.

4. 미끄럼 타는 펭귄
배가 아주아주 미끄러우면 썰매가 필요 없겠죠? 아델리펭귄은 얼음 위에서 때로 미끄럼을 타곤 해요. 배를 대고 엎드려 지느러미발로 밀어요. 그러면 사람이 썰매를 타는 것만큼 빠르게 미끄러질 수 있어요.

6. 진짜 귀
남극 대륙의 물범은 귀가 없어요. 하지만 물개는 귀가 있어요. 털로 덮인 이 포유류는 커다란 개처럼 생겼어요. 복슬복슬한 귓불은 어둑한 물속에서 다가오는 포식자의 소리를 듣는 데 도움이 돼요.

5. 고래 이야기
고래 10종은 전 세계의 바다를 떠돌아요. 겨울에 더 따뜻한 물을 찾아서 6437킬로미터를 이주했다가, 여름에 남극 대륙으로 돌아가서 맛있는 크릴을 마음껏 먹는 고래도 있어요.

7. 얼음 줄무늬
얼음의 파란 줄무늬는 물감을 칠한 것처럼 보이지만, 100퍼센트 자연히 생긴 거예요. 수백 년에 걸쳐서 바람과 파도가 조각한 결과이지요.

8. 물 위로 점프
혹등고래는 주로 물속에서 시간을 보내요. 하지만 운이 아주 좋으면, 혹등고래가 물 위로 솟구치는 모습을 볼 수 있어요. 고래가 피부의 성가신 기생충을 떼어 내기 위해 물 위로 뛰어오른다고 보는 전문가들도 있어요. 아니면 그냥 장난치는 행동일 수도 있지요!

세계 여행

휴가지 숙소들

성
달하우지 캐슬

위치: 영국 스코틀랜드 보니리그

이곳이 멋진 이유: 이 13세기 스코틀랜드 요새에 머물면 왕족처럼 느껴질 거예요. 몇몇 여왕과 왕이 머물렀거든요. 심지어 6개월씩 다른 통치자에게 포위된 채 지낸 적도 있어요! 침실이 29개예요. 탑 꼭대기에 있는 방에서는 스코틀랜드의 전원 풍경이 한눈에 내려다보여요. 매사냥이나 활쏘기 같은 귀족들의 취미 활동도 해 보고 지하 감옥에도 들어가 봐요. 지하 감옥은 현재 고급 식당으로 쓰여요. 단, 밤에 둘러볼 때 여기저기 부딪히지 않도록 조심해요. 복도에 '회색 여인'으로 알려진 16세기 유령이 돌아다닌다고 해요.

스코틀랜드의 멋진 점들

- 북서부에서는 여자를 키네스, 남자를 라운스라고 불러요.
- 스코틀랜드를 상징하는 동물은 신화 속의 유니콘이에요.
- 방수가 되는 비옷은 스코틀랜드에서 발명되었어요. 아마 하일랜드 서부가 유럽에서 가장 비가 많이 내리는 곳에 속하기 때문일 거예요.

식당은 여기!

스코틀랜드에 여행 가면 할 일들

- 오크니 제도에는 5000년 된 마을이 있어요. 1100년대 중반에 바이킹도 들러서 낙서하고 간 곳이에요.
- 네스호에서 배를 타고 네시를 찾아봐요. 네스호는 잉글랜드와 웨일스의 모든 호수를 합친 것보다 많은 물이 있는 민물 호수예요.
- 글래스고의 국립 파이핑 센터에서 손이나 입술로 백파이프를 연주해 봐요.

세계의 지리

비행기 호텔

코스타 베르데 727 퓨즐러지 홈

위치: 코스타리카 마누엘 안토니오

이곳이 멋진 이유: 비행기에서 잠잔 적이 있나요? 이곳은 좀 다를 거예요! 727 퓨즐러지 홈은 진짜 보잉 727 제트기예요. 15미터 아래로 태평양이 내려다보이지요. 방 70개를 갖춘 호텔 본관에서 떨어져 있는 이 특별실에는 조종석 거실과 진짜 비행기 창문이 달린 침실이 있어요. 오른쪽 날개 위에 만든 데크에서는 나무 사이를 오가는 짖는원숭이부터 큰부리새, 나무늘보, 이구아나를 만날 수도 있어요. 왼쪽 날개에서는 바다를 보고 나선형 계단을 따라 해변으로 내려갈 수 있어요. 정말로 멋진 호텔이지요.

코스타리카의 멋진 점들

- 코스타리카의 네발나비는 크래커라는 별명이 있어요. 크래커가 부서지는 소리를 내거든요.
- 코스타리카 전통 아이스크림은 땅콩과 사워크림 맛이 나요.
- 코스타리카인들은 스스로를 '티코스'라고 불러요.
- 최근까지 코스타리카에서는 주소를 쓸 때 '학교에서 61미터 떨어진 집'처럼 지형지물을 기준으로 삼았어요.

라운지는 여기!

침실은 여기!

코스타리카에 여행 가면 할 일들

- 수영복을 챙겨 가서 코스타리카에서 가장 큰 호수인 아레날호에서 윈드서핑을 해요.
- 다마스섬의 맹그로브 숲에서 배를 타고 크로커다일, 보아뱀, 카이만을 만나 봐요.
- 몬테베르데 운무림 보전 구역의 나무 꼭대기에서 집라인을 타요.

세계 여행

이건 몰랐을걸! 아프리카에 관한 6가지 놀라운 사실

1 탄자니아에는 나무를 타는 사자가 세계에서 가장 많아요.

2 아프리카의 단봉낙타는 혹이 한 개예요. 아시아의 쌍봉낙타는 혹이 두 개이고요.

3 고대 이집트 묘지에서 악어 미라도 발견되었어요.

4 아프리카에서는 1000가지가 넘는 언어를 쓰고 있어요.

5 영화 「스타 워즈」 시리즈의 일부 장면은 튀니지에서 찍었어요.

6 짜릿함을 좋아하는 관광객들은 아프리카 해안과 사막의 높은 모래 언덕에서 샌드보드를 타곤 해요.

세계의 지리

꿈같은 휴가 장소

이집트는 고대 유적부터 근사한 모험에 이르기까지 놀라움으로 가득한 나라예요. 볼 것도 할 것도 너무나 많지요. 이집트에서 어떤 경험을 할 수 있는지 알아볼까요?

열기구가 스핑크스 곁을 지나가요.

홍해(아래) 해안에서 헤엄을 치거나 잠수해서 지중해에 잠겨 있는 알렉산드리아의 수중 유적을 살펴보아요.

스핑크스나 거의 500년간 파라오들이 잠들어 있던 왕들의 골짜기 위를 날아 볼까요? 땅에 내려와서 투탕카멘왕의 무덤에도 들어가 보고요.

기자의 3대 피라미드(오른쪽)에 들어가 보거나, 람세스 2세의 아버지인 세티 1세(왼쪽)의 사원을 둘러보아요.

중동의 달콤한 디저트, 크나페(쿠나파)를 먹어요. 끈적거리는 달콤한 반죽으로 만든 이 디저트는 부드러운 치즈를 채우고 오렌지 꽃물을 적시기도 해요.

배를 타고 나일강을 구경해요. 전통 돛단배인 펠루카를 타 볼 수도 있지요.

341

세계 여행

기발한 세상 ↓ →

↓ 전 세계 이곳저곳을 돌아다니며 거리에서 시선을 사로잡는 별난 것들을 살펴볼까요.

에펠탑? 대피라미드? 우리 눈길을 사로잡죠! 이처럼 특별한 기념물들을 다음 해외 여행에서 보게 된다면 집에 써서 보낼 만한 이야깃거리가 될 거예요. 엽서에 적을 만한 독특한 것들을 미리 만나 봐요.

거대한 눈알
위치: 미국 텍사스주 댈러스
기발한 이유: 댈러스 메인가에 있는 이 거대한 눈알은 맨눈으로도 잘 보여요. 강철과 유리섬유로 만든 미술 작품이고 건물 3층보다 더 높아요. 미술 작가인 토니 태시트는 자신의 파란 눈을 모델로 삼아서 이 조각품을 만들었어요. 보고 있으면, 왠지 이 눈동자와 눈싸움 한번 하고 싶어지지 않나요?

도자기 용
위치: 중국 장쑤성 양저우
기발한 이유: 용은 중국 문화에서 행운의 상징으로 여겨져요. 이 용은 금속 뼈대에 2800개가 넘는 도자기 접시, 공기, 숟가락, 컵을 붙여서 만들었어요. 그 길이가 대왕고래만 해요.

접시, 숟가락, 그릇!

세계의 지리

사막의 손
위치: 칠레 아타카마 사막
기발한 이유: 건물 3층 높이만큼 거대한 이 손은 인근 도시인 안토파가스타에 관광객을 끌어들이기 위해 만들었어요. 낮의 뜨거운 열기와 밤의 얼어붙을 듯한 추위에도 견딜 수 있어요.

우습지만 진짜로 존재하는 이 도로 표지판은 지구에서 가장 짠물이 모인 사해 근처 요르단에 있어요.

경고! 심하게 짠물

바닷가재 래리
위치: 오스트레일리아 사우스오스트레일리아주 킹스턴
기발한 이유: 높이 17미터에 이르는 이 거대한 갑각류는 빅랍스터 식당을 찾는 손님들을 환영해요. 래리는 오스트레일리아의 길가에서 관광객들의 시선을 사로잡는 '거대한 것들' 중 하나예요.

세계 여행

10가지 시선을 끄는
조형물에 관한 놀라운 사실들

2층 건물보다 키가 더 큰 권투하는 악어는 오스트레일리아 험프티두의 한 주유소에 우뚝 서 있어요. 이 지역은 (진짜) 바다악어가 많이 사는 곳이에요.

미국 하와이주 오아후섬 와히아와에 있는 한 **식물원의 거대한 미로**에서는 길을 잃기 쉬워요. 약 14000그루의 파인애플 식물들로 이리저리 복잡한 길을 만들었지요.

미국 오리건주 틸러무크에는 **문어 나무**가 있어요. 250년 된 시트카가문비나무가 가지들을 **문어의 촉수처럼** 30미터 높이까지 뻗고 있는 것이지요.

남아프리카 공화국에서 가장 큰 벽화 중 하나가 그려진 **소웨토 타워**는 용감하게 번지 점프를 하려는 이들이 모이는 곳이기도 해요. 33층 높이에서 뛰어내릴 수 있죠.

오스트레일리아 미타미타에 있는 **마녀의 정원**은 아름다운 정원이자 빗자루 전시실이에요.

세계의 지리

폴란드 심바르크에 있는 **위아래가 뒤집힌 집**을 탐험하려면, 지붕 가까이에 있는 창문으로 들어가 바닥이 아닌 천장을 밟고 다녀야 해요!

미국 매사추세츠주 락포트에는 **벽에서 가구까지 신문지로 만든 100년 된** 집이 있는데 페이퍼하우스라고 해요.

중국 청두의 두푸 KFC 매장에서는 프라이드치킨을 먹으면서 저명한 옛 중국 시인에 관해 배울 수 있어요. 8세기의 시인 두보의 작품과 홀로그램으로 만든 집이 전시되어 있거든요.

불가리아 소피아에 있는 **달팽이집**은 무지개 색깔로 칠해진 5층 건물이에요. 이 건물은 반듯한 벽이나 모서리가 전혀 없어요. 에너지 효율이 높은 물질만 써서 곡선으로 만들어졌어요.

영국 헤딩턴에는 **유리섬유로 만든 높이 7.6미터**의 **상어** 조각품이 지붕에 박힌 모양으로 있어요.

세계 여행

세계의 경이 8

필터를 쓸 필요가 전혀 없어요! 오로지 자연의
색깔만으로 이루어진 여덟 가지 멋진 경치를 살펴볼까요.

1 꽃의 띠

네덜란드에서 밭에 반듯하게 줄지어 재배하는 **튤립**이에요. 봄마다 수백만 송이의 꽃봉오리가 열리죠. 튤립은 원래 아시아에서 자라는 야생화였는데, 17세기에 한 식물학자가 유럽으로 들여왔어요. 오늘날 네덜란드는 해마다 튤립 꽃 수십억 송이를 세계 각국으로 수출해요.

지구의 아름다운 색깔들

2 무지개 암석

아르헨티나의 **오르노칼산맥**에서 여러 색깔의 암석이 지그재그로 겹쳐 늘어선 지형은 구름이 만든 그늘에 따라 색이 달라 보여요. 주황색과 빨간색, 자주색과 분홍색에 이르기까지 강렬한 색깔들로 빛나요.

세계의 지리

3 하늘 높이

미국 네바다주에 있는 경이로운 **플라이 간헐천**은 사람들이 지열 에너지를 얻으려고 굴착하다가 우연히 생겼어요. 불그스름하면서 은은하게 빛나는 녹색은 자연의 결과예요. 고온에서만 자라는 다채로운 색깔의 조류로 덮여 있기 때문이지요.

4 경이로운 대리석

칠레의 **헤네랄카레라호**에 높이 솟은 암석은 수 세기에 걸쳐 침식되어 밑부분의 순수한 대리석이 드러나 있어요. 빙하가 녹은 호수에 햇빛이 반사되어 비치면 하얀 암석 동굴이 파란색으로 물들곤 해요. '대리석 성당'이라고 이름이 붙여진 곳도 있어요.

5 새빨간 조류

이 습지는 바다로부터 새빨간 방문객을 맞곤 해요! 중국의 **판진 붉은 해변**은 칠면초로 뒤덮여서 가을이면 주홍색으로 변해요. 그러면 시선이 닿는 곳까지 온통 새빨갛게 변해요.

6 변신 전문가

인도네시아 **켈리무투 국립 공원**의 분화구 호수가 어떤 색깔을 띨지는 아무도 알 수 없어요. 화산 활동으로 인해 일어나는 화학 반응 때문에, 분화구 호수는 푸른 바다색에서 에메랄드 녹색과 순백색에 이르기까지 색깔이 끊임없이 변해요.

7 화려한 산호초

오스트레일리아의 **그레이트배리어리프**로 들어가면 세상에서 가장 경이로운 수중 세계를 만날 거예요. 색이 선명하고 화려한 온갖 산호와 열대어가 해안을 따라 2300킬로미터쯤 모여 살아서 지구에서 가장 큰 생물 군계를 이루고 있어요.

해마다 봄이면 일본 **후지산** 자락은 분홍색 야생화로 덮여요. 이렇게 핀 꽃의 축제를 보려는 관광객들이 모여들어요. 이 꽃잔디들은 빨간색과 분홍색의 다채로운 색조를 띠어요.

8 눈부신 꽃밭

347

세계 여행

나에게 딱 맞는 이상하고 특별한 휴가지는 어디일까?

당신은 멀리서 별난 풍경을 바라보는 것을 좋아하나요?

오스트레일리아 미들섬, 힐리어호
연구자들은 미생물 때문에 이 호수가 장밋빛을 띤다고 해요. 미들섬은 연구자만 들어갈 수 있는 곳이라서, 공중에서 바라보아야 해요.

캐나다 브리티시컬럼비아주, 스포티드호
여름에 호수의 물이 증발하면, 녹아 있는 광물 때문에 다양한 색깔을 띠는 작은 물웅덩이들이 남아요. 거리를 두고 한눈에 다 볼 수 있는 곳에서 구경하는 것이 가장 좋아요.

페루 쿠스코, 스카이롯지
안데스산맥에 위치한 '잉카의 성스러운 계곡'의 한 절벽에서 305미터 높이에 매달려 있는 투명한 숙박 캡슐이에요. 꽤 아늑하겠지요?

아니면 별난 풍경을 가까이에서 보는 쪽을 좋아하나요?

미국 미주리주, 본 테르 광산
물에 잠긴 납 광산에서 스쿠버다이빙을 해요. 지금은 세계 최대의 민물 잠수 명소가 되어 있어요.

세계의 지리

세계의 자전거 친화 도시

자전거를 타고 싶나요? 전 세계에서 거리를 돌아다니는 자전거는 약 10억 대가 넘어요. 자전거는 가장 인기 있는 이동 수단 중 하나예요. 헬멧을 쓰고 페달을 밟으며 세계에서 가장 자전거를 잘 타는 도시 10곳을 다녀 봐요.

1. 덴마크 코펜하겐
통학하거나 출퇴근하는 사람들 중 42퍼센트는 자전거를 이용해요. 자가용을 모는 사람은 10퍼센트뿐이에요!

2. 네덜란드 암스테르담
네덜란드에서는 자전거가 이동 수단의 26.8퍼센트를 차지해요.

3. 네덜란드 위트레흐트
모든 가정의 96퍼센트에 자전거가 1대 이상 있어요.

4. 프랑스 스트라스부르
도시 전역에 600킬로미터 길이의 자전거 도로가 있어요.

5. 네덜란드 아인트호벤

6. 스웨덴 말뫼

7. 프랑스 낭트

8. 프랑스 보르도

9. 벨기에 안트베르펜

10. 에스파냐 세비야

미국 가정의 **91.5퍼센트**는 자가용이 있고, 그중 **절반**이 **자전거**를 가지고 있어요.

유럽

• 번호 상자의 색깔로 지도 위에 도시 위치를 나타냈어요.

349

세계 여행

신기한 해변들

세계에서 가장 멋진 해변을 만나 봐요. 평범한 모래밭이 아니랍니다.

검은 해변

이름: 푸날루우 검은 모래 해변
위치: 미국 하와이주 빅아일랜드
독특한 점: 길게 늘어진 해안에 까만색 모래가 깔려 있어요. 근처 킬라우에아산(아직 활동하는 활화산)에서 수백 년 동안 분출하여 단단하게 굳은 용암이 잘게 부서져 이 해변을 이루었어요. 대모거북과 푸른바다거북이 즐겨 둥지를 트는 장소이기도 해요.

과거에서 온 유리 해변

이름: 유리 해변
위치: 미국 캘리포니아주 포트브래그
독특한 점: 수십 년 전에 이 해변은 유리병을 비롯한 쓰레기가 버려지던 쓰레기장이었어요. 그러나 이제는 한때 쓰레기였던 유리들이 바닷물에 씻기고 닳아서 무지갯빛으로 은은하게 빛나며 작은 만을 뒤덮고 있어요.

펭귄 해변

이름: 볼더스 해변
위치: 바하마 하버섬
독특한 점: 펭귄이 얼음으로 뒤덮인 바닷가에만 있을까요? 어떤 펭귄은 더운 기후도 좋아한답니다! 아프리카펭귄들은 5억 4000만 년 된 화강암 바위 옆에 자리한 국립 공원의 따뜻한 물속에서 첨벙거리며 헤엄쳐요.

움직이는 해변

이름: 즐라트니 라트
위치: 크로아티아 브라치섬
독특한 점: 폭이 좁고 길쭉한 이 해변은 모양이 잘 바뀌어요. 수심이 최대 500미터인 선명한 푸른 바닷물 사이에 툭 튀어나와 있지요. 이 모래 해변의 끄트머리는 바람과 파도, 해류에 따라 방향이 이리저리 잘 바뀌어요.

세계의 지리

과거의 세계 7대 불가사의

지금으로부터 2000년 전에 여행자들은 여행하면서 본 볼거리를 기록했어요. 시간이 지나면서 그 가운데 일곱 장소가 '고대 세계의 불가사의'로 역사에 이름을 남겼어요. 7대 불가사의인 이유는 이 목록을 만든 그리스인들이 7을 마법의 숫자라고 여겼기 때문이에요.

이집트 기자의 피라미드
지어진 시기: 약 기원전 2600년
이 거대한 무덤 속에는 이집트 파라오들이 누워 있어요. 고대의 7대 불가사의 가운데 오늘날까지 남아 있는 유일한 건축물이에요.

이라크 바빌론의 공중 정원
지어진 시기: 알려지지 않음
전설에 따르면 이 멋진 정원은 인공 산 위에 꾸며졌다고 해요. 하지만 이 정원이 사실 지어진 적이 없다고 주장하는 전문가들도 많아요.

튀르키예 에페수스* 아르테미스 신전
지어진 시기: 기원전 6세기
이 우뚝 솟은 신전은 그리스 신화 속 사냥의 여신인 아르테미스를 기리는 곳이에요.

그리스 제우스 상
지어진 시기: 기원전 5세기
높이 12미터로, 그리스 신화 속 신들의 왕 제우스를 묘사하는 조각상이에요.

튀르키예 할리카르나소스 마우솔레움
지어진 시기: 기원전 4세기
정성 들여 잘 지어진 이 무덤에는 마우솔로스 총독이 묻혀 있었어요.

그리스 로도스섬의 거상**
지어진 시기: 기원전 4세기
그리스 신화 속 태양의 신 헬리오스를 기리는 높이 34미터의 조각상이에요.

이집트 알렉산드리아의 등대
지어진 시기: 기원전 3세기
세계 최초의 등대이며, 거울을 활용해 햇빛을 바다 멀리까지 반사했어요.

새로운 세계 7대 불가사의

어째서 새로운 '세계 7대 불가사의'가 생겼을까요? 과거의 세계 7대 불가사의가 대부분 지금까지 남아 있지 않기 때문이에요. 2000년 이전에 만들어져 보존 중인 '새로운 세계 7대 불가사의' 목록이 생겼어요. 1억 명이 넘는 사람들이 직접 투표해서 고른 후보예요!

인도 타지마할
완공 시기: 1648년
이 호화로운 무덤은 무굴 제국 황제 샤자한이 사랑했던 아내를 추모하기 위해 지었어요.

요르단 남서쪽 페트라
완공 시기: 약 기원전 200년
바위 절벽에 새겨진 이 도시에는 한때 약 3만 명의 인구가 거주했어요.

페루 마추픽추
완공 시기: 약 1450년
'구름 속 잃어버린 도시'라 불리는 마추픽추는 안데스산맥 2350미터 높이에 자리 잡았어요.

이탈리아 콜로세움
완공 시기: 기원후 80년
이 경기장에서 야생 동물과 인간 검투사들이 5만 명의 관중 앞에서 죽을 때까지 싸웠어요.

브라질 구세주 그리스도 상
완공 시기: 1931년
코르코바두산 꼭대기에 우뚝 선 이 조각상은 높이가 12층 건물만 하고 무게는 110만 킬로그램에 이르러요.

멕시코 치첸이트사
완공 시기: 10세기
10~13세기에 마야 제국의 수도였던 이곳은 쿠쿨칸의 피라미드가 있는 곳으로 유명해요.

중국 만리장성
완공 시기: 1644년
사람이 만든 건축물 가운데 가장 긴 만리장성은 약 7200킬로미터에 걸쳐 구불구불 펼쳐져 있어요.

*튀르키예 에페수스: 고대 그리스의 식민 도시 유적.
**로도스섬: 에게해의 섬.

더 알아보기

잠깐 퀴즈!

세계의 지리 상식을 얼마나 알고 있나요? 다음 퀴즈를 풀면서 알아봐요.

답을 종이에 적은 뒤, 아래 정답과 맞추어 봐요.

① 수정 동굴은 어디에 있을까?
 a. 영국　　c. 뉴질랜드
 b. 멕시코　d. 우루과이

② 비탈이 가파른 골짜기인 _____는 주로 흐르는 물 때문에 생긴다.
 a. 강
 b. 빙하
 c. 협곡
 d. 폭포

③ 네팔에서는 보전 활동을 펼친 덕분에 최근 들어서 호랑이 수가 약 _____ 마리로 세 배 늘었다.
 a. 355　　　c. 3만 3500
 b. 3550　　d. 33만 5000

④ 참일까, 거짓일까? 남극 대륙의 연구자들은 영국 극지 탐험가 어니스트 섀클턴의 배를 찾아냈어요. (　　)

⑤ 해마다 봄이면 네덜란드에서 수백만 송이씩 줄지어서 재배하는 꽃은 무엇일까?
 a. 데이지
 b. 백합
 c. 장미
 d. 튤립

문제를 더 풀고 싶나요?
내년에 나올 『사이언스 2025』도 기대해 주세요!

정답: ① b, ② c, ③ c, ④ 참, ⑤ d

세계의 지리

이렇게 해 봐요!

우리는 어디에 있을까?

위도와 경도는 지구상에서 우리의 위치를 아는 데 필요한 선이에요. 지구상의 모든 장소는 위도와 경도에 따른 특별한 주소를 가지고 있어요. '절대적인 위치'라고 할 수 있어요. 적도와 평행하게 서쪽에서 동쪽으로 지나는 상상의 선을 위도라고 해요. 이 선을 활용해 적도(위도 0도)에서 북극(북위 90도, 90°N)이나 남극(남위 90도, 90°S)까지 각도로 거리를 측정하죠. 위도 1도는 약 113킬로미터예요.

경도는 지구의 북쪽에서 남쪽으로 뻗어 북극과 남극에서 만나는 선들이에요. 이 선은 경도 0도인 지점(본초 자오선)에서 180도인 지점까지 각도를 통해 동쪽이나 서쪽으로 거리를 나타내죠. 본초 자오선은 영국 그리니치 천문대를 지나요.

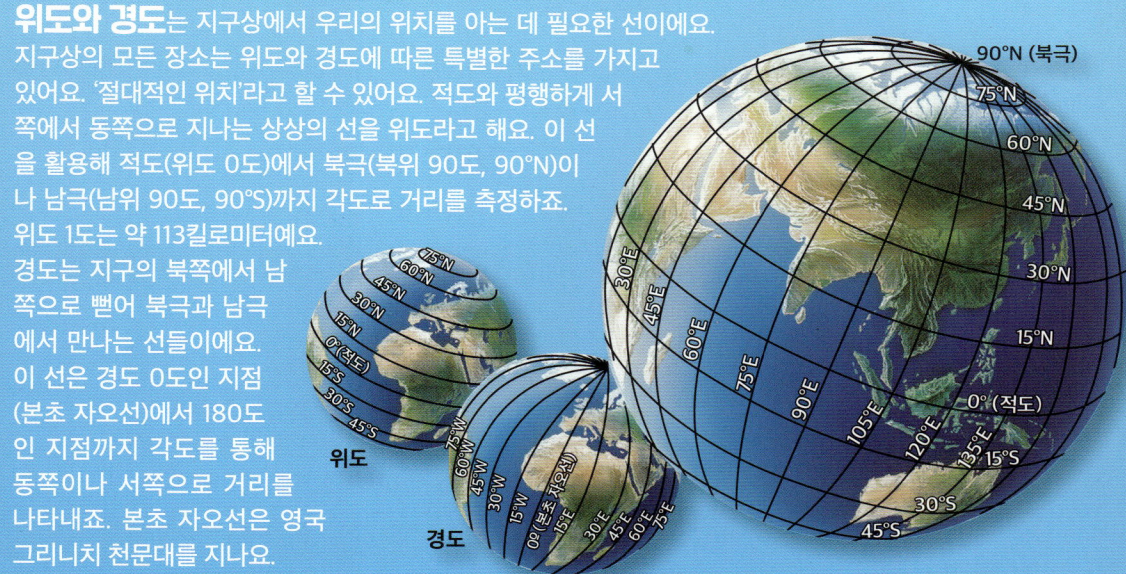

절대적인 위치

위도와 경도를 활용해 전 지구를 무대로 보물찾기 게임을 한다고 상상해 봐요. 보물은 절대 위치로 남위 30도(30°S), 서경 60도(60°W)에 숨겨져 있다고 해요. 그러면 처음 숫자가 적도에서 남쪽으로 떨어진 거리를 말하고, 두 번째 숫자가 본초 자오선에서 서쪽으로 떨어진 거리를 말하는 거예요. 오른쪽 지도에서 남위 30도인 위도선과 서경 60도인 경도선을 찾아요. 그런 다음 손가락으로 두 선이 만나는 지점을 따라가 짚어요. 그러면 정확한 장소를 알 수 있죠. 보물은 아르헨티나 중부에 있을 거예요(지도에서 화살표 부분).

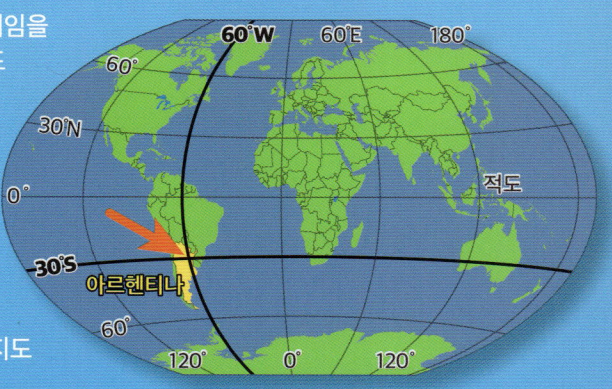

도전! 지도 찾기

1. 280~281쪽의 아시아 지도에서 북위 50도(50°N), 동경 70도(70°E)에는 어떤 나라가 있나요?
2. 284~285쪽의 유럽 지도에서 북위 50도(50°N), 동경 20도(20°E)에는 어떤 나라가 있나요?
3. 288~289쪽의 아프리카 지도에서 남위 30도(30°S), 동경 20도(20°E)에는 어떤 나라가 있나요?
4. 296~297쪽의 남아메리카 지도에서 남위 20도(20°S), 서경 60도(60°W)에는 어떤 나라가 있나요?

정답: 1. 카자흐스탄, 2. 폴란드, 3. 남아프리카 공화국, 4. 파라과이

게임과 퍼즐
정답

132쪽
거울의 집
1. 홍학
2. 아프리카코끼리
3. 마카로니펭귄
4. 시베리아호랑이
5. 레서판다
6. 카멜레온
7. 치타

134쪽
이건 뭘까?
윗줄: **고양이 수염, 낙타 혹, 말코손바닥사슴 뿔**
가운뎃줄: **뱀 혀, 고래 꼬리, 도마뱀붙이 발**
아랫줄: **문어 다리, 푸른발부비새 발, 수탉 볏**

135쪽
깜짝 퀴즈
1. **D**, 2. **D**, 3. **B**, 4. **C**, 5. **B**, 6. **D**, 7. **C**, 8. **B**,
9. **B**, 10. **A**

137쪽
숨은 동물 찾기
1. **C**, 2. **E**, 3. **F**, 4. **D**, 5. **A**, 6. **B**

138쪽
이건 뭘까?
윗줄: **불가사리, 문어, 해마**
가운뎃줄: **청줄돔, 노랑가오리, 갯민숭달팽이**
아랫줄: **복어, 성게, 바닷가재**

140쪽
진짜? 가짜?
2와 **6**이 가짜

141쪽
이건 뭘까?
윗줄: **아이스크림, 태양, 눈 덮인 하천**
가운뎃줄: **용암, 얼린 과일, 핫플레이트**
아랫줄: **빙하, 빨간 고추, 아이스 링크**

142쪽
깜짝 퀴즈
1. **B**, 2. **B**, 3. **D**, 4. **A**, 5. **B**, 6. **A**, 7. **A**, 8. **C**,
9. **D**, 10. **B**

145쪽
이건 뭘까?
윗줄: **라바 램프, 네온사인, 반딧불이**
가운뎃줄: **번개, 불꽃, 횡단보도 신호등**
아랫줄: **전구, 북극광, 야간 조명**

146쪽
숨은 동물 찾기
1. **A**, 2. **D**, 3. **B**, 4. **E**, 5. **F**, 6. **C**

147쪽
진짜? 가짜?
1과 **4**가 가짜

참고 자료

찾아보기

/

글 및 사진 저작권

찾아보기를 활용하면 책 속에서
필요한 내용을 쉽게 찾을 수 있어요.

찾아보기

ㄱ

가나 252, 306
가니메데 88, 106
가변네온갯민숭달팽이 53
가봉 14, 252, 306
가상 키보드 195
가오리 28, 55
가이아나 218, 252, 294, 306
가장 달콤한 날 173
가톨릭교 336
간식 24, 30-32
간헐천 347
갈라파고스 제도 17
감비아 252, 306
강 277, 282, 283, 287, 327
강돌고래 219, 335, 335
강수 223, 226, 228-229
강옥 101
개 11, 26, 36, 74, 75, 76-77, 84, 125, 135, 148-149, 157, 158, 294
개구리 11, 13, 39, 43, 45, 60-61, 116, 137, 218, 228, 335
개량 후지타 등급 231
개미핥기 254
개오지 껍데기 178
개코원숭이 155
갯민숭달팽이 45, 53
거대한 태평양 쓰레기 섬 22-23, 28, 32
거미 67, 135, 137, 146, 176, 206
거미 공포증 206
거북 17, 40, 55, 114, 221
건물 12, 27, 142, 243, 330
검은 수염(해적) 249
검은부리아비 43
게 37, 55, 84, 137
게거미 137
게성운 88
게임과 퍼즐 130-149, 194, 354
게첼린, 토마소 210, 211
경도 353
계곡 277
고고학 발견 238-239
고대 그리스 178, 184, 192, 243, 328, 351
고대 로마 178, 181, 185, 243, 245, 351
고대 발자국 238
고대 세계 38, 178-179, 181, 184-185, 238, 240-241, 243-245, 266, 287, 340, 341, 351
고대 이집트 178, 184, 238, 243-245, 266, 287, 340, 341, 351
고대의 손자국 238
고래 54, 55, 136, 176, 221, 302, 337
고래상어 55, 57
고롱고사 국립 공원(모잠비크) 126
고생대 78

고세균 197
고소 공포증 207
고슴도치 44
고양이 74, 75, 76-77, 84, 148-149, 156, 194
고양이과 야생 동물 68-73, 119, 156, 218, 219, 279, 286, 335, 340, 352
곡물 강정 30-32
곤살베스, 도미니크 126-127
곤충 14, 42, 43, 66, 112-113, 116, 146, 198, 212, 218, 232, 291
골격계 200
곰 26, 111. 136, 225, 233. 234
공룡 78-83, 163, 223
공룡 똥 80
공룡 신종 81
공룡 알 83
공포 206-207, 228
과나코 295
과정 분석 213
과테말라 252, 306, 307
과학과 기술 82-83, 196-212
관벌레 55
광대 공포증 206
광물 100-101, 106
교통수단(미래) 210-211
구름 227
구세주 그리스도 상(브라질) 351
구술 시험 235
국가 189, 252-265, 270-271, 306-331, 352
국제 여성의 날 16
국제 오랑우탄의 날 16
국제 우주 정거장(ISS) 15, 97
국제 청소년의 날 16
굴올빼미 130-131
권운 227
균류 197
그레나다 252, 306
그레이트배리어리프 335, 347
그리스 252, 283, 307
그린란드 176, 225
그린란드상어 57, 136
그물무늬기린 117
극피동물 45
근육계 200
글래스고(영국 스코틀랜드) 338
글쓰기 16, 33, 85, 129, 189, 213, 258, 267
금 95, 101, 180
금강석 101
금붕어 39
금빛원숭이 41
금성(행성) 90
기념일과 축제 168-173
기니 252, 307
기니비사우 252, 307
기독교 168-169, 176, 186, 236-237, 295, 336
기린 15, 42, 48-49, 158, 117, 181
기사 17

기온 224, 230
기자(이집트) 243, 341, 351
기후 변화 52, 78, 225, 291, 303, 318
기후대 224
깁슨, 리디아 115
꼬마꽃벌 66
꼬마주머니쥐 17
꽃 346, 347, 352
꽃매미 112
꽃의 축제(일본) 347
꿀벌 66, 291

ㄴ

나노 로봇 193
나노카멜레온 287
나라야난, 산댜 182
나무 111, 115, 128, 142-143, 198, 279, 286, 322, 333, 335, 344
나미비아 2-3, 252, 287, 307
나방 42, 113, 146
나브라트리 축제 186
나비 142, 339
나우루 253, 308
나이지리아 253, 308
나일강 287, 341
낙타 150-151, 277, 340
난마돌 유적(폰페이섬) 299
난파선 133, 283, 299, 313, 328, 352
날개구리 61
날다람쥐 42
날씨 22, 223-231
날여우박쥐 117, 128
남극 대륙(남극권) 50-52, 80, 125, 234, 282-285, 334, 337, 352
남극점 125
남극해 221, 222, 234
남동석 100
남방코끼리물범 52, 55
남수단 253, 308
남아메리카 294-297
남아메리카꼬마낙엽사마귀 113
남아프리카 공화국 168, 253, 286, 308, 344
낭트(프랑스) 349
내분비계 200
낸시마을빼미원숭이 114
냉혈동물 45
네덜란드 253, 308, 346, 349, 352
네바다주(미국) 347
네발나비 339
네스호(영국 스코틀랜드) 338
네팔 164, 183, 253, 279, 308
노란발바위왈라비 299
노르웨이 253, 308
노벨상 253, 267
놀이공원 135
농사 15, 264
뇌(인간) 202, 203, 206-207
뇌설 229

찾아보기

누룩뱀 64
누산타라(인도네시아) 14
눈 226, 229, 288, 303
눈(개구리) 60
눈(거대한 조각) 342
눈백로 40
눈표범 68, 69
뉴멕시코주(미국) 229
뉴올리언스(미국 루이지애나주) 171
뉴욕(미국) 26, 171, 228, 239
뉴질랜드 253, 299, 308
늘보로리스 65
니제르 253, 308
니카라과 253, 308
니컬스, 닉 119

ㄷ

다뉴브강 283
다람쥐 42
다마스섬(코스타리카) 339
다신교 186
다윈나무껍질거미 67
다이아몬드 100, 101
닥스훈트 294
달 93, 97, 124
달랑게 137
달력 16, 97, 168-169
달팽이 26
달팽이집(불가리아 소피아) 345
달하우지 캐슬(영국 스코틀랜드) 338
당뇨병 75
대륙 270-273, 278-305
대서양 220, 222
대서양림(브라질) 46-47
대서양바다코끼리 136
대왕고래 55
대왕문어 55
대왕오징어 55
대왕쥐가오리 28, 55
대왕판다 116-117, 334
대피라미드(이집트) 243, 287, 351
대한민국 105, 251, 263, 327
댈러스(미국 텍사스주) 342
덜스 177
데스밸리(미국 캘리포니아주) 224
데이노니쿠스 83
덴마크 27, 253, 309, 349
도넛 173, 298
도넛의 날 173
도마뱀 143, 180, 287
도마뱀붙이 13, 17, 44, 146
도미니카 공화국 253, 309
도미니카 연방 253, 309
독일 176, 253, 309
독화살개구리 45, 61
돌고래 28-29, 219, 220, 335
동굴 95, 291, 347
동물 10, 17, 34-85, 110-111, 112-121,
130-132, 134, 136-138, 142-143, 146,
153-153, 197, 223, 233
동물원 10, 46-47, 116-117, 326
동전 178, 180-181, 189
동지 241
동티모르 253, 309
돼지 142, 176
두꺼비 39
두바이(아랍 에미리트) 320
두보 345
둥근무늬문어 137
뒤셴근육위축증 62
드니프로강 283
드라이버, 토비 38
드론 210, 211
드워킨, 제이슨 96
등대 335, 351
디아스, 포르피리오 250
디아즈, 엔조 75
디왈리 169
디츠, 루 앤 47
딸기 135, 160
띠 172, 188

ㄹ

라나, 레오나르두 모우치뉴 112-113
라로스, 켈러 28
라마 162
라마단 187
라브루스, 사라 52
라오스 13, 253, 278, 309
라이드, 샐리(우주 비행사) 180
라이베리아 253, 309
라인강 283
라트비아 254, 309
라파누이 사람들 242, 266
라파차, 랄 183
락포트(미국 매사추세츠주) 345
란세오메도스(캐나다) 239
람발디, 데니스 47
람세스 2세(파라오) 245, 341
랑구르원숭이 13
래머스(수확제) 168
래비노위츠, 앨런 71
러시아 26, 239, 250, 251, 254, 279, 285, 291, 309
러윅(영국 스코틀랜드) 171
럭비 264
레몬상어 56
레바논 254, 310
레소토 254, 310
레오폴트 1세(신성 로마 제국 황제) 181
렉서, 카일 206-207
로도스섬의 거상(그리스) 351
로리스 65
로마 가톨릭교 336
로봇 190-193, 208-212
로쉬 하샤나 169
로스 빙붕(남극 대륙) 337
로스아미고스강(페루) 277
로스차일드기린 48-49
로스차일드산누에나방 2113
로지, 자크리드지 37
롤러코스터 135, 200
루마니아 254, 310
루안다(앙골라) 287
루이스, 메리웨더 124
루이지애나주(미국) 171
룩셈부르크 254, 310
르완다 254, 310
리비아 254, 310, 311
리우데자네이루(브라질) 171
리칸카부르산(칠레) 103
리투아니아 254, 310
리트, 제리 39
리히텐슈타인 254, 310
린치, 헤더 50, 51
린트 초콜릿의 집(스위스) 283

ㅁ

마녀의 정원 344
마누엘 안토니오(코스타리카) 339
마다가스카르 41, 254, 287, 311
마라톤 303
마르디 그라 171
마르지판 176
마셜 제도 254, 311
마스캣 로봇 194
마야 351
마오리족 299
마우나로아산(미국 하와이주) 103
마음을 가라앉히는 방법 202
마추픽추(페루) 351
마케마케(왜소행성) 91, 92
마타 하리 175
마푸둥어 183
마푸체족 183
만리장성 351
만화 148-149
말라위 254, 311
말라위호(아프리카) 279
말레이시아 37, 254, 311, 335
말리 254, 311
말뫼(스웨덴) 349
맛 200
망원경 10, 86, 88, 95
매미 떼 232
매사추세츠주(미국) 345
매직큐브 가상 키보드 195
매캔들리스 2세, 브루스 88, 106
맥니, 마이크 275
맥앤드루, 프랭크 206
메카의 대모스크(사우디아라비아) 187
메콩강 유역 13
메테인 214-215
멕시코 123, 236-237, 250, 254, 291, 312,

332, 352
면역계 200, 205
멸종 78
멸종 위기 종 44
명왕성 91, 92
모기 283
모나코 255, 312
모래 135
모래 폭풍 229, 234
모래고양이 335
모로코 255, 313
모리셔스 255, 312
모리타니 255, 312
모스 굳기계 101
모아이인상 242, 266
모자 142
모잠비크 255, 313
모파니 벌레 176, 188
목도리도마뱀 180
목성(행성) 88, 90, 91, 104, 106
몬테네그로 255, 312
몬테베르데 운무림 보전 구역(코스타리카) 339
몬테비데오(우루과이) 295
몬테크리스토 국립 공원(엘살바도르) 322
몰도바 255, 312
몰디브 255, 312
몰로이 해연 222
몰타 255, 312
몽골 255, 313
무굴 제국 246-247
무당거미 67
무당벌레 43
무사 미술관(멕시코) 332
무스사우르스 83
무척추동물 45
무툰케이, 티아사 110-111
문어 55, 137, 177
문어 나무 344
문화 166-189
문화유산의 날 168
물 16, 25, 27, 216, 223, 334
물개 337
물범 52, 55, 120-121, 128, 303, 337
물의 순환 223
뭄타즈 마할 246-247
미국 105, 170-171, 173, 180, 232, 250, 251, 255, 291, 313, 348, 349
미국 남북 전쟁 250
미국 독립 전쟁 250
미라 238
미래 세계 208-211
미래의 집 208-209
미사장석 101
미얀마 13, 255, 313
미어캣 2-3, 41
미주리주(미국) 348
미크로네시아 255, 313

미클라이트, 스티브 73
미타미타(오스트레일리아) 344
민물(생물 군계) 216

ㅂ

바나나 193
바나르어 182
바누아투 255, 313
바다 16, 18-29, 36, 18-19, 20, 22-23, 28-29, 32, 104, 217, 104, 220-221, 232, 234, 248-249
바다 생물 군계 217
바다 쓰레기 18-19, 21-23, 28-29, 32, 36
바다거북 55, 114, 221
바다악어 330, 344
바다코끼리 136, 162
바닷가재 343
바람 230, 231
바레인 255, 313
바베이도스 255, 313
바빌론의 공중 정원(이라크) 351
바센지 135
바이러스 196, 204
바이칼호(러시아) 279
바이킹 239, 266, 338
바티칸 시국 256, 313, 336
바필드, 수전 183
바하마 119, 256, 290, 314, 350
박물관 283
박쥐 117, 128
반다브가르 국립 공원(인도) 119
반려동물 10, 74-77, 148-149, 192, 194
발명과 기술 190-195
발보아, 바스코 누녜스 데 181, 188
발표 235
방글라데시 256, 314
방콕(태국) 166-167
방해석 101
배빈, 데이비드 73
배핀만 136
백 년 전쟁 250
백로 40
백악기 79
백조 요리 177
뱀 13, 64, 113, 115, 118, 146, 218, 282
뱀장어긴갯민숭달팽이 53
버긴, 마이크 247
버스 307
버젯프로그 116
버펄로(미국 뉴욕주) 303
벅스킨 협곡(미국 유타주) 277
번개 224, 228, 229
번개 공포증 228
번데기 142
번지 점프 12, 344
벌 66, 291
베냉 256, 314
베네수엘라 256, 314

베네치아(이탈리아) 171
베누(소행성) 96
베지, 바네사 114
베트남 13, 182, 251, 256, 314, 331
베트남 전쟁 251
벨기에 256, 314
벨라루스 256, 314
벨리즈 256, 314
벨벳늪뱀 113
벵골왕도마뱀 143
벵골호랑이 69, 119
변성암 99
변온동물 45
별 86-88, 94-95, 106
별난 조각상 342-343
별자리 94, 97
보고서 129, 189
보니리그(영국 스코틀랜드) 338
보닛헤드귀상어 57
보르네오급류개구리 60
보르네오섬 14, 60
보르도(프랑스) 349
보스니아 헤르체고비나 256, 314
보츠와나 68, 256, 315
본 테르 광산(미국 미주리주) 348
볼가강 283
볼리비아 182, 218, 256, 315
부룬디 256, 315
부르즈 할리파 164, 320
부르키나파소 256, 315
부링구라 299
부탄 256, 316
부활절 168, 186
북극곰 26, 136, 225
북극여우 116, 217
북극해 221, 222
북마케도니아 257, 316
북아메리카 290-293
북아일랜드(영국) 177, 332-333
북유럽 신화 185
북한 251, 257, 316
분류 44-45, 80, 197
분류학 44-45, 197
분석구 103
분차이, 나레라트 115
불 228, 233
불가리아 256, 316, 345
불교 186
불안 202, 206-207
불의 고리 103, 105
붉은 성(리비아) 311
붉은 스프라이트 229
붉은다리덤불왈라비 298
붉은어깨금강앵무 137
붉은털원숭이 143
브라질 46-47, 71, 112-113, 171, 189, 218, 256, 294, 317, 351
브라키오사우루스 163

찾아보기

브루나이 257, 317
브리티시컬럼비아주(캐나다) 348
블랙홀 93
블레이크, 피터 233
비 217, 223, 226, 228
비네케, 바버라 51
비둘기 164
비만, 야스미나 83
비숍, 필 61
비숍암섬(영국) 335
비행 124, 128, 211, 319
비행기 호텔 339
빈라덴, 오사마 251
빗자루 344
빙하 216, 277, 337
빨간눈청개구리 60
뻐끔살무사 64
뿔매 143

ㅅ

사과 24
사마귀 39, 45, 112, 113, 128
사막 217, 234, 286, 287
사막의 손 조각(칠레) 343
사모아 257, 317
사슬두톱상어 56
사암 기둥 332
사우델레우르 왕조 299
사우디아라비아 187, 193, 257, 317
사우스샌드위치 해구 222
사운드셔츠 195
사이클론 230
사자 68, 69, 340
사진 37, 116-121, 134, 137, 138, 141, 145, 146
사토리, 조엘 116-117
사하라 사막(아프리카) 82, 277, 286, 287, 334
사해 335, 343
사향소 42
산 277
산마리노 257, 317
산미치광이 116
산불 228, 233
산티아고(칠레) 295
산호와 산호초 108-109, 217, 299, 332, 335, 347
살무사 146
삿포로(일본) 303
상어 55-57, 119, 136, 162, 200, 345
상투메 프린시페 257, 317
상트페테르부르크(러시아) 26
새 40, 43-45, 58-59, 130-131, 143, 146, 155, 158, 161, 164, 218, 221, 290, 350
새커거위아 124
샌드보드 340
생물 196-207
생물 군계 216-219, 234
생물 분포대 216-219

생식계 200
생태계 216-219
샤자한(무굴 제국 황제) 246-247, 351
섀클턴, 어니스트 125, 303, 352
서벌 70
서부귀신소쩍새 137
서부꼬마주머니쥐 17
석고 101
석영 101
석회암 99
선캄브리아 시대 78
설날 168, 176
성 338
성 평등 16
성베드로 대성당(바티칸 시국) 336
성운 86-87, 88
성층 화산 103
세계 224, 252-265, 270-273, 334-335
세계 물의 날 16
세계 미소의 날 16
세계 바다의 날 16
세계 수학의 날 16
세계 시의 날 16
세계의 불가사의 351
세계의 지도자 252-263
세균 196, 197, 204, 348
세네갈 257, 317
세르비아 257, 317
세비야(에스파냐) 349
세이셸 257, 317
세인트루시아 257, 317
세인트빈센트 그레나딘 257, 318
세인트키츠 네비스 257, 318
세인트피터즈버그(미국 플로리다주) 170
세인트헬렌스산(미국 워싱턴주) 103
세케어 183
세티 1세(파라오) 341
세포 200
소 158, 178, 299
소라게 37, 84
소말리아 251, 257, 318
소비에트 연방(소련) 250, 251
소셜 미디어 127
소웨토 타워(남아프리카 공화국) 344
소코트라섬(예멘) 333
소피아(불가리아) 345
소행성 89, 96
소화계 200
손목시계 251
솔나방 146
솔로몬 제도 257, 318
솜털꽃매미 113
수단 245, 257, 318
수리남 218, 257, 318
수마트라섬 198
수상 시장 166-167
수성(행성) 90, 97
수의사 122

수정 동굴(멕시코) 291, 352
수퍼에비에이터(잠수함) 108-109
수학 16, 173
순상 화산 103
순환계 200
숲 216, 318
슐츠, 알렉스 36
스라소니 72-73, 84
스리랑카 26, 186, 258, 318
스마트링 195
스마트폰 179, 195, 213
스미스, 체리시 37
스웨덴 179, 180, 258, 318, 349
스위스 186, 258, 283, 318
스카이롯지(페루 쿠스코) 348
스케리, 브라이언 119
스코틀랜드(영국) 72-73, 84, 168, 171, 338
스콧, 로버트 팰컨 125
스쿠버다이빙 180, 313, 332, 348
스타워즈(영화) 192, 340
스타트렉: 보이저(TV 시리즈) 258
스테고사우루스 80, 83
스테고우로스 엘렌가센 81
스토더드, 제프 233
스톤헨지(영국 잉글랜드) 240-241, 266
스트라스부르(프랑스) 349
스트레스 202
스티라코사우루스 80
스티븐슨, 존 123
스파이 175
스페인솔갯민숭달팽이 53
스포츠 8-9, 11, 16, 294, 303, 307
스포티드호(캐나다) 348
스피노사우루스 82
스핑크스(이집트) 341
슬로바키아 258, 318
슬로베니아 258, 318
승냥이 143
시계 251
시기리야 요새(스리랑카) 258
시리아 258, 319
시에라리온 258, 318
시인 16, 259
시체 꽃 198
식당 12, 345
식물 190-191, 197-199, 218, 344, 346, 352
식생 216-219
신경계 200, 202, 206-207
신발 135
신생대 78, 79
신용 카드 179
신화 184-185, 328
실험 설계하기 107
심바르크(폴란드) 345
심장 202, 212
심호흡 202
십자군 전쟁 250
싱가포르 177, 259, 279, 319

싱벨리어 국립 공원(아이슬란드) 259
쌍봉낙타 340
씬벵이 146

ㅇ

아델리펭귄 50-51, 50-51, 337, 337
아라비아낙타 340
아라파이마 219
아랍 에미리트 135, 259, 319, 335
아레날호(코스타리카) 339
아렝고, 펠리시티 58
아르메니아 252, 307
아르헨티나 252, 277, 307, 346, 346
아마존 분지 64, 112-114, 218-219, 234, 295, 335
아마존나무보아 64
아메리카 원주민 124, 179
아메리카들소 217
아메리카홍학 58, 59, 290
아모르포팔루스 티타눔 198
아문센, 로알 125
아바타(영화) 332
아부다비(아랍 에미리트) 135
아시아 278-281
아시아코끼리 122, 263
아이 돌보기 144
아이마라어 182
아이스크림 160, 265, 339
아이슬란드 123, 259, 283, 320, 334
아이티 259, 320
아인트호벤(네덜란드) 349
아일랜드 168, 259, 282, 321
아제르바이잔 259, 321
아타카마 사막(칠레) 217, 343
아폴로 계획 124
아프가니스탄 251, 260, 321
아프가니스탄 전쟁 251
아프리카 278-281, 340
아프리카사자 69, 340
아프리카코끼리 315
아프리카펭귄 350
아프리카황소개구리 61
악어 287, 325, 339, 340, 344
악어머리뿔매미 112
안데스산맥(남아메리카) 11, 105, 182, 295
안도라 260, 321
안산암 99
안킬로사우루스 80
안티과(과테말라) 307
알래스카주(미국) 277
알렉산드리아(이집트) 341, 351
알렉산드리아의 등대(이집트) 351
알바니아 260, 321
알제리 260, 321
알카에다 251
알칼리벌 66
암석과 광물 99-101, 106, 291
암스테르담(네덜란드) 349

암스트롱, 닐 124
암염 99
암초대왕쥐가오리 28
앙골라 260, 321
앙헬 폭포(베네수엘라) 295
애벌레 142, 176, 188
액티비티 24, 30-31, 127, 130-149, 199
앤절로, 마이아 180
앤트워프(벨기에) 349
앤티가 바부다 260, 321
앨버타주(캐나다) 214-215
앱(어플리케이션) 213
앵무 137
야광원양해파리 34-35
야프섬(미크로네시아) 313
양 155, 299
양서류 39, 44, 45, 218
양손잡이 203
양저우(중국) 342
어는비 226
어둠 공포증 207
어룡 12
어류 39, 44, 45, 116, 146, 153, 177, 219, 220, 233
언어 114, 182-183, 298, 340
얼룩무늬물범 337
얼음 216, 225, 334, 337
업 헬리 아 축제 171
에디슨, 토머스 174
에리스(왜소행성) 91, 92
에리트레아 260, 321
에베레스트산 164, 278
에스와티니 260, 321
에스토니아 260, 322
에스파냐 34-35, 239, 250, 251, 260, 322, 349
에어하트, 어밀리아 124, 128
에이브러햄호(캐나다 앨버타주) 214-215
에콰도르 11, 218, 261, 324
에티오피아 260, 322
에펠, 귀스타브 174
에펠탑(프랑스 파리) 174-175, 188
에피데믹 204, 212
엘베강 283
엘살바도르 260, 324
엠파이어스테이트빌딩(미국 뉴욕) 228
여성 16, 124
여우 116, 217
여우원숭이 310
여행 332-351
역사 178-179, 236-267
연쇄상 구균 196
연어 177
연잎성게 142
연체동물 45, 53
열기구 341
열대 폭풍 230
염색독화살개구리 61

영국 12, 142, 168, 171, 177, 240-241, 250, 251, 260, 266, 322, 332-333, 335, 345
영원 13
영화 332, 340
예루살렘 바위 사원 187
예멘 260, 322, 333
예술 18-19, 26-27, 32, 332, 342-344, 351
오거스터스산(오스트레일리아) 299
오니앙고, 모리스 115
오랑우탄 16
오르노칼산맥(아르헨티나) 346
오른손잡이 203
오리 45
오리 스마트 반지 195
오리건주(미국) 344
오만 260, 322
오세아니아 298-301
오스트랄로티탄 코오페렌시스 81
오스트레일리아 17, 40, 81, 180, 251, 260, 298-301, 323, 335, 343, 344, 347, 348
오스트리아 260, 323
오시리스-렉스 우주선 96
오언스, 캣 18, 19
오징어 55
오코너, 데이비드 48-49
오크니섬(영국 스코틀랜드) 338
오테로, 알레한드로 83
오피먼트(웅황) 100
오호스델살라도 화산(남아메리카) 105
온두라스 260, 323
온실가스 318
온혈동물 45
올도이뇨렝가이 화산(탄자니아) 104
올드린, 에드윈 '버즈' 124
올리브각시바다거북 114
올림픽 9, 16
올빼미류 137, 158
올빼미원숭이 114, 218, 219
옷 181, 195, 251
와일드, 개비 122
와히아와(미국 하와이주) 344
왈라비 299
왕가루 299
왕들의 골짜기(이집트) 341
왜소행성 89, 90-92, 104
외뿔소자리 V838 88
왼손잡이 203
요르단 251, 261, 323, 334, 351
요리법 24, 30-31
용 342
용골자리 성운 86-87
용반목 80, 81
용암돔 화산 103
용혈수 333
우간다 261, 323
우루과이 261, 295, 323
우림 14, 216, 218-219
우박 226, 228, 229

찾아보기

우주 10, 86-97, 104, 106, 135, 142, 210
우주 망원경 10, 86, 88, 95
우주 비행사 15, 88, 106, 124, 142, 180
우주 엘리베이터 210
우즈베키스탄 261, 323
우크라이나 10, 251, 261, 285, 323
운모 편암 99
운무림 313
울루그벡사우루스 우즈베키타넨시스 81
웃긴 이야기 150-165
워들리, 로즈메리 275
워싱턴주(미국) 103
원뿔 성운 88
원생생물 197
원숭이 13, 37, 41, 46-47, 114, 143, 155, 218-219, 325
원숭이 143, 316
원앙 45
월, 레이철 248
월리스날개구리 61
웨들해 52, 303
웨일스(영국) 38, 168, 240
위도 353
위성 88, 89, 106
위시사우루스 콥치키 81
위아래가 뒤집힌 집(폴란드) 345
위장 137, 146
위트레흐트(네덜란드) 349
윙, 마티나 28
유대교 169, 186, 187
유대류 63
유럽 72-73, 282-285, 349
유럽기민개구리 137
유리개구리 11
유사프자이, 말랄라 267
유성우 97
유인원 14, 16
유일신교 186
유타주(미국) 277
은하수 94
음식 15, 30-32, 142, 160, 166-167, 173, 176-177, 188, 193, 199, 200, 283, 298, 314, 341
음악을 느끼는 옷 195
응결 223
이구아수 폭포(아르헨티나-브라질) 277
이글, 지젤 38
이누이트 176
이드알피트르 187
이라크 251, 261, 323, 351
이라크 전쟁 251
이란 261, 323
이브콘산(캐나다) 103
이븐 바투타 125
이스라엘 17, 180, 251, 261, 323
이스터섬 242, 266
이슬거미 146
이슬람교 186, 187, 252

이식쿨호(키르기스스탄) 279
이오 104
이집트 181, 251, 261, 324, 341
이크티오사우루스 12
이탈리아 135, 171, 176, 192, 238, 261, 324
인공위성 275
인공지능 로봇 192
인권 운동가 267
인더스강 계곡 277
인도 150, 151, 169, 171, 183, 239, 246-247, 261, 277, 351
인도네시아 14, 104, 198, 261, 279, 291, 335, 347
인도양 221, 222
인듀어런스호(배) 125, 303
인드리원숭이 310
인체 200-207
인티 라이미(축제) 168
인피니티 게임 테이블 194
인회석 101
일각돌고래 54, 136, 221
일롱드낮도마뱀붙이 44
일본 177, 192, 261, 291, 324, 325, 347
일본원숭이 325
일식 97
잉카 제국 168
잎꼬리도마뱀붙이 146

ㅈ

자동차 210-211, 266
자리키에이, 로베르토 114
자메이카 115, 261, 324
자바 해구 222
자바늘보로리스 65
자연 214-235
자연재해 230-233
자율 주행차 210-211
자이언트 코즈웨이 332-333
자전거 279, 349
자카르타(인도네시아) 14, 279
자포동물 45
잔점박이물범 120-121, 128
잠깐 퀴즈 32, 84, 106, 128, 212, 234, 266, 352
잠비아 261, 324
잠수(다이빙) 17, 28, 180, 313, 332, 341, 348
잠수함 108-109
장미 퍼레이드(미국 캘리포니아주) 170
장밋빛단풍나방 42
장수거북 55, 221
장완흉상어 119
장자제 국립 공원(중국) 332
재규어 68, 69, 71, 218, 219
재생 에너지 291
저지대줄무늬텐렉 41
적도 기니 261, 324
적란운 227, 231
적운 227, 231

전기 267
전보 179
전쟁 250-251
전화 195, 213
절지동물 45
정온동물 45
정원 199
정일수 249
정장석 101
정화 125
제1차 세계 대전 164, 175, 250, 251
제2차 세계 대전 164, 250
제3기 79
제우스 상(그리스) 351
제임스 웹 우주 망원경 10, 86
제임슨맘바 118
조각 342-343
조개껍데기(화폐) 178, 179
조명 145, 175, 188
조반목 80, 81
조슈아트리 국립 공원(미국) 268-269
조신에쓰코겐 국립 공원(일본) 325
조지아 12, 256, 314
좀비 불 228
종교 168-169, 184-187, 236-237, 250
주로 쓰는 손 203
주머니쥐 17
주황점박이쥐치 116
죽은 자들의 날 291
중국 13, 168, 178-179, 188, 251, 262, 277, 279, 281, 324, 332, 334, 342, 345, 347, 351
중력 93
중생대 78, 79
중세 135
중앙아프리카 공화국 262, 325
중합체 20
쥐라기 79
쥐에 관한 신화 39
증발 223, 348
증산 223
지, 필 39
지구 90, 98-107, 299, 334
지구 온난화
지능(동물) 39
지도 23, 29, 47, 103, 121, 175, 218, 224, 241, 247, 270-273, 280-281, 284-285, 288-289, 292-293, 295, 296-297, 300-301, 304-305, 349, 353
지도 제작 274-276
지리 268-353
지리 정보 시스템 275
지문 201
지부티 262, 325
지중해별노린재 116
지진 103
지진 해일 22, 232
지퍼 251

진공관(교통수단) 211
진눈깨비 226
진핵생물 197
짐바브웨 262, 325
집 27, 208-209, 345
집라인 12, 339

ᄎ

차 210-211, 266
차드 262, 325
챌린저 해연 222
척추동물 45
천둥 228
천문 달력 97
천왕성(행성) 91, 97
청개구리 43
청두(중국) 345
체스 295
체코 262, 326
초기 인류 238
초원 217
초콜릿 173, 283
추수 감사절 171
추크 환초호 313
축구 8-9, 11, 256
축제 행렬 170-171, 291
춘분 97
춤 265, 283, 316
층운 227
치다-라즈비, 메흐린 246-247
치아 200
치즈 312
치첸이트사 351
칠레 14, 103, 183, 262, 326, 343, 347
침팬지 14

ᄏ

카뇨 크리스탈레스(콜롬비아) 327
카니발 171
카리브해큰항아리해면 55
카메룬 262, 326
카멜레온 287
카보베르데 262, 326
카스피해 279
카이만 152, 339
카이사르, 율리우스 178, 245
카이에테우르 폭포(가이아나) 294
카자흐스탄 262, 326
카타르 262, 328
카포에이라 294
칸, 니키 37
칼 17
칼라하리 사막(아프리카) 41
칼리만탄(인도네시아) 14
캄보디아 13, 176, 262, 326
캐나다 27, 103, 214-215, 239, 262, 266, 290, 326, 334, 348
캐나다산미치광이 116
캐머런, 제임스 332
캐슈너트 314
캘리포니아주(미국) 120-121, 170, 224, 233, 268-269, 350
커리어 112-115, 122-123, 275
커페스, 톰 210
컴퓨터 195
케냐 48-49, 115, 262, 326
케냐산덤불살무사 115
케레스(왜소행성) 90, 92, 104
케언스, 켄턴 46-47
케추아어 182
켈리무투 국립 공원(인도네시아) 347
켈프 숲 121
코끼리 26, 39, 110, 122, 126-127, 142, 227, 263, 308
코끼리물범 52, 55
코로아카어 183
코모로 262, 326
코소보 262, 327
코스타리카 114, 262, 327, 339
코트디부아르 262, 327
코펜하겐(덴마크) 349
콘티키호 125
콜로세움(이탈리아 로마) 351
콜롬비아 218, 263, 327
콩고 263, 328
콩고 민주 공화국 181, 263, 328
쾨펜의 기후 분류법 224
쿠바 263, 328
쿠시 왕국 245
쿠웨이트 263, 264, 328
쿠폰 181
쿠푸 243
쿰브 멜라 축제 171
쿼카 62-63, 84
크나페 341
크라쿠프(폴란드) 282
크로아티아 263, 328, 350
크리스마스 169, 176
크리켓(스포츠) 257
크림반도(우크라이나) 285
큰 고양이과 동물 68, 69, 71, 72-73, 84, 119, 156, 218, 219, 279, 352
큰개미핥기 263
큰돌고래 28-29, 220
클라크, 윌리엄 124
클레오파트라 7세(파라오) 238, 245
클룸, 마티아스 118
클리넥스 티슈 251
클리퍼드, 디에나 233
키다리게 55
키란티-코이츠어 183
키르기스스탄 263, 328
키리바시 263, 328
키프로스 263, 328
킬라우에아 화산(미국 하와이주) 105
킴벌리-클라크사 251
킹스턴(오스트레일리아) 343

ᄐ

타란툴라 튀김 176
타마린 46-47
타이완 27, 281
타지마할(인도) 246-247, 351
타지키스탄 264, 330
타코 15
타하르카(파라오) 245
탄자니아 58, 104, 264, 329, 340
탈레반 267
탐험 108-129
탕가니카호(아프리카) 279
태국 13, 22, 37, 115, 122, 166-167, 171, 264, 330
태양 89, 93, 95, 142
태양계 88-95, 97
태양의 축제 168
태평양 22-23, 28, 32, 220, 222
태풍 224, 230
탬파(미국 플로리다주) 334
탱고 256
텍사스주(미국) 342
토고 Togo 264, 329
토끼 38, 43
토네이도 229, 231
토르산(캐나다) 334
토성(행성) 90-91
톤, 탐 티 182
톱비늘살무사 64
통가 232, 264, 329
통곡의 벽(예루살렘) 187
퇴비 199
퇴적암 99
투르크메니스탄 264, 329
투발루 264, 329
투탕카멘 181, 341
툰드라 217
튀니지 264, 329
튀르키예 264, 329, 351
튤립 346, 352
트라이아스기 79
트리니다드 토바고 265, 330
티라노사우루스 렉스 83
티베트 238, 278
틸라피아 233
틸러무크(미국 오리건주) 344
틸벤더, 크리스틴 70

ᄑ

파나마 26, 181, 188, 265, 330
파라과이 265, 331
파라오 244-245, 266
파란갯민숭달팽이 53
파리(프랑스) 9, 16, 174-175, 188
파리지옥 198, 212
파이의 날 173

찾아보기

파인애플 미로 344
파충류 44, 45
파키스탄 265, 330
파킨, 헤이즐 75
파토(스포츠) 320
파푸아 뉴기니 265, 298, 331
판 구조론 103
판 제도(영국 잉글랜드) 283
판게아(초대륙) 78, 79
판진 붉은 해변(중국) 347
팔라우 265, 330, 331
팝콘 24, 160
패서디나(미국 캘리포니아주) 170
팬데믹 204
퍼즐과 게임 130-149, 354
펄린, 로스 183
페루 114, 168, 182, 218, 265, 277, 331, 348, 351
페르난디나땅거북 17
페링게이사막살무사 146
페이스, 랠프 121
페이턴, 제이미 233
페이퍼 하우스(미국 매사추세츠주 락포트) 345
페트라(요르단) 334, 351
펭귄 50-51, 221, 234, 337, 350
편지 33
평양 광장(북한) 316
폐소 공포증 207
포르투갈 265, 331
포모 거품기 195
포유류 44-45
포자산맥(인도네시아) 335
포토 아크 116-117
포투 146
포파랑구르 13
폭포 277, 294, 295
폰페이섬 299
폴란드 265, 331, 345
폴로, 마르코 179, 188
폼페이(고대 도시) 192, 238
표범 68, 69, 286
표지판 140, 147, 343, 343
풍력 발전 174, 291
프랑스 9, 16, 95, 174-175, 188, 250, 265, 331, 349
프렌치 인디언 전쟁 250
플라스틱 18-33
플라이 간헐천(미국 네바다주) 347
플로리다주(미국) 108-109, 170, 334
피그미코끼리 142
피노키오 렉스 80
피노키오개구리 335
피라루쿠 219
피라미드 243-245, 287, 341, 351
피시강 협곡(나미비아) 287
피지 265, 331
피츠제럴드, 데니스 207

핀란드 265, 331
핀치류 40, 155
필리핀 265, 331

ㅎ

하계 올림픽 9, 16
하누카 169
하늘다람쥐 42
하부브 229, 234
하와이주(미국) 28-29, 103, 105, 344, 350
하우메아(왜소행성) 91, 92
하이엇, 존 웨슬리 20
하지 241
한국 음식 177
한국 전쟁 251
할루미(치즈) 328
할리카르나소스 마우솔레움(튀르키예) 351
핫셉수트(파라오) 244, 266
해리슨, 데이비드 183
해마 85, 135, 153
해면동물 45, 55
해변 36, 350
해안선이 긴 나라 291
해양 열파 121
해왕성(행성) 91
해적 173, 248-249
해적처럼 말하기 날 173
해초 177, 347
해파리 34-35, 153
햄스터 148-149
행복 16, 62
행성 88-92, 135
향유고래 55
허리케인 230
허버드 빙하(미국 알래스카주) 277
허블 우주 망원경 88, 95
험프티두(오스트레일리아) 344
헝가리 265, 331
헤네랄카레라호(칠레) 347
헤딩턴(영국 잉글랜드) 345
헤위에르달, 토르 125
헤이니, 에릭 233
헬싱외르(덴마크) 27
혀가 꼬이는 말 155, 162
현무암 332-333
혈액 세포 200
혈액형 205
협곡 277, 287, 352
형석 100, 101
혜성 89
호금조 40
호랑이 41, 69, 119, 279, 352
호상 편마암 99
호수 214-215, 279, 348
호텔 338-339, 348
혹등고래 302, 337
홍콩 279
홍학 58-59, 84, 290

홍해 341
화강 반암 99
화산 102-106, 123, 232, 302, 347
화산학자 123
화석 12, 15, 115, 128, 212, 329
화성(행성) 90
화성암 99
돈 178-181, 188, 189, 321
화폐 178-181, 188, 189, 321
환경 277
활석 101
황금나무뱀 64
황금들창코원숭이 41
황금사자타마린 46-47
황옥 101
황제펭귄 50, 51, 221, 234, 234
황철석 100
회색머리날여우박쥐 117, 128
회색물범 283
후드사마귀 112
후지산(일본) 347
후지타, T. 시어도어 231
휴대 전화 195, 213
휴런호 238
휴머노이드 로봇 193
흑곰 233, 234
흰동가리 153, 220
흰입술청개구리 112
힌두교 171, 186
힐리어호(오스트레일리아) 348

기타

3D 모형 83
6·25 전쟁 251
6일 전쟁 251
727 퓨즐러지 홈(코스타리카) 339
B.F. 굿리치 251
GIS 275
NBA 135

2024년 올해의 토픽 (8–17)
17 "Comeback Tortoise" by Bethany Augliere; all other articles in section by Sarah Wassner Flynn

플라스틱 제로 (18–35)
20-23 "What Is Plastic?" & "Deadly Debris" by Julie Beer;
24 "Your Plastic-Free Guide to Snacks" by Ella Schwartz;
25-27 "Choose This, Not That" & "10 Facts About Plastic Masterpieces" by Sarah Wassner Flynn;
30-31 "DIY Granola Bar Goodies" by Ella Schwartz

동물의 세계 (34–85)
36-38 "Extraordinary Animals" by Bethany Augliere (dog), Elizabeth Hilfrank (monkey), Claire Turrell (hermit crabs), Aaron Sidder (rabbits);
39 "Animal Myths Busted" by C.M. Tomlin;
40-43 "Cute Animal Superlatives" by Sarah Wassner Flynn;
44-45 "What Is Taxonomy?" & "Vertebrates"/"Invertebrates" by Susan K. Donnelly;
46-47 "Comeback Critter: Golden Lion Tamarin" by Allyson Shaw;
48-49 "Giraffe on a Raft" by Scott Elder;
50-51 "So. Many. Penguins!" by Jamie Kiffel-Alcheh;
52 "Seals Solve Ocean Mysteries" by Bethany Augliere;
53 "4 Gnarly Nudibranches" by Sarah Wassner Flynn and Brittany Moya Del Pino;
54 "Unicorns of the Sea" by Allyson Shaw;
55 "Giants of the Deep" by Julie Beer and Michelle Harris;
56-57 "SharkFest" by Allyson Shaw;
58-59 "Pink Power" by Scott Elder;
60-61 "Frog Squad" by Rose Davidson;
62-63 "10 Quirky Facts About Quokkas" by Sarah Wassner Flynn;
64 "Super Snakes" by Chana Stiefel;
65 "Deadly Cuties" by Jamie Kiffel-Alcheh;
66 "7 Bee Facts to Buzz About" by Jeanette Swain;
68-69 "Big Cats" by Elizabeth Carney;
70 "Weirdest Cat Ever" by Scott Elder;
71 "Journey of the Jaguar" by Jamie Kiffel-Alcheh;
72-73 "Return of the Missing Lynx" by Crispin Boyer and Allyson Shaw;
75 "Pet Tales" by Kitson Jazynka;
78-80 "Prehistoric Timeline" & "Dino Classification" by Susan K. Donnelly;
81 "4 Newly Discovered Dinos" by Sarah Wassner Flynn;
82-83 "Dino Secrets Revealed" by Michael Greshko;
85 "Wildly Good Animal Reports" by Vicki Ariyasu

우주와 지구 (86–107)
88 "5 Spectacular Space Sights" by Jen Agresta and Sarah Wassner Flynn;
92 "Dwarf Planets" by Sarah Wassner Flynn;
93 "What if the sun suddenly disappeared?" by Crispin Boyer;
94-95 "10 Stellar Facts About Stars" by Sarah Wassner Flynn;
96 "Destination: Asteroid" by Stephanie Warren Drimmer;
97 "Sky Calendar 2024" by Sarah Wassner Flynn;
98 "A Look Inside" by Kathy Furgang;
99 "Rock Stars" by Steve Tomecek;
100-101 "Identifying Minerals" by Nancy Honovich;
102-103 "A Hot Topic" by Kathy Furgang;
104 "7 Explosive Facts About Volcanoes" by Paige Towler;
107 "Ace Your Scienc Fair" by Vicki Ariyasu

탐험과 발견 (108–129)
110-111 "10 Ways You Can Be a Wildlife Hero" by Sarah Wassner Flynn;
112-113 "The Explorer's Lens" by Sarah Wassner Flynn;
114-117 "Epic Science Fails" & "Keep Earth Wild" by Allyson Shaw;
118-119 "Getting the Shot" by April Capochino Myers;
120-121 "Photo Secrets Revealed" by C.M. Tomlin;
123 "Extreme Job!" by Jen Agresta and Sarah Wassner Flynn;
124-125 "8 Extraordinary Journeys" by Julie Beer and Michelle Harris
129 "How to Write a Perfect Essay" by Vicki Ariyasu

게임과 퍼즐 (130–149)
133 "Funny Fill-In: Gold Rush" by Kay Boatner;
136 "Critter Chat: Narwhal" by Allyson Shaw;
139 "Funny Fill-In: Scuba Surprise" by Kay Boatner;
143 "Critter Chat: Dhole" by Jed Winer;
144 "Funny Fill-In: Babysitting Blues" by Kay Boatner;
148-149 "Unleashed" by Strika Entertainment

우리를 웃게 하는 유머 (150–165)
152 & 154-155 "Say What?" & "Riddle Me This" & "Tongue Twisters" by Rosie Goswell Pattison;
156 "Just Joking: Comical Cats" by Kelley Miller;
157 and 159 "Just Joking: Ridiculous Dogs" & "Riddle Me This" by Rosie Goswell Pattison;
160 "Just Joking: Funny Food" by Kelley Miller;
162-164 "Tongue Twisters" & "It's a Long Story" & "Just Joking: Wacky World" by Rosie Goswell Pattison

문화와 생활 (166–189)
170-171 "Festive Parades" by Julie Beer and Michelle Harris;
172 "What's Your Chinese Horoscope?" by Geoff Williams;
174-175 "Tower Power" by Sean McCollum;
176-177 "10 Facts About Global Grub" by Sarah Wassner Flynn;
178-179 "The Secret History of Money" by Kay Boatner;
180-181 "Money Around the World!" by Kristin Baird Rattini;
182-183 "Saving Languages at Risk" by Sarah Wassner Flynn;
184-185 "Mythology" by Susan K. Donnelly;
186-187 "World Religions" by Mark Bockenhauer;
189 "Explore a New Culture" by Vicki Ariyasu

과학과 기술 (190–213)
192-193 "10 Facts About Rad Robots" by Sarah Wassner Flynn;
194-195 "6 Cool Inventions" by Chris Tomlin;
197 "The Three Domains of Life" by Susan K. Donnelly;
198 "Sneaky Plants" by Allyson Shaw;
199 "Green Scene: How to Compost" by Jill Fanslau;
202 "Why Does My …" by Sarah Wassner Flynn;
203 "Why Can't I …" by Crispin Boyer;
204 "How Viruses Spread" by Sarah Wassner Flynn;
206-207 "The Science of Spooky" by Aaron Sidder;
208-211 "Future World: Homes" & "Future World: Transportation" by Karen De Seve
213 "This Is How It's Done!" by Sarah Wassner Flynn

생태와 자연 (214–235)
216-217 "Biomes" by Susan K. Donnelly;
218-219 "The Awesome Amazon" by Sarah Wassner Flynn;
224 "Weather and Climate" by Mark Bockenhauer;
225 "Climate Change" by Sarah Wassner Flynn;
226-227 "The Sky Is Falling" & "Types of Clouds" by Kathy Furgang;
228-230 "10 Facts About Wacky Weather" & "Hurricane Happenings" by Sarah Wassner Flynn;
231 "What Is a Tornado?" by Kathy Furgang; p. 232 "Tsunami" & "Cicada Invasion!" by Sarah Wassner Flynn;
233 "Black Bear Wildfire Rescue" by Jamie Kiffel-Alcheh;
235 "Oral Reports made Easy" by Vicki Ariyasu

역사와 사실 (236–267)
238-239 "10 Awesome Archaeological Discoveries" by Sarah Wassner Flynn;
240-241 "Secrets of Stonehenge" by Allyson Shaw and Robin George Andrews;
243-247 "Brainy Questions" & "Pharaohs Rule!" & "To Honor a Queen" by Allyson Shaw;
248-249 "Pirates!" by Sara Lorimer and Jamie Kiffel-Alcheh;
250-251 "Going to War" by Susan K. Donnelly and Sarah Wassner Flynn;
251 "Wartime Inventions" by Sarah Wassner Flynn

세계의 지리 (268–353)
270-274 & pp. 276-277 by Mark Bockenhauer;
278-305 by Sarah Wassner Flynn, Mark Bockenhauer, and Susan K. Donnelly;
332-333 "Vacation Voyages" by Julie Beer and Michelle Harris;
334-335 "15 Amazing Facts About the World" by Zachary Petit;
336 "A Small Wonder" by Julie Beer, Michelle Harris, and Sarah Wassner Flynn;
337 "Antarctica" by Jen Agresta;
338 "Wild Vacations: Castle" by Kristin Baird Rattini;
339 "Wild Vacation: Airplane Hotel" by Johnna Rizzo; p. 340 "Bet You Didn't Know" by Erin Whitmer;
341 "Dream Vacation" by Allyson Shaw;
342-343 "Wacky World" by Elisabeth Deffner;
344-345 "10 Wonderful Facts About Wacky Attractions" by Sarah Wassner Flynn;
346-347 "Colorful Corners of Earth" by Sarah Wassner Flynn and Brittany Moya del Pino;
348 "What Weird Destination …?" by Julie Beer and Michelle Harris;
350 "Bizarre Beaches" by Julie Beer and Michelle Harris;
351 "7 Wonders" by Elisabeth Deffner;
353 "Finding Your Way Around" by Vicki Ariyasu

글 및 사진 저작권

준말:
AL: Alamy Stock Photo
AS: Adobe Stock
DS: Dreamstime
GI: Getty Images
IS: iStockphoto
MP: Minden Pictures
NGIC: National Geographic Image Collection
SS: Shutterstock

모든 지도
By National Geographic

앞표지
(wolf), Art Wolfe/Art Wolfe Inc.; (CTR RT), pixelliebe/SS; (LO RT), Leonard Zhukovsky/SS; (LO LE), Science RF/AS

책등
(wolf), Art Wolfe/Art Wolfe Inc.

뒤표지
(UP RT), ixpert/SS; (owl), Tatiana/AS; (LO RT), Chris Hill; (CTR RT), jerbarber/IS/GI; (CTR LE), Eric Gevaert/AL; (LO LE), Overflightstock/AS; (butterfly), Steven Russell Smith/AL

앞날개
(penguin), George F. Mobley/NGIC; (Bennu), NASA/Goddard/University of Arizona; (Stonehenge), Sean Kuriyan/Unsplash; (Joshua tree) Elliott Engelmann/Unsplash

뒷날개
(flamingos), Chris Johns/NGIC; (elephant), Chris Johns/NGIC;

차례 (2-7)
2-3, Ward Poppe/SS; 5 (UP), dsaimages/AS; 5 (UP CTR), Photo by Dan Nocera; 5 (LO CTR), Marc Casanovas - UW Photography/GI; 5 (LO), NASA, ESA, CSA, STScI, Webb ERO Production Team; 5 (LO RT), Science RF/AS; 6 (UP LE), Stephen Frink/GI; 6 (UP RT), Morales/age fotostock; 6 (UP CTR LE), mlorenzphotography/GI; 6 (UP CTR RT), Dan Sipple; 6 (CTR LE), John M Lund Photography Inc/GI; 6 (CTR RT), reptiles4all/SS; 6 (LO CTR LE), day2505/AS; 6 (LO CTR RT), Tubol Evgeniya/SS; 6 (LO LE), phonlamaiphoto/AS; 6 (LO RT), Noriko Hayashi/Bloomberg via GI; 7 (UP LE), Han/AS; 7 (UP CTR), Stephen Hummel, McDonald Observatory; 7 (UP CTR LE), aphotos/AL; 7 (UP CTR RT), Stephen Hummel, McDonald Observatory; 7 (LO CTR LE), Japhotos/AL; 7 (LO LE), Tim Fitzharris/MP

2024년 올해의 토픽 (8-17)
8-9, dsaimages/AS; 10 (UP), AP Photo/Efrem Lukatsky; 10 (LO), evgeniy/AS; 10 (INSET), NASA/Desiree Stover; 11 (UP), Jaime Culebras; 11 (LO), Victor Habbick/DS; 12 (UP), Matthew Power Photography/Cover Images via Zuma Press; 12 (INSET), Michael Rosskothen/AS; 12 (LO), VANO SHLAMOV/GI; 13 (UP), Benjamin Tapley/ZSL; 13 (UP RT), Soulivanh Lanorsavanh; 13 (CTR RT), WWF - Malaysia; 13 (LO), Parinya Pawangkhanant; 14 (UP), Cyril Ruoso/MP; 14 (LO), Dimas Ardian/Bloomberg via GI; 15 (UP), Chaithanya/AS; 15 (LO LE), NASA/JSC; 15 (LO RT), NASA/JSC; 16 (UP), NorthShoreSurfPhotos/AS; 16 (UP RT), Stephen Rudolph/DS; 16 (CTR RT), CroMary/SS; 16 (Aug19), Robert/AS; 16 (LO RT), Cienpies Design/AS; 16 (LO LE), Olga Moonlight/SS; 16 (Mar21), Gavran333/SS; 16 (CTR LE), katet/AS; 16 (UP LE), halfbottle/AS; 17 (UP), AP Photo/Ariel Schalit); 17 (CTR), Kelsie Lambert, Bush Heritage Australia; 17 (LO), Lucas Bustamante

플라스틱 제로 (18-33)
18-19, Photo by Dan Nocera; 20-21 (BACKGROUND), trialartinf/AS; 20 (BACKGROUND), Chones/SS; 21 (UP), Jacobs Stock Photography Ltd/GI; 21 (CTR RT), SeeCee/SS; 21 (CTR LE), Norbert Pouchain/EyeEm/GI; 22-23 (BACKGROUND), Steve de Neef/NGIC; 22 (LE), Pete Atkinson/GI; 22 (RT), Aflo/SS; 23 (UP RT), photka/SS; 23 (CTR), NG Maps; 24 (UP LE), Elena Veselova/SS; 24 (UP RT), Maks Narodenko/SS; 24 (LO), Melica/SS; 25 (UP LE), eurobanks/AS; 25 (UP RT), Odua Images/AS; 25 (CTR), aryfahmed/AS; 25 (1), Dmytro/AS; 25 (2), Inga/AS; 25 (3), Tatiana/AS; 25 (4), lindaoqian/AS; 26 (UP), Nastia M/AL; 26 (CTR), Mr. Mendis Wickramasinghe; 26 (LO RT), John Nacion/SOPA Images/LightRocket via GI; 26 (LO LE), Tone Holmen; 27 (UP), Robyn Beck/AFP via GI; 27 (CTR), Friend Productions; 27 (LO), James D. Morgan/GI; 28-29 (BACKGROUND), Tory Kallman/SS; 28 (LO), Manta Ray Advocates; 29 (UP), NG Maps; 29 (LO), The Ocean Cleanup; 30 (UP), Hilary Andrews/NG Staff; 30 (CTR LE), Jane Kelly/SS; 30 (ALL STEPS), Hilary Andrews/NG Staff; 32 (UP LE), Norbert Pouchain/EyeEm/GI; 32 (UP RT), Dmytro/AS; 32 (CTR RT), Robyn Beck/AFP via GI; 32 (LO LE), Hilary Andrews/NG Staff; 33, Albo003 /SS

동물의 세계 (34-85)
34-35, Marc Casanovas - UW Photography/GI; 36 (ALL), 4ocean; 37 (UP LE), Anna Hager/GI; 37 (UP RT), FocusMaster/SS; 37 (LO), Zackrydz Rodzi; 38 (UP), James Warwick/GI; 38 (pottery), Richard Brown and Giselle Eagle; 38 (pebble), Richard Brown and Giselle Eagle; 38 (CTR LE), Richard Brown and Giselle Eagle; 39 (ALL), Dean MacAdam; 40 (UP LE), Guy Bryant/AS; 40 (CTR RT), Wild Wonders of Europe/Zankl/Nature Picture Library; 40 (LO LE), Marie Hickman/GI; 41 (UP LE), Paul/AS; 41 (UP RT), Cyril Ruoso/MP; 41 (CTR LE), sergioboccardo/GI; 41 (LO RT), Ryan M. Bolton/AL; 42 (UP LE), Karl Ammann/npl/MP; 42 (UP RT), Masatsugu Ohashi/SS; 42 (LO RT), Heather Burditt/GI; 42 (LO LE), Randy Kokesch; 43 (UP RT), Fiona McAllister Photography/GI; 43 (CTR LE), Christian Musat/SS; 43 (CTR RT), Roni Kurniawan/EyeEm/GI; 43 (LO LE), John Shaw/Nature Picture Library; 44 (UP RT), Shin Yoshino/MP; 44 (UP CTR), DioGen/SS; 44 (LO), Nick Garbutt; 45 (UP CTR), Kant Liang/EyeEm/GI; 45 (UP RT), reptiles4all/SS; 45 (CTR), Hiroya Minakuchi/MP; 45 (CTR RT), FP media/SS; 45 (LO), Ziva_K/IS/GI; 46, Eric Gevaert/AL; 47 (UP RT), AP Photo/Martin Meissner; 47 (CTR RT), Haroldo Palo Jr./Avalon; 47 (CTR), NG Maps; 48-49 (ALL), Ami Vitale; 50, Fred Olivier/NPL/MP; 51 (UP), Jay Dickman/GI; 51 (LO), Breck P. Kent/Animals Animals/Earth Scenes/NGIC; 52 (CTR), Dan Costa/UC Santa Cruz; 52 (LO), Sara Labrousse WAPITI cruise JR16004; 53 (UP), Mauricio Handler /NGIC; 53 (CTR LE), S. Rohrlach/GI; 53 (CTR RT), WaterFrame/AL; 53 (LO), WaterFrame/AL; 54 (BACKGROUND), Paul Nicklen/NGIC; 54 (UP CTR), Paul Nicklen/NGIC; 54 (UP RT), Paul Nicklen/NGIC; 54 (LO RT), Russ Kinne/age fotostock; 54 (LO CTR), Flip Nicklin/MP; 55, Emily M. Eng/NG Staff; 56 (UP), WaterFrame/AL; 56 (CTR), Andy Murch/Blue Planet Archive; 56 (LO), David Gruber; 57 (UP), Masa Ushioda/Blue Planet Archive; 57 (CTR), Saul Gonor/Blue Planet Archive; 57 (LO), Richard Carey/AS; 58, Edward Myles/MP; 59 (UP), Claudio Contreras/MP; 59 (LO), Claudio Contreras/MP; 60 (UP), Martin van Lokven/MP; 60 (closed), Ingo Arndt/MP; 60 (open), Ingo Arndt/MP; 60 (LO), Chien Lee/MP; 61 (UP), Stu Porter/SS; 61 (CTR), Stephen Dalton/MP; 61 (LO), reptiles4all/GI; 62 (UP LE), Sahara Frost/SS; 62 (CTR RT), Lizgiv/DS; 62 (LO LE), Damian Lugowski/GI; 63 (UP LE), Tezzah32/SS/SS; 63 (CTR RT), Kevin Schafer/MP; 63 (LO LE), Kevin Schafer/MP; 64 (UP), Michael D. Kern; 64 (CTR), Hitendra Sinkar Photography/Alamy; 64 (CTR LE), Stephen Dalton/MP; 64 (CTR RT), AtSkwongPhoto/SS; 64 (LO), Heidi & Hans-Juergen Koch/MP; 65 (UP), Andrew Walmsley/Nature Picture Library; 65 (LO), Andrew Walmsley/Nature Picture Library/AL; 66, Michael Durham/MP; 67, Mircea Costina/SS; 68, Beverly Joubert/NGIC; 69 (snow leopard fur), Eric Isselee/SS; 69 (jaguar fur), worldswildlifewonders/SS; 69 (tiger fur), Kesu/SS; 69 (leopard fur), WitR /SS; 69 (lion fur), Eric Isselée/SS; 69 (jaguar), DLILLC/Corbis/GI; 69 (lion), Eric Isselée/SS; 69 (tiger), Eric Isselée /SS; 69 (snow leopard), Eric Isselee/SS; 69 (leopard), Eric Isselée /SS; 70 (LE), Gerard Lacz/Science Source; 70 (CTR), FionaAyerst/GI; 70 (RT), Suzi Eszterhas/MP; 71 (UP), Henner Damke/AS; 71 (CTR LE), Nick Garbutt/MP; 71 (LO LE), Kris Wiktor/SS; 71 (LO RT), Jak Wonderly/NGIC; 72 (UP), Wayne Marinovich/GI; 72 (CTR), Andyworks/GI; 73 (UP), sduben/GI; 73 (LO), Pavel Glazkov/GI; 74 (UP LE), age fotostock/SuperStock; 74 (UP RT), smrm1977/GI; 74 (LO RT), Corbis/SuperStock; 74 (LO LE), Eva Blanco/EyeEm/GI; 75 (UP LE), Lori Epstein; 75 (UP RT), Lori Epstein; 75 (LO RT), The Sun\News Licensing; 76 (ring), Tsurukame Design/SS; 76 (cat), Ermolaev Alexander/SS; 76 (dog), Eric Isselee/SS; 76 (gloves), xmee/SS; 78 (UP), Chris Butler/Science Photo Library/Photo Researchers, Inc.; 78 (CTR), Publiphoto/Photo Researchers, Inc.; 78 (LO), Pixeldust Studios/NGIC; 79 (A), Publiphoto /Photo Researchers, Inc.; 79 (B), Laurie O'Keefe/Photo Researchers, Inc.; 79 (C), Chris Butler/Photo Researchers, Inc.; 79 (D), Publiphoto/Photo Researchers, Inc.; 79 (E), image courtesy of Project Exploration; 80 (ALL), Franco Tempesta; 81 (UP LE), Lucas Jaymez/dinoesculturas; 81 (UP RT), Xinhua/AL; 81 (LO RT), Shundong Bi; 81 (LO LE), James Kuether; 82-83 (ALL), Davide Bonadonna; 84 (UP RT), Edward Myles/MP; 84 (CTR RT), Lori Epstein; 84 (LO LE), Anna Hager/GI; 84 (CTR LE), sduben/GI; 85, GOLFX/SS

우주와 지구 (86-107)
86-87, NASA, ESA, CSA, STScI, Webb ERO Production Team; 88 (1), NASA, ESA, J. Hester and A. Loll (Arizona State University); 88 (2), NASA, ESA, and E. Karkoschka (University of Arizona); 88 (3), NASA/JSC; 88 (4), NASA, ESA, and The Hubble Heritage Team (STScI/AURA); 88 (5), NASA, H. Ford (JHU), G. Illingworth (UCSC/LO), M.Clampin (STScI), G. Hartig (STScI), the ACS Science Team, and ESA; 89, Johan Swanepoel/SS; 90-91, David Aguilar; 92 (Haumea), David Aguilar; 92 (Eris), David Aguilar; 92 (Pluto), NASA/JHUAPL/SwRI; 93 (UP), EHT Collaboration/NASA; 93 (LO), Joe Rocco; 94 (UP LE), Evan Dalen/Stocksy/AS; 94 (UP RT), cosmicvue/AS; 94 (LO RT), Tandem Stock/AS; 94 (LO LE), Peter/AS; 95 (UP), Mark Garlick/Science Source; 95 (CTR), KEENPRESS/NGIC; 95 (LO), Science RF/AS; 96, Mondolithic Studios; 96 (INSET), NASA/Goddard/University of Arizona; 97, Allexxandar/IS/GI; 98 (UP), NGIC; 98 (LO), Joe Rocco; 99 (UP), Ralph Lee Hopkins/NGIC; 99 (andesite), MarekPhotoDesign/AS; 99 (granite), losmandarinas/SS; 99 (mica), Yes058 Montree Nanta/SS; 99 (gneiss), Dirk Wiersma/Science Source; 99 (limestone), Charles D. Winters /Photo Researchers, Inc.; 99 (halite),

Theodore Clutter/Science Source; 100 (LO LE), Albert Russ/SS; 100 (UP RT), MarcelC/IS; 100 (CTR RT), Anatoly Maslennikov/SS; 100 (LO RT), IS; 100 (UP LE), raiwa/IS; 101 (UP RT), Mark A. Schneider/Science Source; 101 (CTR LE), didyk/IS; 101 (talc), Ben Johnson/Science Source; 101 (gypsum), Meetchum/DS; 101 (calcite), Kazakovmaksim/DS; 101 (fluorite), Albertruss/DS; 101 (apatite), Ingemar Magnusson/DS; 101 (orthoclase), Joel Arem/Science Source; 101 (topaz), Igorkali/DS; 101 (corundum), oldeez/DS; 101 (diamond); 123dartist /DS; 102, Frank Ippolito; 103 (UP LE), Gary Fiegehen/All Canada Photos/Alamy; 103 (UP RT), Salvatore Gebbia/NGIC; 103 (CTR LE), NASA/JSC; 103 (CTR RT), Matt Logan & Julie Griswold/USGS; 103 (LO RT), NG Maps; 104, andersen_oystein/GI; 105, Vulkanette/DS; 106 (UP LE), Albert Russ/SS; 106 (UP RT), Vulkanette/DS; 106 (LO RT), NASA, ESA, and E. Karkoschka (University of Arizona); 106 (LO LE), NASA/JSC; 107, pixhook/E+/GI

탐험과 발견 (108-129)

108-109, Stephen Frink/GI; 110 (UP), Courtesy of Tiassa Mutunkei; 110 (CTR RT), Ermolaev Alexander/SS; 110 (LO), Four Oaks/SS; 110 (CTR LE), Ursula Page/AS; 111 (UP), Singkham/SS; 111 (LE), lalalululala/AS; 111 (CTR RT), Tom/AS; 111 (LO), Ariel Skelley/GI; 112 (UP), Lvcas Fiat; 112-113 (ALL), Leo Lanna; 114 (UP CTR), Mariela Biondi; 114 (UP RT), Morales/age fotostock; 114 (CTR RT), Vanessa Bézy/NGIC; 114 (LO LE), Vanessa Bézy/NGIC; 115 (UP LE), Lydia Gibson; 115 (UP RT), Maurice Oniango; 115 (CTR RT), Zach Bolton/National Geographic Staff; 115 (LO LE), Surapon Gawee; 115 (LO CTR LE), Mark Thiessen/National Geographic Staff; 115 (CTR LE), Lydia Gibson; 115 (CTR), Lydia Gibson; 116-117 (ALL), Joel Sartore, National Geographic Photo Ark/NGIC; 118, Mattias Klum /NGIC; 119 (UP), Brian J. Skerry /NGIC; 119 (LO), Michael Nichols /NGIC; 120, Ralph Pace/MP; 121, NG Maps; 122 (UP RT), Rebecca Hale/NG Staff; 122 (UP LE), Gabby Wild; 122 (LO RT), Theo Allofs/MP; 123 (BACKGROUND), Arctic-Images/Corbis/GI; 123 (UP RT), Arctic Images/AL; 123 (LO LE), Arctic Images /AL; 124 (UP), Keystone View Co/National Geographic Stock; 124 (LO RT), NASA; 124 (LO LE), Visions of America/Education Images/Universal Images Group via GI; 125 (LO LE), Imaginechina/AL; 125 (UP RT), © Frank Hurley/Scott Polar Research Institute, University of Cambridge/GI; 125 (CTR RT), Kon-Tiki on its epic voyage, English School, (20th century) /Private Collection /©Look and Learn /Bridgeman Images; 125 (LO LE), © INTERFOTO/AL; 125 (CTR LE), Captain Roald Amundsen at the South Pole, 1912, from 'The Year 1912', published London, 1913 (litho) /Private Collection /Photo © Ken Welsh /Bridgeman Images; 126 (UP), Charlie Hamilton James/NGIC; 126 (CTR), Denis-Huot/Nature Picture Library; 126 (LO), 2630ben/AS; 127 (LO RT), Susan Schmitz/SS; 128 (CTR RT), Keystone View Co/National Geographic Stock; 128 (LO RT), Surapon Gawee; 128 (LO LE), Leo Lanna; 128 (CTR LE), Ralph Pace/MP; 129, Grady Reese/IS

게임과 퍼즐 (130-149)

130-131, mlorenzphotography/GI; 132 (UP LE), FocusStocker/SS; 132 (UP CTR), NightOwlZA/IS; 132 (UP RT), Leksele/SS; 132 (CTR RT), Jerryway/DS; 132 (LO RT), Bildagentur Zoonar GmbH/SS; 132 (LO LE), Jan/AS; 132 (CTR LE), Nick Biemans/DS; 133 (ALL), Dan Sipple; 134 (UP LE), kapulya/GI; 134 (UP CTR), Kenneth W. Fink/ARDEA; 134 (UP RT), Exactostock/SuperStock; 134 (CTR RT), Klein-Hubert/Kimball Stock; 134 (LO RT), Irynarasko/DS; 134 (LO CTR), Kevin Schafer; 134 (LO LE), Jeff Griffin/EyeEm/GI; 134 (CTR LE), Martin Harvey/GI; 134 (CTR), Joe & Mary Ann McDonald/Kimball Stock; 135 (UP RT), Luca Bruno/AP/SS; 135 (UP CTR), PK6289/GI; 135 (CTR RT), Maks Narodenko/SS; 135 (LO CTR), Bill Kennedy/SS; 135 (LO LE), Grisha Bruev/SS; 136 (UP), Paul Nicklen/NGIC; 136 (WetUnicorn), Paul Nicklen/NGIC; 136 (SlowJaws), Doug Perrine/Blue Planet Archive; 136 (Tusky), Ken Watkins/GI; 136 (IceTeddy), Marion Vollborn/MP; 136 (BaffinBay), Flip Nicklin/MP; 136 (CTR RT), Steven Kazlowski/MP; 136 (LO CTR), zanskar/GI; 136 (LO LE), Ole Jorgen Liodden/NPL/MP; 137 (UP CTR), Scott McCusker/GI; 137 (UP RT), David Laurent/GI; 137 (CTR RT), Chico Sanchez/GI; 137 (LO CTR), Placebo365/GI; 137 (LO LE), Sava Ivanov/GI; 137 (CTR LE), Matteo Colombo/GI; 138 (UP LE), Junda/DS; 138 (UP CTR), Planctonvideo/DS; 138 (UP RT), Hannu Viitanen/DS; 138 (CTR RT), Kelpfish/DS; 138 (LO RT), John Anderson/DS; 138 (LO CTR), Derek Holzapfel/DS; 138 (LO LE), Ernst Daniel Scheffler/DS; 138 (CTR LE), Mayama/DS; 138 (CTR), Annette Boettcher/DS; 139 (ALL), Dan Sipple; 140 (1), Photograph by Devon OpdenDries/GI; 140 (2), Jennifer Chen/AL; 140 (3), Alan Schein Photography/GI; 140 (4), H. Mark Weidman Photography/AL; 140 (5), Dee Kay Photos/AL; 140 (6), Zoonar GmbH/AL; 140 (7), Peter Unger/GI; 141 (UP LE), Dmitry Ternovoy/DS; 141 (UP CTR), Serban Enache/DS; 141 (UP RT), Ventura69/DS; 141 (CTR RT), Brad Calkins/DS; 141 (LO RT), Lorraine Swanson/DS; 141 (LO CTR), Vitaly Korovin/DS; 141 (LO LE), Pablo Caridad/DS; 141 (CTR LE), Jason Yoder/DS; 141 (CTR), Alena Brozova/DS; 142 (UP RT), Suzi Eszterhas/MP; 142 (CTR), mbbirdy/GI; 142 (CTR RT), Elena Schweitzer/SS; 142 (LO CTR), Leena Robinson/SS; 142 (LO LE), yevgeniy11/SS; 143 (UP RT), Raghupathi K.V./500px/GI; 143 (RedDog), ePhotocorp/GI; 143 (MonkeyAround), Pete Oxford/MP; 143 (MoHawk), Lucas Bustamante/NPL/MP; 143 (LongLizard), Yashpal Rathore/NPL/MP; 143 (CTR RT), Mary McDonald/NPL/MP; 143 (CTR), Mary McDonald/NPL/MP; 143 (CTR LE), Martin Chapman/AL; 143 (LE), Ashish and Shanthi Chandola/MP; 144 (ALL), Dan Sipple; 145 (UP LE), Dave Pattinson/AL; 145 (UP CTR), D. Hurst/AL; 145 (UP RT), Atsuo Fujimaru/MP; 145 (CTR RT), Evannovostro/SS; 145 (LO RT), Flirt/SuperStock; 145 (LO CTR), Radius/SuperStock; 145 (LO LE), Kelly Redinger/Design Pics; 145 (CTR LE), alexandre/AS; 145 (CTR), Gunnar Pippel/SS; 146 (A), Chien Lee/MP; 146 (B), Martin Harvey/MP; 146 (C), Chris Newbert/MP; 146 (D), Thomas Marent/MP; 146 (E), Chien Lee/MP; 146 (F), Paul Bertner/MP; 147 (1), Tommy (Louth)/AL; 147 (2), Rolf Adlercreutz/AL; 147 (3), Colin Monteath/age fotostock; 147 (4), Kim Hammar/AL; 147 (5), Joseph Sohm/age fotostock; 147 (6), Lawrence Wiles/AL; 147 (7), Philip J Hill/AL; 148-149, Strika Entertainment

우리를 웃게 하는 유머 (150-165)

150-151, John M Lund Photography Inc/GI; 152 (CTR), reptiles4all/SS; 152 (LO RT), VVCepheI/IS; 152 (LE), EM Karuna/SS; 153 (ALL), Chris Ware; 155 (UP LE), jHannamariah/SS; 155 (UP CTR), hobbit/SS; 155 (bamboo), leungchopan/SS; 155 (UP RT), Nagel Photography/SS; 155 (CTR RT), anueing/SS; 155 (LO RT), StevenRussellSmithPhotos/SS; 155 (LO LE), Waseef Akhtar/SS; 155 (CTR LE), Strahil Dimitrov/SS; 155 (LE), jo Crebbin/SS; 156 (UP RT), Rasulovs/IS; 156 (CTR RT), Stephanie Zieber/IS; 156 (LO RT), Linn Currie/SS; 156 (LO LE), © Sarkao/DS.com; 156 (CTR LE), Linn Currie/SS; 157 (UP LE), nicolecedik/AS; 157 (phone), Boonthida Srijak/SS; 157 (UP RT), eva_blanco/SS; 157 (CTR RT), halfmax/SS; 157 (LO RT), Everita Pane/SS; 157 (LO LE), Robynrg/SS; 157 (hat), Richard Peterson/SS; 157 (CTR LE), Dora Zett/SS; 157 (LO CTR), Aneta Jungerova/SS; 158 (ALL), Chris Ware; 160 (UP RT), M. Unal Ozmen/SS; 160 (CTR), Brenda Carson/SS; 160 (LO RT), Melica/SS; 160 (LO CTR), Denis Larkin/SS; 160 (LO LE), margouillat photo/SS; 161 (ALL), Chris Ware; 162 (UP LE), Strahil Dimitrov/SS; 162 (UP RT),Stokkete/SS; 162 (CTR RT), Aleksei Verhovski/SS; 162 (LO RT), SomPhoto/SS; 162 (LO LE), Peter Gudella/SS; 162 (CTR LE), Volodymyr Burdiak/SS; 162 (CTR), Sergey Uryadnikov/SS; 163 (BACKGROUND), Herschel Hoffmeyer/SS; 163 (LO RT), Ozja/SS; 163 (napkin), Olyina/SS; 164 (UP LE), Kletr/SS; 164 (porcupinefish), Eric Isselee/SS; 164 (UP RT), S.Borisov/SS; 164 (CTR RT), vvoe/SS; 164 (LO LE), Milkovasa/SS; 164 (CTR LE), Netfalls Remy Musser/SS; 165 (ALL), Chris Ware

문화와 생활 (166-189)

166-167, day2505/AS; 168 (UP LE), CreativeNature. nl/SS; 168 (UP RT), SL-Photography/SS; 168 (LO RT), Johan Roux/AL; 168 (LO LE), Tubol Evgeniya/SS; 168 (CTR LE), nungning20/AS; 169 (UP), New Africa/AS; 169 (CTR RT), Dinodia Photos; 169 (CTR LE), Zee/Alamy; 169 (LO), wacpan/SS; 170 (UP), Scott Keeler/Tampa Bay Times/ZUMA Wire/AL; 170 (LO), Marie1969/SS; 171 (UP LE), VisitBritain/John Coutts/GI; 171 (UP RT), lev radin/SS; 171 (CTR RT), Viviane Ponti/GI; 171 (LO RT), Carol M. Highsmith/Library of Congress Prints and Photographs Division; 171 (LO LE), epa european pressphoto agency b.v./AL; 171 (CTR LE), CR Shelare/AL; 173 (BACKGROUND), Olga Rom/SS; 173 (UP CTR), Elena Blokhina/SS; 173 (LO CTR), Tiger Images/SS; 173 (LO RT), Photastic/SS; 173 (LO LE), Astral232/SS; 174, Chris Hill/NGIC; 175 (UP), M6 Mega Jump/ABACAPRESS/Newscom; 175 (CTR LE), © John Harper/Photolibrary/GI; 175 (CTR RT), NG Maps; 175 (LO), Mark Campbell/REX/SS; 176 (UP LE), The camvalleys/SS; 176 (UP LE), PictureSyndicate/AS; 176 (LO LE), poco_bw/AS; 177 (UP LE), Richard Peterson/SS; 177 (CTR LE), Ekaterina Mikhailova/AS; 177 (CTR RT), ExQuisine/AS; 177 (LO RT), Successo images/AS; 178-179, Joe Rocco; 178 (CTR RT), Denis Tabler/SS; 178 (LO), The Art Archive/SS; 179 (LO), PVDE/Bridgeman Images; 180 (UP LE), US Mint; 180 (UP RT), Stack's Bowers Galleries; 180 (CTR RT), Jack Guez/AFP/GI; 180 (LO RT), Brian Hagiwara/GI; 180 (LO LE), dpa picture alliance /AL; 181 (UP LE), money & coins @ ian sanders/AL; 181 (UP RT), Richard Du Toit/MP; 181 (CTR RT), Sepia Times/Universal Images Group via GI; 181 (CTR), ZU_09/GI; 181 (LO RT), Kelley Miller/NGS Staff; 181 (LO LE), Colin Hampden-White 2010; 181 (LO CTR LE), Mohamed Osama/DS; 181 (UP CTR LE) Courtesy Gabriel Vandervort/Ancientresource; 182 (Ton), Nguyen Dai Duong; 182 (CTR RT), Ho Trung Lam; 182 (Narayanan), Randall Scott/NGIC; 182 (LO LE), Mark Thiessen/NG Staff; 183 (UP LE), Jeremy Fahringer; 183 (Harrison), Mark Thiessen/NG Staff; 183 (Barfield), Robert Massee; 183 (CTR RT), Catherine Cofré; 183 (CTR LE), K. Bista; 183 (Perlin), Mark Thiessen/NG Staff; 183 (Rapacha), Jeevan Sunuwar Kirat; 183 (Rapacha), Jeevan Sunuwar Kirat; 184 (UP LE), liquidlibrary/GI Plu/GI; 184 (UP RT), Jose Ignacio Soto /SS; 185 (LE), Corey Ford/DS; 185 (RT), IS; 186 (UP),

글 및 사진 저작권

Randy Olson; 186 (LO RT), Sam Panthaky/AFP/GI; 186 (LO LE), Martin Gray/NGIC; 187 (UP), Humba Frame/SS; 187 (LO RT), Richard Nowitz/NGIC; 187 (LO LE), Reza/NGIC; 188 (UP LE), money & coins @ ian sanders/AL; 188 (UP RT), John Harper/Photolibrary/GI; 188 (LO RT), Joe Rocco; 188 (LO LE), poco_bw/AS; 189 (bird stamp), spatuletail/SS; 189 (Brazil stamp), PictureLake/E+/GI; 189 (money), cifotart/SS; 189 (flag), zydesign/SS

과학과 기술 (190-213)

190-191, phonlamaiphoto/AS; 192 (UP), LucasFilm; 192 (CTR LE), Abaca Press/AL; 192 (LO RT), Noriko Hayashi/Bloomberg via GI; 193 (UP), Paul Marotta/GI; 193 (CTR RT), Dibyangshu Sarkar/AFP via GI; 193 (LO), Diligent Robotics; 193 (CTR LE), Todd Taulman/DS; 194 (UP), Shenzhen Elephant Robotics Technology Co., Ltd; 194 (LO), Arcade1Up; 195 (1), Little Tikes; 195 (4), Cutecircuit; 195 (5), REX USA; 195 (6), Origami Labs; 196, Ted Kinsman/Science Source; 197 (1), Sebastian Kaulitzki/SS; 197 (2), Eye of Science/Photo Researchers, Inc.; 197 (3), Volker Steger/Christian Bardele/Photo Researchers, Inc.; 197 (fungi), ancelpics/GI; 197 (protists), sgame/SS; 197 (animals), kwest/SS; 197 (plants), puwanai/SS; 198 (ALL), Alejandro Mesa; 199, Reinhard, H./Arco Images/AL; 200, SciePro/SS; 201, Andrey_Kuzmin/SS; 202 (UP LE), Adam Taylor/GI; 202 (UP RT), Taleseedum/AS; 202 (LO RT), Krakenimages/AS; 203 (UP LE), juan moyano/AL; 203 (UP RT), William West/AFP via GI; 203 (LO RT), Pasieka/Science Source; 203 (LO LE), VikramRaghuvanshi/GI; 204 (UP), WavebreakMediaMicro/AS; 204 (UP CTR), Rost9/SS; 204 (CTR RT), alswart/AS; 204 (CTR), Maxximmm/DS; 206 (LE), Eric Isselee/SS; 206 (RT), Route66Photography/AS; 207 (UP), Jean-Pierre Clatot/AFP/GI; 207 (CTR), kryzhov/SS; 207 (LO), Lane V. Erickson/SS; 208-209, Mondolithic Studios; 210-211, Mondolithic Studios; 212 (UP LE), Ted Kinsman/Science Source; 212 (CTR RT), Rost9/SS; 212 (LO RT), Diligent Robotics; 212 (LO LE), Alejandro Mesa; 213, Klaus Vedfelt/GI

생태와 자연 (214-235)

214-215, Han/AS; 216 (LE), AVTG/IS; 216 (RT), Brad Wynnyk/SS; 217 (UP LE), Rich Carey/SS; 217 (UP RT), Richard Walters /IS; 217 (LO RT), Michio Hoshino /MP/NGIC; 217 (LO LE), Karen Graham/IS; 218-219 (BACKGROUND), Al7red/SS; 218, NG Maps; 219 (river), Curioso.Photography/AS; 219 (fish), David Shale/Nature Picture Library; 219 (jaguar), Hans Wagemaker/SS; 219 (monkey), W. Otero Fotografía/AS; 219 (RT), Rudzhan/AS; 220-221 (BACKGROUND), Chris Anderson/AS; 220-221 (globes), NG Maps; 220 (LE), cbpix/SS; 220 (RT), Mike Hill/Photographer's Choice/GI; 221 (CTR LE), Wil Meinderts /Buiten-beeld/MP; 221 (CTR RT), Paul Nicklen/NGIC; 221 (LO RT), Jan Vermeer/MP; 222, NG Maps; 223 (UP), Stuart Armstrong; 223 (LO), Franco Tempesta; 224 (UP), tobiasjo/GI; 224 (LO), NG Maps; 225 (UP), Chasing Light - Photography by James Stone/GI; 225 (RT), James Balog/NGIC; 226 (UP LE), Richard T. Nowitz/Corbis; 226 (UP RT), gevende/IS/GI; 226 (CTR RT), Brand X; 226 (LO RT), Eric Nguyen/Corbis; 226 (LO LE), Alan and Sandy Carey/GI; 227 (1), Leonid Tit/SS; 227 (2), Frans Lanting/NGIC; 227 (3), Lars Christensen/SS; 227 (4), Daniel Loretto/SS; 227 (LO), Richard Peterson/SS; 228 (UP LE), Dennis Hallinan/AL; 228 (UP RT), Robynrg/SS; 228 (LO RT), jerbarber/GI; 228 (LO LE), lavizzara/AS; 229 (UP), Ryszard Stelmacho/SS; 229 (CTR RT), Stephen Hummel, McDonald Observatory; 229 (LO), JSirlin/AS; 229 (CTR LE), Jason Persoff Stormdoctor/GI; 230, 3dmotus/SS; 231 (UP LE), Lori Mehmen/Associated Press; 231 (EF0), Susan Law Cain/SS; 231 (EF1), Brian Nolan/IS.com; 231 (EF2), Susan Law Cain/SS; 231 (EF3), Judy Kennamer/SS; 231 (EF4), jam4travel/SS; 231 (EF5), jam4travel/SS; 231 (LO LE), Jim Reed; 232 (UP LE), Mary Lyn Fonua/Matangi Tonga/AFP via GI; 232 (CTR LE), Pesi Fonua/GI; 232 (LO CTR), Hilary Andrews/NG Staff; 232 (LO RT), Jeff Herge/SS; 233 (UP), California Department of Fish and Wildlife; 233 (CTR), CDFW photo by Travis VanZant; 233 (LO), Lior Rubin/GI; 234 (UP RT), Curioso. Photography/AS; 234 (CTR RT), Jan Vermeer/MP; 234 (LO LE), Richard Walters /IS.com; 234 (CTR LE), JSirlin/AS

역사와 사실 (236-267)

236-237, Japhotos/AL; 238 (UP LE), dbvirago/AS; 238 (UP RT), alona_s/AS; 238 (LO RT), AFP/AFP via GI; 238 (LO LE), Reuters/Mohamed Abd El Ghany; 239 (UP), sebastienlemyre/SS; 239 (CTR RT), Hendrik Schmidt/picture-alliance/dpa/AP Images; 239 (LO CTR), SIPA USA/SIPA/Newscom; 240-241 (UP), Brian Jannsen/Alamy; 241 (CTR), NG Maps; 241 (LO RT), 4D News; 242, Alberto Loyo/SS; 243 (ALL), Alice Brereton; 244-245 (ALL), Art by Gloria Felix; 246 (UP), Jim Zuckerman/GI; 246 (CTR), Dinodia Photo/GI; 247 (UP), David Keith Jones/AL; 247 (CTR), NG Maps; 247 (LO), Afateev/GI; 248-249 (BACKGROUND), Matjaz Slanic/E+ /GI; 248-249 (square frames), Iakov Filimonov/SS; 248-249 (oval frame), Winterling/DS; 248 (portraits), Marí Lobos; 250, Vera/AS; 251, akg-images; 258, surangaw/AS; 259, Nido Huebl/AS; 263, ondrejprosicky/AS; 264, Lukas/AS; 266 (UP LE), Brian Jannsen/Alamy; 266 (CTR LE), Art by Gloria Felix; 266 (CTR RT), Alberto Loyo/SS; 266 (LO RT), Speculator27/DS; 267, Christopher Furlong/GI

세계의 지리 (268-353)

268-269, Tim Fitzharris/MP; 270-271, NG Maps; 272-273, NG Maps; 274, NG Maps; 275 (UP), Mark Thiessen/NGP; 275 (LO), NASA; 276 (ALL), NG Maps; 277 (BACKGROUND), Fabiano Rebeque/Moment/GI; 277 (UP LE), Thomas J. Abercrombie/NGIC; 277 (UP CTR), Maria Stenzel/NGIC; 277 (UP RT), Gordon Wiltsie/NGIC; 277 (LO RT), Carsten Peter/NGIC; 277 (LO CTR), Bill Hatcher/NGIC; 277 (LO LE), James P. Blair/NGIC; 278, Tim on Tour/AS; 279 (UP), Grant Rooney Premium/AL; 279 (CTR RT), Nate Allen/EyeEm/GI; 279 (LO RT), Tom Brakefield/GI; 279 (CTR LE), estherpoon/AS; 280-281, NG Maps; 282, Yasonya/AS; 283 (UP RT), Roy Pedersen/AS; 283 (CTR RT), sucharat/AS; 283 (LO RT), Cover Images via AP Images; 283 (CTR LE), drhfoto/AS; 284-285, NG Maps; 286, Londolozi Images/Mint Images/GI; 287 (UP RT), AdemarRangel/GI; 287 (CTR RT), imageBROKER/SS; 287 (LO RT), David Havel/SS; 287 (CTR LE), Frank Glaw; 288-289, NG Maps; 290, John A. Anderson/SS; 291 (UP RT), Dina Julayeva/SS; 291 (CTR RT), Daniel Prudek/AS; 291 (LO), Mint Images RF/GI; 291 (CTR LE), Javier Trueba/MSF/Science Source; 292-293, NG Maps; 294, Overflightstock/AS; 295 (UP), Soberka Richard/hemis.fr/GI; 295 (CTR RT), Ernesto Ryan/Getty Image; 295 (LO RT), Jacek Warsaw PL/AS; 295 (LO LE), NG Maps; 295 (CTR LE), buteo/AS; 296-297, NG Maps; 298, Dave Watts/Nature Picture Library; 299 (UP RT), Andrew Watson/John Warburton-Lee Photography Ltd/GI; 299 (CTR RT), WITTE-ART/AS; 299 (LO RT), Dmitry/AS; 291 (CTR LE), Ken/AS; 300-301, NG Maps; 302, heckepics/GI; 303 (UP RT), Achim Baque/SS; 303 (CTR RT), Flipser/SS; 303 (Shackleton), Keystone-France/Gamma-Keystone via GI; 303 (LO RT), Frank Hurley/Scott Polar Research Institute, University of Cambridge/GI; 303 (CTR LE), Mark Conlon, Antarctic Ice Marathon; 304-305, NG Maps; 307, Aleksandar Todorovic/SS; 311, Mohamed I Khalid/SS; 315, Cheryl Ramalho/AS; 316, Adam Howard/AL; 320, dblight/GI; 325, eyetronic/AS; 327, JorgeIvan/AS; 330, Giordano Cipriani/GI; 332-333 (BACKGROUND), Gigi Peis/SS; 332 (UP), Hung Chung Chih/SS; 332 (LO), Image Source/AL; 333, Sergey Kilin/SS; 334 (UP LE), Pete Oxford/MP; 334 (UP RT), Radu Razvan Gheorghe/DS; 334 (CTR RT), Wrangel/DS; 334 (LO RT), Michael Nichols/NGIC; 334 (LO CTR), Callahan/SS; 334 (CTR LE), Giuliachristin/DS; 334 (CTR), Timwege/DS; 335 (UP LE), MichaelGrant/AL; 335 (UP RT), Kevin Schafer/MP; 335 (CTR RT), Stran9e/DS; 335 (ball), Jules Frazier/Photodisc; 335 (LO RT), Photononstop/AL; 335 (LO LE), Hemis/AL; 335 (frog), Tim Laman/NGIC; 336, Pani Garmyder/SS; 337 (1), Metzae/AS; 337 (2), Wirestock Creators/AS; 337 (3), Paul Nicklen/NGIC; 337 (4), FlairImages/IS; 337 (5), Alexey Suloev/AS; 337 (6), PIXATERRA/AS; 337 (7), Martin Harvey/AL; 337 (8), heckepics/IS; 338 (ALL), DAVID HO/DALHOUSIE CASTLE; 339 (ALL), Vincent Costello; 340, Dudarev Mikhail/SS; 341 (UP LE), Carolyn Clarke/AL; 341 (UP RT), Westend61/GI; 341 (CTR RT), Zoonar/Steven Heap/Zoonar GmbH/AL; 341 (LO RT), Peter Adams/GI; 341 (LO LE), tekinturkdogan/GI; 341 (CTR LE), Juergen Ritterbach/GI; 342-343 (BACKGROUND), Rolf Haid/AL; 342 (UP), stock_photo_world/SS; 342 (LO), Zhang Bingtao/Xinhua Press/Corbis; 342 (LO CTR), Xinhua Press/Landov; 343 (UP), Jean-Christophe Godet/GI; 343 (LO), Mike Greenslade/Australia/Alamy; 344 (UP LE), Andy Caulfield/AL; 344 (UP RT), Bedh Yadav/SS; 344 (CTR RT), Anna Munoz/GI; 344 (LO RT), Martin Kemp/SS; 344 (LO LE), Gil.K/SS; 345 (UP LE), vivooo/SS; 345 (CTR RT), Ognyan Trifonov/GI; 345 (LO LE), Velirina/AS; 346 (UP), Frans Lemmens/AL; 346 (LO), Kevin Zaouali/Caters News Agency; 347 (3), blickwinkel/AL; 347 (4), imageBROKER/AL; 347 (5), Xinhua/Tao Ming/Newscom; 347 (6), AsianDream/GI; 347 (7), Debra James/SS; 347 (8), The Asahi Shimbun via GI; 348 (UP), Auscape International Pty Ltd/AL; 348 (CTR LE), Bruce Obee/Newscom; 348 (CTR RT), CB2/ZOB/Supplied by WENN/Newscom; 348 (LO), Alastair Pollock Photography/GI; 350 (UP LE), Danita Delimont/AL; 350 (UP RT), ArtyAlison/IS/GI; 350 (LO RT), Gardel Bertrand/GI; 350 (LO LE), Ian Cumming/ZUMApress/Newscom; 351 (A), sculpies/GI; 351 (B), Archives Charmet/Bridgeman Images; 351 (C), Archives Charmet/Bridgeman Images; 351 (D), Archives Charmet/Bridgeman Images; 351 (E), Bridgeman Images; 351 (F), Archives Charmet/Bridgeman Images; 351 (G), DEA PICTURE LIBRARY/GI; 351 (H), Holger Mette /SS; 351 (I), Holger Mette /SS; 351 (J), Jarno Gonzalez Zarraonandia /SS; 351 (K), David Iliff /SS; 351 (L), ostill /SS; 351 (M), Hannamariah/SS; 351 (N), Jarno Gonzalez Zarraonandia/SS; 352 (UP LE), Bill Hatcher/NGIC; 352 (UP RT), Javier Trueba/MSF/Science Source; 352 (CTR LE), Tom Brakefield/GI; 352 (LO), Frans Lemmens/AL; 353, NG Maps

지은이 · 내셔널지오그래픽 키즈

내셔널지오그래픽 협회는 1888년에 설립되어 130년 넘게 우리를 둘러싼 지구를 이해하기 위한 여러 가지 프로젝트를 실행하고 있다. 연구 프로젝트를 지원하며 탐험과 발견을 돕고 잡지와 책을 펴낸다. 내셔널지오그래픽 매거진은 매달 28개국에서 23개의 언어로 수백만 명의 독자와 만나고 있다. 어린이 출판 브랜드인 내셔널지오그래픽 키즈는 과학, 모험, 탐험 콘텐츠를 독보적인 수준의 사진 자료와 함께 제공하고 있다.

옮긴이 · 이한음

서울대학교에서 생물학을 공부했고 과학 전문 번역가이자 과학 저술가로 활동하고 있다. 2007년 『만들어진 신』으로 한국출판문화상 번역 부문을 수상했다. 지은 책으로 『생명의 마법사 유전자』 등이 있고, 옮긴 책으로 『인간 본성에 대하여』, 『핀치의 부리』, 『바디 : 우리 몸 안내서』 등이 있다.

옮긴이 · 김아림

서울대학교 생물교육과를 졸업했고 같은 대학원 과학사 및 과학철학 협동 과정에서 석사학위를 받았다. 대학원에서는 생물학의 역사와 철학, 진화생물학을 공부했다. 현재 출판 기획자 및 전문 번역가로 일하고 있다. 옮긴 책으로 『고래』, 『꽃의 마음 사전』, 『동쪽 빙하의 부엉이』 등이 있다.

내셔널지오그래픽 키즈
사이언스 2024

1판 1쇄 펴냄 2023년 10월 25일
1판 3쇄 펴냄 2024년 3월 4일

지은이 내셔널지오그래픽 키즈 **옮긴이** 이한음, 김아림
펴낸이 박상희 **편집장** 전지선 **편집** 김지호 **디자인** 조수정
펴낸곳 (주)비룡소 **출판등록** 1994.3.17.(제16-849호)
주소 06027 서울시 강남구 도산대로1길 62 강남출판문화센터 4층
전화 영업 02)515-2000 팩스 02)515-2007 **홈페이지** www.bir.co.kr
제품명 어린이용 반양장 도서 **제조자명** (주)비룡소 **제조국명** 대한민국 **사용연령** 3세 이상

ALMANAC 2024
Copyright © 2023 National Geographic Partners, LLC.
Korean Edition Copyright © 2023 National Geographic Partners, LLC.
All rights reserved.
NATIONAL GEOGRAPHIC and Yellow Border Design are trademarks of the National Geographic Society, used under license.
이 책의 한국어판 저작권은 National Geographic Partners, LLC.에 있으며, (주)비룡소에서 번역하여 출간하였습니다.
저작권법에 의해 한국 내에서 보호를 받는 저작물이므로 무단 전재와 무단 복제를 금합니다.

ISSN 3022-1129
ISBN 978-89-491-3243-3 73400